FRENCH FOR MASTERY 1

Salut, les amis !

FRENCH FOR MASTERY 1

Jean-Paul Valette ● Rebecca M. Valette

D. C. HEATH AND COMPANY
Lexington, Massachusetts   Toronto

ILLUSTRATIONS: *Mel Dietmeier and George Ulrich*
COVER DESIGN: *David Zerbe*

Additional materials

Teacher's Edition

Workbook

Tapes
Number of reels: 20 5″ dual track
Speed: 3¾ ips
Number of cassettes: 20

Testing Program

International Standard Book Number: 0-669-62166-8

Library of Congress Catalog Card Number: 74-1594

Why speak French?

French is a widely used language. It is spoken daily by about 150 million people and understood by many millions more. French speakers represent a wide variety of racial and cultural backgrounds. They live not only in France and other parts of Europe, but also in North America, in Africa . . . in fact on all continents. French is the official language, or one of the official languages, in 25 countries around the world. Knowing French can help you communicate with a large and diverse segment of mankind.

French is also the language used by great philosophers, writers, and artists whose ideas have helped shape our own ways of thinking and feeling. The knowledge of French may help you better understand these ideas and, therefore, the world in which we live.

Today the study of French or, for that matter, the study of any language, is important for several other reasons. Language is part of culture. In learning a language, you learn not only how other people express themselves, but also how they live and what they think. This insight into other cultures is important in a world where people of different backgrounds live in close contact. Your experience in learning French will also help you understand your own language and your own culture. It is often by comparing ourselves to others – by investigating how we differ and how we are similar – that we begin to learn who we really are. Knowing French, therefore, is not an end in itself, but a step towards three worthwhile objectives: communication with others, increased knowledge of the world in which we live, and better understanding of ourselves.

What will you accomplish?

By the end of your first year of study, you should have mastered basic French. This means that you will be able to communicate with the people around the world who speak French and with many others who, like you, are students of that language. You will be able to converse about everyday situations and also read and write about them. Moreover, you will be well prepared to continue your study of French when you complete this program in high school. Perhaps you will use French in business one day, or in college, and of course during travels abroad. In any event, you will always have opportunities to benefit from your language studies.

THE ORGANIZATION OF *FRENCH FOR MASTERY 1*

SALUT, LES AMIS! presents the basic structures and vocabulary of the French language. The book contains ten chapters, each focusing on a central theme. Each of these chapters is subdivided into five modules. The fifty basic modules of the book are organized in the same general way.

The new material of the lesson is introduced in the first two facing pages of the module and is developed in a section entitled La langue française. Typically, a module includes the following elements:

Présentation *(the opening part of the module)*

Basic text. This text consists of a narrative, a dialogue, or a play that you can listen to or read aloud. Many of these can be acted out. The basic text introduces the structures and vocabulary of the lesson.

Comprehension activity. Many modules contain a comprehension activity, which may take the form of questions, true-false exercises, completing sentences, and the like.

Observations. This part of the presentation contains questions about language and definitions of useful terms. As you answer the questions, you will begin to understand how the French language works. These Observations are generally linked to the basic text or the comprehension activity.

Petit vocabulaire and Vocabulaire spécialisé. These sections help you to understand new expressions and to build your vocabulary. Often the new words are incorporated into sentences, so that you will be able to see how they are used. Pay special attention to the Notes de vocabulaire which occasionally follow these sections. They clarify certain problem areas in vocabulary usage.

Note culturelle and Lecture culturelle. These illustrated passages highlight and develop cultural points within the basic presentation.

La langue française *(the middle part of the module)*

Prononciation. You will soon discover that although many French words look like English words, they are pronounced differently. In the Prononciation sections you will learn how the French sound system works. However, it is only by listening to French sounds and intonation patterns and by speaking French that you will learn how to pronounce the language correctly. Pay special attention to your teacher's pronunciation and to the exercises on the tapes.

Structure. The purpose of this section is to provide a brief description of the structure of the French language. The summaries and remarks relate to the questions you considered in the Observations. The exercises which follow each descriptive section are designed for the practice of the material you have just learned. These exercises are often based on a situation and include a dialogue to be acted out.

Questions personnelles. These sections give you an opportunity to speak about yourself as you practice the new structures and vocabulary. Expression personnelle encourages you to participate in short personal conversations with your classmates.

Occasionally, brief sections entitled Révisons call attention to material that should be reviewed.

Entre nous *(the end of the module)*

Each module closes with a section focusing on one or more of the communication skills of listening, speaking, reading, and writing. Here the main vocabulary and structure of the module are recombined into a dialogue or reading passage. The early chapters contain brief dialogues which you can listen to, act out, and adapt. They also contain lists of conversational expressions. Other Entre nous *sections deal with specific aspects of French culture. In the last chapters you will be introduced to the written style of personal letters, and you will learn how to express yourself in writing.

Lisons *(Let's read). In addition to the five basic modules, each chapter contains a final reading section which consists of one or more passages followed by questions and a brief section on how to develop your reading skills.

The Tests de contrôle *at the end of each chapter are designed to help you review the material just studied. As you complete these Tests de contrôle, *you can check how well you have learned the structures and the vocabulary. For each test there is, at the end of the book, an answer key together with an "interpretation" section, which gives you the opportunity to analyze your performance and pinpoint your weaknesses.

Following Chapters 3, 5, 7, and 9, you will find four cultural essays entitled Images de la France. *These sections will acquaint you with France and its people – especially its young people. You will also learn about the culture of other countries where French is spoken.

Now let's start . . . Bon courage!

Jean-Paul Valette   Rebecca M. Valette

Acknowledgments. *The authors would like to express their appreciation to the many people who contributed so generously their time, effort, advice, and encouragement in the preparation of FRENCH FOR MASTERY. *Particular thanks go to Mr. Val Hempel, Executive Editor of the Modern Language Department at D. C. Heath and Company, for his constant support and assistance since the inception of the project; to the Heath editorial staff, especially to Mrs. Valentia B. Dermer, for the careful and diligent work on the manuscript; to Ms. Karen Fritsche of Lincoln–Sudbury High School and Ms. Renée S. Disick of Valley Stream High School for their many competent suggestions; and to Mr. François Vergne for helping the authors assemble the realia which appear in the workbooks.

CONTENTS

CHAPITRE CINQ: «LA LEÇON»

CHAPITRE SIX: QUESTIONS D'ARGENT

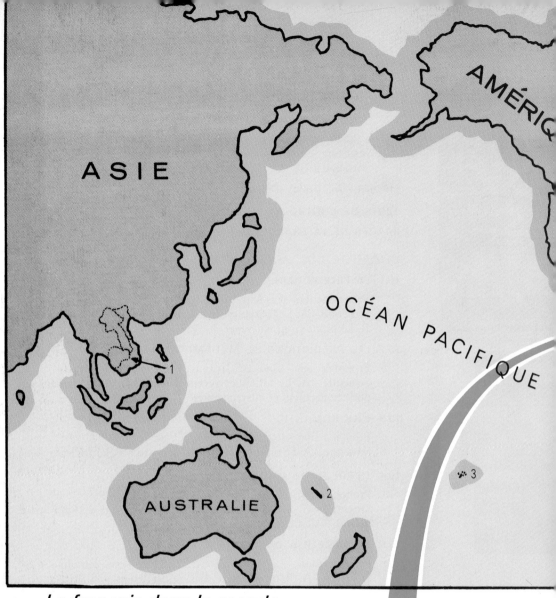

ASIE

OCÉAN PACIFIQUE

AMÉRIQ

AUSTRALIE

1

2

3

Le français dans le monde

Les Antilles

6

7

8

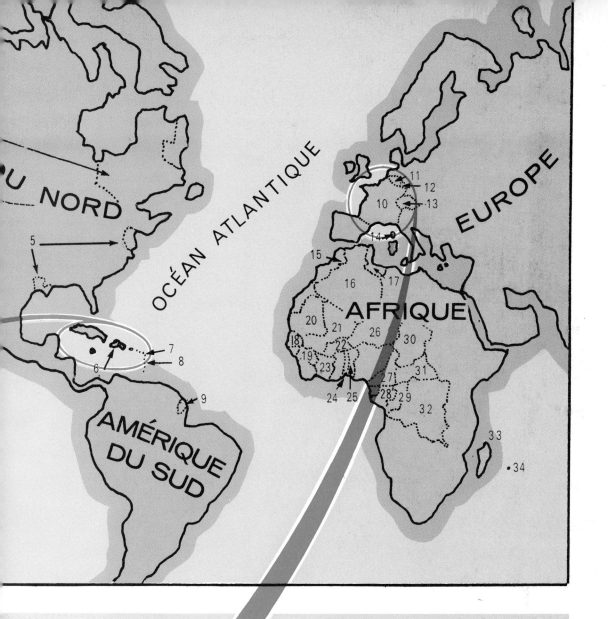

OCÉAN ATLANTIQUE

DU NORD

EUROPE

AFRIQUE

AMÉRIQUE DU SUD

5

6 7 8

9

D 11 12 10 13

14

15 16 17

20 21 26 30

18 22 31

19 23 27

24 25 28 29 32

33

34

11 Belgique
12
Luxembourg
Allemagne
10
F R A N C E
13
Suisse
Italie
Espagne

1 l'Indochine (le Cambodge,
le Laos, le Nord Vietnam,
le Sud Vietnam)
12 le Luxembourg
21 le Mali
15 le Maroc
8 la Martinique
20 la Mauritanie
26 le Niger
2 la Nouvelle-Calédonie
3 la Polynésie française (Tahiti)
31 la République Centrafricaine
33 la République Malgache (Madagascar)
34 la Réunion
18 le Sénégal   24 le Togo
13 la Suisse   17 la Tunisie
30 le Tchad   32 le Zaïre

LA FRANCE

ANGLETERRE

BELGIQUE

Lille

La Manche

LUXEMBOURG

ALLEMAG...

Le Havre
Rouen

NORMANDIE

Seine

Reims

PARIS

LORRAINE

Strasbourg

CHAMPAGNE

ALSACE

B R E T A G N E

Le Mans

Versailles

Orléans

Tours

Nantes

Loire

TOURAINE

BOURGOGNE

SUISS...

Océan
Atlantique

Clermont-
Ferrand

AUVERGNE

Genève

Lyon

Annecy

A l p e s

Grenoble

ITA...

Bordeaux

Rhône

Garonne

Toulouse

Montpellier

PROVENCE

Nice

Cannes

Marseille

P y r é n é e s

ESPAGNE

Mer Méditerranée

Salut, les amis!

Rebecca M. Valette   Jean-Paul Valette

Bonjour...Au revoir...

Bonjour, Roger.

Au revoir, Irène.

Bonjour, Monsieur.

Bonjour, Madame.

Au revoir, Mademoiselle.

Qui est-ce?

C'est Robert.

C'est Madame N'gal.

C'est Mademoiselle Tehaura.

C'est Monsieur Beliveau.

Dialogue

— *Bonjour! Je m'appelle Jacques Dumas. Comment t'appelles-tu?*

— *Je m'appelle Michèle Bernier.*

— *Ça va?*

— *Oui, ça va.*

— *Qui est-ce?*

— *C'est Christine.*

— *Au revoir, Michèle.*

La classe

Le professeur   ***Jacqueline, André, Antoine, Isabelle, Nathalie, Philippe, Anne, Brigitte, Pierre,
Charles, Jacques, Hélène, Georges, Louise, Marc, Denise, Colette***

PRÉLUDE

Jacques sees his friends on the first day of school.

JACQUES:	Bonjour!	*Hello!*
GEORGES:	Bonjour!	*Hello!*
JACQUES:	Salut!	*Hi!*
CHRISTINE:	Salut!	*Hi!*
JACQUES:	Salut, les amis!	*Hi, (friends)!*
CHARLES:	Ça va, Jacques?	*How are things, Jacques?*
JACQUES:	Oui, ça va.	*Fine.*

Jacques meets his teachers.

JACQUES:	Qui est-ce?	*Who is that?*
MICHÈLE:	C'est Monsieur Lavoie.	*That's Monsieur Lavoie.*
JACQUES:	Bonjour, Monsieur.	*Good morning, (Sir).*
JACQUES:	Qui est-ce?	*Who is that?*
CHRISTINE:	C'est Madame Cartier.	*It's Madame Cartier.*
JACQUES:	Bonjour, Madame.	*Good morning, (Ma'am).*
JACQUES:	Qui est-ce?	*Who is that?*
GEORGES:	C'est Mademoiselle Rochette.	*That's Mademoiselle Rochette.*
JACQUES:	Bonjour, Mademoiselle.	*Good morning, (Miss).*

Jacques meets Marc, a new student.

MARC:	Je m'appelle Marc Rémi.	*My name is Marc Rémi.*
	Comment t'appelles-tu?	*What's your name?*
JACQUES:	Je m'appelle Jacques Dumas.	*My name is Jacques Dumas*
MARC:	Ça va?	*How are things?*
JACQUES:	Oui, ça va.	*Fine.*

Jacques says good-by.

JACQUES:	Au revoir, Marc.	*Good-by, Marc.*
	Au revoir, Monsieur.	*Good-by, (Sir).*
	Au revoir, Madame.	*Good-by, (Ma'am).*
	Au revoir, Mademoiselle.	*Good-by, (Miss).*
	Au revoir, les amis!	*Good-by, (friends)!*

1

NOTE CULTURELLE: **Bonjour, Monsieur! Bonjour, Madame!**

In many situations the Americans and the French behave and react in very similar ways. At other times their behavior is different. For instance, in their relationships with adults, French teen-agers are more formal than American teen-agers. It is perfectly proper for an American student to greet his teacher with "Good morning" or "Hi". In France, however, students do not greet their teachers with a simple **Bonjour** and would not think of using **Salut**. To a teacher it is customary to say **Bonjour, Monsieur** (or **Bonjour, Madame** or **Bonjour, Mademoiselle**).

You may have noted that the French do not use the name of the person. They say **Bonjour, Monsieur**, whereas English-speaking people would say "Hello, Mr. Jones" or "Hello, Mr. Smith."

Exercice 1. *Je m'appelle . . .*

Introduce yourself and ask the student next to you his name.

MODÈLE: Je m'appelle John Martin.   **Comment t'appelles-tu?**

Exercice 2. *Les professeurs (the teachers)*

Imagine you are in a French school. Say *hello* and *good-by* to each of the following teachers.

MODÈLE: Monsieur Charron.   **Bonjour, Monsieur. Au revoir, Monsieur.**

1. Madame Lucas
2. Monsieur Simonet
3. Mademoiselle Brun
4. Monsieur Michaud

5. Mademoiselle Bernier
6. Madame Claudel
7. Madame Moulin
8. Monsieur Tiry

Exercice 3. *Les amis*

Imagine you are in a French school. Greet your friends.

MODÈLE: Christine   **Bonjour, Christine. Ça va?**

1. Irène
2. Jacqueline
3. André
4. Robert

5. Michèle
6. Antoine
7. Isabelle
8. Philippe

9. Pierre
10. Nathalie
11. Charles
12. Roger

Exercice 4. *La classe*

Greet the person sitting next to you.

MODÈLE: John: **Salut, Anne! Ça va?**
Anne: **Oui, ça va.**

LA LANGUE FRANÇAISE

PRONONCIATION

Rythme et accent (*rhythm and stress*)

The rhythm of French is very regular. Within a sentence or group of words, all syllables are short and even. There are no pauses or breaks between words. The last syllable of the last word in a sentence (or group of words) is a little longer than the others. (This is contrary to English, which has an irregular and uneven rhythm because of its long [‾] and short [ᵕ] syllables.)

In French the stress or accent falls on the last syllable of a word, a group of words, or a sentence. (This is just the opposite of English, where each word of two or more syllables has its own stress pattern.)

Contrast: even rhythm and final stress	uneven rhythm
Bonjour, Madame.[1]	*Good morning, Ma'am.*
Comment t'appelles-tu?	*What is your name?*

Prononçons

Repeat in short, even syllables. Do not pause between words.

TWO SYLLABLES	THREE SYLLABLES	FOUR SYLLABLES
Bonjour!	Bonjour, Marc.	Bonjour, Madame.
Salut!	Bonjour, Jacques.	Bonjour, Monsieur.
Ça va.	Salut, Georges.	Salut, Philippe.
Madame	Salut, Jacques.	Salut, Annie.
Monsieur	Ça va, Marc?	Ça va, Sylvie?
Christine	Ça va, Georges?	Ça va, Michèle?
Philippe	Ça va, Jacques?	C'est Jacques Dumas.
Qui est-ce?	Oui, ça va.	C'est Marc Rémi.
Sylvie	Mademoiselle	Je m'appelle Georges.

FIVE SYLLABLES	SIX SYLLABLES
C'est Monsieur Lavoie.	C'est Mademoiselle Rochette.
C'est Madame Cartier.	C'est Mademoiselle Lavoie.
Bonjour, Mademoiselle.	C'est Mademoiselle Dumas.
Comment t'appelles-tu?	Je m'appelle Jacques Dumas.
Je m'appelle Michèle.	Je m'appelle Marc Rémi.
Je m'appelle Christine.	Je m'appelle Georges Lavoie.

[1] The symbol e indicates that the vowel is not pronounced.

Chapitre un RENCONTRES

Note to the student:

In this chapter you will meet many people from different lands. These people have one thing in common: they all come from countries where French is spoken.

1.1 PARIS, QUÉBEC ET FORT-DE-FRANCE

Voici Paris.
Voici Philippe.
Philippe habite à Paris.
Voilà Nathalie.
Nathalie habite aussi à Paris.
Et Annie?
Annie habite aussi à Paris.

This is Paris.
Here is Philippe.
Philippe lives in Paris.
That is Nathalie.
Nathalie lives in Paris, too.
And Annie?
Annie also lives in Paris.

Questions:
Où habite Philippe?
Où habite Nathalie?
Où habite Annie?

Questions:
Where does Philippe live?
Where does Nathalie live?
Where does Annie live?

Voici Québec.
Voici Alice et Jacques.
Alice et Jacques habitent à Québec.

Here is Quebec.
Here are Alice and Jacques.
Alice and Jacques live in Quebec.

Questions:
Où habitent Alice et Jacques?
Qui habite à Québec?

Questions:
Where do Alice and Jacques live.
Who lives in Quebec?

Voici Fort-de-France.
Voilà Max.
Max habite à Fort-de-France.

This is Fort-de-France.
There is Max.
Max lives in Fort-de-France.

Questions:
Où habite Max?
Qui habite à Fort-de-France?

Questions:
Where does Max live?
Who lives in Fort-de-France?

6

Vrai ou faux? (*True or false?*)

MODÈLE: Philippe habite à Paris.   **Vrai.**

1. Nathalie **habite** à Québec.
2. Max **habite** à Fort-de-France.
3. Philippe, Nathalie et Annie **habitent** à Paris.
4. Alice et Jacques **habitent** à Fort-de-France.

OBSERVATIONS

Reread the section **Vrai ou faux** above.

- Do the words in heavy type in all four sentences sound the same?
- Are all four words spelled the same?
- Which letter do these words end in when one person only (**Nathalie; Max**) is mentioned?
- Which three letters do these words end in when more than one person (**Philippe, Nathalie et Annie; Alice et Jacques**) are mentioned?

NOTE CULTURELLE: **Paris, Québec et Fort-de-France**

Paris, Quebec, and Fort-de-France are three French-speaking cities. Paris is the capital of France. Quebec, one of the most picturesque cities in the world, is the capital of the Canadian province of Quebec. Fort-de-France is the main city of Martinique, an island in the Caribbean Sea. The inhabitants of Martinique are of African descent and are French citizens.

LA LANGUE FRANÇAISE

PRONONCIATION

Lettres muettes (*silent letters*)

Many letters in written French are not pronounced. These are called "silent letters."

At the end of a word, the letters **e** and **s** and the verb ending **-ent** are silent.

The letter **h** is always silent. The spelling **th** represents the sound /t/.[1] The spelling **ph** represents the sound /f/.

Nathali~~e~~ e~~t~~ Anni~~e~~ ~~h~~abit~~ent~~ à Pari~~s~~.

Prononçons

Say *hello* to the following people.

MODÈLE: Jacques   Bonjour, Jacques.

1. Thomas	3. Denis	5. Mathilde	7. Agathe
2. Nicolas	4. Nathalie	6. Elisabeth	8. Louis

Signes orthographiques (*spelling marks*)

Four spelling marks appear on vowels:

(1) l'accent aigu (*acute accent*): ['] Québec
(2) l'accent grave (*grave accent*): [`] à Paris
(3) l'accent circonflexe (*circumflex accent*): [^] Benoît
(4) le tréma (*diaeresis*)[2]: [¨] Noël

STRUCTURE

A. LE SUJET ET LE VERBE

Most sentences have a subject and a verb.

The *subject* is the word or group of words which tells who is doing the action.

The subject is *singular* if it refers to *one* person, animal, or thing.
The subject is *plural* if it refers to *more than one* person, animal, or thing.

The *verb* is the word (or group of words) which tells what action is going on.

---

[1] Sounds are given between diagonal lines. Spellings are given in heavy type. A slash line indicates a silent letter.

[2] The **tréma** is placed on the second of two vowels to indicate that they are pronounced separately.

Read the following story carefully. (The verbs are in heavy type, and the subjects are underlined. Sentences 1, 2, 3, 4, and 6 have singular subjects. Sentences 5, 7, and 8 have plural subjects.)

1. <u>Annie</u> **arrive** à Paris.   *Annie arrives in Paris.*
2. <u>Annie</u> **téléphone.**   *Annie makes a phone call. (Annie telephones.)*
3. <u>Annie</u> **téléphone** à Philippe.   *Annie calls Philippe.*
4. <u>Philippe</u> **invite** Annie.   *Philippe invites Annie.*
5. <u>Philippe et Annie</u> **visitent** Paris.   *Philippe and Annie visit Paris.*
6. <u>Philippe</u> **présente** Pascal à Annie.   *Philippe introduces Pascal to Annie.*
7. <u>Annie et Philippe</u> **dînent** avec Pascal.   *Annie and Philippe have dinner with Pascal.*
8. <u>Annie et Philippe</u> **dansent.**   *Annie and Philippe dance.*

Exercice 1. **Qui?**

Nathalie is asking about Annie's visit. Refer to the sentences above in answering her questions. First give a short answer, naming the subject. Then answer in a complete sentence.

MODÈLES: Qui arrive à Paris?   Annie. Annie arrive à Paris.
Qui danse?   Annie et Philippe. Annie et Philippe dansent.

1. Qui téléphone?   4. Qui visite Paris?
2. Qui téléphone à Philippe?   5. Qui présente Pascal à Annie?
3. Qui invite Annie?   6. Qui dîne avec Pascal?

Exercice 2. **Singulier ou pluriel?**

The following people are visiting cities where French is spoken. If the subject is singular, say **singulier.** If the subject is plural, say **pluriel.**

MODÈLE: Max visite Paris.   singulier

1. Jacques visite Fort-de-France.   4. Madame Mallet visite Paris.
2. Sylvie et Nicole visitent Paris.   5. Monsieur Smith visite Fort-de-France.
3. Monique et Marc visitent Québec.   6. Monsieur et Madame Leblanc visitent Paris.

B. L'ACCORD DU SUJET ET DU VERBE *(subject-verb agreement)*

Within a sentence the subject and the verb *agree* with each other.

A singular subject requires a singular verb.

Max **dîne** avec Sylvie.

A plural subject requires a plural verb.

Max et Sylvie **dînent** avec Marc.

The verbs of this lesson have the following endings:

singular verbs: **-e**   plural verbs: **-ent**

Since these endings are silent, singular and plural verbs (like **dîne** and **dînent**) sound the same in spoken French.

Exercice 3. *Alice ou Annie et Alice?*

Who is doing the following things? Complete the sentences with **Alice** if the verb is singular, and with **Annie et Alice** if the verb is plural.

MODÈLE: —— habite à Québec.   **Alice habite à Québec.**

1. —— arrivent à Paris.
2. —— téléphone à Philippe.
3. —— téléphonent à Pascal.
4. —— visite Paris.

5. —— visitent Notre-Dame.
6. —— dînent.
7. —— danse avec Philippe.
8. —— danse avec Pascal aussi.

Exercice 4. *Visite à Québec*

The following tourists are visiting Canada. One student says that they are arriving in Quebec. The second student says that they are visiting the city.

MODÈLES: Jacques

Élève (*Student*) 1: **Jacques arrive à Québec.**
Élève 2: **Jacques visite Québec.**

Philippe et Annette

Élève 1: **Philippe et Annette arrivent à Québec.**
Élève 2: **Philippe et Annette visitent Québec.**

1. Nicole
2. Monique
3. David et Robert
4. Pascal et Annie

5. Madame Lavoie
6. Monsieur Cartier
7. Monsieur et Madame Rochette
8. Mademoiselle Laval

9. Michèle
10. Max et Agathe
11. Marc
12. Paul et Charles

Exercice 5. *Max*

Everyone likes Max. Say that the following people are phoning him.

MODÈLE: Marc et Noël   **Marc et Noël téléphonent à Max.**

1. Alice
2. Annie et Nathalie
3. Pascal et Mathilde
4. Agathe

5. Madame Lavoie
6. Monsieur Laval
7. Sylvie et Jacques
8. Benoît et Ginette

Entre nous

Philippe and Annie meet on the first day of school.

PHILIPPE: Salut, Annie! Ça va?

ANNIE: Ça va, merci! Et toi?

PHILIPPE: Ça va. (*Noticing a student he doesn't know.*) Qui est-ce?

ANNIE: C'est Jacques Beaupré.

PHILIPPE: Et où habite Jacques?

ANNIE: A Québec.

Jacques comes up and joins them.

JACQUES: Bonjour, Annie.

ANNIE: Bonjour, Jacques.

PHILIPPE: Bonjour. Je m'appelle Philippe.

JACQUES: Bonjour, Philippe. Ça va?

PHILIPPE: Pas mal, merci.

Expressions pour la conversation

The informal greeting **Ça va?** (*How are things?*) may be answered in different ways:

Ça va!	*Fine! (Things are okay.)*
Ça va, merci! Et toi?	*Fine, thanks. And you?*
Pas mal, merci!	*Not bad, thanks.*

L'art du dialogue

a. Act out the dialogue between Philippe, Annie, and Jacques.

b. Imagine that there are two new students from Canada: Jacques et Alice Beaupré. Prepare and act out the new dialogue.

c. Prepare and act out a dialogue in which Annie and Philippe greet Marie, who has just arrived from Fort-de-France.

d. Write out your own dialogue in which you greet a new student.

1.2 PRÉSENTATIONS

JACQUES

Il parle français.
Il **ne** parle **pas** espagnol.

He speaks French.
He doesn't speak Spanish.

NATHALIE

Elle téléphone à Annie.
Elle **ne** téléphone **pas** à Sylvie.

She is phoning Annie.
She is not calling Sylvie.

MAX ET PHILIPPE

Ils étudient l'anglais.[1]
Ils **n'**étudient **pas** l'espagnol.

They study English.
They do not study Spanish.

ANNIE ET NATHALIE

Elles habitent à Paris.
Elles **n'**habitent **pas** à Montréal.

They live in Paris.
They do not live in Montreal

BENOÎT ET MARIE

Ils habitent à Abidjan.
Ils visitent Paris.
Ils parlent français ensemble.
Ils **ne** parlent **pas** anglais.
C'est normal!
Ils **n'**étudient **pas** l'anglais.

They live in Abidjan.
They are visiting Paris.
They speak French together.
They don't speak English.
That's not unusual!
They are not studying English

[1] To say *He speaks French* (*Spanish, English*), the French use the name of the language without an article:
Il parle français (espagnol, anglais). With other verbs the name of the language is preceded by **le**
(or **l'**): **Il étudie le français (l'espagnol, l'anglais).**

OBSERVATIONS

Reread the French sentences in **Présentations.** The students' names have been replaced by pronouns.

- Which pronoun is used to replace the following names: **Jacques? Nathalie? Max et Philippe? Annie et Nathalie? Benoît et Marie?**

The sentences containing words in heavy type are negative sentences.

- In every negative sentence, which word comes immediately *after* the verb?
- In the first two negative sentences, which word comes immediately *before* the verb?
- In the next two negative sentences, the verbs begin with vowel sounds. What is the form of **ne** before these verbs?

NOTE CULTURELLE: **Montréal et Abidjan**

Montreal is the largest city in Canada. It is also the second-largest French-speaking city in the world. (The largest is Paris.)

Abidjan is the capital of the Ivory Coast, a country of Black Africa where French is the official language.

Montréal

Abidjan

LA LANGUE FRANÇAISE

PRONONCIATION

Voyelles *(vowel sounds)*

French words whose written forms begin with a vowel (**a, e, i, o, u, y** + consonant) and most words beginning with **h**[1] begin with a vowel sound in spoken French. The sentence below contains only words which begin with vowel sounds.

Albert et Yvonne habitent en Amérique.

Liaison et élision *(liaison and elision)*

Liaison. The **s** of **ils** and **elles** is usually silent. However, if the next word begins with a vowel sound, the **s** is pronounced /z/. The pronunciation of a normally silent consonant treated as though it were the first sound of the next word is called "liaison."

Contrast: Ils téléphonent.	Ils /z/ étudient.
Elles parlent français.	Elles /z/ habitent à Paris.

Elision. The final **e** of a few short words such as **le** and **ne** is dropped when the next word begins with a vowel sound. In written French, the dropped vowel is replaced with an apostrophe. This is called "elision."

Contrast: le français	l'anglais
Max ne danse pas.	Max n'étudie pas.

NOTE: Elision and liaison occur only before and after certain words. As new occasions of elision and liaison are introduced, they will be so indicated in the sections entitled **Structure.**

▶ In written French, liaison is not marked by any sign. As a learning help, new liaisons will be marked in this book with: ‿.

Prononçons

Repeat the following sentences.

1. Ils étudient l'anglais. Ils n'étudient pas le français.
2. Elles habitent à Montréal. Elles n'habitent pas à Québec.
3. Ils invitent Jacques. Ils n'invitent pas Philippe.
4. Elles arrivent à Paris. Elles n'arrivent pas à Fort-de-France.

[1] Certain words beginning with **h** are considered as beginning with a consonant sound. These will be indicated as they occur. Before such words there is no liaison or elision.

La cédille *(the cedilla)*

The cedilla is a spelling mark which occurs under **c: ç.**

Marie parle français.   Ça va, François?

The **ç** occurs only before **a, o,** and **u.** It is pronounced /s/.

STRUCTURE

A. LES PRONOMS SUJETS: *IL, ELLE, ILS, ELLES*

To replace a noun subject, the French use the following subject pronouns:

	SINGULAR	PLURAL
Masculine	**il** *(he)*	**ils** *(they)*
Feminine	**elle** *(she)*	**elles** *(they)*

Voici Jacques. **Il** parle français. **Il** habite à Québec.
Voici Alice. **Elle** parle français. **Elle** habite à Québec.
Voici Pascal et Philippe. **Ils** parlent français. **Ils** habitent à Paris.
Voici Annie et Nathalie. **Elles** parlent français. **Elles** habitent à Paris.
Voici Benoît et Marie. **Ils** parlent français. **Ils** habitent à Abidjan.

NOTES: 1. The French have two pronouns which correspond to the English *they.*

Ils refers to a group of boys or a group including both boys and girls.
Elles refers to groups composed only of girls.

2. There is liaison after **ils** and **elles** when the next word begins with a vowel sound.

Exercice 1. *Arrivée à Québec*

A group of American students are spending the weekend in Canada. Say that the following persons are arriving in Quebec. Use subject pronouns. Do not forget liaison after **ils** and **elles.**

MODÈLE: Janet et Linda **Elles arrivent à Québec.**
Bob **Il arrive à Québec.**

1. Sam
2. Mark et Jim
3. Elaine
4. Alice et Marylou
5. Bill
6. Tom et Roger
7. Helen et Stephanie
8. Mike et Jane
9. Suzanne, Mary, Nancy et John

Exercice 2. **Visite de Québec**

Say that the people mentioned in the previous exercise are visiting Quebec. Use subject pronouns.

MODÈLE: Janet et Linda   **Elles visitent Québec.**
          Bob   **Il visite Québec.**

Exercice 3. **A Paris**

Another group of American students is going to Paris. Say what each of the following members is doing, using subject pronouns.

MODÈLE: Jim téléphone à Philippe.   **Il téléphone à Philippe.**

1. Mark téléphone à Nathalie.
2. Suzie téléphone aussi.
3. Eric visite Paris.
4. Yvonne téléphone à Philippe.
5. Caroline et Sylvie visitent Paris.
6. Paul et David parlent français.
7. Charles et Frank invitent Annie.
8. Charles et Annie dansent.
9. Frank et Rachel dansent aussi.
10. Eleanor et Donna visitent Paris.

B. LA NÉGATION AVEC *NE . . . PAS*

To make a sentence negative, the French use the construction **ne . . . pas**:

$$\text{subject} + \textbf{ne} + \text{verb} + \textbf{pas} + \ldots \textit{(rest of sentence)}$$
$$\downarrow$$
$$\textbf{n'} \textit{ (before a vowel sound)}$$

Jim **ne** parle **pas** français.   *Jim does not speak French.*
Jim **n'**habite **pas** à Québec.   *Jim doesn't live in Quebec.*

Exercice 4. **Alice et Suzanne**

Suzanne and her cousin Alice never do things the same way. Read what Alice does and make negative statements accordingly about Suzanne.

MODÈLE: Alice parle français.   **Suzanne ne parle pas français.**

1. Alice habite à Québec.
2. Alice visite Paris.
3. Alice étudie.
4. Alice étudie l'espagnol.
5. Alice téléphone.
6. Alice téléphone à Jacques.
7. Alice invite Jacques.
8. Alice danse avec Jacques.

Exercice 5. **Contradiction**

Whenever Philippe says something about his friends, Annie contradicts him. Play the roles of Philippe and Annie according to the model.

MODÈLE: Alice habite à Montréal.   Philippe: **Alice habite à Montréal.**
                                        Annie: **Non, elle n'habite pas à Montréal.**

1. Jim et Bob habitent à New York.
2. Bob parle français.
3. Max et Paul parlent anglais.
4. Pascal et Sylvie parlent espagnol.
5. Michèle étudie.
6. Louise et Monique étudient l'anglais.
7. Marc étudie l'espagnol.
8. Marc et Sylvie téléphonent.
9. Roger et Marie visitent Québec.
10. Christine et Nathalie habitent ensemble.

Entre nous

Philippe and Annie have just met at a party. They notice Benoît coming in.

PHILIPPE: Bonjour!
ANNIE: Bonjour, ça va?
PHILIPPE: Pas mal! Pas mal, merci.
ANNIE: Tiens, voilà Benoît.
PHILIPPE: Benoît habite à Fort-de-France, *n'est-ce pas?*   doesn't he?
ANNIE: Mais non! il n'habite pas à Fort-de-France. Il habite à Abidjan.
PHILIPPE: Il parle français avec un accent?
ANNIE: Pas du tout. Il parle *très bien* français.   very well
PHILIPPE: Bien sûr! *Après tout,* il habite à Abidjan!   After all

Expressions pour la conversation

Tiens!	*Look!*	**Tiens,** voilà Marc.
Oui!	*Yes!*	**Oui,** Marc parle français.
Mais oui!	*Why yes! Certainly!*	**Mais oui,** il parle français.
Bien sûr!	*Sure! Of course!*	**Bien sûr,** Marie parle aussi français.
Non!	*No!*	**Non,** Marc n'habite pas à Montréal.
Mais non!	*Why no! Of course not!*	**Mais non,** il n'habite pas à Québec.
Pas du tout!	*Not at all!*	**Pas du tout!** Il parle très bien français.
Au contraire!	*On the contrary!*	**Au contraire!** Il danse très bien.

L'art du dialogue

a. Act out the dialogue between Annie and Philippe.

b. Imagine that Benoît and Marie (instead of just Benoît) are arriving. Act out a similar dialogue in which you talk about both of them. Don't forget to change some pronouns and verbs where necessary.

c. Imagine that Alice, who is from Quebec, now drops in. Act out the new dialogue in which you replace **Benoît** by **Alice** and **Abidjan** by **Québec**. Make all other necessary changes.

1.3 À PARIS: ÉCHANGE D'ADRESSES

Benoît and his sister Marie, two students from Abidjan, have spent several months in Paris where they met Philippe.

PHILIPPE:	Est-ce que tu aim**es** Paris?	*Do you like Paris?*
BENOÎT:	Bien sûr! J'ador**e** Paris.	*Of course! I love Paris.*
PHILIPPE:	Quand est-ce que tu rentr**es** à Abidjan?	*When are you going back to Abidjan?*
BENOÎT:	Hélas, je rentr**e** demain.	*Unfortunately (alas), I'm going back tomorrow.*
PHILIPPE:	Est-ce que tu rentr**es** avec Marie?	*Are you going back with Marie?*
BENOÎT:	Oui, nous rentr**ons** ensemble.	*Yes, we're going back together.*
PHILIPPE:	Où est-ce que vous habit**ez** à Abidjan?	*Where do you live in Abidjan?*
BENOÎT:	Nous habit**ons** douze, rue Pierre-et-Marie-Curie.	*We live at 12 Pierre and Marie Curie Street.*
PHILIPPE:	Alors, bon voyage!	*Well, have a good trip!*

NOTE CULTURELLE: Noms de rue
(street names)

The French name their streets (**rue Pierre-et-Marie-Curie, boulevard Pasteur, avenue Edison**) rather than number them (Second Avenue, Sixth Street) the way Americans often do. French streets are frequently named after famous people and historical events. This same tradition is maintained in many French-speaking countries like the Ivory Coast.

Questions sur le texte

1. **Est-ce que** Benoît aime Paris?
2. **Est-ce que** Benoît et Marie habitent à Abidjan?
3. Quand **est-ce que** Benoît rentre à Abidjan?
4. Où **est-ce que** Benoît et Marie habitent à Abidjan?

OBSERVATIONS

Reread the **Questions sur le texte** above. The first two questions ask for a *yes* or *no* answer. They are "yes–no" questions.

- What expression do these two questions begin with?

The last two questions ask for specific information. They are "information" questions.

- What word does Question 3 begin with? What is the next expression? What word does Question 4 begin with? What is the next expression?

Reread the dialogue between Philippe and Benoît.

- How does Benoît say *I*? *we*?
  How does Philippe say *you* when referring only to Benoît?
  How does Philippe say *you* when referring to Benoît and Marie?

- Which letter or letters does the verb end in when the subject is **je**? **tu**? **nous**? **vous**?

Vocabulaire spécialisé: les nombres de 0 à 12

	NOMBRES	ADRESSES[1]
0	**zéro**	
1	**un**	1, rue Bonaparte
2	**deux**	2, avenue Gabriel
3	**trois**	3, boulevard Pasteur
4	**quatre**	4, rue La Fayette
5	**cinq**	5, rue Franklin
6	**six**	6, avenue du Président Kennedy
7	**sept**	7, place de la Nation
8	**huit**	8, rue de la Victoire
9	**neuf**	9, place de la République
10	**dix**	10, place de la Bastille
11	**onze**	11, avenue de New-York
12	**douze**	12, avenue Victor-Hugo

---

[1] These are Paris addresses. In fact, **2, avenue Gabriel** is that of the American Embassy in France.

Exercice 1. **Mathématiques**

Read in French and give the answers.

MODÈLE: 1 + 2   Un plus deux font trois.

1 + 1	2 + 3	6 + 6	9 + 0	3 + 1	6 + 5
1 + 4	2 + 9	3 + 7	8 + 1	4 + 4	7 + 5
1 + 6	2 + 5	8 + 2	5 + 1	5 + 5	3 + 8

Exercice 2. **Numéros de téléphone**

Give the following American telephone numbers, one digit at a time.

MODÈLE: 527-5843   cinq-deux-sept-cinq-huit-quatre-trois

1. 969-1234
2. 332-9710
3. 439-8281
4. 652-0317
5. 652-3247
6. 612-3189
7. 476-8592
8. votre numéro (*your number*)

LA LANGUE FRANÇAISE

PRONONCIATION

Le son (*the sound*) /i/[1]

Model word: Philippe
Practice words: il, Mimi, Sylvie, visite, dîne, Yves
Practice sentences: Philippe visite l'Italie.
            Yves habite à Nice.

The French sound /i/ as in **Mimi** is shorter than the English vowel *e* of *me*.

Comment écrire /i/ (*How to write* /i/): **i, î, y**

Le son /a/

Model word: Madame
Practice words: Annie, Max, Cannes, Canada, Panama, ça va, Jacques
Practice sentences: Madame Laval habite à Panama.
            Ça va, Nathalie?

---

[1] In this book French sounds are transcribed in phonetic symbols that you will find in many French dictionaries. One sound may have several different spellings. It may also happen that one letter or group of letters is pronounced differently according to its position within a word. The sound-spelling correspondence table of the French language is listed on pages 415–417.

The French sound /a/ is shorter and more precise than the English vowel *a* of *father*.

Comment écrire /a/: **a, à, â**

Le son /wa/

Model word: v<u>oi</u>là
Practice words: v<u>oi</u>ci, Ben<u>oî</u>t, mademoiselle, v<u>oy</u>age
Practice sentence: V<u>oi</u>là Ben<u>oî</u>t Lav<u>oi</u>e.

Comment écrire /wa/: **oi, oî, oy**

STRUCTURE

A. QUESTIONS À RÉPONSE AFFIRMATIVE OU NÉGATIVE

To change a statement into a "yes–no" question, the French often use the following construction:

> **est-ce que** + statement ?
> **est-ce qu'** (before a vowel sound)

Contrast these statements and questions:

Philippe parle français.	**Est-ce que** Philippe parle français?
Il parle anglais aussi.	**Est-ce qu'**il parle anglais aussi?
Marie et Benoît aiment Paris.	**Est-ce que** Marie et Benoît aiment Paris?
Ils aiment Abidjan.	**Est-ce qu'**ils aiment Abidjan?

In an informal conversation, you can change a statement into a "yes–no" question by letting your voice rise at the end of the sentence. (This is like English.)

Statement: Philippe parle français. ↘   *Question:* Philippe parle français? ↗

Exercice 3. **Questions**

Ask the "yes–no" questions which correspond to the following answers.

MODÈLE: Philippe habite à Paris.   Est-ce que Philippe habite à Paris?

1. Marie visite Paris.
2. Benoît visite Paris.
3. Marie et Benoît aiment Paris.
4. Marie et Benoît habitent à Abidjan.
5. Benoît rentre à Abidjan.
6. Marie rentre aussi à Abidjan.
7. Benoît téléphone à Philippe.
8. Philippe téléphone à Marie.

Exercice 4. ***A la surprise-partie*** (*at the party*)

The following teen-agers get together at a party. Ask whether they dance well **(bien).** Use subject pronouns in your questions.

MODÈLE: Philippe   **Est-ce qu'il danse bien?**

1. Annie	3. Benoît	5. Nathalie	7. Suzanne et Jacques
2. Max	4. Marie	6. Michèle et Sophie	8. Bernard et Robert

Exercice 5. ***Avec Marie?***

A friend is describing what certain people are doing. Ask whether they do these things with Marie. Use subject pronouns in your questions.

MODÈLE: Annie étudie.   **Est-ce qu'elle étudie avec Marie?**

1. Nathalie visite Paris.
2. Philippe parle.
3. Annie arrive.
4. Annie et Nathalie dînent.

5. Philippe et Benoît parlent français.
6. Philippe danse.
7. Benoît danse.
8. Benoît rentre à Abidjan.

B. QUESTIONS D'INFORMATION

To form an "information" question, the French often use the following construction:

> interrogative expression + **est-ce que** + subject + verb + . . . (*rest of sentence*)?
> **est-ce qu'** (before a vowel sound)

Quand est-ce que tu rentres à Abidjan?

The interrogative expression indicates what type of information is being requested.

Some interrogative expressions

où?	*where?*	**Où** est-ce que Benoît étudie le français?
quand?	*when?*	**Quand** est-ce qu'il rentre à Abidjan?
avec qui?	*with who(m)?*	**Avec qui** est-ce qu'il rentre?

NOTE: Short questions with **où** are often formed as follows:

> **où** + verb + subject?   Où habite Benoît?

Exercice 6. ***Curiosité***

Annie says her friends are doing certain things. Philippe wants more information. Play the two roles according to the model.

MODÈLE: Max arrive. (quand?)   Annie: **Max arrive.**
                                Philippe: **Quand est-ce qu'il arrive?**

1. Jacques arrive à Paris. (quand?)
2. Benoît rentre. (où?)
3. Benoît rentre à Abidjan. (quand?)
4. Nathalie étudie. (avec qui?)

5. Benoît et Marie visitent Paris. (quand?)
6. Benoît et Marie visitent Paris. (avec qui?)
7. Marie étudie. (avec qui?)
8. Nathalie dîne. (où?)

C. LES PRONOMS SUJETS: *JE, TU, NOUS, VOUS*

In module 2 you learned four subject pronouns: **il, elle, ils, elles.** Here are four other subject pronouns:

SINGULAR		PLURAL	
je (*I*)	Je parle français.	**nous** (*we*)	Nous parl**ons** français.
j' (+ vowel sound)	J'aime Paris.		Nous aim**ons** Paris.
tu (*you*)	Tu parl**es** français.	**vous** (*you*)	Vous parl**ez** français.
	Tu aim**es** Paris.		Vous aim**ez** Paris.

Have you noted?

a. **Je** becomes **j'** before a vowel sound.

b. There is a liaison after **nous** and **vous** when the following word begins with a vowel sound.

c. For the verbs of this lesson, the following endings are used:

je-ending: **-e**   nous-ending: **-ons**
tu-ending: **-es**   vous-ending: **-ez**

The **je**-ending and the **tu**-ending are silent. The **nous**-ending and the **vous**-ending are pronounced.

Exercice 7. **Oui**

Annie asks Benoît some questions which he answers affirmatively. Play the two roles.

MODÈLE: Benoît visite Paris.   Annie: **Est-ce que tu visites Paris?**
                                Benoît: **Oui, je visite Paris.**

1. Benoît habite à Abidjan.
2. Il parle français.
3. Il étudie.
4. Il dîne avec Philippe.

5. Il téléphone à Nathalie.
6. Il danse avec Nathalie.
7. Il aime Paris.
8. Il rentre demain.

Exercice 8. **Non**

Annie asks Max the same questions she asked Benoît in the preceding exercise. He answers negatively. Play the two roles.

MODÈLE: Max visite Paris.

> Annie: **Est-ce que tu visites Paris?**
> Max: **Non, je ne visite pas Paris.**

Exercice 9. **Ensemble**

In the following sentences Philippe describes what he is doing together with his friends. For emphasis, he adds an equivalent sentence using **ensemble.** Play his role.

MODÈLE: Je visite Paris avec Benoît.

> **Nous visitons Paris ensemble.**

1. Je parle avec Annie.
2. J'étudie avec Nathalie.
3. Je parle anglais avec Jim.
4. Je danse avec Marie.·

5. Je dîne avec Benoît.
6. Je rentre avec Jacques.
7. J'habite avec Pierre.
8. Je parle espagnol avec Michèle.

Exercice 10. **Avec Benoît**

Annie asks Philippe if he does certain things with Benoît. For emphasis, she asks two questions, one using **tu** and the other using **vous** and **ensemble.** Play Annie's role according to the model.

MODÈLE: Philippe parle avec Benoît.

> Annie: **Est-ce que tu parles avec Benoît?**
> **Est-ce que vous parlez ensemble?**

1. Philippe dîne avec Benoît.
2. Il visite Paris avec Benoît.
3. Il rentre avec Benoît.

4. Il étudie avec Benoît.
5. Il parle espagnol avec Benoît.
6. Il parle anglais avec Benoît.

Questions personnelles

Answer these questions in complete sentences.

1. Est-ce que tu habites en Amérique?
2. Est-ce que tu parles anglais?
3. Est-ce que tu étudies le français?

4. Est-ce que tu aimes le français?
5. Est-ce que tu étudies l'espagnol?
6. Où est-ce que tu habites?

Entre nous

The evening before Marie's departure for Abidjan, Philippe invites her to a restaurant. Madame Leblanc, Philippe's mother, asks her son about his plans.

MME LEBLANC:	Dis, Philippe! Est-ce que tu dînes avec nous *ce soir?*	this evening
PHILIPPE:	Non, Maman. Ce soir je dîne *en ville.*	in town
MME LEBLANC:	Avec qui est-ce que tu dînes?	
PHILIPPE:	Je dîne avec Marie. Elle rentre demain à Abidjan.	
MME LEBLANC:	Où est-ce que vous dînez?	
PHILIPPE:	Nous dînons «Chez Simone».	
MME LEBLANC:	Quand est-ce que tu rentres?	
PHILIPPE:	*A onze heures.*	at eleven
MME LEBLANC:	Au revoir. Et *amusez-vous bien.*	have a good time

Expressions pour la conversation

To get someone's attention, the French use:

Dis!
Dis donc! } *Say! Hey!* (**tu**-form)   **Dis donc,** Benoît. Est-ce que tu aimes Paris?

Dites!
Dites donc! } *Say! Hey!* (**vous**-form)   **Dites,** Benoît et Marie. Quand est-ce que vous rentrez?

L'art du dialogue

a. Act out the dialogue between Madame Leblanc and Philippe.

b. Imagine that Madame Leblanc is talking to her two sons, Philippe and Pascal. Act out the new dialogue.

1.4 À GENÈVE: CONVERSATIONS

Marc, a Swiss student, speaks to Ahmed and to Ahmed's father, Monsieur Halimi, a Tunisian diplomat.[1]

Marc parle à Ahmed:

MARC:	Dis! **Tu** parles bien français!	*Say! You speak French well!*
AHMED:	Je parle souvent français. J'aime parler français.	*I often speak French. I like to speak French.*
MARC:	**Tu** aimes voyager?	*Do you like to travel?*
AHMED:	J'adore voyager. Mais hélas, je voyage rarement.	*I love to travel. But unfortunately I rarely do (travel).*

Marc parle à Monsieur Halimi.

MARC:	Pourquoi est-ce que **vous** habitez à Genève?	*Why do you live in Geneva?*
M. HALIMI:	Parce que je travaille pour les Nations Unies.	*Because I work for the United Nations.*
MARC:	Alors, **vous** voyagez souvent?	*Then you often travel?*
M. HALIMI:	Hélas oui! Je voyage souvent. Je déteste voyager.	*Yes unfortunately. I often do (travel). I hate traveling.*

OBSERVATIONS

Reread Marc's two conversations.

- How does he say *you* when talking to Ahmed, a friend his own age?
- How does he say *you* when talking to Monsieur Halimi, an adult who is not a close friend?

[1] Tunisia (**la Tunisie**) is a country in North Africa. Many Tunisians speak French.

NOTE CULTURELLE: **Qui parle français en Europe?**

French is spoken in Geneva (**Genève**). This cosmopolitan Swiss city serves as headquarters to several agencies of the United Nations (**les Nations Unies**). French is also spoken in Belgium (**la Belgique**), Luxembourg (**le Luxembourg**), and parts of Switzerland (**la Suisse**).

Petit vocabulaire

pourquoi?	*why?*	**Pourquoi** est-ce que vous étudiez le français?
parce que[1]	*because*	**Parce que** j'aime voyager.
souvent	*often*	Monsieur Halimi voyage **souvent.**
rarement	*rarely, seldom*	Ahmed voyage **rarement.**
bien	*well*	Ahmed parle **bien** français.
mal	*badly, poorly*	Il parle **mal** anglais.

Vocabulaire spécialisé: activités

Est-ce que vous aimez . . .

voyager?   étudier?   travailler?   danser?

parler français?   regarder la télé?   écouter la radio?   jouer au tennis?

OBSERVATIONS

How do you say in French: *Do you like to dance?*

• Which French verb is equivalent to the two-word English expression *to dance?*
• What are the last two letters of this French verb?

---

[1] The form **parce qu'** is used before a vowel sound: Il étudie **parce qu'**il aime étudier.

LA LANGUE FRANÇAISE

PRONONCIATION

Le son /r/

Model word: Pa<u>r</u>is

Practice words: Ma<u>r</u>c, Ma<u>r</u>ie, Pat<u>r</u>ick, a<u>rr</u>ive, <u>r</u>ega<u>r</u>de, pa<u>r</u>le, t<u>r</u>availle, <u>R</u>ita

Practice sentences: Ma<u>r</u>c <u>r</u>ega<u>r</u>de <u>R</u>ita.

Ma<u>r</u>ie a<u>rr</u>ive à Pa<u>r</u>is.

Ma<u>r</u>c pa<u>r</u>le à Pat<u>r</u>ick.

The French /r/ is pronounced at the back of the throat. To pronounce a French /r/, say /ga/ and then clear your throat while keeping your tongue in the same position. The resulting sound is an /r/. Practice the French /r/ by pronouncing the French word **garage.**

STRUCTURE

A. *TU* ET *VOUS*

When talking to one person, the French sometimes say **tu** and sometimes **vous.**

> **tu** is used to address a child, a member of the family, a close friend, or a classmate. (**Tu** is called the "familiar form.")
>
> Dis, Ahmed. **Tu** travailles?
>
> **vous** is used to address everyone else. (**Vous** is called the "formal form.")
>
> Est-ce que **vous** parlez français, Monsieur?

NOTE: **Vous** is the plural of both the familiar form and the formal form.

Dites donc, Marc et Ahmed. **Vous** jouez au tennis?

Bonjour, Monsieur. Bonjour Madame. Est-ce que **vous** parlez arabe?

▶ In the **Questions personnelles** you will be addressed as **vous** from now on. You should use **vous** when talking to your teacher. However, when talking to your classmates, you may use **tu.**

Exercice 1. **Qui parle anglais?**

Ahmed needs help reading a letter he got from an American pen pal. He asks the following people if they speak English. Play the part of Ahmed, using **vous** or **tu** as appropriate.

MODÈLE: Madame Gounod (his music teacher)   **Est-ce que vous parlez anglais?**

1. Nicole (a friend)
2. Pascal (a classmate)
3. Michèle (another classmate)
4. Djemila (his cousin)
5. Monsieur Duval (his French teacher)
6. Mademoiselle Leclerc (his math teacher)
7. Monsieur Lami (a friend of his father)
8. Monsieur Halimi (his father)
9. Madame Boudjema (his aunt)
10. Monsieur Ericson (a colleague of his father)

B. L'INFINITIF

The basic form of the verb is called the "infinitive." In French dictionaries, verbs are listed in their infinitive forms.

Petit vocabulaire: verbes

Here are the infinitives of the verbs you have been using.

adorer	*to love*	J'**adore** Genève.
aimer	*to like*	Nathalie **aime** Paris.
arriver	*to arrive*	Nous **arrivons** à Québec.
danser	*to dance*	Est-ce que tu **danses** bien?
détester	*to hate*	Je **déteste** le français.
dîner	*to have dinner*	Philippe **dîne** avec Marie.
écouter	*to listen (to)*	Est-ce que vous **écoutez** la radio?
étudier	*to study*	Nous **n'étudions** pas.
habiter	*to live*	Ahmed **habite** à Tunis.
inviter	*to invite*	Nous **invitons** Benoît.
jouer	*to play*	Ils **jouent** au tennis.
parler	*to speak, talk*	Ils ne **parlent** pas français.
présenter	*to introduce*	Pascal **présente** Philippe à Annie.
regarder	*to look at, watch*	Nous **regardons** la télé.
rentrer	*to go back, come back*	Marc **rentre** à Genève.
téléphoner (à)	*to phone, call (up)*	Il **téléphone** à Monsieur Halimi.
travailler	*to work*	Monsieur Halimi **travaille** à Genève.
visiter	*to visit*	Il **visite** New York.
voyager	*to travel*	Il **voyage** souvent.

Have you noted?

In French the infinitive consists of only one word.

French verbs are grouped according to their infinitive ending. The most common infinitive ending is **-er.**

The infinitive is used after certain verbs or expressions:

adorer	Linda **adore parler** français.	{ *Linda loves to speak French.* { *Linda loves speaking French.*
aimer	Ahmed **aime parler** français.	
détester	Nancy **déteste parler** français.	

Exercice 2. **Le pour et le contre** (*pro and con*)

Ahmed likes to do the following things. His cousin Djemila hates to do them. Play the roles of Ahmed and Djemila according to the model.

MODÈLE: voyager   Ahmed: **J'aime voyager.**
                         Djemila: **Je déteste voyager.**

1. parler français
2. étudier
3. travailler
4. parler arabe
5. téléphoner
6. danser
7. regarder la télé
8. écouter la radio
9. jouer au tennis
10. visiter Genève

Exercice 3. **Une excellente raison**

Say that the following people are doing certain things because they like to.

MODÈLE: Ahmed voyage.   **Il voyage parce qu'il aime voyager.**

1. Philippe étudie.
2. Marie danse.
3. Benoît parle.
4. Annie téléphone.
5. Alice et Marc parlent français.
6. Max et Sylvie jouent au tennis.
7. Jacques et Philippe écoutent la radio.
8. Nathalie et Anne regardent la télé.

C. LE PRÉSENT DES VERBES RÉGULIERS EN -*ER*

Most verbs in **-er** form their present tense like **parler** (*to speak*).

parler		INFINITIVE STEM	ENDING
je	parle		-e
tu	parles	(infinitive minus -er)	-es
il/elle	parle		-e
		parl- +	
nous	parlons		-ons
vous	parlez		-ez
ils/elles	parlent		-ent

The present tense forms of **parler** consist of two parts:

(1) a part which does not change: the *stem* (which is the infinitive minus **-er**)
(2) a part which changes to agree with the subject: the *ending*

Verbs conjugated like **parler** are called "regular verbs" or "**-er** verbs."

Compare the French forms of the present tense with their English equivalents:

Ahmed **parle** français.
$\begin{cases} \textit{Ahmed } \textbf{\textit{speaks}} \textit{ French.} \\ \textit{Ahmed } \textbf{\textit{does speak}} \textit{ French.} \\ \textit{Ahmed } \textbf{\textit{is speaking}} \textit{ French.} \end{cases}$

Ahmed **ne parle pas** anglais.
$\begin{cases} \textit{Ahmed } \textbf{\textit{does not speak}} \textit{ English.} \\ \textit{Ahmed } \textbf{\textit{is not speaking}} \textit{ English.} \end{cases}$

Est-ce qu'Ahmed **parle** arabe?
$\begin{cases} \textbf{\textit{Does}} \textit{ Ahmed } \textbf{\textit{speak}} \textit{ Arabic?} \\ \textbf{\textit{Is}} \textit{ Ahmed } \textbf{\textit{speaking}} \textit{ Arabic?} \end{cases}$

Exercice 4. ***Voyage en France***

Read the following story which tells of a trip two Canadian students took.

1. Lucie et Irène Robichaud habitent à Montréal.
2. Elles aiment la France.
3. Elles adorent voyager.
4. Elles arrivent à Paris.
5. Elles visitent Notre-Dame.
6. Elles ne visitent pas la Tour Eiffel.
7. Elles parlent français.
8. Elles rentrent à Montréal.

Now retell the story from the viewpoint of:

(a) Lucie and Irène   (begin with: **Nous habitons à Montréal.**)
(b) Lucie alone   (begin with: **J'habite à Montréal.**)
(c) a friend talking about Lucie   (begin with: **Elle habite à Montréal.**)
(d) a friend talking to Irène   (begin with: **Tu habites à Montréal?**)
(e) a friend talking to Lucie and Irène   (begin with: **Vous habitez à Montréal?**)

Entre nous

Nicole is a bit too enthusiastic.

MARC:	Dis, Nicole, est-ce que tu aimes les *surprises-parties?*
NICOLE:	Bien sûr! J'adore les surprises-parties. J'adore danser!
MARC:	Est-ce que tu danses bien?
NICOLE:	Je danse très, très bien.
MARC:	Et Sylvie, est-ce qu'elle aime danser?
NICOLE:	Oh, Sylvie aime bien danser, mais elle ne danse pas bien.
MARC:	Eh bien, *dans ce cas* c'est Sylvie que j'invite à la surprise-partie.
NICOLE:	Pourquoi Sylvie? *Pourquoi pas moi?*
MARC:	Parce que je ne danse pas très bien. *J'aime mieux* inviter une fille qui ne danse pas bien. C'est normal, non?

informal parties

in that case

Why not me?

prefer

Expressions pour la conversation

Eh bien . . .	*Well then . . . , Now then . . .*	**Eh bien,** Marc, **eh bien,** Philippe, est-ce que vous regardez la télé ou est-ce que vous jouez au tennis avec nous?
Très bien!	*Very well! Very good!*	Vous regardez la télé? **Très bien!** Dans ce cas, j'invite Nicole.
Parfait! (C'est parfait!)	*Fine! Beautiful!*	Nicole aime jouer au tennis? **Parfait!** Nous aussi, nous aimons jouer au tennis.

L'art du dialogue

a. Act out the dialogue between Marc and Nicole.

b. Imagine that Marc is thinking of playing tennis. Act out a new dialogue, replacing **les surprises-parties** by **le tennis,** and **danser** by **jouer.** Leave out **à la surprise-partie.**

1.5 À ABIDJAN: QUI GAGNE?

Benoît and Marie are at the tennis courts with Koffi and Aya. Kouamé and Kouadio are watching.

Match numéro un: Benoît joue contre Marie.   *Game number one: Benoît is playing against Marie.*

Qui gagne? *Who is winning?*

BENOÎT (à Marie):

Moi!	Pas **toi!**
Moi, je gagne.	**Toi,** tu ne joues pas bien.

KOUAMÉ (à Kouadio):

Lui!	Pas **elle!**
Lui, il gagne.	**Elle,** elle ne joue pas bien.

Me! (I am!)	*Not you! (You're not!)*
I'm winning.	*You're not playing well.*

Him! (He is!)	*Not her! (She's not!)*
He is winning.	*She's not playing well.*

Petit vocabulaire

VERBE:	**gagner**	*to win*	Marie et Aya **gagnent.**
EXPRESSIONS:	**et**	*and*	Benoît **et** Koffi jouent au tennis.
	ou	*or*	Qui joue? Koffi **ou** Kouamé?
	avec	*with*	Benoît joue **avec** Koffi.
	contre	*against*	Benoît joue **contre** Marie.
	pour	*for*	C'est un point **pour** Marie.

Match numéro deux : Benoît et Koffi
jouent contre Marie et Aya.

*Game number two: Benoît and Koffi are playing
against Marie and Aya.*

Qui gagne ? *Who is winning?*

BENOÎT (à Marie) :

| Pas **nous!** | **Vous!** | *Not us! (We're not!)* | *You! (You are!)* |
| **Nous,** nous jouons mal. | **Vous,** vous gagnez. | *We're playing badly.* | *You're winning.* |

KOUAMÉ (à Kouadio) :

| Pas **eux!** | **Elles!** | *Not them! (They're not!)* | *Them! (They are!)* |
| **Eux,** ils jouent mal. | **Elles,** elles gagnent. | *They're playing badly.* | *They're winning.* |

OBSERVATIONS

Reread Benoît's and Kouamé's comments during the tennis games. The pronouns in heavy
type are called "stressed pronouns."

- Which four are similar to the subject pronouns you already know?
- Which four are different?

Questions sur le texte

MATCH NUMÉRO UN	MATCH NUMÉRO DEUX
1. Qui joue au tennis?	5. Qui joue au tennis?
2. Qui joue contre Marie?	6. Qui joue contre Benoît et Koffi?
3. Qui gagne?	7. Qui gagne?
4. Qui ne joue pas bien?	8. Qui joue mal?

OBSERVATIONS

- Which word do the above questions begin with?
- Is this word followed by **est-ce que**?
- Is the verb in the above questions singular or plural?

NOTES CULTURELLES

1. Qui parle français en Afrique?

French is spoken in the Ivory Coast (**la Côte-d'Ivoire**) and in many parts of Africa. In fact, eighteen countries of Black Africa use French as their official language. Here are some of these countries: Senegal, Madagascar, Zaïre (formerly called the Democratic Republic of Congo). French is also spoken in the North African countries of Algeria (**l'Algérie**), Morocco (**le Maroc**), and Tunisia (**la Tunisie**).

2. Noms africains

The names Koffi, Aya, Kouamé, and Kouadio are typical Ivory Coast names. Many families, however, give their children French names.

Dakar, Sénégal

LA LANGUE FRANÇAISE

PRONONCIATION

Le son /u/

Model word: v<u>ou</u>s
Practice words: <u>où</u>, n<u>ou</u>s, d<u>ou</u>ze, L<u>ou</u>l<u>ou</u>, Min<u>ou</u>, j<u>ou</u>e, p<u>ou</u>r
Practice sentences: Min<u>ou</u> habite T<u>ou</u>l<u>ou</u>se.
                                  <u>Où</u> j<u>ou</u>e L<u>ou</u>l<u>ou</u>?

The French sound /u/ is similar to but shorter than the vowel in the English word *do*.

Comment écrire /u/: **ou, où**

Le son /ɔ̃/

Model word: n<u>on</u>
Practice words: <u>on</u>ze, Sim<u>on</u>, dîn<u>on</u>s, visit<u>on</u>s, c<u>on</u>tre, Yv<u>on</u>, b<u>on</u>jour, b<u>om</u>be
Practice sentences: B<u>on</u>jour, Sim<u>on</u>! Nous jou<u>on</u>s c<u>on</u>tre Yv<u>on</u>.

The sound /ɔ̃/ is a nasal vowel. When you pronounce a nasal vowel, air passes through your nasal passages. Be sure not to pronounce an /n/ or /m/ after a nasal vowel.

Comment écrire /ɔ̃/: **on** (**om** before **b** or **p**)

STRUCTURE

A. *QUI?*

To ask who is doing something, the French generally use the following construction:

> **qui**+ verb+ ... *(rest of sentence)?*

Qui joue au tennis?   Benoît joue au tennis.
Qui joue aussi au tennis?   Marie, Aya et Koffi jouent aussi au tennis.

In **qui**-questions the verb is singular, even if the expected answer is plural.

Exercice 1. **Un sondage d'opinion** (*an opinion poll*)

Imagine that you are in charge of a class survey. Ask which students participate in the following activities.

MODÈLE: écouter la radio · Qui écoute la radio?

1. étudier l'espagnol
2. parler français
3. jouer au tennis
4. jouer au basketball
5. regarder la télé
6. voyager souvent
7. voyager rarement
8. travailler
9. danser

B. EXPRESSIONS INTERROGATIVES AVEC *QUI*

The pronoun **qui** may be used with prepositions (**avec, pour, contre, à,** etc.) to form interrogative expressions. Such information questions must always begin with the preposition.[1]

avec qui	**Avec qui** est-ce que tu étudies?	*With whom are you studying?* *(Who are you studying with?)*
pour qui	**Pour qui** est-ce que tu travailles?	*For whom do you work?* *(Who do you work for?)*
contre qui	**Contre qui** est-ce que tu joues?	*Against whom are you playing?* *(Who are you playing against?)*
à qui	**A qui** est-ce que tu parles?	*To whom are you talking?* *(Who are you talking to?)*

Exercice 2. **Curiosité**

Marie tells Benoît what she does. Benoît wants more details. He asks questions beginning with the word in parentheses. Play the roles of Marie and Benoît.

MODÈLE: Je joue au tennis. (avec)   Marie: **Je joue au tennis.**
                                    Benoît: **Avec qui est-ce que tu joues au tennis?**

1. Je joue au tennis. (contre)
2. J'étudie. (avec)
3. Je travaille. (pour)
4. Je téléphone. (à)
5. Je dîne. (avec)
6. Je voyage. (avec)
7. Je parle. (à)
8. Je parle français. (avec)

Questions personnelles

1. Est-ce que vous travaillez?
2. Pour qui est-ce que vous travaillez?
3. Est-ce que vous téléphonez souvent?
4. A qui est-ce que vous téléphonez?
5. Est-ce que vous jouez au tennis?
6. Avec qui est-ce que vous jouez au tennis?
7. Est-ce que vous aimez danser?
8. Avec qui est-ce que vous dansez?
9. Est-ce que vous aimez voyager?
10. Avec qui est-ce que vous voyagez?

[1] To review word order in information questions, see Section B, page 22.

C. PRONOMS ACCENTUÉS

Here are the stressed pronouns and their corresponding subject pronouns:

	STRESSED PRONOUN	SUBJECT PRONOUN
Singular	**moi** **toi** **lui** **elle**	**je** **tu** **il** **elle**
Plural	**nous** **vous** **eux** **elles**	**nous** **vous** **ils** **elles**

Stressed pronouns are used in the following cases:

(1) in sentences where there is no verb:

Qui joue au tennis?	**Moi!**	*Me. (I do.)*
Qui aime travailler?	Pas **nous!**	*Not us.*
Qui danse bien?	**Toi! Lui** aussi!	*You. (You do.) He does too.*

(2) to reinforce a subject pronoun:

Moi, je joue bien.	*I play well.*
Toi, aussi, tu joues bien.	*You play well too.*

(3) after prepositions (such as **avec, pour, contre**):

Je joue avec **lui.**	*I am playing with him.*
Nous jouons contre **eux.**	*We are playing against them.*

(4) before and after **et, ou:**

Et **lui,** est-ce qu'il ne joue pas bien?	*And (what about) him, doesn't he play well?*
Lui et Georges jouent mal.	*He and Georges play poorly.*
Qui gagne? **Eux** ou **nous?**	*Who is winning? (Are) they or (are) we?*

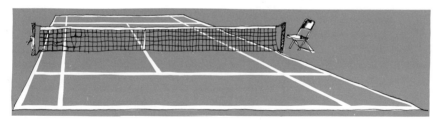

Exercice 3. **Les champions**

The gym teacher wants to know who plays tennis well. Say that the following students do, designating them with a stressed pronoun.

MODÈLE: Max   Lui!

1. Hélène
2. Nathalie
3. Philippe
4. Jacques
5. Suzanne
6. Monique et Sylvie
7. Louis et Pierre
8. Paul et David
9. Robert et Roger
10. Michèle
11. Caroline et Nicole
12. Renée et Georges

Exercice 4. **Surprenant!** (*Amazing!*)

Express your amazement at the following statements. To do so, repeat the statements, using a stressed pronoun at the beginning of each sentence.

MODÈLES: Tu joues au tennis.   **Toi, tu joues au tennis!**
          Nous jouons au tennis.   **Nous, nous jouons au tennis!**

1. Nous ne travaillons pas.
2. Vous gagnez.
3. Elle danse avec Georges.
4. Tu n'invites pas Nicole.
5. Vous voyagez.
6. Il visite Abidjan.
7. Ils téléphonent ce soir.
8. Ils invitent Marc.
9. Elle n'aime pas danser.
10. Elles détestent voyager.

Exercice 5. **Questions et réponses**

Answer the following questions with the subjects given in parentheses. Replace the underlined names with the corresponding stressed pronouns.

MODÈLE: Qui joue avec <u>Benoît et Koffi</u>? (Marie et Aya)   **Marie et Aya jouent avec eux.**

1. Qui joue avec <u>Aya</u>? (Marie)
2. Qui joue contre <u>Benoît</u>? (Aya)
3. Qui parle français avec <u>Anne et Alice</u>? (vous)
4. Qui danse avec <u>Jacques et Philippe</u>? (Marie et Sylvie)
5. Qui arrive avec <u>Aya</u>? (nous)
6. Qui travaille pour <u>Monsieur Moreau</u>? (Koffi)
7. Qui dîne avec <u>Max et Suzanne</u>? (Benoît et Marie)
8. Qui visite Abidjan avec <u>Nicole</u>? (Marie)

Entre nous

BENOÎT: Dis, Marie, tu joues au tennis avec moi?

MARIE: Avec toi? Pas question! Tu joues *trop* mal.   too

BENOÎT: *Alors*, avec qui est-ce que tu joues?   then

MARIE: Avec Koffi.

BENOÎT: Avec lui? Mais lui aussi, il joue très mal.

MARIE: D'accord, Koffi joue mal. Mais lui, *au moins*, il *me*   at least
paie une glace après le match.   buys me an ice cream after

Expressions pour la conversation

To express agreement or to accept to do something, the French use:

D'accord! *Okay! All right!*   Koffi: Tu joues au tennis avec moi?
Marie: **D'accord!**

To express refusal to do something, the French use:

Pas question! *Definitely not!*   Benoît: Tu joues au tennis avec moi?
Nothing doing!   Marie: **Pas question!**

L'art du dialogue

a. Act out the dialogue between Benoît and Marie.

b. Replace Koffi by **Koffi et Kouamé.** Act out the new dialogue.

c. Write your own dialogue based on the above model. Use a new topic of conversation, such as **danser avec moi, étudier avec moi, parler français avec moi.** Find a new dialogue ending, using the words and expressions you know.

LISONS

Une étrange coïncidence

Two gentlemen meet at a party in Paris. They look strangely alike. To their surprise they discover that they both have the same names: Jacques Dupont and Jacques Dupont. But that's not all . . .

JACQUES DUPONT 1: Bonjour, Monsieur! Je m'appelle Jacques Dupont.

JACQUES DUPONT 2: Jacques Dupont? *Quelle étrange coïncidence!* Moi aussi, je m'appelle Jacques Dupont. Vous habitez à Paris, je suppose.   *What a strange coincidence!*

JACQUES DUPONT 1: Pas du tout! Je n'habite pas à Paris. J'habite à Aix. Et vous, Monsieur Dupont, où habitez-vous?

JACQUES DUPONT 2: C'est *absolument* extraordinaire! Moi aussi, j'habite à Aix. *Dans quelle rue* habitez-vous?   *absolutely* / *On what street*

JACQUES DUPONT 1: J'habite avenue des Thermes.

JACQUES DUPONT 2: *Ce n'est pas* possible. Moi aussi.   *That's not*

JACQUES DUPONT 1: Dix, avenue des Thermes?

JACQUES DUPONT 2: Mais oui, j'habite dix, avenue des Thermes à Aix.

JACQUES DUPONT 1: Dites. Est-ce que vous parlez *sérieusement* ou *est-ce que vous plaisantez?* Moi aussi, j'habite dix, avenue des Thermes.   *seriously* / *are you joking?*

JACQUES DUPONT 2: Je ne plaisante pas et je parle sérieusement. Tenez. Voici *mon* passeport.   *my*

JACQUES DUPONT 1: (Il regarde le passeport.) C'est *exact*. Vous habitez aussi dix, avenue des Thermes à Aix-en-Provence.   *right*

JACQUES DUPONT 2: Mais non! Pas à Aix-en-Provence . . . A Aix-les-Bains!

JACQUES DUPONT 1: Et moi, j'habite à Aix-en-Provence.

JACQUES DUPONT 2: *Voilà! Tout s'explique!*   *That's it! Everything is explained!*

Vrai ou faux?

Indicate whether the following statements are true (**vrai**) or false (**faux**).

Jacques Dupont 1	Jacques Dupont 2
1. Il habite à Paris.	1. Il n'habite pas à Paris.
2. Il habite 10, avenue des Thermes.	2. Il habite 10, avenue des Thermes, aussi.
3. Il parle sérieusement.	3. Il plaisante.
4. Il habite à Aix-en-Provence.	4. Il habite à Aix-en-Provence aussi.

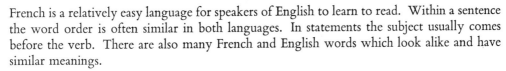

NOTE CULTURELLE: Aix-en-Provence et Aix-les-Bains

Aix-en-Provence and Aix-les-Bains are two French cities which have more in common than their name Aix, which means *water* or *springs*. Both were founded by the Romans about two thousand years ago. In both cities the Avenue des Thermes reminds us that the Romans built public baths (**thermes**) there.

L'art de la lecture

How to read a French sentence

French is a relatively easy language for speakers of English to learn to read. Within a sentence the word order is often similar in both languages. In statements the subject usually comes before the verb. There are also many French and English words which look alike and have similar meanings.

- What French words can you find in the reading which resemble English words?
- What words do you remember reading in this chapter which look like English words?

French sentences, however, are not identical to English sentences. They usually contain more words, and these words may be only remotely related or totally unrelated to English words. When reading a French sentence, you should first locate the words which give meaning to that sentence.

Step 1. Find the subject. This tells who is doing the action.

Step 2. Find the verb. This tells what action is going on.

Step 3. Find out whether the sentence is a statement or a question. A question ends on a question mark. Find out if it is a "yes-no" question or an information question. "Yes-no" questions often begin with the expression **est-ce que** or have a verb which comes before the subject (such as **Habitez-vous à Paris?**). When reading an information question, find out the meaning of the interrogative words.

Step 4. Find out whether the sentence is affirmative or negative. A negative sentence contains an expression such as **ne . . . pas.**

When you have completed these steps you will have a good idea as to what the sentence means.

Travaux pratiques de lecture

For each sentence carry out the four steps described above. Do not worry if you do not understand all the words.

1. Paul et Marie visitent Aix-les-Bains.
2. Est-ce qu'ils visitent Aix-en-Provence aussi?
3. Les thermes à Aix ressemblent à des thermes à Rome.
4. Aix ne ressemble pas à Rome.
5. A Aix, Paul et Marie ne parlent pas italien. Ils ne parlent pas latin. Ils parlent français.

Chapitre un

Directions: Write out your answers to the following test-exercises on a separate sheet of paper. Then turn to page 425 to correct your work. Do not check your answers until you have completed all the tests.

STRUCTURE

TEST 1. *Agreed!*

At the beginning of the year, the teacher asks the students if they are willing to speak only French in class. Everyone agrees. Express this happy fact by writing sentences using the subject pronouns which correspond to the stressed pronouns and names given below, and the appropriate forms of the verb **accepter**.

MODÈLE: Monique   *your paper:* *Elle accepte.*

1. Vous	5. Charles	8. Suzanne et Alice
2. Nous	6. Sophie	9. Hélène et Jacques
3. Moi	7. Robert et Roger	10. Pierre, André et Cécile
4. Toi		

TEST 2. *Where there's a will . . .*

The following people are doing what they like to do. Write out sentences describing their activities. Many of these verbs are new to you, but you should be able to give the correct forms. Replace the names with subject pronouns.

MODÈLE: Nicole aime parler anglais.   *your paper:* *Elle parle anglais.*

1. J'aime compter.	5. Charles aime commander.
2. J'aime étudier.	6. Yvonne aime voter.
3. Nous aimons observer.	7. Hubert et Caroline aiment marcher.
4. Tu aimes explorer Paris.	8. Sophie et Suzanne aiment voyager.

TEST 3. *No!*

The answers to the following questions are all *no*. Write complete answers, using subject pronouns.

MODÈLE: Philippe téléphone?   *your paper:* *Non, il ne téléphone pas.*

1. Marc et Paul étudient?	4. Michèle invite Pierre?
2. Nathalie danse?	5. Pierre et Paul habitent à Paris?
3. Jacqueline travaille?	6. Sophie et Suzanne dînent?

TEST 4. *Equivalences*

Write out the stressed pronouns needed to balance the following "equations."

MODÈLES: Robert = . . .   *your paper:* *lui*
                 toi et . . . = nous   *moi*

1. Henri = . . .
2. Jacqueline = . . .
3. Pierre et Jacques = . . .
4. Sophie et Suzanne = . . .

5. Sophie et Jacques = . . .
6. Pierre et . . . = vous
7. lui et . . . = nous
8. Henri et moi = . . .

VOCABULARY

TEST 5. *The missing signs*

Is the amount in column (*a*) equal to (=), greater than (>) or less than (<) the amount in column (*b*)? Write out the numbers in digits and include the appropriate signs.

MODÈLE: un   six   *your paper:* 1< 6

	(*a*)	(*b*)		(*a*)	(*b*)
1.	dix	six	5.	cinq	onze
2.	deux	douze	6.	cinq + deux	sept
3.	deux	trois	7.	neuf + un	douze
4.	quatre	huit	8.	six + deux	neuf

TEST 6. *A trip to New York*

Marie, a French girl, is visting a friend in New York. Complete the description of her trip by filling in the blanks with the following verbs:

arrive, habite, invite, joue, présente, regarde, rentre, téléphone, visite

MODÈLE: Marie —— à New York.   *your paper:* arrive

1. Marie —— à Linda.
2. Linda —— Marie à dîner.
3. Linda —— à Greenwich Village.
4. Linda —— au tennis avec Marie.

5. Marie —— la télé.
6. Linda —— Bob à Marie.
7. Bob —— l'Empire State Building avec Marie.
8. Marie —— à Paris.

TEST 7. *A poor recording*

Pierre taped a conversation he had with Philippe. When he played it back, he realized that the interrogative expressions were hard to understand. Write out the missing words.

Pierre	Philippe
MODÈLE: —— est-ce que tu habites?	A Paris. *your paper:* Où
1. —— habite avec toi?	Henri.
2. —— est-ce que tu travailles?	Avenue Victor-Hugo.
3. —— est-ce que tu travailles?	Pour Monsieur Lavoie.
4. —— est-ce que tu voyages?	Avec Marc.
5. —— est-ce que tu voyages?	Parce que j'aime voyager.
6. —— est-ce que vous rentrez?	Demain.

Chapitre deux LES AMIS

2.1 *AU TÉLÉPHONE*

Lucie is phoning her friend Suzanne. It is Alain, Suzanne's brother, who answers.

ALAIN: Allô.[1]

LUCIE: Allô, Alain?

ALAIN: Oui, c'est Alain. C'est toi, Lucie? Salut! Où es-tu?

LUCIE: Je suis en ville. Dis, est-ce que Suzanne est avec toi?

ALAIN: Non, elle n'est pas là. Elle est avec Michèle.

LUCIE: Où sont-elles?

ALAIN: Elles sont chez Michèle. Elles organisent une surprise-partie.

LUCIE: Dis, Alain, quand est-ce que Suzanne rentre?

ALAIN: A deux heures.

LUCIE: A deux heures? Tu es sûr?

ALAIN: Non, je ne suis pas sûr. Suzanne est rarement à l'heure.

Hello.

Hello, Alain?

Yes, this is Alain. Is that you, Lucie? Hi! Where are you?

I'm downtown. Say, is Suzanne with you?

No, she isn't here. She's with Michèle.

Where are they?

They are at Michèle's house. They're organizing a party.

Say, Alain, when is Suzanne coming home?

At two o'clock.

At two? You're sure?

No, I'm not sure. Suzanne is rarely on time.

Questions sur le texte

1. Alain: Est-**il** à la maison ou en classe?
2. Suzanne: Est-**elle** avec Alain ou avec Michèle?
3. Michèle et Suzanne: Sont-**elles** en ville ou chez Michèle?
4. Suzanne: Est-**elle** souvent à l'heure?

[1] In answering the phone, the French say **Allô!**

OBSERVATIONS

Reread the **Questions sur le texte.**

- Which word comes first, the verb or the subject pronoun? Which comes second?
- How are the two words joined in written French?

Petit vocabulaire

VERBES:	**organiser**	*to organize*	Nous **organisons** une surprise-partie.
	être	*to be*	Irène **est** en ville.

Vocabulaire spécialisé: quand et où

ici	*here*	J'habite **ici.**
là-bas	*over there*	Michèle habite **là-bas.**
là	*there, over here*	Suzanne n'est pas **là.**
en ville	*downtown, in town*	Tu es **en ville?**
à la maison	*at home, home*	Alain est **à la maison.**
en classe	*in class*	Il n'est pas **en classe.**
à l'heure	*on time*	Lucie est souvent **à l'heure.**
à deux heures	*at two (o'clock)*	Suzanne rentre **à deux heures.**

NOTE CULTURELLE: **Une surprise-partie**

The term **surprise-partie** is a word which French has borrowed from English. It is not a surprise party, in the American sense, but rather an informal party, usually with music and dancing. You will discover that modern French has borrowed quite a few words and expressions from English. Sometimes meanings change somewhat as a word is transferred from one language to another.

LA LANGUE FRANÇAISE

PRONONCIATION

Le son /y/

Model word: tu

Practice words: sûr, salut, avenue, étudie, minute, Lucie, Suzanne

Practice sentences: Suzanne et Ursule étudient.

Salut Lucie, où es-tu?

Luc habite avenue du Maine.

The sound /y/ has no English equivalent. To produce this new sound, try to say the sound /i/ while keeping your lips rounded as if to whistle.

Comment écrire /y/: **u, û**

Les nombres

In Section I.3, page 19 you have learned how to say the numbers 1 to 12 in isolation. Certain numbers are pronounced differently when they introduce a noun. Contrast:

BEFORE A VOWEL SOUND		BEFORE A CONSONANT SOUND	
Suzanne arrive à . . .		Lucie arrive dans (*in*) . . .	
deux$^{/z/}$heures	sept$^{/t/}$heures	deux minutes	sept minutes
trois$^{/z/}$heures	huit$^{/t/}$heures	trois minutes	huit minutes
quatre heures	neuf$^{/v/}$heures[1]	quatre minutes	neuf minutes
cinq$^{/k/}$heures	dix$^{/z/}$heures	cinq minutes	dix minutes
six$^{/z/}$heures		six minutes	

NOTES: 1. When the numbers are used to introduce nouns, liaison is required before words beginning with vowel sounds.

2. The final consonant of the numbers 5 **(cinq)**, 6 **(six)**, 8 **(huit)**, and 10 **(dix)** is not pronounced before a word beginning with a consonant sound.

Vocabulaire spécialisé: l'heure *(time)*

Quelle heure est-il?	*What time is it?*
Il est une heure.	*It is one [o'clock].*
Il est deux (trois, etc.) heures.	*It is two (three, etc.) [o'clock].*
Il est midi (minuit).	*It is noon (midnight).*
A quelle heure . . . ?	*What time . . . ? At what time . . . ?*
. . . à une heure (deux heures, midi, etc.)	*. . . at one (two, noon, etc.)*

[1] Before most other words beginning with a vowel sound, the **f** of **neuf** is pronounced /f/: **neuf$^{/f/}$Américains.**

NOTE DE VOCABULAIRE: Although the expression *o'clock* may be left out in English, the word **heure** or **heures** cannot be omitted in French. The word **heure(s)** is abbreviated to **h.**

Prononçons

Alain wants to know when the following activities take place. Lucie replies. Play the two roles.

MODÈLE: Nous dînons. (8 h.)   Alain: **A quelle heure est-ce que nous dînons?**
                                Lucie: **Nous dînons à huit heures.**

1. Monique dîne. (7 h.)   4. Bruno et Jean rentrent. (midi)
2. Lili arrive. (6 h.)   5. Benoît et Marie jouent au tennis. (3 h.)
3. Michèle téléphone. (1 h.)   6. Christophe travaille. (11 h.)

Questions personnelles

Answer to the nearest hour.

1. A quelle heure arrivez-vous en classe?   4. A quelle heure rentrez-vous à la maison?
2. A quelle heure dînez-vous?   5. A quelle heure regardez-vous la télé?
3. A quelle heure étudiez-vous?

STRUCTURE

A. LE VERBE *ÊTRE*

The verb **être** (*to be*) does not follow a predictable pattern as do the regular **-er** verbs. **Être** is called an irregular verb. Here is the form chart for the present tense:

être		*to be*	
je	suis	*I am*	Je **suis** en classe.
tu	es	*you are*	Tu n'**es** pas à l'heure.
il/elle	est	*he/she is*	Alain **est** à la maison.
nous	sommes	*we are*	Nous **sommes** en ville.
vous	êtes	*you are*	Vous **êtes** souvent à l'heure.
ils/elles	sont	*they are*	Suzanne et Michèle ne **sont** pas en ville.

Have you noted?

a. Liaison is required in the form **vous êtes.**

b. Liaison is frequently heard after **est** and **sont,** and sometimes after other forms of **être.**

Exercice 1. **A l'heure**

Say that the following people are on time.

MODÈLE: Alain   **Il est à l'heure.**

1. Christophe
2. Monique
3. Lucie
4. Michèle
5. Françoise et Chantal
6. Dominique et Pierre
7. Daniel et Martine
8. Bob et Linda
9. Nous
10. Vous
11. Moi
12. Toi

Exercice 2. **Absents!**

Lucie is inquiring whether the following people are with you. Say that they are not and tell her they are in the places indicated in parentheses.

MODÈLE: Alain (en classe)   **Alain n'est pas ici. Il est en classe.**

1. Suzanne (là-bas)
2. Monique (en ville)
3. Jean (en classe)
4. Alain (à la maison)
5. Benoît et Marie (à Abidjan)
6. Alice et Jacques (à Québec)
7. Françoise et Chantal (avec Daniel)
8. Nathalie et Annie (à Paris)

B. L'INTERROGATION AVEC INVERSION

In conversational French, questions are frequently formed with **est-ce que.** However, when the subject of the sentence is a pronoun, the French often prefer using the following construction:

verb + subject pronoun + . . .*(rest of sentence)*?   **Étudiez-vous** souvent?

This is called inversion, since the subject and the verb have been inverted or turned around.[1] Contrast the two different ways of asking the same thing:

Organisez-vous une surprise-partie?   Est-ce que vous organisez une surprise-partie?

Quand **dînons-nous?**   Quand est-ce que nous dînons?

Pourquoi ne **sont-ils** pas en classe?   Pourquoi est-ce qu'ils ne sont pas en classe?

---

[1] When a question simply consists of an interrogative expression, a verb and a noun subject, it is possible to invert as follows: **Où habite Jacques? Où est Catherine?**

NOTES: 1. When the subject is **je,** the French use the **est-ce que** form:
Est-ce que j'invite Irène?

2. When the subject is **ils** or **elles,** liaison is required between the verb and the pronoun. The liaison consonant is always /t/.

A qui téléphonen**t**‿elles?   A quelle heure arriven**t**‿ils?

3. When the subject is **il** or **elle,** the sound /t/ links the verb and the pronoun. If the **il/elle** form of the verb ends on a vowel, the letter **-t-** is inserted in the written question.

Compare: Est‿il à l'heure?   Parle-**t**-il anglais?
Est‿elle à la maison?   Étudie-**t**-elle l'anglais?

4. When the inverted question is in the negative, **ne** comes before the verb and **pas** comes after the pronoun:

Pourquoi **ne** dînons-nous **pas** en ville?

Exercice 3. *Curiosité*

Alain tells what he does alone or with his friends. Ask him questions about his activities, using the interrogative expressions in parentheses. Use the inverted form.

MODÈLE: Je travaille. (pourquoi)   **Pourquoi travailles-tu?**
          Nous travaillons. (quand)   **Quand travaillez-vous?**

1. Je dîne en ville. (avec qui)
2. Je parle français. (quand)
3. J'étudie. (pourquoi)
4. Je joue au tennis. (contre qui)
5. Je parle anglais. (où)
6. Je regarde la télé. (quand)

7. Nous dansons. (avec qui)
8. Nous dînons en ville. (pourquoi)
9. Nous jouons au basketball. (contre qui)
10. Nous écoutons la radio. (quand)
11. Nous regardons la télé. (où)
12. Nous parlons espagnol. (pourquoi)

Exercice 4. *Avec qui?*

Lucie is mentioning what her friends are doing and Alain wants to know with whom. Play the two roles, according to the model.

MODÈLE: Monique danse.   Lucie: **Monique danse.**
          Alain: **Avec qui danse-t-elle?**

1. Christophe danse.
2. Jacques dîne.
3. Suzanne parle.
4. Françoise étudie.

5. Marie et Claire jouent.
6. Jean et André sont en ville.
7. Christine et Sylvie travaillent.
8. Marc et Pierre visitent Paris.

Entre nous

Marc is frantically looking for his girl friend Sylvie. He calls Sylvie's friend Annie.

MARC: Allô, Annie?

ANNIE: Oui! Allô Marc. Ça va?

MARC: Pas mal! Dis, Annie, je *cherche* Sylvie. Est-ce qu'elle est en ville?   *am looking for*

ANNIE: Non, elle n'est pas en ville.

MARC: Est-ce qu'elle est en classe, alors?

ANNIE: Non, elle n'est pas en classe.

MARC: Est-elle avec Michel?

ANNIE: Mais non, elle n'est pas avec Michel.

MARC: Tu es sûre?

ANNIE: Mais oui, elle n'est pas avec Michel.

MARC: Alors, où est-elle?

ANNIE: C'est simple. Elle est ici avec moi!

Expressions pour la conversation

The French often begin sentences with:

alors	*then, well then, so*	— Sylvie n'est pas en ville. — **Alors,** où est-elle?
et alors?	*so what?*	— Sylvie est avec Michel. — **Et alors?**
mais . . .	*why . . .*	— Mais où est Sylvie? Est-elle avec toi? — **Mais** oui! (**Mais** non! **Mais** bien sûr!)

L'art du dialogue

- a. Act out the phone conversation between Annie and Marc.
- b. Act out a new phone conversation in which Marc is looking for his brother Henri.
- c. Now imagine that Marc is looking for two girls: Sylvie and Nathalie. Act out the new conversation, making all the necessary changes.

2.2 INVITATIONS

Suzanne and Michèle are organizing their party together with their brothers, Alain and Marc. Whom should they invite?

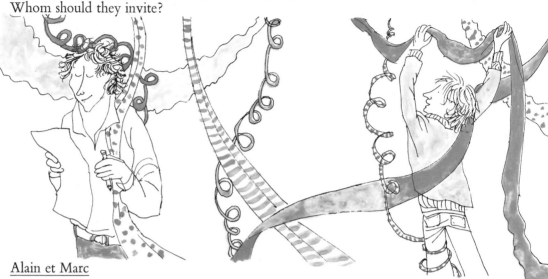

Alain et Marc

MARC: Invites-tu Dominique Dupin?   *Are you inviting Dominique Dupin?*
ALAIN: Dominique?[1] Qui est-ce? Un ami?   *Dominique? Who's that? A (boy) friend?*
        Une amie?   *A (girl) friend?*
MARC: Une amie!   *A (girl) friend!*
ALAIN: Comment est-elle?   *What's she like?*
MARC: **Grande, blonde, intelligente . . .**   *Tall, blond, intelligent . . .*
ALAIN: Et bien sûr, très jolie et très **élégante.**   *And of course, very pretty and very elegant.*
MARC: Pas spécialement . . . Mais enfin, elle est   *Not particularly . . . But anyhow, she's*
        très sympathique. C'est l'essentiel, non?   *very nice. That's the main thing, isn't it?*
ALAIN: Alors, d'accord! J'invite Dominique.   *Then, okay! I'm inviting Dominique.*

[1] The name **Dominique** may be given to both boys and girls.

NOTE CULTURELLE: **Les amis**

In French, **un ami (une amie)** is a close friend, one with whom you will keep in touch over the years. A classmate or friend with whom you often spend time is **un camarade (une camarade).**

Suzanne et Michèle

SUZANNE:	Est-ce que nous invitons Claude Lambert?	*Are we inviting Claude Lambert?*
MICHÈLE:	Claude[1] Lambert? Qui est-ce? Un garçon? Une fille?	*Claude Lambert? Who's that? A boy? A girl?*
SUZANNE:	Un garçon.	*A boy.*
MICHÈLE:	Comment est-il?	*What's he like?*
SUZANNE:	Assez **grand, blond, intelligent.**	*Rather tall, blond, intelligent.*
MICHÈLE:	Et naturellement très **élégant** et très beau . . .	*And naturally very well dressed and very handsome . . .*
SUZANNE:	Euh, non! Mais il est très sympathique.	*Er, no. But he's very pleasant.*
MICHÈLE:	Alors, d'accord! Nous invitons Claude.	*All right, then! We're inviting Claude.*

[1] The name **Claude** may be given to both boys and girls.

OBSERVATIONS

Dominique est **une** fille. Claude est **un** garçon.

- In French, how do you say "*a* girl?" "*a* boy?"
- The word **fille** is a feminine noun. How do you say *a* before a feminine noun?
- The word **garçon** is a masculine noun. How do you say *a* before a masculine noun?

In the conversations the adjectives in heavy type describe Dominique and Claude.

- What is the final letter in each of these four adjectives describing Dominique? Are these adjectives spelled the same way when they are used to describe Claude? Are they pronounced the same way?

LA LANGUE FRANÇAISE

PRONONCIATION

Consonnes finales *(final consonants)*

In French, consonants which come at the end of a word are usually silent. However, in final position, the consonants **c, r, f,** and **l** are frequently pronounced. (Hint: These consonants are found in the word "careful.") Exception: In **-er** infinitives, the final **r** is silent.

Contrast: silent final consonant	pronounced final consonant
Louis, petit, blond	Eric, bonjour, neuf, Michel

Le son /ɛ̃/

Model word: Alain
Practice words: cinq, invite, bien, sympathique, intelligent, cousin
Practice sentences: Alain invite Julien Dupin.
                   Martin est un cousin américain.

The nasal vowel /ɛ̃/ sounds somewhat like the vowel sound in the American word *bank*, but it is shorter. Be sure not to pronounce an **n** or **m** after /ɛ̃/.

Comment écrire /ɛ̃/: **in** (**im** before **b** or **p**)
                        yn (**ym** before **b** or **p**)
                        ain (**aim** before **b** or **p**)
                        en (in the letter combination **ien**)

STRUCTURE

A. LE GENRE DES NOMS: *LES PERSONNES* (*noun gender: people*)

Nouns in French are either *masculine* or *feminine*. This is called gender. Nouns referring to men or boys are usually masculine. Nouns referring to women or girls are usually feminine.

You can often determine the gender of a noun from the form of the word that introduces it. For instance:

If someone says: **Je téléphone à un ami,** you know he is calling a boy.
If he says: **Je téléphone à une amie,** you know he is calling a girl.

This is because **un** signals that a noun is masculine and **une** signals that a noun is feminine.

Exercice 1. **Qui est-ce?**

Which of the two persons indicated in parentheses is being talked about? Reword each sentence using the appropriate name. (Your clue is **un** or **une**.)

MODÈLE: Voici un ami. (Philippe, Jacqueline)   Voici Philippe.
        Je dîne avec une amie. (Georges, Nathalie)   Je dîne avec Nathalie.

1. Voici une Américaine. (Bob, Linda)
2. Tu danses avec un Français. (Roger, Juliette)
3. Vous êtes à Montréal avec une Canadienne. (Louis, Isabelle)
4. Je visite Paris avec une Parisienne. (André, Monique)
5. J'arrive à Liverpool avec un Anglais. (John, Lucy)
6. Voici un artiste. (Pierre, Stéphanie)
7. C'est un pianiste. (Robert, Nicole)
8. Nous dînons avec une musicienne. (Henri, Adèle)

B. L'ARTICLE INDEFINI: *UN, UNE*

Words which introduce nouns and help you to determine their gender are called *determiners.* One such determiner is the indefinite article **un** (*a, an*):

Masculine	**un**	**un** garçon, **un** ami
Feminine	**une**	**une** fille, **une** amie

Liaison is required after **un** when the following word begins with a vowel sound.

Vocabulaire spécialisé:[1] personnes

un **ami**	*friend (close friend)*	une **amie**	*friend (close friend)*
un **camarade**	*classmate, school friend*	une **camarade**	*classmate, school friend*
un **élève**	*(high school) student*	une **élève**	*(high school) student, coed*
un **garçon**	*boy*	une **fille** /fij/	*girl*
un **homme**	*man*	une **femme** /fam/	*woman*
un **monsieur**	*gentleman, man (polite*	une **dame**	*lady, woman (polite*
/məsjø/	*term)*		*term)*

Exercice 2. **A l'école** (*in school*)

Imagine yourself in a French school. Say that the following boys and girls are students there. Use **un élève** or **une élève,** as appropriate.

MODÈLE: Monique   **Monique est une élève ici.**

1. Suzanne   3. Jacques   5. Catherine   7. Marie
2. Christophe   4. Jean   6. Isabelle   8. Jean-Paul

[1] In the **Vocabulaire spécialisé** and **Petit vocabulaire** the masculine nouns will be listed in the left column and the feminine nouns in the right column.

Exercice 3. **Une bande d'amis** (*a group of friends*)

Whenever Marc mentions someone to Suzanne, it always turns out to be a friend. Play the roles of Marc and Suzanne according to the models.

MODÈLES: (*a*) Marc: **Voici Michel.**   (*b*) Marc: **J'invite Françoise.**
    Suzanne: **Qui est-ce?**   Suzanne: **Qui est-ce?**
    Marc: **Un ami.**   Marc: **Une amie.**

Marc:

1. Voilà Isabelle.
2. Voici Raymond.
3. Je danse avec Nathalie.
4. Je dîne avec Henri.
5. Je téléphone à Jacques.

6. J'étudie avec Charles.
7. Je voyage avec Jean-Paul.
8. Je parle français avec Lili.
9. Je visite Québec avec Catherine.
10. Je joue au tennis avec Sylvie.

C. L'ACCORD DES ADJECTIFS (*adjective agreement*)

The statements in the chart below describe Alain and Suzanne.

Vocabulaire spécialisé: la description

ADJECTIFS:		Voici Alain. Comment est-il?	Voici Suzanne. Comment est-elle?
beau (belle)	*good-looking, beautiful*	Il est assez **beau.**	Elle est **belle.**
brun	*dark-haired, brunette*	Il est **brun.**	Elle n'est pas **brune.**
blond	*blond*	Il n'est pas **blond.**	Elle est **blonde.**
grand	*tall, big*	Il est assez **grand.**	Elle est **grande.**
petit	*short, little*	Il n'est pas **petit.**	Elle n'est pas **petite.**
élégant	*well-dressed*	Il est **élégant.**	Elle est **élégante.**
embêtant	*annoying, bothersome*	Il n'est pas **embêtant.**	Elle n'est pas **embêtante.**
intelligent	*intelligent*	Il est très **intelligent.**	Elle est assez **intelligente.**
intéressant	*interesting*	Il est **intéressant.**	Elle est **intéressante.**
drôle	*funny, amusing*	Il n'est pas très **drôle.**	Elle est très **drôle.**
sympathique	*nice, pleasant*	Il est **sympathique.**	Elle est **sympathique.**

ADVERBES:	
assez	*rather*
très	*very*

An adjective modifying a masculine noun (or pronoun) must be in the masculine form:

Alain est **élégant.**

An adjective modifying a feminine noun (or pronoun) must be in the feminine form:

Suzanne est **élégante.**

This is called adjective agreement.

In written French, feminine adjectives are usually formed as follows:

> masculine adjective + **e** → feminine adjective

If the masculine adjective already ends in **-e**, the feminine form is the same as in the masculine:

> Alain est **sympathique.** Suzanne est **sympathique.**

Adjectives which follow the above pattern are *regular* adjectives. Those which do not are *irregular* adjectives:

> Alain est **beau.** Suzanne est **belle.**

▶ The **Petit vocabulaire** lists all adjectives in their masculine form. However, if an adjective is irregular, the feminine form is given in parentheses.

NOTES DE PRONONCIATION

1. If the masculine adjective in the written form ends on a vowel, the feminine and masculine adjectives sound the same: **sympathique; joli, jolie** (*pretty*).
2. If the masculine adjective in the written form ends on a pronounced consonant, the masculine and feminine adjectives sound the same: **noir, noire** (*black*).
3. If the masculine adjective in the written form ends on a silent consonant, that silent consonant is pronounced in the feminine form: **élégant, élégante; grand, grande.**[1]

Exercice 4. **Les jumeaux** (*the twins*)

The following pairs of twins have the same characteristics. Describe the girl in each pair.

MODÈLE: Louis est brun. (Louise)   **Louise est brune aussi.**

1. Daniel est petit. (Danièle)
2. Michel est grand. (Michèle)
3. Denis est blond. (Denise)
4. André est beau. (Andrée)
5. René est élégant. (Renée)
6. Charles est sympathique. (Charlotte)
7. François est drôle. (Françoise)
8. Pierre est intelligent. (Pierrette)
9. Yves est embêtant. (Yvette)
10. Luc est intéressant. (Lucie)

[1] If the silent consonant in the masculine form is an **n,** the masculine adjective ends on a nasal vowel. In the corresponding feminine form which ends in **ne,** the final vowel is not nasal and the adjective ends on the sound /n/: **brun, brune.**

Auto-portrait (*self-portrait*)

Complete the sentences with the appropriate form of adjectives chosen from the **Vocabulaire spécialisé.**

Je suis ——. Je ne suis pas ——. Je suis assez ——. Je ne suis pas très ——. Je suis souvent ——. Je suis rarement ——.

Entre nous

Irène is talking to Christophe about someone she has just met.

IRÈNE:	Dis! *J'ai fait la connaissance* d'un garçon . . .
CHRISTOPHE:	Ah? Comment est-il?
IRÈNE:	Il est très beau!
CHRISTOPHE:	Oh?
IRÈNE:	Et très sympathique!
CHRISTOPHE:	Brun ou blond?
IRÈNE:	Très brun.
CHRISTOPHE:	Grand ou petit?
IRÈNE:	Assez grand.
CHRISTOPHE:	*Comment s'appelle-t-il?*
IRÈNE:	Claude Masson.
CHRISTOPHE:	Eh bien, *tu perds ton temps.*
IRÈNE:	Comment?
CHRISTOPHE:	C'est *mon cousin.* Il est idiot!

met

What's his name?

you're wasting your time

my cousin

Expressions pour la conversation

To express surprise, the French use:

Ah!   **Ah!** Voici Christophe.

Oh!   **Oh!** Dis donc! Il est élégant!

To express doubt (or to show that they have not quite understood), the French use:

Comment?	*What?* (polite form)	**Comment?** Tu n'es pas à la surprise-partie?
Quoi?	*What?* (less polite)	**Quoi?** Tu ne trouves pas Claude sympathique?
Hein?	*What?* (at beginning of sentence)	**Hein?** Il n'est pas intelligent?
	Really? (at end of sentence)	Il n'est pas intelligent, **hein?**

L'art du dialogue

a. Act out the dialogue.

b. Imagine that Claude Masson is a girl: Irène's cousin. Prepare a new version of the dialogue. Make the necessary changes. Note: **Comment s'appelle-t-il?** becomes **Comment s'appelle-t-elle?** **un garçon** becomes **une fille; mon cousin** becomes **ma cousine.**

2.3 *AS-TU UNE GUITARE?*

Alain is in charge of the music for the party.

ALAIN: Dis, as-tu une guitare?   *Say, do you have a guitar?*

MARC: Non, je n'ai pas de guitare.   *No, I don't have a guitar.*

ALAIN: Alors, est-ce que tu as un électrophone?   *Well then, do you have a record player?*

MARC: J'ai un électrophone, mais il ne marche pas.   *I do have a record player, but it doesn't work.*

ALAIN: C'est très embêtant si nous n'avons pas d'électrophone pour la surprise-partie.   *That's very annoying if we don't have a record player for the party.*

MARC: Téléphone à Lucie. Je suis sûr qu'elle a un électrophone.   *Call Lucie. I am sure that she has a record player.*

ALAIN: Marche-t-il?   *Does it work?*

MARC: Oui, je pense.   *Yes, I think so.*

Petit vocabulaire

VERBES:	**avoir**	*to have*	—J'**ai** une radio.
	marcher	*to work (function)*	—Est-ce qu'elle **marche**?
	penser	*to think*	—Oui, je **pense.**
EXPRESSIONS:	**mais**	*but*	—Marc a un électrophone, **mais** il ne marche pas.
	que	*that*	—Es-tu sûr **qu'**il ne marche pas?
	si[1]	*if*	C'est embêtant **s'**il ne marche pas.

[1] The expression **si** becomes **s'** before **il** and **ils.**

OBSERVATIONS

Read the brief conversations about the radio and the record player in the **Petit vocabulaire.**

- Which determiner (**un** or **une**) introduces **radio**? Do you think the noun **radio** is masculine or feminine? How do you say *it* when referring to **radio**?
- Which determiner (**un** or **une**) introduces **électrophone?** Is the French noun **électrophone** masculine or feminine? How do you say *it* when referring to **électrophone?**

Now look at these sentences: Alain n'a pas **de** radio. Il n'a pas **d**'électrophone.

- Which word replaces **un/une** after the expression **ne . . . . pas**? What is the form of this determiner before a vowel sound?

Vocabulaire spécialisé: objets courants *(everyday objects)*

un **disque**	*record*	une **cassette**	*cassette*
un **électrophone**	*record player*	une **guitare**	*guitar*
un **livre**	*book*	une **mini-cassette**	*cassette recorder*
un **sac**	*bag, handbag*	une **montre**	*watch*
un **transistor**	*portable radio*	une **moto**	*motorcycle*
un **vélo**	*bike*	une **radio**	*radio*
un **vélomoteur**	*motorbike*	une **voiture**	*car*

LA LANGUE FRANÇAISE

PRONONCIATION

Le son /e/

Model word: et
Practice words: Léa, Mélanie, Édith, téléphoner, écoutez, Québec, j'ai, télé
Practice sentences: Léa téléphone à Édith.
　　　　　　　　Dédé déteste la télé.

The French vowel sound /e/ is much more tense than the English vowel sound in *day*. Smile when you say /e/. Keep your lips tight.

　　Comment écrire /e/: **é; et, ez, er** (final)
　　　　　　　　　　　ai (final)

Le son /ɛ/

Model word: elle
Practice words: sept, Ève, Annette, Estelle, aime, déteste, Michel, Michèle, être
Practice sentences: Michel aime Estelle.
　　　　　　　　Michèle déteste être avec Annette à Québec.

The French vowel sound /ɛ/ is pronounced with the mouth somewhat more open than for /e/. It is more tense than the English vowel sound in *get*.

Comment écrire /ɛ/: **è, ê**

e (+ pronounced final consonant), **e** (+ two consonants)

ai (+ pronounced final consonant)

STRUCTURE

A. LE VERBE *AVOIR*

The verb **avoir** (*to have*) is an irregular verb. Here is the form chart for the present tense:

avoir	to have	
j' ai	*I have*	J'**ai** une guitare.
tu as	*you have*	**As**-tu un électrophone?
il/elle a	*he/she has*	Et Lucie? **A**-t-elle un électrophone?
nous‿avons	*we have*	Nous n'**avons** pas de mini-cassette.
vous‿avez	*you have*	**Avez**-vous une voiture?
ils/elles‿ont	*they have*	Ils **ont** une moto.

Have you noted?

Liaison is required in the forms **nous‿avons, vous‿avez, ils‿ont.**

Exercice 1. *Qui a une guitare?*

Say that the following people have guitars. Use the expression **une guitare.**

MODÈLE: Irène   **Irène a une guitare.**

1. Moi
2. Pierre
3. Nathalie
4. Toi
5. Nous
6. Vous
7. Florence et Monique
8. Christophe et Catherine

Exercice 2. *Qui a un électrophone?*

Say that the people in the preceding exercise do not have record players. Use the expression **pas d'électrophone.**

MODÈLE: Irène   **Irène n'a pas d'électrophone.**

B. LE GENRE DES NOMS: LES OBJETS

All French nouns, those referring to things as well as those referring to people, are either masculine or feminine.

▶ The nouns in the **Petit vocabulaire** are listed with a determiner which indicates gender. When you learn a new noun, learn its gender. Think of **un vélo** (rather than just **vélo**), **une moto** (rather than just **moto**).

A *masculine* noun referring to an object can often be replaced by the subject pronoun **il.** It is modified by masculine adjectives.

A *feminine* noun referring to an object can often be replaced by the subject pronoun **elle.** It is modified by feminine adjectives.

Contrast:

MASCULINE	FEMININE	
Nous avons **un** vélo.	Nous avons **une** voiture.	
Où est-**il?**	Où est-**elle?**	*Where is it?*
Il est à la maison.	**Elle** est à la maison.	*It's at home.*
Est-**il grand?**	Est-**elle grande?**	*Is it big?*
Non, **il** est **petit.**	Non, **elle** est **petite.**	*No, it's small.*

Exercice 3. **Tout marche bien.** *(Everything is working well.)*

Alain tells Michèle about various things he owns. Michèle asks whether these things are working well and Alain says they do. Play the two roles according to the model.

MODÈLE: une voiture   Alain: **J'ai une voiture.**
                  Michèle: **Est-ce qu'elle marche bien?**
                  Alain: **Oui, elle marche très bien.**

1. une moto	3. un électrophone	5. une montre	7. un vélo
2. une radio	4. une mini-cassette	6. un transistor	8. un vélomoteur

Exercice 4. **Possessions**

Say that you own the following objects. Then describe each one, using the appropriate form of the adjective in parentheses.

MODÈLE: une voiture (beau)   **J'ai une voiture. Elle est belle.**

1. un livre (intéressant)	4. une radio (petit)	7. une guitare (beau)
2. un sac (grand)	5. une montre (petit)	8. un transistor (petit)
3. une moto (beau)	6. un vélo (beau)	9. une voiture (grand)

C. L'ARTICLE INDÉFINI DANS LES PHRASES NÉGATIVES

In negative sentences, except after **être** –

pas un } becomes **pas de**	Marc a **un** vélo.	Je n'ai **pas de** vélo.
pas une ↓	J'ai **une** voiture.	Marc n'a **pas de** voiture.
pas d' (+ vowel sound)	J'ai **un** électro-phone.	Alain n'a **pas d'**électro-phone.

But: Albert n'est **pas un** ami sympathique.
Monique n'est **pas une** élève intelligente.

Exercice 5. **Non!**

Alain is desperately looking for the following things. He asks Marc and Michèle who do not have them – or at least who say they don't. Play the roles according to the model.

MODÈLE: un vélo   Alain: **Avez-vous un vélo?**
                   Marc et Michèle: **Non, nous n'avons pas de vélo.**

1. une guitare   3. un sac   5. un électrophone   7. une mini-cassette
2. une radio   4. une moto   6. une voiture   8. un transistor

Exercice 6. **Un zoo . . . ?**

Do you have the following pets at home? If not, answer the following questions in the negative.

MODÈLE: Avez-vous un bison?   **Nous n'avons pas de bison.**

1. Avez-vous un tigre?   5. Avez-vous une girafe?
2. Avez-vous un lion?   6. Avez-vous une gazelle?
3. Avez-vous un crocodile?   7. Avez-vous un cobra?
4. Avez-vous un éléphant?   8. Avez-vous une antilope?

Entre nous

Christophe, who is in charge of the class picnic, thought he had solved the transportation problem.

CHRISTOPHE: Dis, Albert, tu as un vélo?
ALBERT: Non, je n'ai pas de vélo, mais j'ai une voiture.
CHRISTOPHE: Formidable! Elle est grande?
ALBERT: Oui, très grande.
CHRISTOPHE: Sensationnel! Dis, *tu peux l'amener* au pique-nique?   can you bring it
ALBERT: C'est impossible.
CHRISTOPHE: Impossible? Pourquoi?
ALBERT: Elle n'est pas ici.
CHRISTOPHE: Où est-elle?
ALBERT: Elle est chez ma *grand-mère* qui habite au Canada.   grandmother

Expressions pour la conversation

To express admiration or appreciation, the French use words like:

Formidable!		Tu as une voiture? **Formidable!**
Sensationnel!	*Terrific!*	Albert est **sensationnel!**
Terrible!		J'ai un disque ici. Il est **terrible!**

L'art du dialogue

a. Act out the dialogue between Christophe and Albert.

b. Write out a new dialogue in which you replace **un vélo** by **une moto** and **une voiture** by **un scooter** (*motor scooter*). Make all other necessary changes.

c. Prepare a dialogue on the above model between Nathalie and Irène. Nathalie asks Irène whether she has a cassette recorder (**une mini-cassette**). Irène says "no," but adds that she has a portable radio (**un transistor** [**petit**]). Make all the necessary changes.

2.4 *UNE JOLIE VOITURE ITALIENNE*

The party is lively, although some guests have not yet arrived. Suzanne is at the window describing the latecomers. Alain tries to guess who they are from Suzanne's descriptions.

SUZANNE: Voici un garçon.
ALAIN: Est-ce qu'il est brun?
SUZANNE: Non, il n'est pas brun. Il est blond.
ALAIN: Est-ce qu'il est beau?
SUZANNE: Oui, c'est un beau garçon.
ALAIN: Alors, c'est Henri!
SUZANNE: C'est exact! C'est lui!

SUZANNE: Tiens, voici une fille!
ALAIN: Est-elle jolie?
SUZANNE: Oui, c'est une jolie fille.
ALAIN: Est-ce qu'elle est blonde?
SUZANNE: Oui, c'est une fille très blonde.
ALAIN: Eh bien, c'est Lucie.
SUZANNE: C'est exact! C'est elle!

Henri

Lucie

SUZANNE: Voici *un autre* garçon. Il arrive en voiture. another
ALAIN: Une **grande** voiture?
SUZANNE: Non, une **petite** voiture.
ALAIN: Une voiture **bleue?**
SUZANNE: Non, une voiture **rouge!**
ALAIN: Une voiture **française?**
SUZANNE: Non, une voiture **italienne.**
ALAIN: Alors, c'est Robert. *Son père* a une **jolie** voiture **italienne,** His father
rouge, moderne et très **rapide.**
SUZANNE: Eh bien, non. Ce n'est pas Robert. C'est Claude!

Claude

Henri ou Lucie?

Read the following statements. If the sentence describes Henri, say **C'est Henri!** If the sentence describes Lucie, say **C'est Lucie!**

1. C'est un garçon.
2. C'est une fille.
3. **Il est** blond.
4. **Elle est** blonde.

5. Il est beau.
6. Elle est jolie.
7. **C'est un** beau garçon.
8. **C'est une** jolie fille.

OBSERVATIONS

Reread the sentences in the section entitled **Henri ou Lucie?**

- In French, how do you say: *He is blond. She is blond.*
  How do you say *he is* and *she is* when the next word is an adjective **(blond, blonde, beau, jolie)**?
- In French, how do you say: *He is a good-looking boy. She is a pretty girl.*
  How do you say *he is* and *she is* when the next word is a determiner **(un, une)**?

Reread the last dialogue in which Suzanne and Alain are talking about Claude's car. The adjectives are in heavy type.

- Which adjectives come *before* the noun **voiture**? Which come *after*?

Vocabulaire spécialisé: la voiture (adjectifs de description)

confortable	*comfortable*	Voici une Peugeot. C'est une voiture **confortable.**
joli	*pretty*	Voici une Renault. C'est une **jolie** voiture.
moderne	*modern*	Voici une Citroën. C'est une voiture **moderne.**
pratique	*practical*	Voici une Simca. C'est une voiture **pratique.**
rapide	*fast, rapid*	Voici une Corvette. C'est une voiture **rapide.**

Vocabulaire spécialisé: les couleurs

De quelle couleur . . . ?	*What color . . . ?*		
blanc (blanche)	*white*	un vélo **blanc**	une moto **blanche**
bleu	*blue*	un vélo **bleu**	une moto **bleue**
gris	*gray*	un vélo **gris**	une moto **grise**
jaune	*yellow*	un vélo **jaune**	une moto **jaune**
noir	*black*	un vélo **noir**	une moto **noire**
rouge	*red*	un vélo **rouge**	une moto **rouge**
vert	*green*	un vélo **vert**	une moto **verte**

LA LANGUE FRANÇAISE

PRONONCIATION

Le son /ã/

Model word: qua<u>nd</u>

Practice words: gra<u>nd</u>, Fra<u>n</u>ce, <u>en</u>semble, da<u>n</u>ser, H<u>en</u>ri, J<u>ean</u>, l<u>am</u>pe, <u>em</u>bê<u>t</u>a<u>nt</u>

Practice sentences: J<u>ean</u> et Fra<u>n</u>cine da<u>n</u>sent <u>en</u>semble.

J<u>ean</u> r<u>en</u>tre <u>en</u> Fra<u>n</u>ce <u>en</u> déc<u>em</u>bre.

The sound /ã/ is a nasal vowel. Be sure not to pronounce an /n/ or /m/ after a nasal vowel.

Comment écrire /ã/: **an** (or **am** before **b** or **p**)

en (or **em** before **b** or **p**)

STRUCTURE

A. LA PLACE DES ADJECTIFS

In French, descriptive adjectives generally come after the noun they modify.

Alain est un garçon **sympathique** et **intelligent.**

Il a une guitare **rouge** et un sac **noir.**

Exercice 1. **Description**

Suzanne's friends own the following objects. Describe each item according to the model. Be sure the adjectives agree with the noun.

MODÈLE: Marc a une voiture. (blanc)   Marc a une voiture blanche.

1. Sylvie a une guitare. (jaune)
2. Michel a un vélo. (gris)
3. Paul a une moto. (rapide)
4. André a une montre. (pratique)
5. Monique a un vélomoteur. (noir)
6. Roger a une voiture. (confortable)
7. Suzanne a un livre. (vert)
8. Henri a un sac. (blanc)
9. Marie a un sac. (bleu)
10. Christophe a un transistor. (moderne)

Only a few adjectives come before the noun they modify. The ones you know are:

petit Claude a une **petite** voiture.

grand Nous avons une **grande** voiture.

beau Henri est un **beau** garçon.

joli Lucie est une **jolie** fille.

▶ New adjectives which come before the noun will be so indicated in the **Petit vocabulaire.**

Exercice 2. **La voiture de Sylvie**

Sylvie's car is described below. For each adjective make a complete sentence according to the model.

MODÈLE: moderne   **Sylvie a une voiture moderne.**

1. rapide   3. confortable   5. jolie   7. rouge
2. française   4. petite   6. belle   8. pratique

B. LES EXPRESSIONS IMPERSONNELLES AVEC *C'EST*

The French frequently use impersonal expressions with **c'est.**

C'est
Ce n'est pas } + masculine adjective

C'est intéressant. (*That's interesting.*)
Ce n'est pas intéressant. (*That's not interesting.*)

Vocabulaire spécialisé: expressions impersonnelles

C'est vrai!	*That's true (right).*	Chantal a une voiture verte? **C'est vrai!**
C'est exact!	*That's correct (exact).*	Elle a une voiture italienne? **C'est exact!**
C'est faux!	*That's false (wrong).*	Elle a une grande moto? Non, **c'est faux!**

Note also:

C'est bien!	*That's good (fine).*	Tu étudies? **C'est bien.**
C'est mal!	*That's bad.*	Alain n'étudie pas. **C'est mal.**

Exercice 3. **Vrai ou faux?**

Imagine your little cousin is making statements about geography. Tell him whether his statements are right or wrong. Use: **Oui, c'est vrai!** or **Non, ce n'est pas exact!**

MODÈLE: Paris est en France.   **Oui, c'est vrai.**

1. Miami est en Floride.
2. San Francisco est en Californie.
3. Berlin est en Italie.
4. Rome est en France.
5. La Tunisie est en Amérique.
6. Abidjan est en Afrique.
7. Fort-de-France est en Suisse.
8. Genève est en Suisse.

C. *C'EST* OU *IL EST*

When referring to people or to specific things, the French use the following constructions:

C'est	before	a name	**C'est** Danielle.	*That's Danielle.*
		a noun phrase[1]	**C'est** une élève.	*She is a student.*
			C'est une jolie voiture.	*It's a pretty car.*
		a stressed pronoun	**C'est** lui.	*It's him.*
			Ce n'est pas elle.	*It's not her.*
Il est **Elle est**	before	an adjective	(Martine) **Elle est** blonde.	*She's blond.*
			(une moto) **Elle est** rouge.	*It's red.*
		a place	(Alain) **Il n'est** pas là.	*He's not there.*
			(un livre) **Il est** ici.	*It's here.*

Exercice 4. **Erreurs**

Whenever the doorbell rings, Alain tries to guess the identities of the people arriving at the party. Suzanne insists that he is wrong every time. Play the two roles according to the model.

MODÈLE: Henri   Alain: **C'est Henri!**
                 Suzanne: **Non, ce n'est pas lui.**

1. Sylvie	3. Pierre	5. Michèle	7. Louis	9. Marc
2. Marie	4. Paul	6. Sophie	8. Jacqueline	10. Robert

Exercice 5. **Françoise**

Describe Françoise, using the following words or expressions. Begin your sentences with **Elle est** or **C'est,** as appropriate.

MODÈLE: grande   **Elle est grande.**
           une élève   **C'est une élève.**

1. jolie	3. en ville	5. une amie	7. une élève intelligente
2. brune	4. élégante	6. à Paris	8. une fille sympathique

Exercice 6. **Passionnés de la voiture** (*car buffs*)

Use the two adjectives suggested to describe each car. Make two sentences, one with **C'est** and one with **Elle est.**

MODÈLE: une Cadillac (grande, confortable)
       C'est une grande voiture. Elle est confortable.

[1] A noun phrase consists of the determiner, the noun, and any descriptive adjectives. For instance: **une élève** and **une jolie voiture** are both noun phrases.

1. une Alfa-Roméo (petite, rapide)
2. une Pinto (petite, pratique)
3. une Chevrolet (belle, grande)
4. une Citroën (confortable, moderne)
5. une Corvette (jolie, rapide)
6. une Renault (pratique, petite)

Exercice 7. **D'accord!**

Alain and Suzanne have the same opinions about their mutual friends. Play the two roles according to the model.

MODÈLE: Philippe est un beau garçon.   Alain: **C'est un beau garçon.**
Suzanne: **D'accord! Il est beau.**

1. Sylvie est une jolie fille.
2. Paul est un garçon intelligent.
3. Françoise est une belle fille.
4. Michel est un ami sympathique.
5. Adèle est une fille intéressante.
6. André est un garçon embêtant.

Entre nous

Sylvie has a compelling reason for inviting Michel to Marc's picnic.

SYLVIE: Dis, Marc, invites-tu Michel au pique-nique?
MARC: Pas question!
SYLVIE: Pourquoi?
MARC: Ce n'est pas un ami très sympathique . . . C'est un garçon
embêtant . . .
SYLVIE: Ça, c'est vrai. Il n'est pas très sympathique et il est embêtant.
Mais il a une voiture et toi, tu n'as pas de voiture.
MARC: Alors, d'accord. J'invite Michel. C'est une excellente
idée!

Expression pour la conversation

Ça, c'est . . .   *That is . . .*   — Michel est embêtant!
— **Ça, ce n'est** pas vrai! C'est un garçon sympathique.

L'art du dialogue

a. Act out the dialogue between Sylvie and Marc.

b. Write a new dialogue in which Sylvie suggests inviting Michel and Caroline. Replace **un garçon** by **des amis**.

c. Prepare a different dialogue in which Sylvie suggests inviting Caroline and Isabelle.

2.5 DES AMIS DE LOUISVILLE

Henri has brought guests to the party.

HENRI: Voici Robert et voici Richard.

SUZANNE: Ce sont des amis canadiens?

HENRI: Non, ce sont des amis américains. Ils sont *de* Louisville.   from

HENRI: Voici Betty et Linda.

SUZANNE: Ce sont aussi des amies de Louisville?

HENRI: Je n'ai pas d'amies à Louisville.
D'*ailleurs*, Betty et Linda ne sont pas américaines. Elles sont anglaises.   Besides

Questions sur le texte

1. Robert: C'est **un** ami américain?
2. Robert et Richard: Ce sont **des** ami**s** américain**s**?
3. Betty: C'est **une** amie américaine?
4. Betty et Linda: Ce sont **des** ami**es** américaine**s**?

OBSERVATIONS

Reread the **Questions sur le texte.**

- Which two sentences are singular? Which are plural?
- What is the plural form of **C'est?**
- What is the plural form of the determiner **un/une?**
- What is the plural form of the nouns **ami** and **amie?** What letter do the plural nouns end in? Is this letter pronounced?
- What is the plural form of the adjectives **américain** and **américaine?** What letter do the plural adjectives end in? Is this letter pronounced?

76

LOUIS XVI

NOTE CULTURELLE: **Louisville et Louis XVI**

Louisville, which means *the city of Louis*, was named in honor of Louis XVI, a king of France. In 1778, Louis XVI signed a treaty of alliance with the American patriots and sent some of his best troops to help them defeat the British in the War of Independence.

Vocabulaire spécialisé: adjectifs de nationalité[1]

américain	*American*	Richard est **américain.**	Il parle anglais.
anglais	*English*	Suzie est **anglaise.**	Elle parle anglais.[2]
canadien (canadienne)	*Canadian*	Pierre est **canadien.**	Il parle français.
espagnol	*Spanish*	Juan est **espagnol.**	Il parle espagnol.
français	*French*	Jean-Claude est **français.**	Il parle français.
italien (italienne)	*Italian*	Maria est **italienne.**	Elle parle italien.

LA LANGUE FRANÇAISE

PRONONCIATION

Les lettres: voyelle + n (m)

The letter group "vowel+**n**" ("vowel+**m**") represents a nasal vowel, unless it is followed by a vowel or another **n (m).**

Contrast the pronunciation of the nasal and non-nasal vowels in the following words. (Be sure not to pronounce an /n/ after a nasal vowel.)

NASAL VOWELS	NON-NASAL VOWELS
/ã/ Jean, Antoine, Christian	/an/ Jeanne, Anatole, Christiane
/ɛ̃/ Martin, cousin, canadien, américain	/in/ Martine, cousine
	/ɛn/ canadienne, américaine
/œ̃/ un, brun	/yn/ une, brune

---

[1] Nouns indicating nationality have the same form as adjectives of nationality, except that they are capitalized: **un Français** (*a Frenchman*), **une Française** (*a French woman*).

[2] The masculine form of the adjective of nationality can be used as a noun to refer to the language of the country: **J'étudie l'italien.**

77

STRUCTURE

A. LE PLURIEL DES NOMS

In written French the plural of a noun is usually formed as follows:

> singular noun + **s** → plural noun

If the noun ends in an **s** in the singular, the singular and plural forms are the same.

J'ai un **ami.**   J'ai trois **amis.**
Voici un **Français.**   Voici deux **Français.**

Nouns which follow the above pattern have regular plurals.

NOTE: In spoken French the final **s** of the plural is silent. Therefore, singular and plural nouns sound the same. You can usually tell if a noun is singular or plural by listening to the determiner preceding it. For example: **un** is singular, while **deux** and **trois** are plural.

Exercice 1. **En double**

Whenever Jean sees an object, Monique sees two of them. Play the roles of Jean and Monique. Be careful not to pronounce the final **s** in these nouns.

MODÈLE: un sac   Jean: **Voici un sac.**
Monique: **Voilà deux sacs.**

1. une voiture
2. un vélo
3. un disque
4. une cassette
5. une guitare
6. un vélomoteur
7. un livre
8. un électrophone
9. une moto

B. L'ARTICLE INDÉFINI AU PLURIEL

The plural of **un** and **une** is **des.**[1]

Contrast the French and English sentences:

Voici **des** camarades.   J'invite **des** camarades   J'ai **des** amis à Louisville.
Here are some friends.   *I'm inviting . . . friends.*   *I have . . . friends in Louisville.*

Have you noted?

a. There is liaison after **des** when the following word begins with a vowel sound.

b. In French the determiner **des** may not be left out. (In English the word *some* is often omitted.)

[1] When followed by an adjective, **des** may become **de** (**d'** before a vowel sound): J'ai **des** amis américains. J'ai **de** jolies amies. J'ai **d'**excellents amis.

Exercice 2. **Au grand magasin** (*at the department store*)

Imagine yourself working in a department store. A client mentions what he wants and you point out where he should go. Have a friend play the role of the client, according to the model. You respond.

MODÈLE: un disque   Le client: **Je désire un disque.**
                          Vous: **Voici des disques.**

1. un vélo	3. une cassette	5. un livre	7. une guitare
2. un électrophone	4. une mini-cassette	6. une montre	8. un vélomoteur

---

In negative sentences, except after **être** —

pas des becomes **pas de**   Alain a des disques. Je n'ai **pas de** disques.
          ↓
         pas d' (+ vowel sound)   J'ai des amis. Pauline n'a **pas d'**amis.

---

but: Nous ne sommes **pas des** imbéciles.

Exercice 3. **Dans un petit magasin** (*in a small store*)

Now imagine yourself working in a small store. You have none of the things your client is looking for. Use the cues in *Exercice 2.*

MODÈLE: un disque   Le client: **Je désire un disque.**
                          Vous: **Nous n'avons pas de disques.**

C. LE PLURIEL DES ADJECTIFS

In written French the plural of an adjective is usually formed as follows:

singular adjective + **s** → plural adjective

If the adjective ends in an **s** in the singular, the singular and plural forms are the same.

Nous avons un disque **américain.**	Nous avons des disques **américains.**
Anne a une montre **française.**	Irène et Anne ont des montres **françaises.**
Paul a un vélo **gris.**	Paul et Roger ont des vélos **gris.**

Exercice 4. **Le client**

You are going shopping. Ask whether the store carries the type of items you are looking for.

MODÈLE: un disque américain   **Avez-vous des disques américains?**

1. un disque français	5. un sac rouge
2. un vélo anglais	6. une montre américaine
3. une moto italienne	7. un vélomoteur bleu
4. un livre canadien	8. une cassette espagnole

D. L'EXPRESSION *CE SONT*

The plural of **c'est** (**ce n'est pas**) is **ce sont** (**ce ne sont pas**).

C'est un garçon sympathique. **Ce sont** des garçons sympathiques.
Ce n'est pas un Américain. **Ce ne sont** pas des Américains.

NOTE: **C'est** is used instead of **ce sont** in the following cases:

before names of people: C'est Monsieur et Madame Dupont.
before **nous/vous:** C'est nous! Ce n'est pas vous!

Exercice 5. **A la surprise-partie**

Guests are arriving. As Alain gives their names, Suzanne makes a comment about them and Michèle agrees. Play the three roles according to the model.

MODÈLE: Paul et Pierre sont des garçons sympathiques.

Alain: **C'est Paul et Pierre.**
Suzanne: **Ce sont des garçons sympathiques.**
Michèle: **C'est vrai! Ils sont sympathiques.**

1. Adèle et Monique sont des filles élégantes.
2. Richard et Sylvie sont des amis embêtants.
3. Betty et Linda sont des filles intelligentes.
4. Henri et David ne sont pas des garçons intéressants.
5. Philippe et Robert ne sont pas des garçons drôles.
6. Claire et Dominique sont des filles sympathiques.

E. RÉCAPITULATION: LA FORME DES ADJECTIFS

Here is a form chart for the endings of regular adjectives:

	SINGULAR	PLURAL		
Masculine	—	-s	un ami intelligent	des amis intelligents
Feminine	-e	-es	une amie intelligente	des amies intelligentes

Exercice 6. **Similarités**

The children in Alain's family are all alike. Describe (*a*) his sister Suzanne, (*b*) his brothers Paul and Pierre, (*c*) his older sisters Nicole and Yvonne.

MODÈLE: Alain est grand. (*a*) **Suzanne est grande.**
(*b*) **Pierre et Paul sont grands.**
(*c*) **Nicole et Yvonne sont grandes.**

1. Alain est brun.
2. Alain est intelligent.
3. Alain est français.
4. Alain est drôle.
5. Alain est élégant.
6. Alain n'est pas embêtant.

Entre nous

Marc wonders why Sylvie is wearing glasses.

MARC:	Tiens, tu *portes* des *lunettes maintenant?*	wear; glasses; now
SYLVIE:	Évidemment!	
MARC:	Es-tu *myope?*	nearsighted
SYLVIE:	Non, je ne suis pas myope.	
MARC:	Alors, pourquoi est-ce que tu portes des lunettes?	
SYLVIE:	Parce que c'est la *mode*, idiot!	fashion
MARC:	Les filles ont des *idées* bizarres.	ideas
SYLVIE:	Je préfère avoir des idées bizarres *que de n'avoir pas d'*idées!	than not to have any

Expression pour la conversation

Évidemment![1] *Obviously!*   (Sylvie regarde la télé.)
         (*That's obvious, isn't it?*)   Marc: Tu regardes la télé?
                                       Sylvie: **Évidemment!**

L'art du dialogue

a. Act out the dialogue between Marc and Sylvie.

b. Imagine that Marc is wearing glasses and that the roles are reversed. Act out the new dialogue. Change **les filles** to **les garçons,** and **idiot** to **idiote.**

[1] The ending **-emment** is pronounced /amã/.

LISONS

Deux portraits

Portrait numéro un: Monique

Bonjour! Je m'appelle Monique Brun. En réalité, je ne suis pas brune, mais blonde. Est-ce que je suis jolie? J'ai des amis qui *pensent que oui.* — think so
Je suis grande et j'aime les sports. Je joue très bien au tennis. En classe, j'ai des résultats médiocres. Ce n'est pas parce que je ne suis pas intelligente. C'est parce que j'ai des professeurs très sévères. J'ai une amie, Françoise, et un *chien,* Attila. J'ai aussi un *frère.* Il s'appelle Henri et il est idiot. — dog; brother
Est-il beau? C'est une question d'opinion... *Personnellement, je trouve* — Personally; think
qu'il n'est pas sensationnel, mais Françoise a une opinion différente. Françoise a souvent des idées bizarres. (*Drin! Drin!*...) Excusez-moi, — "Ding-a-ling"
c'est le téléphone.

«Allô Henri, c'est toi? Où es-tu? En ville?... Quoi?... Ta voiture ne marche pas! Tu es un imbécile!!... Pourquoi? Parce que si ta voiture ne marche pas, nous *ne pouvons pas* jouer au tennis aujourd'hui. — cannot
Zut! Au revoir!» — Darn it!

Vrai ou faux?

1. Monique est blonde.
2. Monique est petite.
3. Monique joue au tennis.
4. Monique est une excellente élève.
5. Monique a des professeurs très stricts.
6. Françoise est une amie.
7. Henri est un ami de Monique.
8. Monique a un chien qui s'appelle Attila.
9. Henri a une voiture.
10. Henri est en classe.

NOTE CULTURELLE: **Noms de famille**

Family names which describe physical appearances, such as Brun (*dark-haired*), are very common in France. Here are some names of this sort: Petit, Lepetit, Legrand, Leblond, Lebrun, Legros (*fat one*), Joli. Another group of common family names is derived from colors: Lerouge, Leblanc, Lebleu, Lenoir, Legris.

L'art de la lecture

Cognates

When you read a story in French, you should first read it through to get the general meaning. Then you can go back and work out the meanings of new words and expressions. Some of these new words may be so unfamiliar that you may have to look them up in a dictionary. In the passage you have just read, you probably had to look up the words glossed in the margin.

On occasion, however, you will not need a dictionary to find out the meanings of unfamiliar French words. You will be able to guess them since they look like English words and have the same meanings. For instance, you probably understood the sentence **Françoise a une opinion différente** although you had never before seen the French words **opinion** and **différente.** Words which look alike and have similar meanings in two languages are called "cognates."

Cognates present certain problems.

They are never pronounced in the same way in French and English.
They are often spelled differently in the two languages.
They may not have quite the same meaning in the two languages.

For instance, the word **professeur,** which you encountered in Monique's Portrait, usually corresponds to the English word *teacher* rather than to *professor*. Words which look alike in the two languages but which have slightly different meanings are called "partial cognates."

Travaux pratiques de lecture

I. Make a list of ten cognates which you came across for the first time in this reading.

- Which words on your list are spelled exactly the same way in French and in English?
- Which are spelled differently? Explain the differences.

II. The underlined adjectives in the following sentences are partial cognates. Find their meanings.

1. Robert est un garçon complètement <u>idiot</u>.
2. Hélène est assez <u>petite</u>.
3. Pierre a un caractère <u>désagréable</u>.
4. Michel a une voiture <u>rapide</u>.
5. Jacqueline porte (*is wearing*) un pull-over très <u>élégant</u>.
6. Henri est un garçon <u>sensationnel</u>.
7. Louis est un garçon assez <u>bizarre</u>.
8. Irène a une personnalité très <u>agréable</u>.
9. Jacqueline est très <u>grande</u>.
10. Marc habite un appartement <u>ancien</u>.

III. Reread **Portrait numéro un.** Then read **Portrait numéro deux,** paying special attention to cognates and partial cognates.

Portrait numéro deux: Henri

Je m'appelle Henri Brun. Ce n'est pas une coïncidence. Je suis très brun.
Je suis grand et athlétique. Je suis élève dans un *lycée* parisien. J'ai d'excel- — high school
lents professeurs. Je pense être assez intelligent. J'ignore si je suis beau.
J'ai une amie, Françoise, qui pense que oui et une *sœur* qui pense que non. — sister
Ma sœur s'appelle Monique. Elle est très jolie et *très prétentieuse*. Au — My; quite a show-off
tennis, par exemple, elle *s'imagine être* une championne. En réalité, elle joue — thinks she is
très mal. Monique a un chien, Attila. J'aime Attila. Il a une qualité que
ma sœur n'a pas: lui, il ne parle pas.

Vrai ou faux?

1. Henri Brun est blond.
2. Il est petit.
3. Il a une amie qui s'appelle Françoise.
4. Françoise pense qu'Henri est beau.
5. Henri pense que Monique n'est pas jolie.
6. Monique est une grande championne.

TESTS DE CONTRÔLE

Chapitre deux

Directions: Write out your answers to the following test-exercises on a separate sheet of
paper. Then turn to page 426 to correct your work. Do not check your answers until you
have finished all the tests.

STRUCTURE

TEST 1. *Excuses*

Robert wants his friends to help him with his math, but no one is available. Complete the
sentences below with the appropriate forms of **être**.

MODÈLE: Lucie et Suzanne — en ville.   *your paper:*   *sont*

1. Vous — en classe.
2. Nous — à la maison.
3. Monique — en ville aussi.
4. Je — à la surprise-partie.
5. Alain et Claude — avec Dominique.
6. Tu — à Louisville.

TEST 2. *Jam session*

As his friends arrive for a jam session, Philippe asks them if they have instruments with them.
Complete his inverted questions with the appropriate form of **avoir** and the appropriate
subject pronoun.

MODÈLE: (Toi) — une guitare?   *your paper:*   *as-tu*

1. (Nous) —— une clarinette?
2. (Vous) —— un trombone?
3. (Jacques) —— une trompette?
4. (Michèle) —— un banjo?

5. (Thomas et Martine) —— un violon?
6. (Toi) —— une flûte?
7. (Max) —— un saxophone?
8. (Suzanne et Lucie) —— une guitare?

TEST 3. *"Noah's ark"*

Noah is separating those animals with masculine names from those with feminine names. Indicate the gender of the nouns below by writing *m.* for *masculine* and *f.* for *feminine.*

MODÈLE: un léopard   *your paper:*   m̲.̲

1. un lion
2. une girafe
3. une antilope
4. un jaguar

5. des pumas américains
6. des éléphants africains
7. des gazelles africaines
8. des hyènes américaines

TEST 4. *Philippe's friends*

Use the twelve adjectives below to describe Philippe's friends. Note: Each adjective can be used only once and fits only one friend or pair of friends.

originale, amusante, intelligentes, grand, blond, jolie, élégants, petites, embêtant, charmants, intéressants, blondes

1. Monique: ——
2. Joseph: ——

3. Pierre et Patrick: ——
4. Suzanne et Sophie: ——

TEST 5. *International track meet*

The following athletes are representing the United States and Russia at an international track meet. Give each competitor's nationality by completing the sentences below with the appropriate forms of the indefinite article, the noun **athlète,** and either **américain** or **russe.**

MODÈLE: (Los Angeles) Helen est ——.   *your paper:*   une athlète américaine

1. (Moscou) Boris est ——.
2. (Léningrad) Ivan et Igor sont ——.
3. (Gorki) Natasha est ——.
4. (Odessa) Nina et Svetlana sont ——.

5. (New York) Linda est ——.
6. (Boston) Doris et Caroline sont   .
7. (Lexington) Jim et John sont ——.
8. (Denver) Peter est ——.

TEST 6. *Back from France*

Sally spent a year in France and brought back the following items. Say that these objects are French, using subject pronouns and the adjective **français.**

MODÈLE: une radio   *your paper:*   Elle est française.

1. un sac
2. un transistor

3. une guitare
4. des livres intéressants

5. de jolis disques
6. deux petites montres

TEST 7. *Henri's things*

Describe what Henri has and say what he doesn't have. Complete the sentences below with the appropriate indefinite article and the adjective in parentheses.

MODÈLES: Il a — vélo —. (français)   *your paper:* *un vélo français*
          Il n'a pas — voiture. (grande)   *de grande voiture*

1. Il n'a pas — guitare —. (espagnole)
2. Il a — électrophone —. (anglais)
3. Il a — transistor —. (petit)
4. Il n'a pas — disques —. (intéressants)
5. Il n'a pas — montre —. (jolie)
6. Il a — vélo —. (vert)

TEST 8. *Henri's portrait*

Complete Henri's portrait, using **C'est** or **Il est,** as appropriate.

MODÈLE: — très blond.   *your paper:* *Il est*

1. — grand.
2. — un garçon athlétique.
3. — un champion.
4. — timide.
5. — parisien.
6. — un ami sympathique.
7. — un élève intelligent.
8. — assez beau.

VOCABULARY

TEST 9. *Does it fit?*

Which of the following objects could Henri easily carry in his school bag? Write **oui** if the object would fit and **non** if it would not.

1. une moto
2. un livre
3. un disque
4. un grand électrophone
5. un petit transistor
6. un vélomoteur
7. une voiture
8. un vélo

TEST 10. *Opposites attract*

Below is a list of adjectives numbered from 1 to 5. Match each of these with its opposite, numbered from A to F.

MODÈLE: stupide   *your paper:* *B*

1. faux
2. brun
3. blanc
4. embêtant
5. grand

A. blond
B. intelligent
C. petit
D. noir
E. vrai
F. sympathique

Chapitre trois VOYAGES

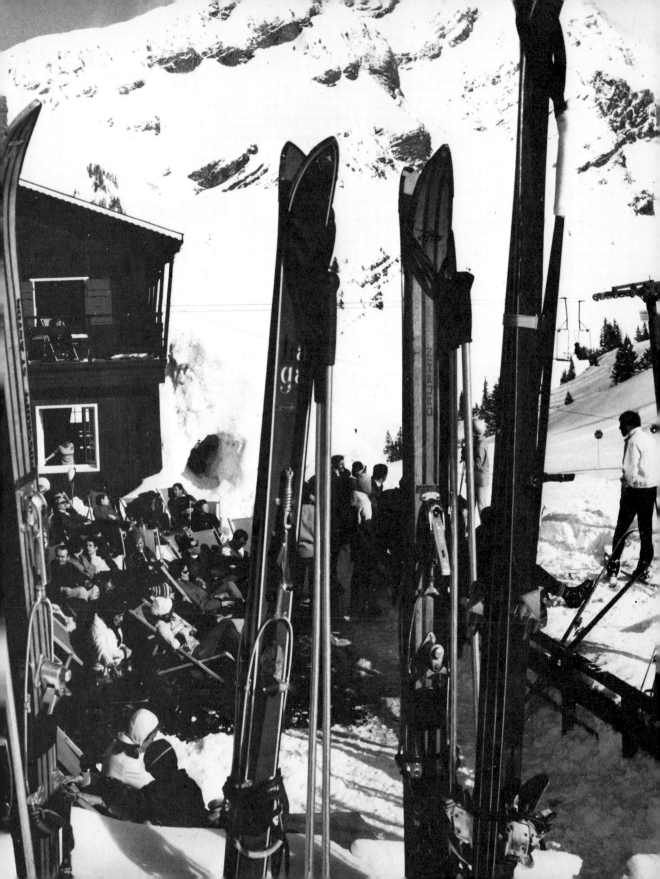

3.1 *UNE BONNE NOUVELLE*

Monsieur Rémi, un journaliste français qui habite à New York, rentre chez lui. Il a une bonne nouvelle pour *ses* trois enfants.   his

MONSIEUR RÉMI: Bonsoir!

COLETTE, ROGER
  ET FRANÇOIS: Bonsoir, Papa!

MONSIEUR RÉMI: Dites, j'ai une bonne nouvelle. Vous allez passer les vacances de Noël en France.

FRANÇOIS: Ça, c'est une nouvelle extraordinaire! Où allons-nous?

MONSIEUR RÉMI: Colette et toi, vous allez à Paris chez l'oncle André.

ROGER: Moi aussi?

MONSIEUR RÉMI: Non. Toi, tu ne vas pas chez lui. Tu vas en Savoie.

ROGER: Chez les cousins Verne?

MONSIEUR RÉMI: Oui, tu vas passer *quinze jours* chez eux.   two weeks (*lit.* fifteen days)

ROGER: Formidable!

Petit vocabulaire

NOMS:	un **cousin**	*cousin*	**Maman**	*Mom, Mommy*
	un **enfant**	*child*	une **nouvelle**	*news, a piece of news*
	Noël	*Christmas*	des **vacances**	*vacation*
	l'**oncle**	*uncle*		
	Papa	*Dad, Daddy*		

VERBE RÉGULIER:	**passer**	*to spend (time)*	Nous **passons** Noël à Paris.
VERBE IRRÉGULIER:	**aller**	*to go*	Nous **allons** à Paris.
ADJECTIFS:	**bon (bonne)**	*good*	J'ai une **bonne** nouvelle.
	mauvais	*bad*	Ce n'est pas une **mauvaise** nouvelle.
EXPRESSIONS:	**bonsoir**	*good evening; hello, hi!* (said in the evening)	
	chez ...	*at —'s house*	Nous allons **chez** Roger.
	quinze jours	*two weeks*	Nous avons **quinze jours** de vacances.

NOTE DE VOCABULAIRE: **Bon** and **mauvais** usually come *before* the noun they modify.

Exercice de compréhension

Choose the appropriate completion according to the dialogue you have read.

1. Monsieur Rémi rentre
 (a) **chez** lui.
 (b) en France.

2. Colette et François vont
 (a) **chez** l'oncle André.
 (b) en Savoie.

3. Roger va
 (a) **chez** les cousins Verne.
 (b) à Paris.

OBSERVATIONS

Look at completion (a) in each of the sentences above.

- How do you say in French: *Monsieur Rémi goes* **home?**
 Colette and François are going **to Uncle André's place?**
 Roger is going **to the Verne cousins?**
- What single French word occurs in all these expressions?

NOTE CULTURELLE: **Les vacances de Noël**

A Noël, les Français ont quinze jours de vacances. Noël est une très grande fête° familiale. Les jeunes° Français qui n'habitent pas chez leurs° parents (les étudiants° des universités, par exemple) rentrent chez eux pour le jour de Noël. Après, certains vont faire du ski.°

fête holiday; **jeunes** young; **leurs** their; **étudiants** students; **Après, certains vont faire du ski.** Afterwards, some go skiing.

LA LANGUE FRANÇAISE

PRONONCIATION

Le son /ɔ/

Model word: b<u>o</u>nne
Practice words: M<u>o</u>nique, C<u>o</u>lette, P<u>au</u>l, R<u>o</u>ger, téléph<u>o</u>ne, m<u>o</u>derne, électroph<u>o</u>ne
Practice sentences: Yv<u>o</u>nne est b<u>o</u>nne et j<u>o</u>lie.
A N<u>o</u>ël, Nic<u>o</u>le téléph<u>o</u>ne à C<u>o</u>lette.

The sound /ɔ/ is pronounced somewhat like the *o* in the English word *model*, but the French sound /ɔ/ is both shorter and more tense.

Comment écrire /ɔ/: **o**; (sometimes) **au**

STRUCTURE

A. LE VERBE *ALLER*

The verb **aller** (*to go*) is the only irregular verb in **-er.** Here is the form chart for the present tense.

aller	*to go*	J'adore **aller** en France.
je vais	*I go, I am going*	Je **vais** en Savoie à Noël.
tu vas	*you go, you are going*	**Vas**-tu à Paris?
il/elle va	*he/she goes, he/she is going*	Et François? **Va**-t-il à Paris?
nous‿allons	*we go, we are going*	Nous **allons** chez les cousins Verne.
vous‿allez	*you go, you are going*	Vous **allez** aussi chez eux.
ils/elles vont	*they go, they are going*	Roger et Colette **vont** en France.

The verb **aller** is usually followed by another word or phrase indicating a place. After the verb *to go* in English, the place is often left out.

Quand vas-tu **en Savoie?**   *When are you going to Savoy?*
Je vais **en Savoie** à Noël.   *I'm going (to Savoy) at Christmas.*

Exercice 1. **Les vacances**

The following people are going to spend their vacation in their hometown. Say that these persons are going to the city where they grew up.

Cities: Chicago, Paris, Londres, Mexico, Montréal, Rome, Genève, Tokyo, Moscou

MODÈLE: Je suis français.   **Je vais à Paris.**

1. Ils sont américains.
2. Jean-Michel est canadien.
3. Ivan est russe.
4. Nous sommes suisses.

5. Vous êtes italiens.
6. Je suis mexicain.
7. Elle est japonaise.
8. Tu es anglais.

Révisons

Review the present tense of **être** (see **Structure**, Section A, p. 51) and **avoir** (see **Structure**, Section A, p. 66).

Exercice de révision. *Rendez-vous à Paris*

Say that the following people are on vacation, have a car, and are going to Paris.

MODÈLE: Charles   Élève 1: **Charles est en vacances.**
                    Élève 2: **Il a une voiture.**
                    Élève 3: **Il va à Paris.**

1. Vous
2. Moi
3. Hélène
4. Monsieur Rémi
5. Colette et Marie
6. Paul et Robert
7. Toi
8. Nous

B. *CHEZ*

The preposition **chez** has several English equivalents:

home, at home	Nous sommes **chez nous.**	*We're **home**. We're **at home**.*
at someone's place (house)	Je suis **chez Roger.**	*I'm **at Roger's** (house).*
	Je suis **chez lui.**	*I'm **at his place**.*
	Chez qui es-tu?	***Whose house** are you **at**?*
to someone's place (house)	Vous allez **chez les cousins Verne.**	*You're going **to your Verne cousins' place**.*
	Vous allez **chez eux.**	*You're going **to their house**.*
	Chez qui allons-nous?	***Whose house** are we going **to**?*

There is liaison after **chez**, when **chez** is followed by a vowel sound.

The preposition **chez** cannot stand alone. It must be followed by a name, a noun phrase, a stressed pronoun, or **qui**.

Exercice 2. *Les visites de Colette*

Before leaving for France, Colette visits her friends. Say where she goes.

MODÈLE: Charles   **Colette va chez Charles.**

1. Simone
2. Marc
3. Elisabeth
4. Paul et David
5. un ami canadien
6. des amies américaines
7. Monsieur et Madame Smith
8. Madame Dupont
9. les cousins Rémi

Exercice 3. **La surprise-partie est finie.** (*The party is over.*)

Colette's friends have just given her a going-away party. Say that everyone is going home.

MODÈLE: Colette   Colette rentre chez elle.

1. Marc et Roger
2. Isabelle et Monique
3. Charles et Annie
4. Pierre et Roger

5. Moi
6. Robert
7. Toi
8. Jacques

9. Nous
10. Vous
11. Eux
12. Hélène

C. *ALLER* + L'INFINITIF

To express the near future, the French use the construction:

aller + infinitive

François et Colette **vont voyager.**   *François and Colette **are going to travel.***

Roger **va passer** quinze jours en Savoie.   *Roger **is going to spend** two weeks in Savoy.*

This French construction corresponds to the English construction: *to be going to* (*do something*).

In negative sentences the word **pas** comes between **aller** and the infinitive:

Moi, je **ne** vais **pas** voyager.   *I am not going to travel.*

Exercice 4. **Ce soir**

Say that tonight the following people plan to do only what they like — and not what they hate to do.

MODÈLES: Colette aime danser.   Colette va danser.
            Roger déteste aller en ville.   Roger ne va pas aller en ville.

1. J'aime regarder la télé.
2. Tu détestes travailler.
3. Jacques aime téléphoner.
4. Hélène aime inviter des amis.

5. Nous aimons écouter la radio.
6. Vous détestez dîner en ville.
7. Ils aiment dîner chez des amis.
8. Elles détestent étudier.

Questions personnelles

What are you going to do on your next vacation?

1. Allez-vous étudier?
2. Allez-vous voyager? (Où?)
3. Allez-vous travailler? (Où? Pour qui?)

4. Allez-vous inviter des amis chez vous? (Qui?)
5. Allez-vous chez des amis? (Chez qui?)
6. Allez-vous visiter la France? (Avec qui?)

Entre nous

PIERRE: Où vas-tu?

ANDRÉ: Je vais chez Jacques.

PIERRE: Pourquoi chez lui? Pourquoi pas chez moi?

ANDRÉ: Parce que lui, au moins, il a une *sœur* sympathique.   sister

PIERRE: Eh bien, j'ai une mauvaise nouvelle pour toi! *Sa* sœur   His
n'est pas là. Elle est à Montréal où elle va passer les
vacances de Noël.

Expression pour la conversation

au moins *at least*   Je n'ai pas de moto, mais **au moins** j'ai un vélomoteur.

L'art du dialogue

a. Act out the dialogue between Pierre and André.

b. Imagine that André meets Pierre and Paul. Act out the new dialogue. Replace **je** and **moi** by **nous** and make the necessary changes.

c. Write and act out a new dialogue between Colette and Marie. Marie wants to visit Chantal, who has an attractive brother **(frère; son frère).**

les montagnes

le la

la ville

Examinez la photo.

Il y a une ville, un lac et des montagnes.

La ville, c'est Annecy. C'est la ville principale de la Savoie, la région où Roger va passer les vacances de Noël.

Le lac, c'est le lac d'Annecy.

Les montagnes, ce sont les Alpes.

LECTURE CULTURELLE: **Annecy et la Savoie**

Aimez-vous la nature? Pour les personnes qui aiment la nature, la Savoie est une région idéale. Il y a des lacs, des montagnes, de très belles forêts. Pour les personnes qui aiment les sports, la Savoie offre aussi de grandes possibilités: le ski, l'alpinisme,° etc. La Savoie est située° dans les Alpes, à l'est° de la France. C'est une région frontière° avec l'Italie. La ville principale de la Savoie est Annecy, une ville très ancienne (fondée par° les Romains) et très moderne.

alpinisme mountain-climbing; **située** situated; **est** east; **frontière** border; **fondée par** founded by

96

Vocabulaire spécialisé : ville et campagne

NOMS :	un **cinéma**	*movie theater*	la **campagne**	*country, countryside*
	un **hôtel**	*hotel*	une **cathédrale**	*cathedral*
	un **lac**	*lake*	une **école**	*school*
	un **monument**	*monument*	une **église**	*church*
	un **musée**	*museum*	une **forêt**	*forest*
	un **quartier**	*district, neighborhood*	une **maison**	*house*
	un **restaurant**	*restaurant*	une **montagne**[1]	*mountain*
	un **stade**	*stadium*	une **plage**	*beach*
	un **théâtre**	*theater*	une **ville**	*city*

EXPRESSION : **il y a** $\begin{cases} \textit{there is} \\ \textit{there are} \end{cases}$ A Annecy, **il y a** un lac.
En Savoie, **il y a** des montagnes.

Vrai ou faux?

If the statements below are true, say **C'est vrai.** If they are false, correct them.

1. *a)* Sur (*in*) la photo, il y a **un** lac.   *b)* C'est **le** lac de Genève.
2. *a)* Il y a aussi **une** ville.   *b)* C'est **la** ville de Paris.
3. *a)* Il y a **des** montagnes.   *b)* **Les** montagnes de la photo sont les Alpes.

OBSERVATIONS

Sentences 1*a*, 2*a*, and 3*a* above could refer to any lake, any city, any mountains.

● What determiner is used to introduce these nouns in French?

Sentences 1*b*, 2*b*, and 3*b* refer to a specific lake, a specific city, specific mountains.

● Which determiner is used instead of **un?** of **une?** of **des?**

The determiners **le, la,** and **les** are called definite articles and often correspond to the English determiner *the.*

Questions personnelles

1. Aimez-vous **la** nature?   3. Aimez-vous **les** sports?
2. Aimez-vous **les** lacs?   4. Aimez-vous **le** ski?

OBSERVATIONS

● In the above questions, which determiner is used before the nouns **nature? lacs? sports? ski?**
● Would you use the word *the* in equivalent sentences in English?

[1] French explorers named a region of the United States Vermont **(Verte Montagne).** What does that French name mean?

LA LANGUE FRANÇAISE

PRONONCIATION

Élision : récapitulation

Elision (or the dropping off of the final vowel before a vowel sound) occurs in the following words:

	NO ELISION	ELISION
ce	Ce sont des montagnes.	C'est un lac.
de	Voici le lac de Genève.	Voici le lac d'Annecy.
je	Je regarde la photo.	J'examine la photo.
le, la	Voici le lac et la plage.	Voici l'hôtel et voilà l'église.
ne	François ne va pas à Annecy.	Nous n'allons pas à Annecy.
que	Est-ce que Colette va en Savoie?	Est-ce qu'elle va en Savoie?

STRUCTURE

A. L'EXPRESSION *IL Y A*

> **il y a** means $\begin{cases} \textit{there is} \\ \textit{there are} \end{cases}$ A Annecy, **il y a** un lac.
> **Il y a** aussi des montagnes.

Note the following constructions:

Negation : **Il n'y a pas** d'université à Annecy.

Questions : **Est-ce qu'il y a** un stade à Annecy?
Y a-t-il un stade à Annecy?

Questions de fait (*factual questions*): *Votre ville* (*your city*)

One student will ask whether the following places are found in your town. A second student will respond.

MODÈLE: un stade   Élève 1: **Est-ce qu'il y a un stade ici?**
                Élève 2: **Oui, il y a un stade.**
                       (*or:* **Non, il n'y a pas de stade.**)

1. un cinéma	4. des monuments	7. un lac
2. une plage	5. un musée	8. des églises
3. un théâtre	6. une cathédrale	9. des hôtels

B. L'ARTICLE DÉFINI: *LE, LA, LES*

The definite article **le** (*the*) is a determiner. It has the following forms:

	SINGULAR	PLURAL		
Masculine	**le** ↓ **l'** (+vowel sound)	**les**	**le** lac **l'**hôtel	**les** lacs **les** hôtels
Feminine	**la** ↓ **l'** (+vowel sound)	**les**	**la** plage **l'**école	**les** plages **les** écoles

Liaison is required after **les** before a vowel sound.

Exercice 1. **La visite d'Annecy**

Roger's cousins are showing him around Annecy. As they point out the following places, they mention that they often go there. Play the part of the cousins.

MODÈLE: un théâtre

> Les cousins: **C'est le théâtre où nous allons souvent.**

1. un restaurant   3. des cinémas   5. un hôtel   7. un musée
2. des montagnes   4. un stade   6. une église   8. des plages

Exercice 2. **Le village**

Roger's cousins have driven him to a small mountain village. Roger asks where certain things are and is told that they simply do not exist. Play the roles of Roger and his cousins according to the model.

MODÈLE: un théâtre

> Roger: **Où est le théâtre?**
> Les cousins: **Il n'y a pas de théâtre.**

1. un cinéma   3. un musée   5. des restaurants   7. des monuments
2. une cathédrale   4. des hôtels   6. un stade   8. une école

C. L'USAGE DE L'ARTICLE DÉFINI

French nouns are almost always preceded by determiners. The definite article is used —

(*a*) where English would use *the*:

Voici **le** quartier où je travaille.
*Here is **the** district where I work.*

Voilà **la** maison où j'habite.
*There is **the** house where I live.*

(*b*) in front of geographical names (of countries, mountains, lakes, but not cities):

Paris est la capitale de **la** France.
Paris is the capital of . . . France.

La Savoie est une province.
. . . Savoy is a province.

(*c*) in front of nouns used in a general sense:

Roger aime **l'** école, mais il préfère **les** vacances.
Roger likes . . . school, but he prefers . . . vacations.

Le ski est un sport.
. . . Skiing is a sport.

In cases (*b*) and (*c*), English does not use the definite article. It *must* be used in French.

Questions personnelles

1. Aimez-vous les sports?
2. Aimez-vous le ski?
3. Aimez-vous le tennis?
4. Aimez-vous la télé?
5. Étudiez-vous le français?
6. Étudiez-vous l'anglais?
7. Étudiez-vous l'espagnol?
8. Étudiez-vous la géographie?
9. Aimez-vous mieux (*Do you prefer*) la ville ou la campagne?
10. Aimez-vous mieux l'école ou les vacances?
11. Aimez-vous mieux le cinéma ou le théâtre?
12. Aimez-vous mieux la musique classique ou la musique pop?

Entre nous

Colette asks her brothers where they prefer to go in France.

COLETTE: Tu préfères aller à Annecy ou à Paris?
ROGER: A Annecy! J'adore le ski.
COLETTE: Et toi, François, tu préfères aller à Paris ou à Annecy?
FRANÇOIS: Ça n'a pas d'importance!
COLETTE: Pourquoi?
FRANÇOIS: Parce que moi, j'aime *surtout* les bons restaurants, et en   especially
France il y a de bons restaurants *partout*.   everywhere

Expression pour la conversation

Ça n'a pas d'importance! *It doesn't matter!*

Un restaurant au Bois de Boulogne, Paris

L'art du dialogue

a. Act out the dialogue between Colette, Roger, and François.

b. Act out a new dialogue in which Roger says that he likes the country **(la campagne)** and François says that he likes pretty girls **(les jolies filles).** Make the necessary changes.

3.3 *UN PROGRAMME BIEN ORGANISÉ*

Colette a toujours un programme bien organisé. Voici le programme de lundi:

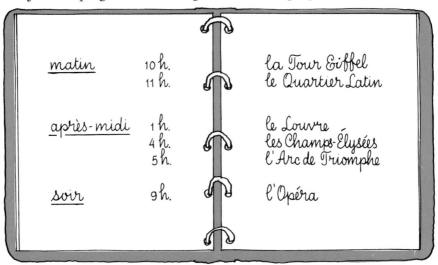

matin	10 h.	*la Tour Eiffel*
	11 h.	*le Quartier Latin*
après-midi	1 h.	*le Louvre*
	4 h.	*les Champs-Élysées*
	5 h.	*l'Arc de Triomphe*
soir	9 h.	*l'Opéra*

FRANÇOIS: Dis, Colette, où vas-tu lundi?

COLETTE: Lundi matin, je vais à la Tour Eiffel et au Quartier Latin.

FRANÇOIS: Et l'après-midi?

COLETTE: L'après-midi, je vais au Louvre, aux Champs-Élysées et à l'Arc de Triomphe. Tu m'accompagnes?

FRANÇOIS: Pas question! Je déteste les musées et je ne visite jamais les monuments.

LECTURE CULTURELLE: **Paris**

Paris est une ville très touristique. Elle a des quartiers pittoresques° et de nombreux° monuments:

La Tour Eiffel, construite° en 1889,[1] domine la ville.
Le Quartier Latin est un quartier très animé.°
Le Louvre est le musée qui possède° la «Mona Lisa».
L'avenue des Champs-Élysées est une très belle avenue.
L'Arc de Triomphe est un monument à la gloire° de Napoléon.[2]

pittoresques picturesque; **de nombreux** many; **construite** built; **animé** animated (full of life); **possède** owns; **gloire** glory

[1] 1889 (dix-huit cent quatre-vingt-neuf).
[2] Empereur de France, 1804–1815 (dix-huit cent quatre à dix-huit cent quinze).

Petit vocabulaire

VERBE RÉGULIER: **accompagner**   *to accompany, come (go) along with*

EXPRESSIONS: **Tu m'accompagnes?**   *Are you coming with me?*

toujours   *always*   Colette est **toujours** bien organisée. (*well organized*)
ne . . . jamais   *never*   François **n**'est **jamais** très bien organisé.

NOTE DE VOCABULAIRE: The negative expression **ne . . . jamais** is used like the expression **ne . . . pas** (see **Structure**, Section B, p. 16). The **ne** comes before the verb and **jamais** comes after.

Nous **n**'allons **pas** à Paris.   Nous **n**'allons **jamais** à Paris.

Vocabulaire spécialisé: les jours de la semaine

NOMS: un **après-midi** *afternoon*   une **nuit**   *night*
      un **jour**   *day*   une **semaine** *week*
      un **matin**   *morning*
      un **soir**   *evening*
      un **week-end** *weekend*

EXPRESSIONS: **aujourd'hui**   *today*   **Aujourd'hui,** nous sommes lundi.
           demain   *tomorrow* **Demain,** c'est mardi.

Quel jour sommes-nous?   *What day is it?* (*What day are we?*)

lundi   *Monday*   **vendredi** *Friday*
mardi   *Tuesday*   **samedi**   *Saturday*
mercredi *Wednesday*   **dimanche** *Sunday*
jeudi   *Thursday*

Questions sur le texte

1. Lundi matin, Colette va visiter **la** Tour Eiffel.
   A quelle heure est-ce qu'elle va **à la** Tour Eiffel?

2. Lundi après-midi, elle va visiter **l'**Arc de Triomphe.
   A quelle heure est-ce qu'elle va **à l'**Arc de Triomphe?

3. Lundi après-midi, elle va visiter **le** Louvre.
   A quelle heure est-ce qu'elle va **au** Louvre?

4. Lundi après-midi, elle va aussi visiter **les** Champs-Élysées.
   A quelle heure est-ce qu'elle va **aux** Champs-Élysées?

L'Arc de Triomphe, Paris

OBSERVATIONS

Look at the above questions which ask when Colette does certain things.

- How would you say in French: *She is going to the Eiffel Tower; to the Arch of Triumph?*
- The French do *not* say "**à le Louvre**" or "**à les Champs-Élysées.**" What do they say instead?

LA LANGUE FRANÇAISE

PRONONCIATION

Le son /o/

Model word: au
Practice words: beau, jaune, piano, radio, faux, vélo, drôle, hôtel, rose
Practice sentences: Margot a un beau piano.
Voici un vélo jaune.

The sound /o/ is pronounced somewhat like the *o* in the English word *noble*, although it is shorter and more tense.

Comment écrire /o/: **o, ô; au, eau**

NOTE DE PRONONCIATION: The letter **o** is pronounced —

/o/ at the end of a word, before a final silent consonant and in the ending **-ose;**
/ɔ/ otherwise.

Contrast: /o/ idiot, vélo, piano
/ɔ/ idiote, école, Noël

STRUCTURE

Révisons

à may mean { *at*   Nous sommes **à** l'hôtel.   *We are at the hotel.*
to   Colette va **à** Paris.   *Colette is going to Paris.*
in (a city)   Colette habite **à** New York.   *Colette lives in New York.*

A. LES CONTRACTIONS DE L'ARTICLE DÉFINI AVEC *À*

Here are the forms of **à** plus the definite article:

à+ { **le →au**   Les amis vont **au** restaurant.
la →à la   Les amis vont **à la** Tour Eiffel.
l' →à l'   Les amis vont **à l'**hôtel.
les→aux   Les amis vont **aux**/z/Invalides.[1]

Have you noted?

Liaison is required after **aux** before a vowel sound.

[1] Paris monument where Napoleon is buried.

Exercice 1. **Où sont-ils?**

The following tourists are visiting Paris. Indicate where each one is.

MODÈLE: Colette (le Louvre)   Colette est au Louvre.

1. François (le restaurant)
2. Marc (le cinéma)
3. Nous (le Quartier Latin)
4. Marie (l'hôtel)
5. Moi (le théâtre)
6. Paul et David (les Invalides)

7. Vous (la Tour Eiffel)
8. Jules et Jim (les Champs-Élysées)
9. Monsieur Smith (l'Opéra)
10. Toi (le musée)
11. Irène (l'Arc de Triomphe)
12. Martine et Claire (la Comédie Française)

Exercice 2. **Dimanche**

Everyone is going to a different place on Sunday. Say where, using the correct forms of **aller.**

MODÈLE: Colette (la cathédrale)   Dimanche, Colette va à la cathédrale.

1. François (le restaurant)
2. Nous (le musée)
3. Vous (le stade)
4. Moi (l'église)

5. Toi (le théâtre)
6. Henri (le cinéma)
7. Pierre et Paul (la plage)
8. Hélène et Annie (la campagne)

B. L'ARTICLE DÉFINI AVEC LES EXPRESSIONS DE TEMPS

Note the following uses of the definite article:

(a) with the different times of day

le matin	*in the morning*	**Le matin,** je vais en classe.
l'après-midi	*in the afternoon*	**L'après-midi,** je vais en ville.
le soir	*in the evening*	**Le soir,** je dîne à la maison.
la nuit	*at night*	**La nuit,** je regarde la télé.

(b) with days of the week, to indicate repeated or habitual action

le dimanche	*on Sundays*	**Le dimanche,** je vais toujours à l'église.

Contrast with:

dimanche	*Sunday, on Sunday*	**Dimanche,** nous allons chez l'oncle André.

Questions personnelles

1. Êtes-vous bien organisé(e)? Avez-vous un programme pour la semaine?
2. Quels jours avez-vous une classe de français?
3. Quels jours n'allez-vous pas à l'école?
4. Quels jours regardez-vous la télé?
5. Où allez-vous le samedi matin? le samedi après-midi? le samedi soir?
6. Où allez-vous le dimanche matin? le dimanche après-midi? le dimanche soir?

Entre nous

FRANÇOIS: Dis, Colette! Où vas-tu à onze heures du matin?

COLETTE: Je vais au musée d'Art Moderne.

FRANÇOIS: Bon! Je vais *t*'accompagner.   you

COLETTE: Comment? Au musée d'Art Moderne? Tu aimes les musées *maintenant*?   now

FRANÇOIS: Ah non! Je ne vais pas au musée, mais au restaurant qui est *à côté*. C'est un excellent restaurant et la cuisine est toujours bonne.   nearby

COLETTE: *Quel gourmand!*   What an eater!

Expression pour la conversation

To express casual agreement the French use:

Bon! *Good!*   Tu vas au musée? **Bon,** alors je t'accompagne.

L'art du dialogue

a. Act out the conversation between François and Colette.

b. Prepare a new conversation in which Colette is going to the opera **(l'Opéra).** Replace **les musées** with **la musique classique.** The new time is eight o'clock.

c. Write out a conversation between François and Colette. At seven o'clock Colette is going to **la Comédie Française.** Replace **les musées** with **le théâtre.**

François, le gourmand, a une opinion très spéciale des monuments parisiens.

L'ONCLE ANDRÉ: Alors, François, qu'est-ce que tu penses de la Tour Eiffel?
FRANÇOIS: Je pense que c'est un monument remarquable!
L'ONCLE ANDRÉ: A cause de l'architecture ou à cause de la très belle vue sur Paris?
FRANÇOIS: Surtout à cause du restaurant.

LECTURE CULTURELLE: **La Tour Eiffel**

Il y a des Parisiens qui n'aiment pas la Tour Eiffel. Ils pensent que
ce n'est pas un monument très esthétique.° Les touristes, eux,
ont une opinion différente. La Tour Eiffel est le monument de la
capitale le plus visité.° C'est normal. De la Tour Eiffel, on° a une
vue splendide sur la ville. Pour les gourmands, la Tour Eiffel a
une autre° attraction: un excellent restaurant.

esthétique aesthetic (beautiful); **plus visité** most visited; **on** one; **autre**
another

108

Petit vocabulaire

NOMS: un **gourmand**   *one who likes to eat*   une **vue**   *view*

EXPRESSIONS: **sur**   *on, over*   La vue **sur** Paris est très belle.
surtout   *especially, above all*   François aime **surtout** les restaurants.

Vocabulaire spécialisé : l'opinion

penser   *to think, believe*

que pensez-vous de . . . ?   ⎞   *What do you think*   Que **penses-tu de** Paris?
qu'est-ce que vous pensez de . . . ?⎠   *of (about) . . . ?*

je pense que . . .   *I think that . . .*   Je **pense que** Paris est une
ville formidable.

parce que   *because*   J'aime Paris **parce que** j'aime les monuments.
à cause de   *because of*   J'aime Paris **à cause des** monuments.

NOTE DE VOCABULAIRE: **A cause de** is followed by a noun or pronoun alone. **Parce que** is followed by a subject and a verb.

Un jeu (*a game*): «**L'opinion de Colette**»

At supper Uncle André asks Colette her opinion about certain Paris landmarks. Match his questions (1–4) with her answers (*a–d*).

L'ONCLE ANDRÉ   COLETTE

1. Que penses-tu **de la** Tour Eiffel?   (*a*) C'est une belle avenue.
2. Que penses-tu **de l'**Opéra?   (*b*) J'aime les musées.
3. Que penses-tu **du** Louvre?   (*c*) J'aime la musique classique.
4. Que penses-tu **des** Champs-Élysées? (*d*) La vue sur Paris est très belle.

OBSERVATIONS

Look at the title of the game. How do you say *Colette's opinion* in French?

• Which word comes first, **Colette** or **opinion?** Which word connects **opinion** and **Colette?**

Now reread Uncle André's questions.

• How does he say: *What do you think of the Eiffel Tower? of the Opera?*

• He does *not* say "d̸e̸ l̸e̸ **Louvre**" or "d̸e̸ l̸e̸s̸ **Champs-Élysées.**" What does he say instead?

Vocabulaire spécialisé: les nombres de 13 à 69

13	treize	24	vingt-quatre	35	trente-cinq . . .
14	quatorze	25	vingt-cinq	40	quarante
15	quinze	26	vingt-six	41	quarante et un
16	seize	27	vingt-sept	42	quarante-deux . . .
17	dix-sept	28	vingt-huit	50	cinquante
18	dix-huit	29	vingt-neuf	51	cinquante et un
19	dix-neuf	30	trente	52	cinquante-deux . . .
20	vingt	31	trente et un	60	soixante
21	vingt et un	32	trente-deux	61	soixante et un
22	vingt-deux	33	trente-trois	62	soixante-deux . . .
23	vingt-trois	34	trente-quatre	69	soixante-neuf

NOTE DE VOCABULAIRE: The word **et** occurs only in the numbers 21, 31, 41, 51, and 61. There is no liaison after **et**.

Exercice de vocabulaire: **Standardiste** (*telephone operator*)

In most French cities (except Paris), telephone numbers consist of three 2-digit numbers. Ask for the following phone numbers.

MODÈLE: 57.38.23 (Annecy)

le cinquante-sept, trente-huit, vingt-trois à Annecy

1. 20.30.40 (Tarbes)
2. 30.40.50 (Tulle)
3. 50.60.20 (Lille)
4. 21.31.61 (Toulon)
5. 21.32.43 (Cannes)

6. 68.57.44 (Nice)
7. 56.11.61 (Tours)
8. 17.18.14 (Rennes)
9. 15.17.19 (Annecy)
10. 20.18.14 (Clermont)

LA LANGUE FRANÇAISE

PRONONCIATION

Les sons /y/ et /u/

Contrast: /y/ tu, vue, nature, pure, rue, monument
/u/ tour, vous, touriste, pour, rouge, nous

Les sons /ɑ̃/ et /ɛ̃/

Contrast: /ɑ̃/ trente, quarante, pense, Français, gourmand, excellent
/ɛ̃/ vingt, quinze, vingt-cinq, matin, parisien, Invalides

STRUCTURE

A. LES EXPRESSIONS DE POSSESSION AVEC *DE*

To indicate possession or ownership, the French use the following construction:

noun + **de** + noun	l'opinion **de** François	*François's opinion*
↓		
d' (before a vowel sound)	l'opinion **d'**André	*André's opinion*

Have you noted?

   a. The French do not use (') or **'s** to show possession.
   b. To remember the word order, think of **de** as meaning *of* or *which belongs to.*

   Voici le programme **de** Colette.   *Here is Colette's schedule (the schedule of Colette).*

Exercice 1. **Possession**

Say that the following items belong to the persons indicated in parentheses.

MODÈLE: une montre (François)   **C'est la montre de François.**

1. un sac (Colette)
2. une voiture (l'oncle André)
3. une cassette (Colette)
4. un transistor (François)
5. des livres américains (Colette)
6. des livres français (l'oncle André)

Révisons

de may mean $\begin{cases} from \\ of \\ about \end{cases}$
François et Colette arrivent **de** New York.
Notre Dame est la cathédrale **de** Paris.
Que pensez-vous **de** la Tour Eiffel?

B. LES CONTRACTIONS DE L'ARTICLE DÉFINI AVEC *DE*

Here are the forms of **de** plus the definite article:

de +	le →**du**	Nous arrivons **du** musée.
	la →**de la**	Nous arrivons **de la** cathédrale.
	l' →**de l'**	Nous arrivons **de l'**église.
	les→**des**	Nous arrivons **des** Invalides.

Have you noted?

Liaison is required after **des** before a vowel sound.

Exercice 2. **Colette visite Paris**

Every night François would ask Colette: "Where are you coming from?" Play the roles of Francois and Colette according to the model.

MODÈLE: le cinéma   François: **D'où rentres-tu?**
Colette: **Je rentre du cinéma.**

1. le théâtre
2. l'Opéra
3. le Quartier Latin
4. les Invalides
5. les Champs-Élysées
6. la Comédie Française
7. le musée d'Art Moderne
8. la discothèque

Exercice 3. **Un touriste**

Imagine yourself interviewing a tourist for a French newspaper. Ask your questions according to the model:

MODÈLE: les Champs-Élysées

Que pensez-vous des Champs-Élysées?

1. la cuisine française
2. les hôtels
3. les restaurants
4. le Quartier Latin
5. le musée du Louvre
6. l'architecture de Paris

C. L'HEURE: *MATIN, APRÈS-MIDI ET SOIR*

To be more specific about time, the French use the following expressions after indicating the hour:

du matin	*in the morning,* A.M.	Il est trois heures **du matin.**
de l'après-midi	*in the afternoon,* P.M.	Il est trois heures **de l'après-midi.**
du soir	*in the evening,* P.M.	Il est huit heures **du soir.**

Questions personnelles

Use the expressions **du matin, de l'après-midi** and **du soir** in your answers.

1. A quelle heure dînez-vous?
2. A quelle heure rentrez-vous chez vous?
3. A quelle heure allez-vous à l'école?
4. A quelle heure allez-vous à l'église le dimanche?
5. A quelle heure allez-vous au cinéma?

Entre nous

François will go to the Opera with Colette but only on one condition . . .

COLETTE: Ce soir, je vais à l'Opéra. Est-ce que tu m'accompagnes?

FRANÇOIS: Ça dépend!

COLETTE: Ça dépend de *quoi*? Est-ce que ça dépend du programme?   what

FRANÇOIS: Non, ça ne dépend pas du programme. Ça dépend si tu *m'invites* ou non!   invite me

Expressions pour la conversation

Ça dépend!   *That depends! It all depends!*
Ça dépend de . . . *That depends on . . . (something, someone)*

L'Opéra de Paris

L'art du dialogue

a. Act out the dialogue between Colette and François.

b. Now Colette asks François whether his decision depends on the time of the performance (**l'heure**) rather than the program (**le programme**). Act out the new dialogue making the necessary changes.

c. Prepare a new dialogue in which the roles are reversed. François wants to know if Colette will go to a restaurant (**le restaurant**) with him and asks whether it depends on the menu (**le menu**). Act out the conversation, making the necessary changes.

3.5 *ROGER A UNE PETITE AMIE*

Les vacances sont *finies*. Roger montre des photos d'Annecy. Colette et over
François regardent ces photos.

COLETTE: Ces montagnes, ce sont les Alpes, je suppose.
ROGER: Bien sûr!
FRANÇOIS: Et ce garçon avec les skis, c'est toi?
ROGER: Évidemment.
COLETTE: Dis, Roger, qui est cette fille?
ROGER: Quelle fille?
COLETTE: La fille qui est sur cette photo-ci?
FRANÇOIS: Et aussi sur cette photo-là?
ROGER: Vous êtes trop curieux!
COLETTE: Ah! Ah! Roger a une petite amie à Annecy.

LECTURE CULTURELLE: **Le ski en France**

Le ski est un sport très populaire en France. Il est pratiqué°
surtout dans° les Alpes (les montagnes entre° la France et
l'Italie) et dans les Pyrénées (les montagnes entre la France et
l'Espagne°). Certaines écoles ont des «classes de neige».° Les
élèves de ces écoles passent quatre semaines à la montagne. Le
matin est réservé aux études° et l'après-midi est réservé au ski.

pratiqué engaged in; **dans** in; **entre** between; **l'Espagne** Spain; **«classes de
neige»** "snow classes"; **réservé aux études** reserved for studies

Petit vocabulaire

NOMS:	un **petit ami**	*boy friend*	une **petite amie**	*girl friend*	
			une **photo**	*picture, snapshot*	

ADJECTIF: **curieux (curieuse)** *curious*

VERBES RÉGULIERS: **montrer** *to show* Roger **montre** des photos d'Annecy.
regarder *to look at* Colette **regarde** les photos.

EXPRESSION: **trop** *too* Vous êtes **trop** curieux.

NOTE DE VOCABULAIRE: **Regarder** is followed directly by a noun.

Jeu de correspondances

Complete the dialogues by matching the appropriate lines from columns (*a*), (*b*), and (*c*).

(*a*) COLETTE	(*b*) ROGER	(*c*) COLETTE
1. Comment est **ce** restaurant?	**Quelle** fille?	Les Alpes.
2. **Cet** hôtel est confortable?	**Quels** garçons?	La fille sur la photo.
3. Qui est **cette** fille?	**Quelles** montagnes?	L'hôtel Robinson à Annecy.
4. Qui sont **ces** garçons?	**Quel** hôtel?	Le restaurant de l'hôtel.
5. Aimes-tu **ces** montagnes?	**Quel** restaurant?	Les garçons avec les skis.

OBSERVATIONS

Reread **Jeu de correspondances** above.

- How does Colette (column *a*) say *this restaurant*?
- What is the form of **ce** before a masculine noun beginning with a vowel sound **(hôtel)**? before a feminine singular noun **(fille)**? before a masculine plural noun **(garçons)**? before a feminine plural noun **(montagnes)**?
- How does Roger say *which restaurant*?
- What are the four written forms of **quel**?

LA LANGUE FRANÇAISE

PRONONCIATION

Le son /k/

Model word: quel
Practice words: qui, Colette, quartier, Québec, cinq, quinze, est-ce que
Practice sentences: Quel quartier habite Catherine?
Quelle est la capitale du Canada?

Hold a piece of paper in front of your mouth and pronounce the English words *cat* and *scat*. The paper moves when you say *cat* because you produce a puff of air as you pronounce the sound /k/. The paper does not move when you say *scat*. The French /k/ is always pronounced like the *k*-sound in *scat*, without a puff of air.

Comment écrire /k/: **c, k, qu,** final **q**

NOTE DE PRONONCIATION: The letters **qu** practically always represent the sound /k/: **qui.**

STRUCTURE

A. LE DÉMONSTRATIF: *CE, CETTE, CES*

The demonstrative determiner **ce** (*this, that*) has the following forms:

	SINGULAR	PLURAL		
Masculine	**ce** ↓ **cet** (+ vowel sound)	**ces**	**ce** lac **cet** hôtel	**ces** lacs **ces** hôtels
Feminine	**cette**	**ces**	**cette** plage **cette** école	**ces** plages **ces** écoles

Liaison is required after **ces** and **cet** before a vowel sound.

Note the English equivalents of the determiner **ce:**

Cette fille est belle.   *This girl* } *is beautiful.*
        That girl

J'aime **ces** photos.   *I like* { *these pictures.*
             those pictures.

To distinguish between a person or an object which is close by and one which is further away, the French sometimes use **-ci** or **-là** after the noun.

Ces skis-**ci** sont les skis de Roger.   *These skis* (*over here*) *are Roger's skis.*
Ces skis-**là** sont les skis de Ginette.   *Those skis* (*over there*) *are Ginette's skis.*

Exercice 1. **Les photos de Roger**

As Roger shows pictures of places he has seen, Colette inquires where each place is located. Play the two roles according to the model.

MODÈLE: une église   Roger: **Voici une église.**
          Colette: **Où est cette église?**

1. une ville	5. un stade	9. une école
2. un lac	6. des maisons	10. des quartiers historiques
3. des montagnes	7. un restaurant	11. un théâtre
4. un hôtel	8. une cathédrale	12. une église moderne

Exercice 2. **Préférences**

Colette and François are walking through a department store. They both point out what they like. Play the two roles according to the model.

MODÈLE: une moto   Colette: **J'aime cette moto-ci.**
François: **Moi, je préfère cette moto-là.**

1. une radio	3. un livre	5. des disques	7. des cassettes
2. un sac	4. une guitare	6. une montre	8. un vélomoteur

B. QUEL?

The determiner **quel?** (*which, what*) is used in interrogative expressions. It has four forms:

	SINGULAR	PLURAL	
Masculine	**quel**	**quels**	**Quel** garçon ne travaille pas? **Quels** élèves étudient?
Feminine	**quelle**	**quelles**	**Quelle** fille danse bien? **Quelles** filles dansent mal?

Exercice 3. **Précisions**

François points out people and things to his sister as they are walking down the street. Colette asks him to be more specific. Play the two roles.

MODÈLE: ce beau garçon   François: **Regarde ce beau garçon!**
Colette: **Quel beau garçon?**

1. cette fille	3. cette voiture italienne	5. cette moto rouge et bleue
2. ce vélomoteur	4. ces maisons modernes	6. ces vélos français

Questions personnelles

1. Quelle ville habitez-vous?
2. A quelle école allez-vous?
3. A quel cinéma allez-vous?
4. A quelle plage allez-vous?
5. Quels programmes regardez-vous à la télé?
6. Quels programmes préférez-vous? (Je préfère . . .)
7. Quels sports pratiquez-vous? (le tennis? le basketball? le ski? le volleyball?)
8. Quelles langues (*languages*) parlez-vous?

C. LA DATE

In French, dates are expressed as follows: **le** + day + month.

> **Le quatorze février** est un lundi.   Nous sommes **le deux décembre.**

NOTES: 1. The day of the month is given as a number. Exception: the first of the month is **le premier.**

> Nous n'allons pas en classe **le premier janvier.**

2. There is a no elision before the numbers 8 and 11: **le huit juin, le onze novembre.**

Vocabulaire spécialisé: mois et saisons de l'année

un **anniversaire** *birthday, anniversary*		une **année** *year*	
un **mois** *month*		une **date** *date*	
		une **saison** *season*	

l'**hiver** *winter*	le **printemps** *spring*	l'**été** *summer*	l'**automne** *fall*
janvier	avril	juillet	octobre
février	mai	août	novembre
mars	juin	septembre	décembre

Exercice 4. **Dates importantes**

Give the dates in French according to the model.

MODÈLE: Noël (*Christmas*)   C'est le 25 décembre.

1. le premier jour du printemps
2. la fête (*holiday*) nationale américaine
3. la fête nationale française
4. la Saint-Valentin
5. le premier jour de l'année
6. la fête de Christophe Colomb
7. votre (*your*) anniversaire
8. l'anniversaire de Papa
9. l'anniversaire de Maman
10. l'anniversaire de George Washington

Questions de fait

1. Quelle est la saison après (*after*) l'hiver?
2. Quelle est la saison avant (*before*) l'automne?
3. Quelle est la saison après l'été?
4. Quelle est la saison avant le printemps?
5. Quel est le mois après avril?
6. Quel est le mois après juillet?
7. Quel est le mois avant novembre?
8. Quel est le mois avant octobre?

Entre nous

François has trouble identifying people in an old photograph.

FRANÇOIS: Qui est ce monsieur?

MADAME RÉMI: Quel monsieur? Ah, ce monsieur-ci? C'est Papa, voyons!

FRANÇOIS: Et ce monsieur-là avec ces moustaches?

MADAME RÉMI: Mais c'est l'oncle André.

FRANÇOIS: Et cet horrible petit garçon?

MADAME RÉMI: Ce petit garçon-là? Voyons, François, c'est toi!

Expression pour la conversation

The following expression may have two meanings:

Voyons! *Let's see! Let me see now!*
— Où est cette église-là?
— **Voyons,** je pense que c'est une église d'Annecy.

Come now! (correcting someone)
— Qui est cette fille? Est-ce que c'est Monique?
— Mais non, **voyons!** C'est Colette.

L'art du dialogue

a. Act out the dialogue between François and his mother.

b. Imagine and act out a similar dialogue between Colette and her mother. Change **garçon** to **fille.**

LISONS

Les musées de Paris

Journal de Jean-Pierre
(un *jeune* Parisien)

Journal de Nancy
(une jeune Américaine)

young

Le 3 août
9 heures du matin. Chez moi.

Le 3 août
9 heures du matin. A l'hôtel.

Qu'est-ce que je vais *faire* aujourd'hui? Aller sur les Champs-Élysées? Non! Je suis trop *fatigué.* Aller dans un café du boulevard Saint-Germain? Ce n'est pas amusant. Je passe *tous les jours par* le boulevard Saint-Germain. Aller au Louvre? Pourquoi pas? Je n'aime pas les musées et je déteste les antiquités. Mais au Louvre il y a toujours des touristes et les touristes sont amusants à regarder ... Et parfois, il y a de jolies filles ... Bon! Je vais aller au Louvre!

Premier jour à Paris. Qu'est-ce que je vais faire? J'ai une idée. Je vais aller regarder la fameuse statue du *Penseur.* Où est cette statue au fait? Elle est probablement au Louvre. Eh bien, je vais aller au Louvre.

to do

tired
"The Thinker"

every day by

11 heures. Au Louvre.

«Pardon, Monsieur. Dans quelle *salle* est la statue du Penseur?» C'est la question d'une jeune touriste. Elle est américaine. Elle est certainement jolie, mais elle n'est pas très bien informée. «Voyons, Mademoiselle, la statue du Penseur n'est pas au Louvre. Elle est au musée Rodin!»

11 heures. Au Louvre.

Surprise! «Le Penseur» n'est pas au Louvre. Il est au musée Rodin. Un jeune Français propose de m'accompagner au musée Rodin. Je vais accepter.

room

1 heure de l'après-midi. Dans un café.

Nancy (c'est le nom de ma nouvelle amie américaine) est très, très jolie. Elle n'est pas *bête.* Elle est comme moi: elle aime beaucoup l'art moderne. Je vais demander à Nancy si elle désire visiter Paris avec moi.

1 heure de l'après-midi. Dans un café.

Jean-Pierre (c'est le nom de mon nouvel ami français) n'est pas spécialement beau. Mais il est intelligent et sympathique. Il aime l'art moderne, comme moi.

= *stupide*

10 *heures du soir. Chez moi.*

Voici mon programme de la semaine. (C'est aussi le programme de Nancy.) Jeudi, nous allons au musée d'Art Moderne. Vendredi, nous allons au musée de l'Homme et samedi, au musée du Jeu de Paume. C'est vrai, il y a de très beaux musées à Paris.

10 *heures du soir. A l'hôtel.*

Jean-Pierre est un garçon absolument charmant. Demain il va visiter le musée d'Art Moderne avec moi, et vendredi nous allons visiter un autre musée. C'est curieux comme les Français aiment visiter les musées.

NOTES CULTURELLES: **Des musées parisiens**

Auguste Rodin (1840–1917) est un sculpteur français. C'est lui qui a sculpté° le célèbre° «Penseur». Cette statue est au musée Rodin à Paris.

Le musée de l'Homme (*the Museum of Man*) est un musée d'archéologie et d'anthropologie. Ce musée a de très belles collections d'art africain.

Le musée du Jeu de Paume et le musée d'Art Moderne ont des collections d'art moderne.

a sculpté sculpted; **célèbre** famous

Vrai ou faux?

Rectifiez les phrases qui sont inexactes.

JEAN-PIERRE

1. Il habite à Paris.
2. Aujourd'hui, il va aux Champs-Élysées.
3. Il va souvent sur le boulevard Saint-Germain.
4. Il aime les musées.
5. Il aime regarder les touristes.
6. Il aime l'art moderne.
7. Il pense que Nancy est jolie.
8. Jeudi, il va visiter un musée.

NANCY

1. Elle est américaine.
2. Elle pense que «le Penseur» est au Louvre.
3. Elle va au Louvre.
4. Elle pense que Jean-Pierre est très beau.
5. Elle pense qu'il est sympathique.
6. Elle aime l'art moderne.
7. Vendredi, elle va visiter un musée.
8. Samedi, elle ne va pas visiter de musée.

L'art de la lecture

Close and distant cognates

When you are reading French, it is easy to guess the meanings of CLOSE COGNATES, that is, of words which are spelled almost the same way in both English and French.

- Find ten close cognates in the text you have just read.

Other cognates are more difficult to understand because they are spelled somewhat differently in the two languages. For example, **une idée** means *an idea*, **en fait** means *in fact*. These are DISTANT COGNATES.

- What does **nom** mean in the following passages:

  Jean-Pierre (c'est le nom de mon nouvel ami français) . . .

  Nancy (c'est le nom de ma nouvelle amie américaine) . . .

  Hint: When you name someone for a position, you *nom*inate him.

- What do the adjectives **nouvel** and **nouvelle** mean in the above quotations? *Hint:* A novelty is something novel or new.
- Can you now guess the meaning of **mon** and **ma**?
- To which of the museums mentioned in the reading text would you go to see relics of the ancient Egyptian and Greek civilizations? Which word in the text refers to those collections?

Travaux pratiques de lecture

Nancy plans to visit the following countries after leaving Paris. Find the English equivalents of these distant cognates.

1. la Grèce	3. la Belgique	5. l'Espagne	7. la Norvège
2. la Turquie	4. la Suisse	6. la Suède	8. la Hongrie

Suffixes

Certain cognates seem hard to understand at first because their endings are unfamiliar. In English, for example, a verb like *amuse* can be turned into the adjective *amusing* through the addition of the SUFFIX or ending *-ing*. French uses suffixes much the same way that English does.

- The adjective **amusant** means *amusing*. What does **charmant** mean? What is the French suffix that corresponds to the English *-ing*?
- The adverb **certainement** means *certainly*. What is the meaning of **probablement**? of **absolument**? What is the French suffix that corresponds to the English *-ly*?

Travaux pratiques de lecture

Jean-Pierre has made the following comments about some of his friends. Find the English cognate for each of the adjectives he uses. Then compare the suffixes of the French and English adjectives.

1. André est curieux.
2. Jacques est studieux.
3. Françoise est dynamique.
4. Marie est une fille logique.
5. René est souvent vexé.
6. Marc est souvent intrigué.
7. Henri est très ponctuel.
8. Max est irrationnel.
9. Gilbert est naïf.
10. Roger n'est pas objectif.
11. Martine est une fille extraordinaire.
12. Nicole est une amie exemplaire.

TESTS DE CONTRÔLE
Chapitre trois

Directions: Write out your answers to the following test-exercises on a separate sheet of paper. Then turn to page 428 to correct your work. Do not check your answers until you have completed all the tests.

STRUCTURE

Test 1. *Vacation time*

Everyone is leaving for vacation. Complete the sentences below with the appropriate forms of **aller.**

MODÈLE: Alice et Marie —— à Paris.   *your paper:* _vont_

1. Nous —— à Québec.
2. Vous —— en France.
3. Je —— à New York.
4. Tu —— à Montréal.
5. Henri —— à Louisville.
6. Michèle —— à Abidjan.
7. Nous —— à Genève.
8. Pierre et lui —— à Annecy.

Test 2. *Chinese art*

Below are comments overheard at a local exhibit of Chinese art. Complete the sentences with **chinois** or **chinoise** depending on whether the object in question is masculine or feminine. (Don't worry if you do not understand everything.)

MODÈLE: Voilà une poterie ——.   *your paper:* _chinoise_

1. Regarde cette statue —— !
2. Admirez ce vase —— !
3. J'aime cet objet —— !
4. J'aime la sculpture —— .
5. Quelle magnifique statue —— !
6. Quel magnifique pastel —— !
7. Regarde le pot —— !
8. Admirez cette urne —— !

Test 3. *Lost and found*

The objects indicated in parentheses have been lost. Return them to their owners by completing the sentences below. Fill in the first blank with a demonstrative adjective and the second blank with a definite article.

MODÈLE: (un disque) —— disque est —— disque de François.   *your paper:* Ce, le

1. (un transistor)   —— transistor est —— transistor de Michèle.
2. (un électrophone)   —— électrophone est —— électrophone de Guy.
3. (une montre)   —— montre est —— montre d'Alain.
4. (des livres)   —— livres sont —— livres d'Edouard.
5. (des sacs)   —— sacs sont —— sacs de Pierre.
6. (une guitare)   —— guitare est —— guitare de Nathalie.

Test 4. *Their paths cross*

Whenever Pierre goes somewhere, he meets Françoise who has just been there. Complete the sentences below with the places indicated in parentheses. Use the appropriate form of **à**+definite article in the first sentence and **de**+definite article in the second.

MODÈLE: (le musée) Pierre va —— . Françoise arrive —— .

your paper: au musée, du musée

1. (le restaurant)   Pierre va —— . Françoise arrive —— .
2. (l'hôtel)   Pierre va —— . Françoise arrive —— .
3. (la plage)   Pierre va —— . Françoise arrive —— .
4. (le village)   Pierre va —— . Françoise arrive —— .
5. (l'église)   Pierre va —— . Françoise arrive —— .
6. (l'école)   Pierre va —— . Françoise arrive —— .
7. (les Bermudes)   Pierre va —— . Françoise arrive —— .
8. (les Bahamas)   Pierre va —— . Françoise arrive —— .

Test 5. *Matching*

Match the nouns in column (a) with those in column (b) by writing a complete sentence. Note: Masculine nouns are indicated by *m.* and feminine nouns by *f.*

MODÈLE: tennis *m.*   *your paper:* Le tennis est un sport.

(a)	(b)
1. banane *f.*	science *f.*
2. aluminium *m.*	fruit *m.*
3. automne *m.*	continent *m.*
4. physique *f.*	métal *m.*
5. léopard *m.*	art *m.*
6. cinéma *m.*	spectacle *m.*
7. sculpture *f.*	animal *m.*
8. Afrique *f.*	saison *f.*
	sport *m.*

VOCABULARY

TEST 6. *Equivalents*

Write out the numerals which correspond to the numbers below.

MODÈLE: vingt-cinq   *your paper:* 25

1. trente et un
2. dix-huit
3. soixante-quatre
4. cinquante-sept

5. quarante-huit
6. seize
7. quatorze
8. vingt-neuf

9. dix-neuf
10. treize
11. quinze
12. soixante et un

TEST 7. *The right place*

Match each of the places given below with the activity that is most appropriate to it.

1. le théâtre
2. la plage
3. la maison
4. la montagne
5. le cinéma
6. l'église
7. l'école
8. un musée

A. studying
B. praying
C. swimming
D. skiing
E. looking at an exhibit
F. watching TV
G. watching a movie
H. watching a play

TEST 8. *The day before*

Write out the days which come *before* the ones given below.

MODÈLE: le premier octobre   *your paper:* le trente septembre

1. dimanche
2. lundi
3. mercredi

4. vendredi
5. le premier février
6. le premier septembre

7. le premier avril
8. le premier juillet

TEST 9. *Interpreter*

Imagine yourself in Paris with a friend who knows no French. He asks you how to say certain things in French. Indicate which of the two answers suggested, A or B, is the correct one.

How do you say . . .

1. Paul's motorcycle
2. eight A.M.
3. at Anne's house
4. There's a good hotel here.
5. on Mondays
6. today
7. in the afternoon
8. What day is it?

A. la moto de Paul
A. huit heures du matin
A. chez Anne
A. Voici un bon hôtel.
A. lundi
A. aujourd'hui
A. l'après-midi
A. Quelle heure est-il?

B. la moto pour Paul
B. huit heures du soir
B. à Anne
B. Il y a un bon hôtel ici.
B. le lundi
B. demain
B. après-demain
B. Quel jour sommes-nous?

Images de la France

À PARIS · EN PROVINCE° · À LA MARTINIQUE

Paris

Paris est le paradis des touristes. Pourquoi?
Parce que c'est une ville extraordinaire.
Aimez-vous les monuments anciens ou
préférez-vous les monuments modernes?
A Paris vous trouverez° des monuments
très anciens (des ruines romaines,°
par exemple) et des monuments très
modernes. Il y a aussi de très beaux musées,
de très belles églises, de belles avenues,
de beaux magasins° . . . Paris est la
capitale de l'élégance. C'est aussi une sorte
de capitale internationale des arts. Voilà
pourquoi les touristes aiment tant° Paris.

    Mais Paris n'est pas uniquement une
ville pour les touristes. C'est aussi une ville
où les gens° habitent, travaillent, étudient,
s'amusent° . . . Paris est une très grande
ville. Huit millions de personnes (quinze
pour cent [15%] de la population française)
habitent dans la région parisienne. Paris
est la seule° très grande ville française.

en province in the provinces (of France); **vous trouverez** you
will find; **romaines** Roman; **magasins** *m.* stores; **tant** so much;
les gens people; **s'amusent** have fun; **seule** only

Vrai ou faux?

1. Paris est une ville touristique.
2. Paris a de beaux musées.
3. Paris est une petite ville.
4. La région parisienne a huit millions d'habitants.

PROJETS CULTURELS

Projet de classe

*Prepare a Paris exhibit. First draw a large map of
Paris. Then collect pictures of Paris monuments
and glue them in the appropriate positions
on the map. (Sources: postcards, travel brochures,
magazine clippings)*

Projet individuel

*Make a list of plays, movies, or novels which
take place in Paris. (Source: library)*

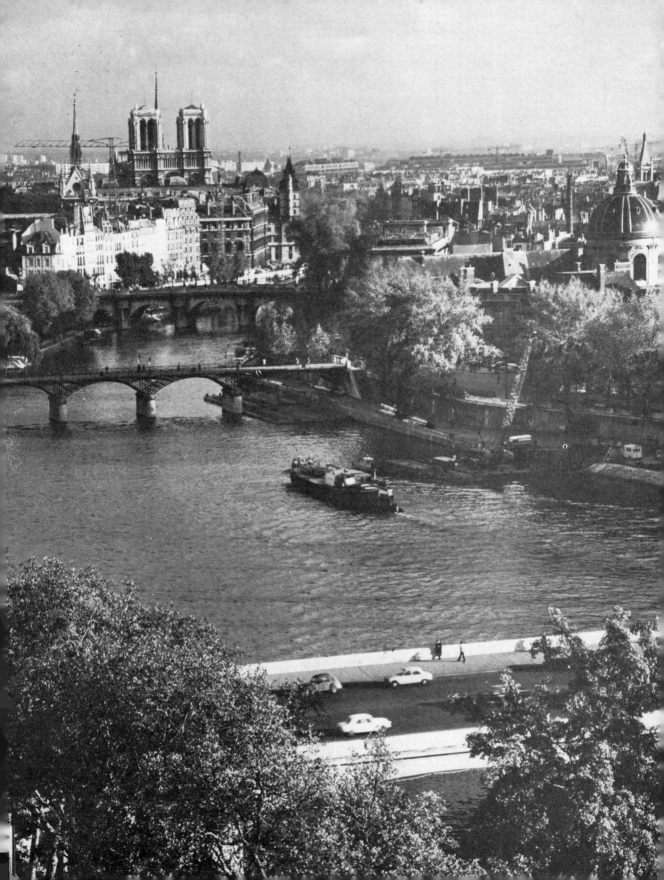

La province

Paris est la capitale de la France, mais ce n'est pas la France. En fait,° la France est un pays° très varié,° un pays riche en contrastes. Voici par exemple trois provinces très différentes.

La Normandie

Pourquoi cette province s'appelle-t-elle la Normandie? C'est parce que les Normands (ou Vikings) ont occupé° cette province au IXe (neuvième) siècle.° La Normandie est une région de plaines, de plateaux et de forêts.° Il y a aussi de belles plages. C'est sur deux petites plages normandes (Omaha Beach et Utah Beach) que les troupes américaines du général Eisenhower ont débarqué° le 6 juin 1944 (dix-neuf cent quarante-quatre).

L'Alsace

L'Alsace est située° à l'est° de la France. C'est une région de montagnes et de plaines. La ville principale de l'Alsace s'appelle Strasbourg. Strasbourg est un centre international très important. Les Alsaciens (les habitants de l'Alsace) parlent français. Ils parlent aussi un dialecte d'origine allemande.° L'Alsace est la patrie° du grand philanthrope Albert Schweitzer (1875–1965).

L'Auvergne

L'Auvergne est située au centre de la France. C'est un pays de montagnes où le climat est très rigoureux en hiver.° L'Auvergne est la patrie de La Fayette (1757–1834), héros de la Révolution américaine.

En fait As a matter of fact; **pays** country; **varié** varied; **ont occupé** occupied; **au IXe siècle** in the ninth century; **forêts** *f.* forests; **ont débarqué** landed; **située** located; **à l'est** in the East; **allemande** German; **patrie** country, homeland; **hiver** *m.* winter

Vrai ou faux?

1. La France est très variée.
2. La Normandie et l'Alsace sont des provinces françaises.
3. La Normandie est une région de montagnes.
4. Les habitants de l'Alsace s'appellent les Alsaciens.
5. Strasbourg est en Auvergne.
6. L'Auvergne est située à l'est de la France.

INMAGNO·NAVIGIO·

PROJETS CULTURELS

Projet de classe

Select a French province or a French-speaking Canadian province and prepare a bulletin board exhibit. Draw a map of the province showing the principal features of the region. You may also want to show the birthplaces of famous people from that province.

Projets individuels

1. *Make a list of five French provinces other than those mentioned in the text. Locate these on a map of France.*
2. *Make a sketch for a travel brochure advertising a French or French-Canadian province. Highlight the attractions of the province. (Sources: travel books)*

A la Martinique

La Martinique

Savez-vous° où est la Martinique? C'est une petite île° de l'océan Atlantique. Cette île est située assez près de° Porto Rico. La capitale de la Martinique s'appelle Fort-de-France. Les Martiniquais (les habitants de la Martinique) sont d'origine africaine. Ils parlent français et créole. En fait, ce sont des Français. La Martinique est un département° français. A Fort-de-France, vous êtes donc° en France . . . comme° à Paris ou à Strasbourg.

Savez-vous Do you know; **île** island; **près de** close to; **département** = **division administrative (en France)**; **donc** therefore; **comme** the same as

Vrai ou faux?

1. La Martinique est en Europe.
2. Les Martiniquais sont les habitants de la Martinique.
3. Les Martiniquais parlent espagnol.
4. Les Martiniquais sont d'origine africaine.

PROJETS CULTURELS

1. *Make a display of travel brochures about Martinique. (Sources: travel agencies, travel magazines, travel section of the Sunday paper)*
2. *Make a similar display about Guadeloupe, an island near Martinique which is also part of France.*

Chapitre quatre

PASSE-TEMPS

4.1 À LA MAISON DES JEUNES

JEAN-MICHEL: Salut Christine! Salut Jacques! Où allez-vous?

JACQUES: A la Maison des Jeunes.

JEAN-MICHEL: Qu'est-ce que vous faites là-bas?

JACQUES: Moi, je fais de la photo.

JEAN-MICHEL: Toi aussi, Christine?

CHRISTINE: Non, moi, je fais du ballet. J'adore danser et il y a un très bon professeur!

LECTURE CULTURELLE: **La Maison des Jeunes**

Que font les jeunes quand ils ne sont pas à l'école? Beaucoup°
vont à la Maison des Jeunes. Là, ils ont la possibilité de faire un
grand nombre de choses. Certains° font de la photo. D'autres°
font de la sculpture, du théâtre, de la poterie, de la danse
moderne, de la gymnastique. Hélas, il n'y a pas de Maison des
Jeunes dans toutes° les villes de France!

Beaucoup Many; **Certains** Some; **D'autres** Others; **toutes** all

134

Questions

1. Est-ce que les jeunes Américains **font** de la photo?
2. Est-ce qu'ils **font** de la poterie?
3. Est-ce qu'ils **font** du tennis?
4. Est-ce qu'ils **font** du ping-pong?

OBSERVATIONS

Look at the above **Questions** once more. How do you say in French:

They do photography?   *They practice tennis?*
They make pottery?   *They play ping-pong?*

- What single French verb corresponds to the English verbs *do, make, practice, play*?
- In French, what two words come between **font** and **photo** (or **poterie**)?
  What single word comes between **font** and **tennis** (or **ping-pong**)?

Petit vocabulaire

NOMS:	les **jeunes**	*young people*	une **chose**	*thing*
	un **professeur**	*teacher*	une **classe**	*class*
			la **Maison des Jeunes**	*Youth Center*

ADJECTIF:	**jeune**	*young*	Nous avons un **jeune** professeur.	

VERBE IRRÉGULIER:	**faire**	*to do, make*	Qu'est-ce que vous **faites?**	*What are you doing?*
	faire de	*to play, study,*	Ils **font de** la danse.	*They study dancing.*
		practice, do	Nous **faisons du** tennis.	*We play tennis.*

EXPRESSIONS:	**que?** ⎱ *what?*	**Que** faites-vous ici?	
	qu'est-ce que? ⎰	**Qu'est-ce que** tu fais à la Maison des Jeunes?	

NOTE DE VOCABULAIRE: The adjective **jeune** usually precedes the noun it modifies.

Vocabulaire spécialisé: activités

le **ballet**	*ballet*	la **danse**	*dancing, dance*
le **judo**	*judo*	la **gymnastique**	*gymnastics*
le **ping-pong**	*ping-pong*	la **photo**	*photography*
le **tennis**	*tennis*	la **poterie**	*pottery*
le **théâtre**	*theater*	la **sculpture**	*sculpture*

Préférences

Say whether you like or dislike the above activities.

MODÈLE: le ballet   **J'aime le ballet.** (ou: **Je n'aime pas le ballet.**)

LA LANGUE FRANÇAISE

PRONONCIATION

Le son /ʒ/

Model word: je
Practice words: Jean, Jacques, Gigi, Georges, Gilbert, jaune, rouge, gymnastique
Practice sentences: Gigi joue avec Georges et le jeune Gilbert.
Je ne fais jamais de judo.
Jeudi Jean-Jacques va voyager.

The sound /ʒ/ is pronounced like the **g** of **rouge**. The sound /ʒ/ is almost never introduced by the sound /d/ as in the English name *John*.

Comment écrire /ʒ/: **j**; **g** (before **e, i, y**); **ge** (before **a, o**)

STRUCTURE

A. L'EXPRESSION INTERROGATIVE *QU'EST-CE QUE?*

To ask what people do, like, etc., the French use the following constructions:

> **Qu'est-ce que** + subject + verb + ... *(rest of sentence)?*
> ↓
> **Qu'est-ce qu'** (+ vowel sound)

Qu'est-ce que Christine regarde?   *What is Christine looking at?*
Qu'est-ce qu'elle regarde?   *What is she looking at?*

> **Que** + verb + subject + ... *(rest of sentence)?*
> ↓
> **Qu'** (+ vowel sound)

Que regardez-vous?   *What are you looking at?*
Qu'étudiez-vous?   *What are you studying?*

Note the following expressions:

Qu'est-ce qu'il y a ...?   *What is there ...?*   **Qu'est-ce qu'il y a** ce soir à la télé?
Qu'est-ce que c'est?   *What is it? What*   **Qu'est-ce que c'est?** Ce sont des
     is that?   photos.

Exercice 1. **Et toi?**

Read what Christine does or likes to do. Then ask what the person indicated in parentheses does or likes to do. Use **qu'est-ce que**.

MODÈLE: Christine étudie le ballet. (toi)   Qu'est-ce que tu étudies?

1. Christine aime la danse. (toi)
2. Elle visite les musées. (vous)
3. Elle écoute un opéra. (Jacques)
4. Elle a une guitare. (Jean-Michel)

5. Elle étudie le piano. (Marc)
6. Elle organise des surprises-parties. (toi)
7. Elle n'aime pas les sports. (toi)
8. Elle n'étudie pas l'anglais. (Anne)

Révisons

Review the interrogative expression **quel?** (**Structure,** Section B, p. 117.) Remember that **quel?** is always used together with a noun:

> **Quelles** danses aimez-vous?   *What dances do you like?*

Quel? and the noun are sometimes separated by the verb **être:**

> **Quelle** est cette danse?   *What is that dance?*

Exercice de révision. **Questions**

These questions were overheard at a party. Complete them as appropriate with **qu'est-ce que** or **quel (quelle, quels, quelles).**

1. —— est ce disque?
2. —— vous regardez?
3. —— vous faites demain?
4. A —— classe allez-vous?

5. —— disques aimes-tu?
6. —— vous organisez ce week-end?
7. —— filles invitez-vous?
8. Avec —— garçons joues-tu au football?

B. LE VERBE *FAIRE*

faire	*to do, make*	Il va **faire** de la poterie.
je fais	*I do (make), I am doing (making)*	Je **fais** du ballet.
tu fais	*you do (make), you are doing (making)*	Que **fais**-tu ici?
il/elle fait	*he/she does (makes), he/she is doing (making)*	Que **fait**-il?
nous faisons[1]	*we do (make), we are doing (making)*	Nous **faisons** du théâtre.
vous faites	*you do (make), you are doing (making)*	Vous **faites** de la photo.
ils/elles font	*they do (make), they are doing (making)*	Qu'est-ce qu'ils **font?**

Faire is used in many expressions. Note the following:

faire de + definite article

+ sport	Je **fais du** tennis.	*I play tennis.*
	Est-ce que tu **fais du** football?	*Do you practice soccer?*
+ musical instrument	Je **fais du** piano et **de la** guitare.	*I play the piano and the guitar.*
+ school subject	Nous **faisons du** français et **de l'**anglais.	*We study French and English.*

Note the negative constructions:

> Je ne fais **pas de** tennis.   Je ne fais **pas de** piano.   Je ne fais **pas d'**anglais.

[1] pronounced /fəzɔ̃/.

Questions personnelles

1. Faites-vous du français?
2. Faites-vous de l'anglais?
3. Faites-vous de la géographie?
4. Faites-vous du piano?
5. Faites-vous de la guitare?

6. Faites-vous des math?
7. Faites-vous de la poterie?
8. Faites-vous du tennis?
9. Faites-vous du ski?
10. Faites-vous du judo?

Exercice 2. **A la Maison des Jeunes**

Say that the people at the Youth Center are doing what they like to do. Use the expression **faire de.**

MODÈLE: Christine aime le ballet. **Elle fait du ballet.**

1. Hélène aime la danse moderne.
2. Robert aime le ping-pong.
3. Tu aimes la guitare.
4. Vous aimez la gymnastique.

5. Nous aimons la poterie.
6. Henri et Jacques aiment la photo.
7. J'aime la sculpture.
8. Anne et Claire aiment le théâtre.

Révisons

Review the verbs **être** (**Structure,** Section A, p. 51), **avoir** (**Structure,** Section A, p. 66), and **aller** (**Structure,** Section A, p. 92).

Exercice de révision. **La poterie**

The following people are all going to pottery class at the Youth Center. Describe each person's activities in four sentences according to the model.

MODÈLE: Jean-Michel Élève 1: **Jean-Michel n'est pas ici.**
Élève 2: **Il va à la Maison des Jeunes.**
Élève 3: **Il fait de la poterie.**
Élève 4: **Il a une classe à trois heures.**

1. Christine
2. Jacques
3. Moi
4. Toi
5. Nous
6. Pierre et Henri
7. Sylvie et Catherine
8. Vous

Entre nous

Jacques *découvre* pourquoi Nicole fait de l'anglais le samedi après-midi.   discovers

JACQUES:	Dis, Nicole, tu vas au cinéma cet après-midi? Il y a un bon film.	
NICOLE:	Impossible. J'ai un *cours* à trois heures.	=*classe*
JACQUES:	Mais nous sommes samedi. Il n'y a pas classe aujourd'hui.	
NICOLE:	Je fais de l'anglais dans une école *privée*.	private
JACQUES:	Tiens! Tu fais de l'anglais maintenant? Est-ce qu'il y a un bon laboratoire de langues à cette école?	
NICOLE:	Euh . . . Il y a surtout un jeune professeur américain, très beau et très sympathique.	
JACQUES:	Ah bon! *Tout s'explique* maintenant!	That explains everything

Expression pour la conversation

When hesitating or hunting for words, the French say:

Euh . . . *Er . . .*   — Tu trouves Jacques sympathique?
              — **Euh . . .** oui.
              — Tu vas au cinéma avec lui?
              — **Euh . . .** non.

L'art du dialogue

a. Act out the dialogue between Jacques and Nicole.

b. Act out a new dialogue in which Nicole is doing gymnastics **(la gymnastique).** Replace **laboratoire de langues** by **gymnase** (*gymnasium*).

c. Suppose that Jacques is talking to Danièle about Nicole. Prepare a new dialogue and act it out. Begin with: **Dis Danièle, est-ce que Nicole va . . . ?**

PIERRE: Est-ce que tu restes chez toi cet après-midi? Il y a un très bon match **de** football à la télé.

HENRI: Non, j'ai un rendez-vous avec Monique.

PIERRE: Qu'est-ce que vous faites?

HENRI: Un match **de** tennis.

PIERRE: Mais il fait froid en cette saison.

HENRI: D'accord, mais moi, je suis un vrai sportif. Et les vrais sportifs n'ont jamais froid!

LECTURE CULTURELLE: **Le football en France**

Il y a football et football. Le football pratiqué° en France s'appelle «*soccer*» aux États-Unis. C'est un sport très populaire. Les grandes villes ont des équipes professionnelles. A la fin° de la saison, ces équipes disputent° la «Coupe de France».°

pratiqué played; **à la fin** at the end; **disputent** compete for; **la «Coupe de France»** *national soccer trophy (similar in importance to the World Series Pennant)*

140

Petit vocabulaire

NOM:	un **rendez-vous**	*date, appointment*	J'ai un **rendez-vous** aujourd'hui.
VERBE RÉGULIER:	**rester**	*to stay*	Je ne **reste** pas à la maison. Je vais au stade.
EXPRESSIONS:	**à la télé** *on TV*		Qu'est-ce qu'il y a **à la télé** ce soir?
	J'ai froid (chaud).	*I am cold (hot).*	
	Il fait froid (chaud).	*It is cold (hot).*	

NOTE DE VOCABULAIRE: The verb **rester** is a false cognate. It means *to stay*, not "to rest."

Vocabulaire spécialisé: les sports

NOMS:	le **football** (le **foot**)	*soccer*	une **équipe**	*team*
	le **football américain**	*football*		
	un **match**	*game, match*		
	un **sportif**	*athletic type, athlete; lover of sports*		
EXPRESSIONS:	**être sportif (sportive)**	*to like sports*	**Êtes**-vous **sportif (sportive)?**	
	jouer à (+name of sport)	*to play*	**Jouez**-vous **au** football?	
	faire un match	*to play a game*	Qui **fait un match** de tennis avec Henri?	

NOTE DE VOCABULAIRE: The French have adopted English names for many team sports. These nouns are masculine: **le baseball, le basketball, le tennis, le volleyball, le rugby,** etc.

Jeu de correspondance (*matching game*)

Complete each sentence with (*a*), (*b*), or (*c*), as appropriate.

1. Les Yankees sont . . .
2. Les Celtics sont . . .
3. Les Cowboys sont . . .
4. Les Red Sox sont . . .
5. Les Knicks sont . . .
6. Les Colts sont . . .

(*a*) une équipe **de** baseball
(*b*) une équipe **de** football américain
(*c*) une équipe **de** basketball

OBSERVATIONS

Look at completion (*a*) in the above game.

- How do the French say *baseball team*? Which word comes first? last? Which word connects the two?

Reread the dialogue.

- How do the French say *soccer game*? *tennis game*? Which word comes first? last? Which word connects the two?

LA LANGUE FRANÇAISE

PRONONCIATION

Le son /t/

Model word: <u>t</u>oi

Practice words: <u>t</u>ennis, <u>t</u>u, <u>t</u>élé, ma<u>t</u>ch, <u>t</u>rès, <u>Th</u>omas, <u>th</u>éâtre

Practice sentences: <u>Th</u>omas regarde un ma<u>t</u>ch de <u>t</u>ennis à la <u>t</u>élé.

<u>Th</u>érèse <u>t</u>ravaille <u>t</u>rop.

The French consonant /t/, like the sound /k/, is pronounced without releasing a puff of air.

Comment écrire /t/: **t, th**

STRUCTURE

A. LA CONSTRUCTION: NOM + *DE* + NOM

When a noun modifies another noun, the French frequently use the following construction:

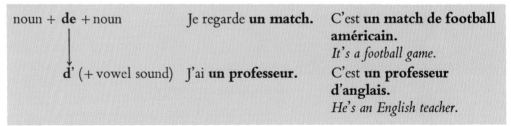

noun + **de** + noun   Je regarde **un match.**   C'est **un match de football américain.**
It's a football game.

d' (+ vowel sound)   J'ai **un professeur.**   C'est **un professeur d'anglais.**
He's an English teacher.

NOTES: 1. In French the main noun comes first, and the noun which modifies it comes second. (In English it is just the opposite.)

2. There is no determiner after **de.**

Exercice 1. **Les sportifs**

Say that Pierre and his friends are watching their favorite sports. Use the expression **un match de.**

MODÈLE: Pierre aime le football.   **Il regarde un match de football.**

1. Caroline aime le volleyball.
2. Hubert aime le baseball.
3. Marc aime le basketball.
4. Jacques aime le football.
5. Michèle aime le tennis.
6. Monique aime le ping-pong.
7. Suzanne aime le football américain.
8. André aime la boxe.

Exercice 2. **Finissez . . .**

Complete the following sentences with an expression made up of **de** + the underlined noun.

MODÈLE: J'aime le s̲p̲o̲r̲t̲. J'ai une voiture —— .   *J'ai une voiture de sport.*

1. J'aime le p̲i̲n̲g̲-̲p̲o̲n̲g̲. J'ai une raquette —— .
2. J'adore le f̲o̲o̲t̲b̲a̲l̲l̲. Je vais à un match —— .
3. Christine étudie la d̲a̲n̲s̲e̲. Elle va à une école —— .
4. Hélène adore la m̲u̲s̲i̲q̲u̲e̲ ̲c̲l̲a̲s̲s̲i̲q̲u̲e̲. Elle va à un concert —— .
5. Tu étudies le p̲i̲a̲n̲o̲. Aujourd'hui, tu as une leçon —— .
6. J'aime le r̲o̲c̲k̲ ̲a̲n̲d̲ ̲r̲o̲l̲l̲. Je vais à un concert —— .
7. Vous étudiez l'a̲n̲g̲l̲a̲i̲s̲. Vous préparez les exercices —— .
8. Jacques aime le f̲o̲o̲t̲b̲a̲l̲l̲. Il est dans une équipe —— .

B. EXPRESSIONS AVEC *AVOIR* ET AVEC *FAIRE*

To say how they feel, the French use **avoir** where the equivalent English expression would use the verb *to be*.

avoir froid	*to be cold*	Est-ce que vous **avez froid**?
avoir chaud	*to be hot*	Non, nous **avons chaud**!

To describe the weather, the French often use an expression beginning with **Il fait:** **Il fait chaud,** etc.

Vocabulaire spécialisé: le temps (*the weather*)

Quel temps fait-il?   *How's the weather?*

Il fait	beau.	*It's lovely (nice).*	**en été**	*in (the) summer*
	bon.	*It's pleasant.*	**en automne**	*in (the) fall*
	chaud.	*It's hot.*	**en hiver**	*in (the) winter*
	frais.	*It's cool.*	**au printemps**	*in (the) spring*
	froid.	*It's cold.*		
	mauvais.	*It's bad.*		

Il pleut.	*It's raining.*
Il neige.	*It's snowing.*

Questions de fait

1. Quel temps fait-il aujourd'hui?
2. Quel temps fait-il dans votre ville en hiver?
3. Quel temps fait-il en été?
4. Quel temps fait-il en automne?
5. Quel temps fait-il à Miami au printemps?
6. Quel temps fait-il dans le Maine en hiver?
7. Avez-vous chaud en été?
8. Avez-vous froid en hiver?

Entre nous

Deux heures de l'après-midi. Monique et Henri sont sur le court de tennis. Ils *commencent* le match.   begin

MONIQUE: Oh là là! Il ne fait pas chaud aujourd'hui. Tu n'as pas froid?

HENRI: *Si*, j'ai froid!   Yes

MONIQUE: Je ne reste pas ici.

HENRI: Où vas-tu?

MONIQUE: Je vais regarder la télévision chez Pierre. Il y a un match de football maintenant. *Tu viens?*   Are you coming?

HENRI: Euh . . . non.

MONIQUE: Comment? Tu es sportif et tu n'aimes pas les sports?

HENRI: Si, mais . . .

MONIQUE: Dommage! C'est un très bon match!

Expressions pour la conversation

To express surprise or concern, the French use:

Oh là là! *Whew! Oh dear!*   **Oh là là!** Il fait froid ici!

To express disappointment, the French use:

Dommage!   *Too bad!*   **Dommage!** Il fait trop froid pour le match.

C'est dommage! *That's too bad!*   Tu ne regardes pas la télé? **C'est dommage!**
Quel dommage! *What a pity!*   **Quel dommage!** C'est un bon programme.

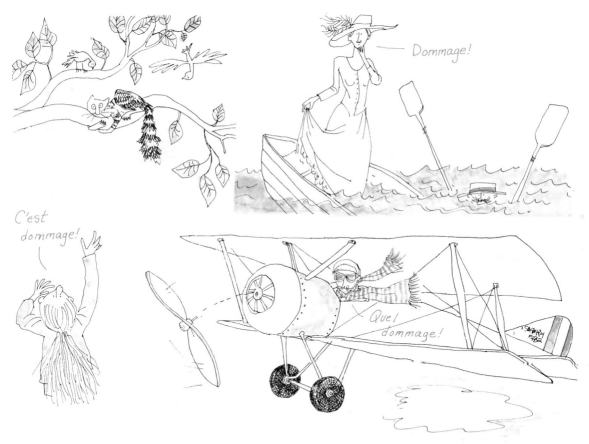

L'art du dialogue

a. Act out the dialogue between Monique and Henri.

b. Suppose that Monique and Henri are playing tennis in the summer and Monique complains it is too hot. Write a new dialogue.

4.3 *PHOTOS DE FAMILLE*

Jean-Michel regarde l'album de photos de Jacques.

JEAN-MICHEL: Tes photos sont très belles.

JACQUES: C'est normal. La photographie est mon passe-temps préféré.

JEAN-MICHEL: Qui est cette dame? C'est ta mère?

JACQUES: Non, c'est ma tante! Et voici mon oncle et mes cousines.

JEAN-MICHEL: Tes cousines d'Annecy?

JACQUES: Non, mes cousines de Paris.

JEAN-MICHEL: Elles sont jolies. Dis! Quel âge ont-elles?

JACQUES: Isabelle a dix-neuf ans et Lucie a dix-huit ans.

JEAN-MICHEL: Dommage! Moi, j'ai quinze ans. Je suis trop jeune pour elles.

LECTURE CULTURELLE: **La famille française**

Est-ce que les cousins sont des parents? En France, oui! La famille française n'est pas composée° uniquement des enfants et des parents (le père et la mère). Elle comprend° aussi les autres° parents: grands-parents, oncles, tantes, cousins, cousines, etc. . . .
En France, il y a souvent des réunions de famille où tous° les membres de la famille sont présents; par exemple, à Noël, aux grandes vacances, à l'occasion d'un anniversaire.

composée composed; **comprend** includes; **autres** other; **tous** all

146

Jeu de correspondances

Match each dialogue with the appropriate picture.

1. JEAN-MICHEL: Ce monsieur, c'est **ton** oncle?
   JACQUES: Oui, c'est **mon** oncle.

   A

2. JEAN-MICHEL: Et cette dame, c'est **ta** tante, je suppose?
   JACQUES: Oui, c'est **ma** tante.

   B

3. JEAN-MICHEL: Et ces deux jolies filles? Ce sont **tes** cousines?
   JACQUES: Eh bien, oui. Ce sont **mes** cousines.

   C

OBSERVATIONS

Read Jean-Michel's questions in **Jeu de correspondances.** The words in heavy print all mean *your.*

● Which one is used before a masculine singular noun **(oncle)**? before a feminine singular noun **(tante)**? before a plural noun **(cousines)**?

The words in heavy print in Jacques's replies all mean *my.*

● Which one is used before a masculine singular noun? a feminine singular noun? a plural noun?

Petit vocabulaire

NOM:	un **passe-temps**	*hobby*
ADJECTIF:	**préféré**	*favorite*
EXPRESSIONS:	**avoir . . . ans**	*to be . . . (years old).* **J'ai seize ans.** *I'm sixteen.*
	Quel âge as-tu?	*How old are you?*

Vocabulaire spécialisé: la famille

La famille proche (*immediate family*)

un **père**	*father*	une **mère**	*mother*	les **parents**	*parents*
un **mari**	*husband*	une **femme**/fam/	*wife*	les **grands-parents**	*grandparents*
un **grand-père**	*grandfather*	une **grand-mère**	*grandmother*	les **petits-enfants**	*grandchildren*
un **fils**/fis/	*son*	une **fille**	*daughter*		
un **petit-fils**	*grandson*	une **petite-fille**	*granddaughter*		
un **frère**	*brother*	une **sœur**	*sister*		
un **enfant**	*child*				

La famille éloignée (*distant family*)

un **oncle**	*uncle*	une **tante**	*aunt*	des **parents**	*relatives*
un **cousin**	*cousin* (male)	une **cousine**	*cousin* (female)		

LA LANGUE FRANÇAISE

PRONONCIATION

Le son /p/

Model word: Papa

Practice words: père, parents, Paul, Paris, pourquoi, parce que, parler, petit

Practice sentences: Le papa de Paul passe par Paris.

Les parents de Pierre habitent à Panama.

The French consonant /p/, like the sounds /k/ and /t/, is pronounced without releasing a puff of air.

STRUCTURE

A. *MON, MA, MES; TON, TA, TES*

The possessive determiners **mon** (*my*) and **ton** (*your*) have the following forms:

	SINGULAR	PLURAL		
Masculine	**mon**	**mes**	**mon** père **mon** ami	**mes** parents **mes** enfants
Feminine	**ma** ↓ **mon** (+vowel sound)	**mes**	**ma** mère **mon** équipe	**mes** sœurs **mes** amies
Masculine	**ton**	**tes**	**ton** cousin **ton** oncle	**tes** frères **tes** élèves
Feminine	**ta** ↓ **ton** (+vowel sound)	**tes**	**ta** tante **ton** école	**tes** filles **tes** amies

The French use the familiar **ton, ta, tes** with people they address as **tu.**

Have you noted?

There is liaison after **mon, ton, mes,** and **tes** when the next word begins with a vowel sound.

Exercice 1. **La famille de Jacques**

Michèle is looking at Jacques' photograph album. Michèle asks whether the people in the pictures are members of his family and he says that they are. Play the two roles.

MODÈLE: la cousine Lucie   Michèle: **C'est ta cousine Lucie?**

Jacques: **Oui, c'est ma cousine Lucie.**

1. le père   3. le grand-père   5. la grand-mère   7. les cousins
2. la tante   4. l'oncle André   6. le cousin Philippe   8. les cousines

Exercice 2. *Préférences*

Ask your friends what they like best.

MODÈLE: le sport préféré   Élève 1: **Quel est ton sport préféré?**
                            Élève 2: **Mon sport préféré est le tennis.**
                                    (ou: **. . . le football,** etc. . . .)

1. le disque préféré   5. la saison préférée
2. le passe-temps préféré   6. le champion préféré
3. le livre préféré   7. l'acteur (*actor*) préféré
4. la ville préférée   8. l'actrice (*actress*) préférée

Révisons

Review the numbers from 1 to 69 (**Vocabulaire spécialisé,** p. 19 and p. 110).

Exercice de révision. *Mathématiques élémentaires*

MODÈLE: 8 + 16   Élève 1: **Combien font huit plus seize?**
                  Élève 2: **Huit plus seize font vingt-quatre.**

| 3 + 14 | 7 + 27 | 31 + 8 | 27 + 33 | 54 + 6 | 64 + 4 |
| 10 + 11 | 15 + 13 | 55 + 1 | 36 + 29 | 12 + 19 | 46 + 21 |

B. L'ÂGE

To ask someone's age, the French say: **Quel âge avez-vous?**

To state how old someone (or something) is, the French use the following expression:

avoir . . . ans   Mon père **a** 42 **ans.**   *My father is 42 (years old).*
                       Mes cousines **ont** 16 **ans.**   *My cousins are 16 (years old).*

NOTE: Although the words "years old" may be left out in an English expression of age, the equivalent French sentence can *never* omit the word **ans.**

Expression personnelle

Say how old the following people are by completing the sentences below.

1. Moi, j'—— . . .   4. Mes grands-parents —— . . . et . . .
2. Mon père —— . . .   5. Mon oncle —— . . .
3. Ma mère —— . . .   6. Ma tante —— . . .

Entre nous

Henri regarde les photos de Monique. Il *trouve* que la cousine de Monique   *= pense*
est très jolie, mais . . .

HENRI: Qui est-ce, cette fille? C'est ta sœur?

MONIQUE: Non, c'est ma cousine.

HENRI: Elle est très belle. Quel âge a-t-elle?

MONIQUE: Elle a seize ans.

HENRI: Dis, Monique . . .

MONIQUE: Oui?

HENRI: Quel est le numéro de téléphone de ta cousine?

MONIQUE: C'est le 70-22 . . . à Tahiti![1]

L'art du dialogue

    a. Act out the dialogue between Monique and Henri.

    b. Now the roles are reversed. It is Monique who is asking about Henri's cousin. Act out the new dialogue, replacing **fille** by **garçon, sœur** by **frère,** and **cousine** by **cousin.** Make the necessary changes.

[1] Tahiti is a French island in the South Pacific.

Plage de Tahiti

4.4 *UNE FAMILLE D'ARTISTES*

MARC

Marc est musicien. Il joue dans un orchestre de musique pop. Voici sa guitare et ses disques. Sur une chaise, il y a son banjo. Sa chambre est décorée avec des photos de musiciens américains.

sa chambre

son banjo

ses disques

CHRISTINE

Christine étudie le ballet. Sa chambre est décorée avec des posters des Ballets Béjart. Près de son lit, il y a un électrophone, mais cet électrophone n'est pas à Christine. Il est à Marc. Son électrophone à elle ne marche pas.

sa chambre

ses posters

son lit

PAUL ET PHILIPPE

Paul et Philippe étudient le piano. Leur chambre est décorée avec des portraits de Chopin et de Debussy. Leurs livres de musique sont sur la table.

leur chambre

leurs livres de musique

leur piano

Le ballet est un art d'origine française. Voilà pourquoi il y a des expressions françaises dans le vocabulaire du ballet: «pas de deux, glissade, tour jeté, plié, arabesque», etc.... Aujourd'hui, la France a d'excellentes troupes de ballet classique comme les Ballets de l'Opéra ou de ballet moderne comme les Ballets Félix Blaska. Les Ballets Béjart sont de Bruxelles (la capitale de la Belgique).

Petit vocabulaire

NOMS:	un **lit**	bed	une **chaise**	chair
	un **orchestre**	band, orchestra	une **chambre**	room, bedroom
			une **table**	table
ADJECTIF:	**décoré**	decorated		

VERBE RÉGULIER:	**jouer**	to play	Marc **joue** bien.
	jouer à + definite article	to play (a sport)	Je **joue** au tennis.
	jouer de + definite article	to play (an instrument)	Paul **joue du** piano.

EXPRESSIONS:	**comme**	like	Tu es **comme** moi: tu aimes le ballet.
	être à	to belong to	L'électrophone **est à** Marc.
	près de	near	La table est **près du** lit.

Vocabulaire spécialisé: les instruments de musique

un **banjo**	banjo	une **clarinette**	clarinet
un **instrument**	instrument	une **flûte**	flute
un **piano**	piano	une **guitare**	guitar
un **violon**	violin	une **trompette**	trumpet, horn

Musiciens

Say which of your classmates play the above instruments.

MODÈLE: un piano   **(Linda) et (Betty) jouent du piano.**

OBSERVATIONS

Look at the illustrations showing Marc's and Christine's rooms.

- How would you say in French *his room? her room?* Is there any difference between the two expressions?
- How do you say *his* or *her* in French before a masculine singular noun (**banjo, lit**)? before a feminine singular noun (**chambre**)? a plural noun (**disques, livres**)?

Look at the illustration showing Paul and Philippe's room.

- How do you say *their room? their piano? their music books?*

LA LANGUE FRANÇAISE

PRONONCIATION

Le son /j/

Model word: piano
Practice words: Pierre, violon, étudier, janvier, fille, famille, travailler
Practice sentences: Daniel est canadien. Il joue du piano.
Cette fille italienne travaille en janvier.

The French sound /j/ is similar to the *y*-sound in the English word *yes*. It is very short and tense.

Comment écrire /j/: **i** + vowel; **ill**

Les sons /ɔ̃/ et /ɔn/

Contrast: /ɔ̃/   bon   mon   ton   son   maison
/ɔn/   bonne   Monique   monotone   Sonia   téléphone

NOTE DE PRONONCIATION: The letters **on (om)** represent the nasal vowel /ɔ̃/, unless they are followed by a vowel or an **n (m).** When pronouncing /ɔ̃/, be sure not to pronounce an /n/ or /m/ after it.

Practice sentence: Mon ami Dominique téléphone à son oncle Léon.

STRUCTURE

A. *SON, SA, SES*

The possessive determiner **son** (*his, her, its*) has the following forms:

	SINGULAR	PLURAL		
Masculine	son	ses	**son** banjo **son** ami	**ses** livres **ses** instruments
Feminine	sa ↓ **son** (+ vowel sound)	ses	**sa** chambre **son** école	**ses** photos **ses** amies

Have you noted?

a. There is liaison after **son** and **ses** when the next word begins with a vowel sound.

b. The choice between **son, sa, ses** depends only on the number and gender of the following noun, and <u>not</u> on the gender of the owner.

le banjo de Marc:	**son** banjo	(***his*** *banjo*)
le banjo de Christine:	**son** banjo	(***her*** *banjo*)
le prix du banjo:	**son** prix	(***its*** *price*)
la guitare de Marc:	**sa** guitare	(***his*** *guitar*)[1]
la guitare de Christine:	**sa** guitare	(***her*** *guitar*)[1]
la couleur de la guitare:	**sa** couleur	(***its*** *color*)
les livres de Marc:	**ses** livres	(***his*** *books*)
les livres de Christine:	**ses** livres	(***her*** *books*)
les images de ce livre-ci:	**ses** images	(***its*** *pictures*)

Exercice 1. *Chez Christine*

The following things belong to Christine. Imagine you are pointing them out to a friend.

MODÈLE: une bicyclette   Voici sa bicyclette.

1. un album	3. une radio	5. un sac	7. des livres
2. des photos	4. une montre	6. une raquette	8. une cassette

Exercice 2. *Chez Marc*

Paul wants to know whether the following things belong to Marc. Christine answers "yes." Play the two roles.

MODÈLE: le vélo   Paul: **Est-ce que c'est le vélo de Marc?**
Christine: **Oui, c'est son vélo.**

1. la guitare	3. l'électrophone	5. la télévision	7. l'album de photos
2. les disques	4. les livres	6. les posters	8. la photo

B. *LEUR, LEURS*

The possessive determiner **leur** (*their*) has the following forms:

	SINGULAR	PLURAL		
Masculine	**leur**	**leurs**	**leur** banjo **leur** ami	**leurs** livres **leurs** instruments
Feminine	**leur**	**leurs**	**leur** chambre **leur** école	**leurs** photos **leurs** amies

[1] It is possible to distinguish between *his* and *her* by adding **à lui** or **à elle** after the noun: **Sa guitare à lui est sur le lit. Sa guitare à elle est sur la table.** (*His guitar is on the bed. Her guitar is on the table.*)

Have you noted?

   a. There is liaison after **leurs** before a vowel sound.

   b. The choice between **leur** and **leurs** depends on whether the noun introduced is singular or plural.

       le piano de Paul et de Philippe :   **leur** piano   (*their* piano)
       les livres de Paul et de Philippe :   **leurs** livres   (*their* books)

Exercice 3. **Chez Paul et Philippe**

Assume that you are looking for some of Paul and Philippe's things. Ask the appropriate questions.

MODÈLES : la voiture   **Où est leur voiture?**
          les posters   **Où sont leurs posters?**

1. le piano   3. les disques   5. la maison   7. les cassettes
2. les livres   4. les instruments   6. la chambre   8. la radio

C. ÊTRE À

The expression **être à** is used to indicate possession.

être à + {noun / stressed pronoun}	Ces livres **sont à** Marc.	*These books belong to Marc.*
	Ces livres **sont à** lui.	*These books belong to him.*

Note the use of **être à** in questions:

   A qui est ce livre?   **A qui sont** ces disques?

Exercice 4. **Une guitare**

Christine found a guitar. She asks Marc if it belongs to the following people. Marc says "no." Play both roles, using a stressed pronoun in Marc's answers.

MODÈLE : Paul   Christine: **Est-ce qu'elle est à Paul?**
               Marc: **Non, elle n'est pas à lui.**

1. Philippe   3. Hélène   5. le cousin d'Hélène   7. les cousins de Jacques
2. Jacques   4. Annie   6. la cousine d'Anne   8. le frère de Jacques

Entre nous

La générosité d'Henri a des limites.

MONIQUE: Où est ton frère, Henri?

HENRI: Il n'est pas là. Il est en vacances.

MONIQUE: Dis, *est-ce que je peux emprunter* son électrophone?   may I borrow

HENRI: Bien sûr.

MONIQUE: Et ses disques?

HENRI: Ses disques aussi!

MONIQUE: Et sa guitare?

HENRI: Sa guitare! Quelle guitare? Mon frère n'a pas de guitare.

MONIQUE: Mais, cette guitare là-bas.

HENRI: Ah ça, pas question! Elle n'est pas à lui, cette guitare. Elle est à moi!

L'art du dialogue

a. Act out the dialogue between Monique and Henri.

b. Now imagine that instead of looking for Henri's brother, Monique is looking for his sister. Replace **ton frère** by **ta sœur** and make the necessary changes. Act out the new dialogue.

c. Imagine that Henri has two brothers and that Monique is looking for them. Replace **ton frère** by **tes frères** and make the necessary changes. Act out the new dialogue.

d. Suppose that Monique is interested in Henri's banjo rather than his guitar. Act out the new dialogue, replacing **sa guitare** by **son banjo.** Make the necessary changes.

4.5 *CHEZ LE MARCHAND DE TIMBRES*

Jean-Louis est un collectionneur de timbres très sérieux. C'est aussi un client difficile.

LE MARCHAND DE TIMBRES:	Désirez-vous regarder **nos** timbres français?
JEAN-LOUIS:	**Vos** timbres français sont trop chers.
LE MARCHAND DE TIMBRES:	Eh bien, regardez **notre** sélection de timbres étrangers.
JEAN-LOUIS:	Combien coûte-t-elle?
LE MARCHAND DE TIMBRES:	Vingt francs.
JEAN-LOUIS:	Pour combien de timbres?
LE MARCHAND DE TIMBRES:	Pour cent timbres.
JEAN-LOUIS:	**Votre** sélection de timbres étrangers n'est pas chère, mais elle n'est pas très intéressante.

OBSERVATIONS

- In the above dialogue, which word does Jean-Louis use to say *your* when the next word is singular **(sélection)?** when it is plural **(timbres)?**
- How does the stamp dealer say *our* before a singular noun? a plural noun?

158

LECTURE CULTURELLE: **Les timbres français**

Collectionnez-vous les timbres? Pour un grand nombre de jeunes Français et de jeunes Françaises, la collection de timbres est le passe-temps préféré. C'est normal! Les timbres français sont en effet° très beaux. Ils ont aussi une certaine valeur° éducative. En général, ils représentent des personnes illustres,° des monuments, des paysages, des œuvres° d'art. Ils com-mémorent° aussi d'importants événements° historiques et scientifiques. Les timbres français sont, par conséquent,° une excellente source d'information sur la culture française.

en effet as a matter of fact; **valeur** value; **illustres** famous; **œuvres** works; **commémorent** commemorate; **événements** events; **par conséquent** consequently

Petit vocabulaire

NOMS:	un **album** /albɔm/	album	une **collection**	collection
	un **client**	customer, client		
	un **collectionneur**	collector		
	un **franc**	franc (French monetary unit)		
	un **marchand**	dealer, merchant, storekeeper		
	un **timbre**	stamp		
VERBES RÉGULIERS:	**collectionner**	to collect		
	coûter	to cost		
ADJECTIFS:	**cher (chère)**	expensive, dear	Ces timbres sont trop **chers.**	
	étranger (étrangère)	foreign	J'ai des timbres **étrangers.**	
	difficile	difficult, hard	Le français est-il **difficile?**	
	facile	easy	L'anglais est-il **facile?**	
EXPRESSION:	**combien . . . ?**	how much . . . ?	**Combien** coûte ce timbre?	
	combien de . . . ?	how many (much) . . . ?	**Combien de** timbres as-tu?	

Questions personnelles

1. Avez-vous une collection de timbres? Si oui, combien de timbres avez-vous?
2. Avez-vous des disques? Si oui, combien de disques avez-vous?
3. Avez-vous des dollars sur vous? Si oui, combien de dollars avez-vous?

159

Vocabulaire spécialisé: les nombres de 70 à 1.000.000

70	soixante-dix[1]	80	quatre-vingts	90	quatre-vingt-dix
71	soixante et onze	81	quatre-vingt-un	91	quatre-vingt-onze
72	soixante-douze	82	quatre-vingt-deux	92	quatre-vingt-douze
73	soixante-treize	83	quatre-vingt-trois	93	quatre-vingt-treize
74	soixante-quatorze	84	quatre-vingt-quatre	94	quatre-vingt-quatorze
75	soixante-quinze	85	quatre-vingt-cinq	95	quatre-vingt-quinze
76	soixante-seize	86	quatre-vingt-six	96	quatre-vingt-seize
77	soixante-dix-sept	87	quatre-vingt-sept	97	quatre-vingt-dix-sept
78	soixante-dix-huit	88	quatre-vingt-huit	98	quatre-vingt-dix-huit
79	soixante-dix-neuf	89	quatre-vingt-neuf	99	quatre-vingt-dix-neuf

100	cent	200	deux cents	1.000[2]	mille
101	cent un	201	deux cent un	2.000	deux mille
102	cent deux, etc.	202	deux cent deux, etc.	1.000.000	un million

Exercice de vocabulaire: **A la banque**

Help the bank teller add up the following sums.

MODÈLE: 60 F + 10 F   **Soixante francs plus dix francs font soixante-dix francs.**

1. 50 F + 21 F
2. 60 F + 12 F
3. 70 F + 18 F
4. 75 F + 6 F
5. 81 F + 10 F
6. 93 F + 7 F
7. 60 F + 25 F
8. 94 F + 2 F
9. 63 F + 10 F
10. 77 F + 9 F
11. 87 F + 8 F
12. 99 F + 3 F

LA LANGUE FRANÇAISE

PRONONCIATION

Révisons: la liaison

There is liaison between a plural determiner and a word beginning with a vowel sound.

les, des, ces	les élèves, des écoles, ces églises, les Anglais, ces Américains
mes, tes, ses	mes amis, tes amies, ses enfants, ses élèves
nos, vos	nos amis, nos amies, vos élèves, vos enfants
leurs	leurs élèves, leurs écoles, leurs oncles, leurs enfants

[1] In Switzerland, numbers from 70 to 99 follow the pattern of numbers from 20 to 69:
70 is **septante** (71 is **septante et un**, 72 is **septante-deux**, etc.), 80 is **octante**, and 90 is **nonante**.

[2] In numbers French uses a period where English uses a comma, and vice versa:

French	*English*
1.000	1,000
2,5%	2.5%

STRUCTURE

A. *NOTRE, NOS; VOTRE, VOS*

The possessive determiners **notre** (*our*) and **votre** (*your*) have the following forms:

	SINGULAR	PLURAL		
Masculine/ Feminine	**notre**	**nos**	**notre** album **notre** collection	**nos** timbres **nos** instruments
Masculine/ Feminine	**votre**	**vos**	**votre** album **votre** collection	**vos** timbres **vos** instruments

There is liaison after **nos** and **vos** before a vowel sound.

The French use **votre** and **vos** when speaking to:

several people: (aux élèves) Voici **votre** école.
Voici **vos** livres.

one person whom they address as **vous:** (au professeur) Voici **votre** école.
Voici **vos** livres.

Exercice 1. «*Là-bas*»

In a big department store, a customer is looking for various things. The person at the information desk points out where they are to be found. Play the two roles.

MODÈLE: les disques Le client (la cliente): **Où sont vos disques?**
L'employé (l'employée): **Nos disques sont là-bas.**

1. les livres
2. les posters
3. les radios
4. les cassettes
5. le restaurant
6. le garage
7. la cafétéria
8. les albums de timbres

B. LES EXPRESSIONS INTERROGATIVES *COMBIEN?* ET *COMBIEN DE?*

Combien de + noun means

how much + noun: **Combien d'**argent as-tu? *How much money . . .*
how many + noun: **Combien de** timbres as-tu? *How many stamps . . .*

There is usually no determiner after **combien de.**

Combien means

how much: **Combien** coûte ce timbre? *How much does this stamp cost?*
Combien coûtent ces photos? *How much do these pictures cost?*

The expression **combien** is not followed by a noun.

NOTE: Since **combien de?** and **combien?** are interrogative expressions, they must be followed by **est-ce que** or by an inverted verb + subject.

Exercice 2. **Les collections de Jean-Louis**

Jean-Louis collects the following objects. Sylvie asks him how many he has in each collection and how much they cost. Play the roles of Jean-Louis and Sylvie.

MODÈLE: des timbres   Jean-Louis: **J'ai des timbres.**

                               Sylvie: **Combien de timbres as-tu?**
                                           Combien coûtent-ils?

1. des photos
2. des livres
3. des disques
4. des timbres américains
5. des timbres canadiens
6. des timbres français

Entre nous

Les échanges d'Henri ne sont pas toujours très *équitables*.   fair

> HENRI: Dis, Monique, combien de disques de jazz est-ce que tu as?
>
> MONIQUE: Cinquante.
>
> HENRI: Très bien. Je te propose un *échange*.   trade
>
> MONIQUE: Quel échange?
>
> HENRI: Ta collection de disques de jazz contre ma collection de musique pop. Es-tu d'accord?
>
> MONIQUE: Ça dépend! Combien de disques de musique pop as-tu?
>
> HENRI: Cinq ou six!

L'art du dialogue

a. Act out the dialogue between Henri and Monique.

b. Henri proposes another trade: his French stamps **(les timbres français)** against Monique's American stamps **(les timbres américains).** Act out the new dialogue, making the appropriate changes.

LISONS

L'anniversaire de Jean-de-la-Lune   "John from the moon"

Nous sommes lundi. Dans trois jours, c'est l'anniversaire de Jean. Il va avoir quinze ans. Son ami Marc est perplexe. Que va-t-il offrir à Jean pour son anniversaire?

Un livre? Jean déteste les livres!

Un disque? Jean n'a pas d'électrophone!

Jean ne collectionne pas les timbres. Il ne fait pas de photo. Il ne fait pas de musique. Il ne fait jamais de sport . . .

Jean a bien un passe-temps favori, mais c'est un passe-temps *insolite*: il   = *bizarre est passionné par* l'astronomie. (Voilà pourquoi ses amis l'appellent Jean-de-la-Lune.) Mais quel *cadeau* faire à un astronome amateur? Marc n'a *aucune* idée.

= *a une passion pour*

gift

= *pas d'*

Lundi après-midi. Il fait beau. Marc va en ville. Il regarde les *vitrines*. Il *rêve*: «Ah, la belle raquette de tennis, le bel album de photos, les jolis disques... Dommage! Ce n'est pas mon anniversaire. C'est l'anniversaire de Jean-de-la-Lune!»

store windows; dreams

Soudain Marc a une idée: «Je vais *acheter* à Jean un... Pourquoi pas? Oui, pourquoi pas un...? Euh, parce que c'est cher et parce que je n'ai pas *assez d'argent*...

Suddenly; to buy

enough money

«Oui, mais je ne suis pas *seul*. Combien sommes-nous à célébrer l'anniversaire de Jean? Voyons, 1, 2, 3, 4... 12. Nous sommes douze à aller chez Jean pour son anniversaire. A douze, eh bien, nous allons faire une bonne surprise à Jean.»

alone

Marc va téléphoner à ses amis. Vont-ils être d'accord avec son idée?

Jeudi soir. C'est le grand jour, le jour de l'anniversaire de Jean. Ses douze amis arrivent chez lui avec leurs cadeaux. Ces cadeaux, ce sont des *paquets* de *formes* très *diverses* et très bizarres. Il y a de très grands paquets, de petits paquets, des paquets minuscules, des paquets longs, des paquets *ronds*, des paquets *plats*...

packages; shapes; different

round; flat

Jean est très intrigué. Il *demande*: «Qu'est-ce qu'il y a dans ces paquets?»

asks

Marc *répond*: «Tu es trop curieux. C'est maintenant le moment du *gâteau*. Alors, nous allons manger le gâteau et *ensuite* tu vas *ouvrir* tes cadeaux.»

answers

cake; afterwards; open

Le moment d'ouvrir les cadeaux arrive. Jean commence par un très grand paquet et il *découvre*... un cylindre.

finds

Jean: «Qu'est-ce que c'est?»

Marc: «C'est un cylindre.»

Jean: «*Évidemment!* C'est un cylindre. Et qu'est-ce que je vais faire avec ce cylindre?»

= *Bien sûr!*

Marc: «Ouvre tes *autres* cadeaux.»

other

Jean ouvre un autre paquet. C'est un autre cylindre. Il ouvre *encore* un autre paquet: un autre cylindre. Est-ce que c'est une *plaisanterie?*

still

joke

Jean ouvre le *dernier* paquet. C'est un paquet minuscule. *Dedans*, il y a deux *morceaux de verre*. Maintenant, Jean *comprend*. Dans ces douze paquets, il y a les morceaux d'un téléscope complet.

last; inside

pieces of glass; understands

Jean: «Un téléscope! C'est un cadeau sensationnel, une surprise formidable. Les amis, vous êtes formidables!»

Tous: «*Vive* les quinze ans de Jean-de-la-Lune!»

All; Hurrah for

Vrai ou faux?

Rectifiez les phrases qui ne sont pas exactes.

1. Marc est un ami de Jean-de-la-Lune.
2. Jean aime les livres.
3. Jean a une collection de disques.
4. Jean fait du sport.
5. Jean est un astronome amateur.
6. Lundi, Marc va en ville.
7. Jeudi, c'est l'anniversaire de Marc.
8. Les amis de Jean arrivent chez lui avec des paquets.
9. Ces paquets ont une forme identique.
10. Dans le premier paquet, il y a un cylindre.
11. Dans le dernier paquet, il y a un cylindre.
12. Jean apprécie les cadeaux de ses amis.

L'art de la lecture

Understanding sentences

When you read a familiar sentence or a sentence made up of familiar words and structures, you understand it immediately and you understand it in French. For example, when you read: **C'est l'anniversaire de Jean, Jean déteste les livres, Marc va en ville,** you know these sentences mean *It's Jean's birthday, Jean hates books, Marc goes downtown.* You do not translate word-for-word: "It-is-the-birthday-of-Jean," "Jean-hates-the-books," "Marc-goes-in-town." The more you practice reading French, the less you will refer to English. Word usage and word-order patterns which seem strange at first will seem natural with practice.

Sometimes word order is different in French and in English.

- What is the English equivalent of the following sentences?

   Jean a un passe-temps favori.
   Ah, le bel album de photos!
   Ah, la belle raquette de tennis!

Sometimes French sentences contain words (like **les** in **Jean déteste les livres**) which are left out in the English equivalent.

- What words would be left out in English in the following sentences?

   Marc collectionne les timbres.
   Marc téléphone à ses amis.
   Les amis, vous êtes formidables!

French idiomatic sentences

Usually the verb **avoir** means *to have* and the verb **faire** means *to do, to make,* or *to build.*

- Do **avoir** and **faire** have these meanings in the following sentences?

   Jean va **avoir** quinze ans.
   Jean ne **fait** jamais de sport.

An idiomatic expression is an expression whose meaning cannot be directly derived from the meanings of the words which are contained in it. Many French idiomatic expressions cannot be translated word for word into English. You should pay special attention to the verbs **avoir** and **faire** for they are frequently used in idiomatic expressions.

Travaux pratiques de lecture

Dans les phrases françaises, le verbe **faire** est utilisé idiomatiquement. Trouvez l'expression équivalente en complétant les phrases anglaises.

1. Hubert fait un match de tennis.   *Hubert —— a game of tennis.*
2. Marc fait du piano.   *Marc —— the piano.*
3. Jean fait des sciences.   *Jean —— science.*
4. Henri fait un voyage en France.   *Henri —— a trip to France.*
5. Jacques fait un cadeau à Suzanne.   *Jacques —— a gift to Suzanne.*
6. Alain ne fait pas attention.   *Alain isn't —— attention.*

TESTS DE CONTRÔLE

Chapitre quatre

Directions: Write out your answers to the following test-exercises on a separate sheet of paper. Then turn to page 430 to correct your work. Do not check your answers until you have completed all the tests.

STRUCTURE

TEST 1. *Art class*

Everyone has a special project in art class. Say who is working on what by completing the sentences below with the appropriate forms of **faire.**

1. Je —— un collage.
2. Hélène —— un mobile.
3. Tu —— une poterie.
4. Nous —— une sculpture.
5. Pierre et Jacques —— une statue.
6. Vous —— un vase.

TEST 2. *Georges*

To tell more about Georges, replace the blanks by the verb forms **est, a,** or **fait,** as appropriate.

1. Georges —— 17 ans.
2. Il —— athlétique.
3. Il —— du sport.
4. En hiver, il —— du ski.
5. Il —— un bon professeur d'éducation physique.
6. En classe, Georges —— du français.
7. Mais, il n'—— pas très bon.
8. Ce n'—— pas un étudiant studieux.

TEST 3. *The ownership instinct*

Claim the following things as being yours.

MODÈLE: un sac   *your paper:*   C'est mon sac.

1. un disque
2. une guitare
3. un électrophone
4. une voiture
5. des livres
6. des albums

TEST 4. *Personal property*

Say that the following things belong to the persons indicated in parentheses. Complete each sentence with the appropriate possessive determiner plus the name of the object.

MODÈLE: une guitare (Pierre) C'est —— . *your paper:* <u>*sa guitare*</u>

1. un vélo (Hélène) C'est —— .
2. des livres (Albert) Ce sont —— .
3. un banjo (Irène) C'est —— .
4. une raquette (Max) C'est —— .
5. des clarinettes (nous) Ce sont —— .
6. une voiture (vous) C'est —— .
7. des livres (toi) Ce sont —— .
8. des disques (Michel et Marc) Ce sont —— .
9. des photos (vous) Ce sont —— .
10. un piano (nous) C'est —— .
11. une flûte (moi) C'est —— .
12. des posters (vous) Ce sont —— .

TEST 5. *The right definition*

Write the names of the objects which correspond to the definitions given below. Each answer should consist of three words.

MODÈLE: l'album où je place mes timbres: mon —— *your paper:* <u>*album de timbres*</u>

1. l'album où je place mes photos: mon ——
2. une photo où il y a ma famille: une ——
3. l'école où j'étudie la musique: mon ——
4. une guitare pour jouer du jazz: une ——
5. une raquette pour jouer au tennis: une ——
6. un marchand chez qui je trouve des disques: un ——

TEST 6. *Equivalents*

Write out the following numbers in digits.

MODÈLE: cent *your paper:* ***100***

1. deux mille
2. cent un
3. quatre-vingts
4. quatre-vingt-deux
5. quatre-vingt-douze
6. soixante et un
7. soixante-treize
8. soixante-dix-huit
9. quatre-vingt-huit

VOCABULARY

TEST 7. *In the family*

Write out the names which correspond to the following definitions.

MODÈLE: le frère de mon père: mon —— *your paper:* <u>*oncle*</u>

1. la femme de mon oncle: ma ——
2. la père de ma mère: mon ——
3. la mère de mon père: ma ——
4. la sœur de mon cousin: ma ——
5. le mari de ma tante: mon ——
6. le fils de ma fille: mon ——

TEST 8. *Seasonal changes*

Fill in the blanks below with the following words. Each word fits only one blank.

été / le printemps / l'hiver / chaud / frais / froid / neige / pleut

J'habite le Vermont. En janvier il fait (1) —— , et il (2) —— assez souvent. J'aime (3) —— car j'adore faire du ski. Après l'hiver, il y a (4) —— . Il fait (5) —— et humide parce qu'il (6) —— souvent. En (7) —— , quand il fait très (8) —— , je vais à la plage pour nager.

TEST 9. *Jacqueline*

Jacqueline wants to know what certain French sentences mean. She suggests two English equivalents. Tell her which one is right.

1. Il fait froid.

   A. *It is cold.*
   B. *He is cold.*

2. Ces disques sont à toi?

   A. *Are those records for you?*
   B. *Are those your records?*

3. Combien de timbres as-tu?

   A. *How many stamps do you have?*
   B. *How are the stamps you have?*

4. Qu'est-ce qu'ils étudient?

   A. *Where are they studying?*
   B. *What are they studying?*

5. Restes-tu à la maison?

   A. *Are you staying home?*
   B. *Are you resting at home?*

6. Cet enfant ne parle pas.

   A. *This baby does not talk.*
   B. *This child does not talk.*

Chapitre cinq «LA LEÇON»

PRÉLUDE

The first five modules of this chapter form the five episodes of a single story. This story is about a play, and its main characters are young actors and actresses. You may want to know what words the French use in their dramatic productions. Here are some which you will encounter in the story.

Petit vocabulaire théâtral

NOMS:				
un **acteur**	*actor*	une **actrice**	*actress*
un **auteur**	*author*	une **pièce**	*play*
un **metteur en scène**	*director*	une **répétition**	*rehearsal*
un **personnage**	*character*	une **représentation**	*performance, show*
un **rôle**	*role, part*	une **scène**	*scene*
un **souffleur**	*prompter*	la **scène**	*stage*
les **spectateurs**	*audience*		

Questions personnelles

1. Aimez-vous le théâtre?
2. Quelle est votre pièce préférée?
3. Quel est votre auteur préféré?
4. Quel est votre acteur préféré?
5. Quelle est votre actrice préférée?
6. Est-ce que votre école organise des représentations théâtrales?
7. Jouez-vous un rôle dans ces représentations? Quel rôle?

AVANT-PROPOS

Nous sommes le samedi, 12 janvier. Un jour ordinaire? Pas pour Jean-Paul Mercier! Pour lui, c'est un jour exceptionnel. Ce soir, *en effet*, les élèves de sa classe *donnent* une pièce de théâtre. Jean-Paul a le rôle principal. Bien sûr, il est *ému*. Imaginez! C'est son premier rôle dramatique. Il est aussi *un peu déçu*. Ses parents ne vont pas *assister à* la représentation. Ils sont en effet invités à dîner par un client important de Monsieur Mercier.

in fact
are giving
excited
a little disappointed;
to be present at

Le Club Dramatique
du Lycée Balzac

PRÉSENTE

LA LEÇON

Pièce en 1 Acte

d'Eugène Ionesco

DISTRIBUTION

Le Professeur	Jean-Paul Mercier
L'Élève	Nicole Aubéry
La Bonne	Martine Berbigier

Metteur en scène:	François Duval
Souffleur:	Charles Reboullet
Costumes:	Isabelle Mercier

Samedi   12 janvier   à 21h   Salle Barthélemy

Entrée: 3F (étudiants 1F 50)

Chez les Mercier

Personnages : Jean-Paul Mercier
Isabelle Mercier, sa sœur
Madame Mercier

Il est sept heures et demie du soir. Avant la représentation, Madame Mercier fait ses recommandations à Jean-Paul et à Isabelle.

MADAME MERCIER	(*à Isabelle et à Jean-Paul*) : Êtes-vous prêts?
JEAN-PAUL :	Presque!
MME MERCIER :	Comment! Vous n'êtes pas prêts? Soyez prêts dans vingt minutes. Il y a un bus à huit heures. (*à Isabelle*) Ah! Isabelle . . .
ISABELLE :	Oui?
MME MERCIER :	N'oublie pas de prendre des photos pendant la représentation.
ISABELLE :	Mais je n'ai pas d'appareil-photo.
MME MERCIER :	Alors, prends l'appareil de ton père. Il est dans notre chambre. (*à Jean-Paul*) Fais attention à ta diction. Parle distinctement. Et ne sois pas trop nerveux . . .
JEAN-PAUL :	Sois tranquille, Maman! Sur la scène, je suis toujours très calme.
MME MERCIER :	(*à Isabelle et à Jean-Paul*) : Nous, nous allons rentrer très tard ce soir. Prenez la clé de l'appartement. Ne rentrez pas trop tard. Soyez ici avant minuit!
JEAN-PAUL :	D'accord! Dis, *est-ce que nous pouvons* inviter des amis après la représentation?
MME MERCIER :	Bien sûr, invitez vos amis! Et passez une bonne soirée!

can we

Petit vocabulaire

NOMS:	un **appareil-photo**	*camera*	une **clé**	*key*
	un **bus**	*bus*	une **soirée**	*evening*

ADJECTIFS: **calme** — *calm* — Jean-Paul est **calme**.
nerveux (nerveuse) — *nervous* — Madame Mercier est **nerveuse**.
prêt — *ready* — Les enfants ne sont pas **prêts**.

VERBE RÉGULIER: **oublier (de)** — *to forget* — N'**oublie** pas de téléphoner.

VERBE IRRÉGULIER: **prendre** — *to take* — Isabelle va **prendre** des photos.

AUTRES MOTS: **avant** — *before* — Les spectateurs arrivent **avant** la représentation.
pendant — *during* — Prends des photos **pendant** la représentation.
après — *after* — **Après** la pièce, Jean-Paul va inviter des amis.
presque — *almost* — Je suis **presque** prêt.
tard — *late* — Il est minuit! C'est **tard**!

EXPRESSIONS: **d'accord** — *OK, all right* — C'est **d'accord**!
être d'accord — *to agree* — **Êtes**-vous toujours **d'accord** avec vos parents?
être tranquille — *not to worry* — **Sois tranquille**! (*Don't worry!*)
faire attention — *to pay attention, watch out* — **Fais attention**!
passer une bonne soirée — *to have a nice evening* — **Passez une bonne soirée**!

A qui parle Madame Mercier?

Voici certaines recommandations de Madame Mercier. Relisez l'Acte I et dites à qui elle parle. Est-ce à Jean-Paul? à Isabelle? à Jean-Paul et à Isabelle?[1]

MODÈLE: Ne sois pas trop nerveux.   **Madame Mercier parle à Jean-Paul.**

1. Parle distinctement.
2. Prends des photos.
3. Prenez la clé.
4. Ne rentrez pas trop tard.
5. Invitez vos amis.
6. Fais attention à ta diction.

OBSERVATIONS

In the above sentences, Madame Mercier tells her children to do certain things. Does she use a subject pronoun?

---

[1]Beginning with this chapter, the instructions are in French. New words and expressions are included in the end vocabulary.

Vocabulaire spécialisé: la demi-heure

huit heures **et demie**

onze heures **et demie**

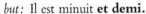

but: Il est minuit **et demi.**

Il est midi **et demi.**

NOTE DE VOCABULAIRE: To indicate the half hour, the French use the expression **et demie.** After **midi** and **minuit,** the expression **et demi** is used.

Exercice de vocabulaire: **L'heure exacte**

Situation: La montre de Jean-Paul avance de trente minutes. (*Jean-Paul's watch is 30 minutes fast.*)

Action: Donnez l'heure exacte.

MODÈLE: Il est neuf heures.   **Non, il est huit heures et demie.**

1. Il est deux heures.
2. Il est quatre heures.
3. Il est six heures.

4. Il est onze heures.
5. Il est une heure de l'après-midi.
6. Il est une heure du matin.

LA LANGUE FRANÇAISE

PRONONCIATION

Le son /ϕ/

Mot clé: d<u>eu</u>x

Répétez les mots: <u>eu</u>x, bl<u>eu</u>, nerv<u>eu</u>x, séri<u>eu</u>x, curi<u>eu</u>x, <u>Eu</u>gène

Répétez les phrases: Mathi<u>eu</u> n'est pas nerv<u>eu</u>x.

<u>Eu</u>génie est trop curi<u>eu</u>se.

Ils ont d<u>eu</u>x livres bl<u>eu</u>s avec <u>eu</u>x.

The sound /ϕ/ is pronounced with the lips rounded and tense. The tip of the tongue touches the lower front teeth.

Comment écrire /ϕ/: **eu**

STRUCTURE

A. LE VERBE *PRENDRE*

The verbe **prendre** (*to take*) is irregular. Here is the form chart for the present tense.

prendre	Nous allons **prendre** le métro.
je prends	Je **prends** un taxi.
tu prends	**Prends**-tu ta guitare?
il/elle prend	Isabelle **prend** un appareil-photo.
nous prenons	Nous **prenons** des photos.
vous prenez	Vous **prenez** votre voiture?
ils/elles prennent	Jean-Paul et Isabelle **prennent** le bus.

The **je, tu, il/elle** forms of **prendre** all sound the same: /prã/.

Exercice 1. *A la surprise-partie*

Situation: Des amis vont à une surprise-partie. Chacun prend quelque chose avec lui.
Action: Dites quel objet.

MODÈLE: Jean-Paul (sa guitare)   **Jean-Paul prend sa guitare.**

1. Isabelle (son appareil-photo)
2. Nous (nos disques)
3. Vous (votre électrophone)
4. François (son album de photos)
5. Mes cousins (leurs banjos)
6. Toi (ta clarinette)
7. Moi (ma mini-cassette)
8. Tes cousines (leurs guitares)

B. L'IMPÉRATIF (*TU ET VOUS*)

The imperative is used to give orders and to tell people what to do and what not to do.

	ALL **-er** VERBS (including **aller**)	OTHER VERBS
tu	present tense of the **tu**-form minus final **-s** **travaille!**	present tense of the **tu**-form **fais attention!**
vous	present tense of the **vous**-form **travaillez!**	present tense of the **vous**-form **faites attention!**

QUESTIONS	AFFIRMATIVE COMMANDS	NEGATIVE COMMANDS
Quand **rentrez**-vous?	**Rentrez** à minuit!	Ne **rentrez** pas tard!
Qu'est-ce que tu **regardes**?	**Regarde** le programme!	Ne **regarde** pas mes photos!
Qu'est-ce que tu **prends**?	**Prends** l'appareil-photo!	Ne **prends** pas la cassette!
Où **vas**-tu?	**Va** au théâtre!	Ne **va** pas au cinéma!

Exception: **Être** has an irregular imperative.

Es-tu prêt?	**Sois** calme!	Ne **sois** pas nerveux!
Êtes-vous prêts?	**Soyez** calmes!	Ne **soyez** pas nerveux!

Have you noted?
_____

In French, as in English, the subject pronoun is omitted in the imperative.

Exercice 2. **Recommandations**

Situation: Madame Mercier a une liste de recommandations pour Isabelle.
   Action: Jouez le rôle de Madame Mercier.

MODÈLE: Inviter Henri   Madame Mercier: **Invite Henri!**

1. Téléphoner à François
2. Parler à Martine
3. Dîner à sept heures
4. Rentrer à dix heures
5. Prendre le métro
6. Aller au théâtre
7. Prendre des photos
8. Faire du piano

Exercice 3. **Les mêmes recommandations** (*the same advice*)

Situation: Jean-Paul rentre. Monsieur Mercier répète les recommandations de sa femme aux deux enfants.

Action: Jouez le rôle de Monsieur Mercier.

MODÈLE: Inviter Henri   Monsieur Mercier: **Invitez Henri!**

Exercice 4. **L'ange et le démon** (*the angel and the devil*)

Situation: L'ange dit à Jean-Paul de faire certaines choses. Le démon dit de faire le contraire.
   Action: Jouez le rôle de l'ange et du démon.

MODÈLE: Étudier   L'ange: **Étudie!**
                   Le démon: **N'étudie pas!**

1. Travailler
2. Étudier tes leçons
3. Aller à l'école
4. Faire tes exercices
5. Inviter tes amis
6. Être à l'heure
7. Rentrer à minuit
8. Faire attention en classe

Entre nous

Ce soir, Jean-Paul a une répétition.

JEAN-PAUL: Au revoir, Papa. Je vais à une répétition ce soir.

MONSIEUR MERCIER: Très bien! Ne rentre pas trop tard. Prends le bus pour rentrer.

JEAN-PAUL: Mais Papa, il n'y a pas de bus à minuit.

MONSIEUR MERCIER: Bon. Alors *exceptionnellement* prends la voiture   *as an exception* . . . mais fais très attention. Les routes sont dangereuses la nuit.

JEAN-PAUL: Sois tranquille, Papa. Je suis toujours très prudent.

Expression pour la conversation

être prudent *to be careful* (in the sense   Cet enfant n'**est** pas **prudent.** Il ne fait jamais
of controlling oneself)   attention aux voitures.

L'art du dialogue

a. Act out the dialogue between Jean-Paul and Monsieur Mercier.

b. Suppose that both Jean-Paul and Isabelle are going to the rehearsal and that Monsieur Mercier is addressing both children. Act out the dialogue after making the necessary changes. Begin with: **Au revoir, Papa. Nous allons . . .**

5.2 *Acte II. «LA LEÇON»*

Au théâtre

Personnages: Jean-Paul, Isabelle, Nicole, Martine, François, Charles

La pièce

Il est neuf heures cinq. La pièce commence. Jean-Paul entre en scène. Il *a l'air* sérieux. C'est normal! Il joue le rôle d'un professeur   looks très sévère. La pièce s'appelle «La Leçon». C'est une pièce d'Eugène Ionesco, un auteur célèbre. Dans «La Leçon», le professeur *martyrise son*   makes his student *élève.* Le rôle est difficile, mais Jean-Paul joue très bien. Les spectateurs   suffer sont très attentifs.

Après la représentation

Il est onze heures moins le quart. La pièce est *finie.* Les   over spectateurs *acclament* Jean-Paul. Pour le jeune acteur, c'est un très grand   applaud triomphe.

Après la représentation, François, le metteur en scène, parle avec Nicole et Martine, les deux actrices, et Charles, le souffleur.

CHARLES: Célébrons le succès de Jean-Paul!

NICOLE: Excellente idée! Invitons-le dans un café.

MARTINE: Allons au Café du Théâtre. Tiens, voilà Isabelle. Invitons-la aussi!

(Isabelle accepte l'invitation, mais Jean-Paul regarde sa montre. Il est onze heures et quart.)

JEAN-PAUL: Dites! Il est tard. Passons *plutôt* le reste de la soirée chez   rather moi!

FRANÇOIS: Mais est-ce que tes parents sont d'accord?

JEAN-PAUL: Oui, ils sont d'accord.

NICOLE: Alors, allons chez toi.

CHARLES: Tiens, voilà un taxi!

MARTINE: Prenons-le!

FRANÇOIS: Hep! Taxi!

178

Eugène Ionesco est un auteur français moderne. Son théâtre est un théâtre d'avant-garde. «La Leçon» est une de ses premières pièces.

Petit vocabulaire

NOMS:	un **café**	*café, coffeehouse*		une **idée**	*idea*
	le **reste**	*rest, remainder*		une **leçon**	*lesson*
ADJECTIF:	**célèbre**	*famous*			
VERBES RÉGULIERS:	**célébrer**[1]	*to celebrate*			
	commencer[2]	*to begin*			
	entrer	*to enter*	Jean-Paul **entre** en scène.		
			Isabelle **entre** dans sa chambre.		

NOTE DE VOCABULAIRE: When used together with the name of a place, the verb **entrer** must be followed by a preposition, such as **dans** (*in, into*), **en** (*on, onto*), **chez**, etc.

Les spectateurs entrent.	Ils entrent **dans** la salle (de théâtre).
	They enter . . . the theater.

OBSERVATIONS

Study the following brief dialogue:

NICOLE: Invitons Jean-Paul!   MARTINE: Oui, invitons-**le**!
          Invitons Isabelle!   Oui, invitons-**la**!
          Invitons nos amis!   Oui, invitons-**les**!

In the above sentences Nicole is making some suggestions to Martine.

● How does she say *Let's invite Jean-Paul?* Does she use a subject pronoun?

In Nicole's sentences, the nouns (**Jean-Paul, Isabelle,** and **nos amis**) follow the verbs directly. These nouns are called *direct objects*.

● Which direct object pronoun does Martine use to replace a masculine singular noun (**Jean-Paul**)? a femine singular noun (**Isabelle**)? a plural noun (**nos amis**)?

[1] **Célébrer** is conjugated like **préférer** (see **Structure,** Section A, p. 219).
[2] To keep the sound /s/ in the stem, the **nous-**form of **commencer** is written with a **ç: nous commençons.**

179

Vocabulaire spécialisé: le quart d'heure et les minutes

Il est . . .

 quatre heures **moins le quart**

 quatre heures **et quart**

 quatre heures **moins dix**

 quatre heures **dix**

NOTE DE VOCABULAIRE: To indicate time after the hour the French use just the number of minutes. To indicate time before the hour the French use **moins**+ the number of minutes.

Exercice de vocabulaire: **Le tour du monde** (*a trip around the world*)

Situation: Vous faites le tour du monde.
Action: Annoncez votre heure d'arrivée dans les villes suivantes.

MODÈLE: Paris (2 h.25)   **J'arrive à Paris à deux heures vingt-cinq.**

1. Genève (4 h.15)   3. Dakar (6 h.50)   5. San Francisco (8 h.25)   7. Québec (10 h.15)
2. Rome (5 h.45)   4. Abidjan (8 h.10)   6. Montréal (9 h.40)   8. Paris (10 h.45)

Questions personnelles

Donnez l'heure exacte.

1. Quelle heure est-il?
2. A quelle heure allez-vous en classe?
3. A quelle heure rentrez-vous chez vous?
4. A quelle heure regardez-vous la télé?
5. A quelle heure dînez-vous?

LA LANGUE FRANÇAISE

PRONONCIATION

Le son /œ/

Mot clé: h<u>eu</u>re
Répétez les mots: n<u>eu</u>f, l<u>eu</u>r, s<u>œu</u>r, act<u>eu</u>r, profess<u>eu</u>r, spectat<u>eu</u>r
Répétez les phrases: L<u>eu</u>r s<u>œu</u>r arrive à n<u>eu</u>f h<u>eu</u>res.
   Cet act<u>eu</u>r joue le rôle du profess<u>eu</u>r.

Comment écrire /œ/: usually **eu;** sometimes **œu**

NOTE DE PRONONCIATION: The letters **eu** are usually pronounced /œ/ before a final pronounced consonant other than /z/ (as in the ending **-euse**).

Contrast: /œ/ err<u>eu</u>r   /φ/ séri<u>eu</u>se

STRUCTURE

A. L'IMPÉRATIF (*NOUS*)

The **nous**-form of the imperative corresponds to the English construction: *let's* + verb or *let's not* + verb.

For regular and irregular verbs the **nous**-form of the imperative is the same as the **nous**-form in the present tense.

QUESTIONS	"LET'S . . ."	"LET'S NOT . . ."
Invitons-nous nos amis?	**Invitons** nos amis!	**N'invitons pas** nos amis!
Allons-nous au théâtre?	**Allons** au théâtre!	**N'allons pas** au théâtre!

Exception: **Être** has an irregular imperative.

Sommes-nous à l'heure?	**Soyons** à l'heure!	**Ne soyons pas** nerveux!

Exercice 1. *L'esprit de contradiction*

Situation: Jean-Paul propose de faire certaines choses. Isabelle propose d'autres choses.
Action: Jouez le rôle de Jean-Paul et d'Isabelle.

MODÈLE: Prendre le bus (un taxi) Jean-Paul: **Prenons le bus!**
Isabelle: **Non, ne prenons pas le bus.**
Prenons un taxi.

1. Organiser une surprise-partie (un pique-nique)
2. Jouer au tennis (au ping-pong)
3. Dîner au restaurant (à la maison)
4. Aller au théâtre (au cinéma)
5. Rentrer à dix heures (à onze heures)
6. Regarder la télé (les photos)

B. LES PRONOMS *LE, LA, LES* À L'IMPÉRATIF

The pronouns in the chart below are used to replace direct objects:

le		a masculine singular noun	Invite François! Prends ce taxi!	Invite-**le**! Prends-**le**!
la	replaces	a feminine singular noun	Invite Nicole! Prends ta guitare!	Invite-**la**! Prends-**la**!
les		a plural noun	Invite tes amis! Prends tes disques!	Invite-**les**! Prends-**les**!

Have you noted?

The sample sentences above are all commands. It is only in affirmative commands that the pronouns **le, la, les** come after the verb and are joined to it by a hyphen.

(You will learn about the position of **le, la, les** in other sentences when you reach Module **5**.4.)

Exercice 2. **Invitations**

Situation: Isabelle et Jean-Paul organisent une surprise-partie. Isabelle propose d'inviter certaines personnes. Jean-Paul est d'accord.

Action: Jouez le rôle d'Isabelle et de Jean-Paul.

MODÈLE: ton ami Jacques   Isabelle: **Invitons ton ami Jacques.**
Jean-Paul: **D'accord! Invitons-le!**

1. Max	5. Sylvie	9. mon ami Paul
2. Hélène	6. Suzanne	10. ton amie Monique
3. Roger	7. nos cousins	11. Nicole et Martine
4. Bernard et André	8. nos cousines	12. François et Charles

Exercice 3. **Nicole et Charles**

Situation: Nicole et Charles vont à la surprise-partie. Charles pense prendre certaines choses avec lui. Nicole est d'accord.

Action: Jouez le rôle de Nicole et de Charles.

MODÈLE: ma guitare   Charles: **Je prends ma guitare?**
Nicole: **Oui, prends-la!**

1. ma moto	4. ce transistor	7. mon appareil-photo
2. mes disques	5. ton sac	8. mon album
3. tes disques	6. mon électrophone	9. mes photos

Entre nous

Jean-Paul et Isabelle organisent un pique-nique. Qui vont-ils inviter?

JEAN-PAUL: Dis! Il fait très beau aujourd'hui. Allons à la campagne et faisons un pique-nique.

ISABELLE: Excellente idée. Invitons des *copains!*   = *amis*

JEAN-PAUL: Qui?

ISABELLE: Nicole . . .

JEAN-PAUL: D'accord. Invite-la!

ISABELLE: Invitons aussi Charles!

JEAN-PAUL: Lui! Pas question! Il est trop gourmand!

ISABELLE: C'est vrai, mais il a une guitare, et puis il est amusant, et puis c'est un bon copain, et puis . . .

JEAN-PAUL: Bon, bon, invite-le, alors.

Expressions pour la conversation

To connect statements, the French use:

. . . et puis . . . . *and (moreover)* . . .   Il arrive **et puis** il va au buffet **et puis** il mange **et puis** . . .

To show that they reluctantly agree to something, the French use:

Bon, bon. *All right.*   **Bon, bon.** Va au cinéma, mais ne rentre pas trop tard.

L'art du dialogue

a. Act out the dialogue between Isabelle and Jean-Paul.

b. Imagine that Isabelle plans to invite François (instead of Nicole), and Charles and his brother Philippe (instead of just Charles). Act out the new dialogue after making the necessary changes.

5.3 *Acte III.* UNE BONNE SURPRISE

Chez les Mercier

Personnages: Jean-Paul, Isabelle, Nicole, Martine, Charles, François

Il est minuit moins vingt. La bande de copains est chez Jean-Paul.

ISABELLE: Vous avez *certainement* soif...   certainly

NICOLE: *Un peu.* As-tu du Coca-Cola ou de la limonade?   A little.

JEAN-PAUL: Bien sûr! Il y a toujours du Coca-Cola dans le réfrigérateur. Une seconde...

(Jean-Paul va dans la cuisine. Il *ouvre* le réfrigérateur. Eh   opens
bien, non! Il n'y a pas de Coca-Cola, mais il y a... un repas froid.)

Dites! Ma mère *a préparé* une surprise!   has prepared

MARTINE: Une surprise?

JEAN-PAUL: Oui, un repas froid.

FRANÇOIS: Magnifique! Qu'est-ce qu'il y a?

JEAN-PAUL: Il y a du caviar...

CHARLES: Hum, hum, j'adore le caviar!

JEAN-PAUL: Il y a aussi **du** rosbif, **de la** salade de tomates, **du** fromage...

CHARLES: (*Il a toujours faim, ce garçon!*): Est-ce qu'il y a aussi **du** dessert?

JEAN-PAUL: Bien sûr! Il y a **de la** glace! Et surprise des surprises...

ISABELLE, NICOLE, MARTINE, CHARLES, FRANÇOIS: Eh bien, parle!

JEAN-PAUL: Il y a **du** champagne!

MARTINE: Du champagne? Nous allons *vraiment* célébrer le succès de la   really
pièce.

184

OBSERVATIONS

When Jean-Paul opens the refrigerator, he finds a certain quantity of various foods and drinks. To express the idea of "a certain quantity of" something, the French use a special determiner called "the partitive article."

- What is the form of the partitive article before a masculine noun (like **rosbif, dessert, fromage, champagne**)? before a feminine noun (like **salade, glace**)?

Petit vocabulaire

NOMS:	un **repas**	*meal*	une **cuisine**	*kitchen*
ADJECTIFS:	**chaud**	*hot*	La soupe est **chaude.**	
	froid	*cold*	La glace est **froide.**	
EXPRESSIONS:	**avoir faim**	*to be hungry*	Est-ce que tu **as faim?**	
	avoir soif	*to be thirsty*	Non, mais j'**ai** très **soif.**	

Vocabulaire spécialisé: nourritures (*foods*)

de l'agneau	*lamb*		de la glace	*ice cream*
du beurre	*butter*		de la salade	*salad, lettuce*
du dessert	*dessert*		de la soupe	*soup*
du fromage	*cheese*		de la viande	*meat*
du gâteau	*cake*			
du jambon	*ham*			
du pain	*bread*			
du rosbif	*roast beef*			
du poulet	*chicken*			

NOTE CULTURELLE: **Champagne et champagne**

Il y a champagne et Champagne. Le vrai champagne est un vin° français. Ce vin est fabriqué° . . . en Champagne. La Champagne est une province située dans l'est de la France.

vin wine; **fabriqué** made

LA LANGUE FRANÇAISE

PRONONCIATION

Le son /ɲ/

Mot clé : champa<u>gne</u>

Répétez ces mots : A<u>gn</u>ès, a<u>gn</u>eau, campa<u>gn</u>e, ma<u>gn</u>ifique, monta<u>gn</u>e, accompa<u>gn</u>er

Répétez ces phrases : J'accompa<u>gn</u>e A<u>gn</u>ès Ma<u>gn</u>e à la campa<u>gn</u>e.

Les monta<u>gn</u>es d'Espa<u>gn</u>e sont ma<u>gn</u>ifiques.

The sound /ɲ/ is pronounced somewhat like the *ny* in the English word *canyon.*

NOTE DE PRONONCIATION: The letters **gn** usually represent the sound /ɲ/.

STRUCTURE

A. L'ARTICLE PARTITIF: *DU, DE LA*

The partitive article has the following forms:

Masculine Singular	**du** ↓ **de l'** (+vowel sound)	**du** pain **de l'**agneau
Feminine Singular	**de la** ↓ **de l'** (+vowel sound)	**de la** glace **de l'**omelette

The partitive article is used to indicate "a certain quantity of," "a certain amount of":

Voici	**du**	fromage et	**de la**	salade.	
Here is	*some*	*cheese*	*and (some)*	*salad.*	

Prenez	**du**	fromage et	**de la**	salade.	
Have (Take)	*some*	*cheese*	*and (some)*	*salad.*	

Est-ce qu'il y a	**du**	fromage ou	**de la**	salade dans le réfrigérateur?	
Is there	*(any)*	*cheese*	*or . . .*	*salad in the refrigerator?*	

Have you noted?

a. The English equivalent of the partitive article is sometimes expressed as *some* or *any.* Most of the time, however, English uses no determiner.

b. In French, the partitive article may not be left out. In a series of nouns, it must be repeated before each noun.

Exercice 1. **Soyez un bon hôte (une bonne hôtesse)**

Situation: Vous avez des invités chez vous.
Action: Vous offrez à ces invités les choses suivantes.

MODÈLE: le rosbif   L'hôte (L'hôtesse): **Voici du rosbif. Prenez du rosbif.**

1. la soupe   4. l'agneau   7. le Coca-Cola
2. le caviar   5. le pain   8. le gâteau
3. la salade   6. le beurre   9. la glace

Exercice 2. **Le garçon** (*the waiter*)

Situation: Vous êtes garçon (ou serveuse [*waitress*]) dans un restaurant français.
Action: Un client (une cliente) demande si vous avez ses plats préférés. Vous répondez affirmativement.

MODÈLE: J'aime le caviar.   Le client (La cliente): **J'aime le caviar. Avez-vous du caviar?**

Le garçon (La serveuse): **Bien sûr, nous avons du caviar.**

1. J'aime la soupe.   4. J'aime la viande.   7. J'aime le gâteau.
2. J'adore le jambon.   5. J'aime la salade.   8. J'aime la glace.
3. J'adore le pain.   6. J'aime bien le fromage.

B. L'ARTICLE PARTITIF: *DE*

In negative sentences (except after **ce n'est pas**), the partitive article becomes **de** (**d'** before a vowel sound). Contrast:

Avez-vous **du** rosbif?   Non, nous n'avons **pas de** rosbif.   *We don't have any roast beef.*

Est-ce qu'il y a **de la** salade?   Non, il n'y a **pas de** salade.   *There is no salad.*
Prenez **de l'**agneau.   **Pas d'**agneau pour moi, merci!   *No lamb for me, thanks.*

but: C'est **du** poulet.   Ce n'est **pas du** rosbif!

The negative partitive corresponds to the English *no* or *not any*.

Exercice 3. **Au régime** (*on a diet*)

Situation: Charles offre les choses suivantes à Nicole. Mais Nicole est au régime et refuse.
Action: Jouez le rôle de Charles et de Nicole.

MODÈLE: du pain   Charles: **Voici du pain.**
Nicole: **Merci, je ne prends pas de pain.**

1. du jambon   3. de la viande   5. du fromage   7. du gâteau
2. du beurre   4. de la glace   6. du dessert   8. de l'agneau

Entre nous

Pourquoi Isabelle ne mange-t-elle pas?

MME MERCIER:	Tu ne prends pas de salade, Isabelle?	
ISABELLE:	Non, merci . . .	
MME MERCIER:	Alors, prends du fromage, et *puis* de la glace.	afterwards
ISABELLE:	Merci, Maman. Vraiment.	
MME MERCIER:	Comment? Tu n'as pas faim aujourd'hui?	
ISABELLE:	Si Maman, mais . . .	
MME MERCIER:	Mais quoi?	
ISABELLE:	Ce soir, je suis invitée à une *surboum* chez Charles.	= *surprise-partie*
MME MERCIER:	Et tu *te réserves* pour le buffet, je suppose?	are saving room
ISABELLE:	Euh oui . . . La mère de Charles fait des sandwiches *absolument* extraordinaires!	absolutely

Expressions pour la conversation

To express appreciation, the French use:

Merci!   *Thank you! Thanks!*   — J'ai un nouveau disque pour toi, Isabelle.
Merci beaucoup! *Thank you very much!*   — Ah, **merci (beaucoup)**, Jean-Paul!

To refuse politely something that has been offered, the French use:

Non, merci.   *No, thank you.*   — Tu prends de la glace?
Merci.   *No, thank you.*   — **(Non,) Merci,** je n'ai pas faim ce soir.

L'art du dialogue

a. Act out the dialogue between Madame Mercier and Isabelle.

b. Imagine that the menu has been changed but that the situation remains the same. Madame Mercier proposes **(la) soupe** (instead of **salade**), **(la) salade** (instead of **fromage**), and **(le) gâteau** (instead of **glace**). Act out the new dialogue after making the appropriate changes.

5.4 *Acte IV. DEUX TOASTS*

Chez les Mercier

Personnages: Jean-Paul, Isabelle, Nicole, Martine, Charles, François

Les amis de Jean-Paul commencent *par* le caviar. Puis ils mangent avec   with
appétit le rosbif, la salade, le fromage. Ils donnent leur opinion sur les
desserts.

ISABELLE: Alors Martine, comment trouves-tu le gâteau?

MARTINE: Je le trouve délicieux!

ISABELLE: Et la glace?

MARTINE: La glace aussi! Je la trouve formidable.

ISABELLE: Et toi, Nicole, tu aimes les desserts?

NICOLE: Je les adore! Et Charles aussi les trouve très bons. Regardez-le!
Il ne parle pas. Il est *bien trop* occupé avec sa glace.   much too

ISABELLE: Et le champagne! Jean-Paul, est-ce que tu l'oublies?

JEAN-PAUL: Une seconde, je vais le chercher.

(Jean-Paul va chercher le champagne.)

Maintenant, buvons le champagne! Je propose un toast:
«Au succès de la pièce!»

CHARLES: Et moi, je propose un autre toast: «A Madame Mercier . . .,
excellente *cuisinière* et mère extraordinaire!»   cook

NICOLE, MARTINE, FRANÇOIS: Vive Madame Mercier!

Petit vocabulaire

ADJECTIFS:	**autre**	*other*	
	l'autre	*the other*	Où est **l'autre** gâteau?
	les autres	*the other*	Où sont **les autres** desserts?
	un(e) autre	*another*	J'ai **une autre** idée.
	d'autres	*other*	Invitons **d'autres** amis!
	occupé	*busy*	
VERBES RÉGULIERS:	**chercher**	*to look for, get*	Jean-Paul **cherche** le champagne.
	donner	*to give*	Il **donne** du champagne à Nicole.
	écouter	*to listen (to)*	Les amis **écoutent** Charles.
	manger[1]	*to eat*	Martine **mange** du gâteau.
	trouver	*to find*	**Trouves**-tu le champagne?
			Je **trouve** que le gâteau est excellent.
VERBE IRRÉGULIER:	**boire**	*to drink*	Les amis vont **boire** le champagne.
EXPRESSIONS:	**Vive . . . !**	*Cheers for . . . !*	**Vive** Madame Mercier!
	Comment trouves-tu . . . ?	*What do you think of . . . ?*	**Comment trouves-tu** la glace?

OBSERVATIONS

Study the following short dialogue:

ISABELLE: Comment trouves-tu **le rosbif?** CHARLES: Je **le** trouve délicieux.
Comment trouves-tu **la glace?** Je **la** trouve très bonne.
Comment trouves-tu **les desserts?** Je **les** aime beaucoup.

- In his answers, which direct object pronoun does Charles use to replace a masculine singular noun (**le rosbif**)? a feminine singular noun (**la glace**)? a plural noun (**les desserts**)?
- Do these direct object pronouns come *before* or *after* the verb?

[1] To keep the /ʒ/ sound of the stem, the **nous**-form of **manger** is spelled **mangeons**. An **e** is also inserted in the **nous**-form of **voyager: nous voyageons.**

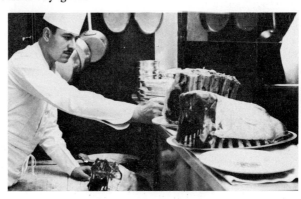

LA LANGUE FRANÇAISE

PRONONCIATION

Le son /ʃ/

Mot clé: chez
Répétez les mots: Charles, Michel, Rachel, chose, champagne, chambre, chercher
Répétez les phrases: Charles cherche le champagne.
      Rachel et Michèle dînent chez Charlotte.

The sound /ʃ/ is pronounced like the *ch* of the English word *machine*. Do not pronounce a /t/ before /ʃ/, unless the **t** appears in the French word.

Contrast: /ʃ/ ma**ch**ine   /tʃ/ ma**tch**

Comment écrire /ʃ/: **ch**

STRUCTURE

A. LE VERBE *BOIRE*

The verb **boire** (*to drink*) is irregular. Here is the form chart for the present tense:

boire		Qu'est-ce que vous désirez **boire?**
je	bois	Je **bois** du lait.
tu	bois	Tu **bois** du thé.
il/elle	boit	Isabelle **boit** de la limonade.
nous	buvons	Nous **buvons** du Coca-Cola.
vous	buvez	Vous ne **buvez** pas de bière?
ils/elles	boivent	Que **boivent**-ils?

Vocabulaire spécialisé: boissons (*drinks*)

du café	*coffee*	**de la bière**	*beer*
du champagne	*champagne*	**de l'eau**	*water*
du Coca-Cola	*Coca-Cola*	**de l'eau minérale**	*mineral water*
du lait	*milk*	**de la limonade**	*lemon soda, soft drink*
du thé	*tea*		
du vin	*wine*		

Questions personnelles

1. Qu'est-ce que vous buvez chez vous?
2. Qu'est-ce que vous buvez à l'école?
3. Que boivent vos parents?
4. Est-ce qu'ils boivent souvent du vin?
5. Est-ce qu'ils boivent de la bière?
6. Est-ce que vous buvez de la limonade?

B. LA PLACE DES PRONOMS *LE, LA, LES*

In regular statements and questions the direct object pronouns come *before* the verb.

le ↓ l' (+ vowel sound)	Voici Charles.	Je **le** trouve beau. Je ne **le** trouve pas très drôle. Je **l'**aime bien.
la ↓ l' (+ vowel sound)	Voici Nicole.	Je **la** trouve jolie. Je ne **la** trouve pas intelligente. Je **l'**invite souvent chez moi.
les	Voici mes cousins.	Je **les** trouve bêtes. Je ne **les** aime pas.

Have you noted?

a. There is liaison after **les** before a vowel sound.

b. In negative sentences, **ne** comes before the direct object pronoun.

In affirmative commands, the pronouns **le, la, les** come *after* the verb (see **Structure**, Section B, p. 181).

Voici Charles. Invitons-**le**. Non, ne **l'**invitons pas.
Voici ma guitare. Prends-**la**. Non, ne **la** prends pas.

The following verbs are often used with direct objects:

aimer	Aimes-tu cette pièce de théâtre?	Oui, je **l'**aime.
avoir	As-tu ton appareil-photo.	Mais oui, je **l'**ai.
détester	Je déteste les math.	Moi aussi, je **les** déteste.
faire	Quand fais-tu ces exercices?	Je **les** fais après le dîner.
inviter	Est-ce que tu invites Charles?	Non, je ne **l'**invite jamais.
montrer	A qui montres-tu ton album?	Je **le** montre à Nicole.
oublier	N'oubliez pas vos livres.	Mais non, nous ne **les** oublions pas.
prendre	Prends-tu ta guitare?	Non, je ne **la** prends pas.
trouver	Comment trouves-tu Isabelle?	Je **la** trouve très sympathique.
visiter	Est-ce que vous visitez le musée ce matin?	Non, nous **le** visitons demain.

Have you noted?

a. The direct objects replaced by **le, la, l', les** are either names or noun phrases introduced by a definite article (**le, la, les**), a demonstrative determiner (**ce, cet, cette, ces**), or a possessive determiner (**mon, ton, son,** etc.).

b. The direct object pronouns **le, la, l', les** can refer to people or things.

c. The direct object pronouns **le, la, l', les** do not replace nouns introduced by **un, une, du, de la,** or **des** (see **Structure**, Section B, p. 263).

Exercice 1. **Oui et non**

> Situation: Jean-Paul pose certaines questions à Nicole et à Charles. Nicole répond «oui». Charles répond «non».

> Action: Jouez les trois rôles.

> MODÈLE: Vous aimez votre école.
>
> Jean-Paul: **Aimez-vous votre école?**
> Nicole: **Oui, je l'aime.**
> Charles: **Non, je ne l'aime pas.**

1. Vous aimez le cinéma.
2. Vous aimez ce livre.
3. Vous aimez cette pièce.
4. Vous invitez François.
5. Vous invitez vos amis.
6. Vous collectionnez les photos.
7. Vous aimez les sciences.
8. Vous aimez votre classe de sciences.
9. Vous trouvez le professeur sympathique.
10. Vous trouvez la classe intéressante.
11. Vous préparez vos leçons.
12. Vous faites vos exercices.

Exercice 2. **Opinions contraires**

> Situation: Charles demande la permission de prendre certaines choses. Jean-Paul est d'accord. Isabelle n'est pas d'accord.

> Action: Jouez le rôle de Jean-Paul et d'Isabelle.

> MODÈLE: la guitare
>
> Jean-Paul: **Oui, prends-la.**
> Isabelle: **Non, ne la prends pas.**

1. les disques
2. le transistor
3. l'électrophone
4. les livres
5. les posters
6. cet album
7. cette cassette
8. cette photo
9. ce vélo

C. LES VERBES *CHERCHER, ÉCOUTER, REGARDER*

Chercher, écouter, and **regarder** are three frequently used verbs in French. These verbs take direct objects.

chercher	Jean-Paul cherche . . . sa guitare.	Il la cherche.
	Jean-Paul is looking for his guitar.	*He is looking for it.*
	Jean-Paul is getting . . . his guitar.	*He is getting it.*
écouter	Jean-Paul écoute . . . ses amis.	Il les écoute.
	Jean-Paul listens to his friends.	*He listens to them.*
regarder	Il regarde . . . Nicole.	Il la regarde.
	He is looking at Nicole.	*He is looking at her.*
	He is watching . . . Nicole.	*He is watching her.*

Exercice 3. **La télé et la radio**

> Situation: Isabelle regarde certaines choses à la télé. Jean-Paul écoute les mêmes choses à la radio.

> Action: Jouez le rôle d'Isabelle et de Jean-Paul.

MODÈLE: le match de football   Isabelle: **Je regarde le match de football à la télé.**
                                         Jean-Paul: **Moi, je l'écoute à la radio.**

1. ce programme
2. ces acteurs
3. le match de tennis
4. les matchs de football

5. l'orchestre de musique pop
6. mon acteur préféré
7. mon actrice préférée
8. mes musiciens préférés

Exercice 4. **Objets perdus** (*lost objects*)

> Situation: Isabelle demande où sont certains objets. Jean-Paul les cherche mais ne les trouve pas.

> Action: Jouez le rôle de Jean-Paul et d'Isabelle.

MODÈLE: les photos   Isabelle: **Où sont les photos?**
                         Jean-Paul: **Je les cherche mais je ne les trouve pas.**

1. les disques
2. le livre de Nicole
3. ta guitare
4. mon sac

5. mon électrophone
6. la clé de l'appartement
7. la raquette de tennis
8. les timbres

Questions personnelles

Employez **le, la, l',** ou **les** dans votre réponse.

1. Est-ce que vous aimez le théâtre? la danse? les sports? le français? la musique?
2. Est-ce que vous regardez souvent la télé? les filles? les garçons? vos photos?
3. Est-ce que vous écoutez souvent la radio? le professeur? vos disques préférés? vos cassettes?
4. Collectionnez-vous les timbres? les posters?
5. Est-ce que vous aimez le Coca-Cola? le lait? le champagne? le café? la bière? l'eau? l'eau minérale?

D. LES PRONOMS *LE, LA, LES* AVEC L'INFINITIF

In French a pronoun which is the direct object of an infinitive comes immediately *before* that infinitive.

> — Est-ce que tu vas chercher **le champagne?**   *Are you going to get the champagne?*
> — Oui, je vais **le** chercher.   *Yes, I am going to get it.*

Exercice 5. **Demain!**

> Situation: Nicole demande à Charles de faire certaines choses. Charles dit qu'il va les faire demain.

> Action: Jouez les deux rôles.

MODÈLE: Cherche tes livres! Nicole: **Cherche tes livres!**
Charles: **Je vais les chercher demain.**

1. Prépare tes leçons!
2. Fais tes exercices!
3. Regarde ce livre!

4. Prends ta guitare!
5. Écoute ce disque!
6. Invite Paul!

Entre nous

Isabelle a des opinions très particulières *sur* ses amis.   about

JEAN-PAUL: Dis, Isabelle, qu'est-ce que tu penses de Marie-Christine?

ISABELLE: Elle est jolie, sympathique . . .

JEAN-PAUL: Est-ce que tu la trouves intelligente?

ISABELLE: Non, pas *particulièrement*.   particularly

JEAN-PAUL: Et son cousin Jean-Claude?

ISABELLE: Ah lui, c'est différent. Je le trouve *remarquablement*   remarkably
intelligent. En fait, je le trouve *génial*.   of genius caliber

JEAN-PAUL: Mais il ne parle jamais!

ISABELLE: Voilà *justement* pourquoi je le trouve intelligent!   precisely

L'art du dialogue

a. Act out the dialogue between Isabelle and Jean-Paul.

b. Now imagine that instead of Marie-Christine, the first person mentioned is Jean-Jacques (who is **beau,** rather than **jolie,** but otherwise has the traits of Marie-Christine), and that the second person mentioned (similar in character to Jean-Claude) is Marie-Françoise. Make the necessary changes and act out the new dialogue.

NOTE CULTURELLE: **Les prénoms français**

En France, les prénoms composés° comme° Jean-Jacques et Marie-Françoise sont très fréquents. Par contre,° les diminutifs sont rarement utilisés. Les petits enfants ont quelquefois° des petits noms° qu'ils perdent° quand ils ont l'âge d'aller en classe: ainsi° Pierre est Pierrot, Christine est Kiki, Georges est Jojo, Gilberte est Gigi, Didier est Dédé, etc. . . .

prénoms composés compound first names; **comme** like; **par contre** on the other hand; **quelquefois** sometimes; **petits noms** nicknames; **perdent** lose; **ainsi** thus

5.5 *Acte V. UNE MAUVAISE SURPRISE*

Chez les Mercier

Personnages: Madame Mercier, Monsieur Mercier

Dimanche, 13 janvier. Il est deux heures et demie du matin. Les Mercier rentrent chez eux. Monsieur Mercier va dans sa chambre. Madame Mercier, elle, va dans la cuisine. Là, elle a une très, très mauvaise surprise. La cuisine *en effet* est dans un désordre inimaginable. *Pire*, son repas n'est plus là. Ce repas, c'est le repas préparé spécialement pour ses invités, Monsieur et Madame Charron. Monsieur Charron est le président de la *compagnie* où travaille son mari. Quel désastre! Madame Mercier va trouver son mari.

in fact; Worse

company

MADAME MERCIER:	Mon Dieu, mon gâteau!
MONSIEUR MERCIER:	Ton gâteau?
MADAME MERCIER:	Il n'est plus dans le réfrigérateur.
MONSIEUR MERCIER:	*Comment ça?*
MADAME MERCIER:	Les enfants *l'ont mangé* avec leurs amis!
MONSIEUR MERCIER:	Et la glace?
MADAME MERCIER:	La glace aussi! Il n'y a plus de glace! Il n'y a plus de rosbif! Il n'y a plus de salade! Il n'y a plus de fromage! Il n'y a plus de champagne!
MONSIEUR MERCIER:	Cherchons une solution . . .
MADAME MERCIER:	Il n'y a pas de solution!

How's that?

ate it

MONSIEUR MERCIER: Si. Il y a une solution. Il y a un restaurant près d'ici.
J'**y** vais souvent quand vous êtes en vacances. Nous
allons **y** inviter les Charron.

MADAME MERCIER: Je suis furieuse!

MONSIEUR MERCIER: Voyons, *calme-toi*. Cette *histoire*, ce n'est pas un vrai   be calm; story
drame après tout.   tragedy

OBSERVATIONS

Reread the part of the dialogue where Monsieur Mercier talks about the restaurant he knows.
Once the restaurant has been mentioned, Monsieur Mercier does not say: **Je vais souvent à
ce restaurant. Nous allons inviter les Charron à ce restaurant.**

- Which pronoun does he use to replace **à ce restaurant?** Does this pronoun come before
  or after **vais?** before or after **inviter?**

Read the following sentences:

Les enfants ont mangé **du** gâteau et **de la** glace.   *The children ate cake and ice cream.*
Les enfants ont mangé **le** gâteau et **la** glace.   *The children ate the cake and the ice cream.*

- Which sentence means that the children ate *some* cake and *some* ice cream?
  Which determiners are used with the nouns **gâteau** and **glace:** the partitive articles or the
  definite articles?
- Which sentence means that they ate *the* whole cake and all *the* ice cream?
  Which determiners are used with the nouns **gâteau** and **glace:** the partitive articles or the
  definite articles?

Petit vocabulaire

NOM:	un **invité**	*guest*	
EXPRESSIONS:	**ne . . . plus**	*no more, no longer,*	Il n'y a **plus** de glace.
		not anymore, not	Le gâteau **n'**est **plus** dans le réfrigérateur.
		any longer	
	après tout	*after all*	**Après tout,** ce n'est pas un désastre.

Vocabulaire spécialisé: les repas (*the meals*)

le **petit déjeuner**	*breakfast*	**prendre le petit déjeuner**	*to have breakfast*
le **déjeuner**	*lunch, noon meal*	**déjeuner**	*to have lunch*
le **dîner**	*dinner, supper*	**dîner**	*to have dinner (supper)*

Questions personnelles

1. Où prenez-vous le petit déjeuner?
2. Où déjeunez-vous?
3. Où dînez-vous?

4. A quelle heure prenez-vous le petit déjeuner?
5. A quelle heure déjeunez-vous?
6. A quelle heure dînez-vous?

Révisons

Negative expressions consist of two parts:

> **ne** (**n'** + vowel sound), which comes *before* the verb and any object pronoun, and
> **pas, jamais, plus,** which come immediately *after* the verb.

After **pas, jamais,** and **plus,** an indefinite or partitive article is replaced by **de** (**d'** + vowel sound), unless the verb is **être.**

Tu as des amis en France?	Non, je **n'**ai **pas** d'amis en France.
Tu joues au tennis?	Non, je **ne** joue **jamais** au tennis.
Tu fais du piano?	Non, je **ne** fais **plus de** piano.
Tu aimes ce gâteau?	Non, je **ne** l'aime **pas.**

Exercice de révision: **Non!**

Situation: Nicole demande à Charles s'il fait certaines choses. Charles dit que non.
Action: Jouez les deux rôles. Pour le rôle de Charles, utilisez l'expression entre parenthèses.

MODÈLE: Tu voyages? (jamais)   Nicole: **Tu voyages?**
Charles: **Non, je ne voyage jamais.**

1. Tu étudies? (pas)
2. Tu as une guitare? (pas)
3. Tu as des amis? (pas)
4. Tu joues au football? (jamais)
5. Tu écoutes tes disques? (jamais)
6. Tu travailles? (plus)
7. Tu invites des amis? (plus)
8. Tu habites à Paris? (plus)

LA LANGUE FRANÇAISE

PRONONCIATION

Le son /ɥ/

Mot clé: cuisine
Répétez les mots: minuit, huit, lui, suis, juin, juillet, nuit
Répétez la phrase: A minuit je suis dans la cuisine avec lui.

The sound /ɥ/ is similar to the sound /y/, but it is pronounced very rapidly. The sound /ɥ/ is always followed by a vowel sound.

Comment écrire /ɥ/: **u** (+ vowel)

Contrast: /ɥ/ lui   /y/ Luc
minuit   minute

STRUCTURE

A. LE PRONOM *Y*

The pronoun **y** (*there*) replaces the name of a place already mentioned.

Est-ce que tu vas **à Paris?**	Oui, j'**y** vais.
Est-ce que tu es **chez Jean-Paul?**	Oui, j'**y** suis.
Est-ce que vous allez **au café?**	Non, nous n'**y** allons pas.
Allons **à ce restaurant!**	D'accord, allons-**y**!

Have you noted?

  a. Like any other object pronoun, **y** comes before the verb, except in commands.

  b. In negative sentences, **ne** before **y** becomes **n'y**.

Exercice 1. **Monsieur Charron**

Situation: Un client de Monsieur Charron demande à sa secrétaire s'il est à certains endroits (*places*). La secrétaire répond affirmativement.

Action: Jouez les deux rôles.

MODÈLE: Monsieur Charron est à Paris.   Le client: **Est-ce que Monsieur est à Paris?**
                                            La secrétaire: **Oui, il y est.**

1. Monsieur Charron dîne au restaurant.   4. Il va à Annecy demain.
2. Il déjeune au restaurant.   5. Il va souvent à New York.
3. Il habite à Paris.   6. Il rentre chez lui le 2 décembre.

Questions personnelles

Employez le pronom **y** dans vos réponses.

Est-ce que vous allez souvent . . . ?

MODÈLE: à l'école?

Oui, j'y vais souvent.
ou: **Non, je n'y vais jamais. (Non, je n'y vais pas souvent.)**

1. en classe?   4. au théâtre?   7. chez vos grands-parents?
2. à l'église?   5. dans les musées?   8. chez vos amis?
3. en France?   6. au restaurant?   9. au cinéma?

B. LES ARTICLES INDÉFINI, DÉFINI ET PARTITIF

The French use the articles below to talk about the things indicated in parentheses:

un, une (one whole item)	**le, la, l'** (a specific thing, or a thing in a general sense)	**du, de la, de l'** (some, a quantity of, part of, a certain amount of something)
Voici **un** rosbif. *Here is a (whole) roast beef.*	Voici **le** rosbif. *Here is the roast beef (that I bought).* J'aime **le** rosbif. *I like roast beef (in general).*	Voici **du** rosbif. *Here is some (a slice or two of) roast beef.*
Voici **une** glace. *Here is an ice cream cone (a brick of ice cream).*	Voici **la** glace. *Here is the ice cream (that I made).* J'aime **la** glace. *I like ice cream (as a rule).*	Voici **de la** glace. *Here is some (a dish, a serving, a package of) ice cream.*

NOTES: 1. The French do not use the partitive with a noun that is the subject of the sentence.

> Il y a **du** rosbif et **de la** glace dans le réfrigérateur.
> *but:* **Le** rosbif et **la** glace sont dans le réfrigérateur.

2. The partitive often occurs after the following verbs and expressions:

avoir		Avez-vous **du** pain?
boire		Jean-Paul boit **du** champagne.
manger		Isabelle mange **de la** glace.
prendre	*(to have something to eat or drink)*	Prenez-vous **de l'**eau minérale? Nous prenons **du** dessert.
il y a		Il y a **du** café pour toi.

3. The definite article occurs after the following verbs (since the direct objects of these verbs are usually nouns used in the general sense):

adorer	Charles adore **le** dessert.
aimer	Mes amis aiment **la** glace.
détester	Nous détestons **l'**eau minérale.

Exercice 2. **Au restaurant**

Imaginez que vous êtes dans un restaurant parisien et que les choses suivantes sont au menu. Faites votre choix, d'après le modèle.

MODÈLE: du jambon

J'aime le jambon. Je vais prendre du jambon.
(ou: Je n'aime pas le jambon. Je ne vais pas prendre de jambon.)

1. du céleri

2. du poulet

3. de la salade

4. du rosbif

5. de la glace

6. du vin rouge

7. de la limonade

8. du champagne

9. du café

10. de l'eau minérale

Exercice 3. **Cocktail**

Situation: Monsieur et Madame Mercier sont invités à un cocktail.
  Action: Dites que chacun boit sa boisson préférée.

MODÈLE: Monsieur Mercier (le champagne)   Monsieur Mercier aime le champagne.
                                              Il boit du champagne.

1. Madame Mercier (l'eau minérale)
2. Monsieur Charron (le whisky)
3. Madame Charron (la vodka)
4. Monsieur Lavie (le cognac)
5. Mademoiselle Masson (le champagne)
6. Madame Arnaud (la limonade)

Entre nous

Jean-Paul a *rendez-vous* dans un café avec Lynn, une amie américaine.   date

> JEAN-PAUL: Qu'est-ce que tu vas *commander*?   order
> LYNN: Un sandwich.
> JEAN-PAUL: Et qu'est-ce que tu vas boire avec ton sandwich?
> LYNN: Du lait.
> JEAN-PAUL: Écoute, Lynn, tu es en France! Fais comme les Français. Commande un café. Ou pourquoi pas du vin rouge ou du vin blanc?
> LYNN: Mais, je n'aime pas le vin.
> JEAN-PAUL: Alors, commande de la bière.
> LYNN: Excellente idée . . . Garçon, un sandwich au jambon, avec une bière . . . et un grand *verre* de lait, s'il vous plaît.   glass

Expression pour la conversation

To express mild reproach, the French use:

Écoute! ⎫
Écoutez! ⎬ *Listen!*

Écoute, Lynn. C'est complètement idiot!
Écoutez, vous deux. Ne jouez pas ici!

L'art du dialogue

a. Act out the conversation between Jean-Paul and Lynn.

b. Imagine that Lynn plans to order water **(de l'eau).** Act out the new dialogue, making the necessary changes.

NOTE CULTURELLE: **Le café**

Pourquoi les Français vont-ils au café? Ils y vont pour toutes sortes de raisons.° Pour prendre un sandwich, par exemple. Ou pour prendre un café. Ou pour téléphoner. Ou pour passer deux ou trois heures avec leurs amis. Ou pour être seuls.° Ou pour regarder le spectacle de la rue.

Est-ce que les jeunes vont au café? Ça dépend. Ils y vont rarement avant l'âge de quinze ans. Ensuite, ils y vont avec (et souvent sans°) la permission de leurs parents. Le café est un endroit très pratique pour les rendez-vous. Les garçons y donnent rendez-vous aux filles et les filles y donnent rendez-vous aux garçons.

raisons reasons; **seuls** alone

sans without

LISONS

Les crêpes

Aimez-vous la cuisine? Voici une recette (*recipe*) simple: la recette des crêpes.[1]

Les ustensiles

un grand bol

un petit bol

une tasse

une poêle

une assiette

une cuiller[2]

une fourchette

Les ingrédients

de la farine	*flour*	du lait	*milk*
du sucre	*sugar*	de l'huile	*oil*
du sel	*salt*	du beurre	*butter*
3 œufs	*eggs*	de la confiture	*jam*

La recette

1. Dans le grand bol, *mettez* une tasse de farine, trois cuillers de sucre et une *pincée* de sel. — put; pinch

2. Dans le petit bol, *battez* trois œufs avec la fourchette. *Ajoutez* deux tasses de lait. *Mélangez.* — beat; Add; Mix

3. Mettez le lait et les œufs dans le grand bol avec la farine, le sucre et le sel. Tournez avec la cuiller.

4. Ajoutez une cuiller d'huile. Mélangez.

5. *Laissez reposer la pâte* pendant deux heures. — Let the batter rest

6. *Chauffez* la poêle. Mettez du beurre dans la poêle. — Heat

[1] **Crêpes** are thin pancakes which are very popular in France. They are made and sold in special shops called **crêperies.** Sometimes **crêperies** also sell **beignets** (*fritters*) and **gaufrettes** (*waffles*).

[2] Pronounced /kɥijɛr/.

7. Mettez une cuiller de pâte dans la poêle. *Agitez* la poêle pour   Shake
   étendre la pâte.   spread out

8. Tournez la pâte quand elle est *dorée*.   golden brown

9. Mettez la crêpe sur une assiette chaude. Préparez les autres
   crêpes.

10. Servez les crêpes avec du sucre ou de la confiture.

    Bon appétit!

L'art de la lecture

Understanding instructions

Instructions in French are usually easy to read because they are written in a simple style with relatively short sentences.

● What verb form is used in the recipe for **Crêpes?**

Sometimes instructions are written in the infinitive form, for example: **Ajouter une tasse et demie de lait. Mélanger.**

When reading instructions, you should be absolutely sure that you understand everything. This is the one type of reading activity where you might want to look up all unfamiliar words in a dictionary.

Using a French-English dictionary

An end vocabulary in this book has been included to help you with the unfamiliar words in these lessons. However, this vocabulary may not be sufficient when you are reading other material, such as a French magazine or a French cookbook. You will probably need a dictionary then.

A dictionary will often list more than one meaning for a word you are looking up. In these cases you will have to use your judgment to decide which meaning is most appropriate for the context in which the word is used. Reread the whole sentence in which the word occurs and decide which meaning makes sense.

Travaux pratiques de lecture

Were you to have looked up the words below in a standard French-English dictionary, you would have found the following definitions. Within the context of the reading about **Crêpes,** which is the most appropriate meaning for each of the words given?

1. **cuisine**   *a.* kitchen   *b.* cooking   *c.* (cooked) food

2. **recette**   *a.* receipts   *b.* collection (of bills)   *c.* collector's office   *d.* recipe

3. **assiette**   *a.* laying down (of a foundation)   *b.* stable position   *c.* support   *d.* plate

4. **tourner**   *a.* to turn   *b.* to revolve   *c.* to stir

5. **étendre**   *a.* to spread   *b.* to stretch

6. **pâte**   *a.* paste   *b.* dough, batter   *c.* (*pl.*) noodles, macaroni

7. **doré**   *a.* gilded   *b.* glazed   *c.* golden brown

TESTS DE CONTRÔLE
Chapitre cinq

Directions: Write out your answers to the following test-exercises on a separate sheet of paper. Then turn to page 431 to correct your work. Do not check your answers until you have completed all the tests.

STRUCTURE

TEST 1. *Au café*

Max and his friends are sitting in a café. Tell what everyone is ordering by completing the sentences below with the appropriate present tense forms of **prendre.**

1. Je —— du café.
2. Paul —— du café aussi.
3. Nous —— du Coca-Cola.
4. Et vous, qu'est-ce que vous —— ?
5. Tu —— du thé?
6. Les filles —— de la limonade.

TEST 2. *Curiosité*

Whom and what is Max talking about? For each sentence below, determine whether he is referring to the persons or things described in column A, B, or C. On your paper give the number of the sentence (1–6) followed by the letter (A, B, C) of the appropriate column.

	A	B	C
MODÈLE: 7. Je la déteste.	Caroline	Pierre	mes cousins
your paper: 7. A			
1. Je le déteste.	ce garçon	Nicole	Pierre et Jean
2. Je ne les invite jamais.	tes cousines	Jacques	Suzanne
3. Je la trouve sympathique.	ton cousin	Jean-Paul	la cousine de Marc
4. Je les cherche.	la voiture de mes parents	mon vélo	les disques de François
5. Je la prends.	ton sac	sa voiture	les photos d'Antoine
6. J'y vais à midi.	Monique	Madame Duroc	chez Jean-Paul

TEST 3. *Opinions personnelles*

Express Philippe's opinions about the persons indicated in parentheses by completing the sentences below with the appropriate pronouns.

MODÈLE: (Nicole) Philippe —— trouve jolie.   *your paper:* *la*

1. (Henri) Philippe —— déteste.
2. (Monique) Il —— déteste aussi.
3. (ce garçon) Il —— trouve idiot.
4. (Jeannette et Sophie) Il —— trouve adorables.
5. (ses cousins) Il —— trouve stupides.
6. (ses cousines) Il —— trouve idiotes.
7. (ce professeur) Il —— aime bien.
8. (sa tante Joséphine) Il ne —— aime pas.
9. (ces deux garçons) Il va —— inviter.
10. (Jacqueline) Il va —— inviter aussi.

TEST 4. *Jean-Paul a de la chance.* (*Jean-Paul is in luck.*)

On today's menu are listed all the things that Jean-Paul likes and none of the things he dislikes. What luck! Complete the sentences below with the appropriate forms of the partitive article.

MODÈLE: Jean-Paul aime le caviar. Il y a —— caviar.   *your paper:* *du*

1. Il aime le rosbif. Il y a —— rosbif.
2. Il aime la salade. Il y a —— salade.
3. Il aime la glace. Il y a —— glace.
4. Il aime l'eau minérale. Il y a —— eau minérale.
5. Il n'aime pas le café. Il n'y a pas —— café.
6. Il n'aime pas l'orangeade. Il n'y a pas —— orangeade.

TEST 5. *Au choix!*

Indicate which of the articles in parentheses best completes the sentence given.

1. (la, une, de la) Je déteste —— limonade.
2. (la, une, de la) Prenez-vous du vin ou —— bière?
3. (la, une, de la) Pour le dessert, je vais prendre —— banane.
4. (le, un, du) Je prends —— lait dans mon café.
5. (Le, Un, Du) —— gâteau de ma mère est très bon.
6. (le, un, du) Prenez-vous —— beurre avec votre pain?
7. (le, un, du) Si tu vas chez le marchand, prends —— ou deux fromages.
8. (le, un, du) Ne cherche pas —— lait. Il est dans le réfrigérateur.

TEST 6. *Le diable* (*the devil*)

Suzanne likes fun and hates school. The devil encourages her to do what she likes to do and not to do what she hates. Write out the devil's advice.

MODÈLES: Suzanne aime jouer.   *your paper:* *Joue!*
Elle déteste aller en classe.   *Ne va pas en classe!*

1. Elle aime danser.
2. Elle aime parler en classe.
3. Elle aime aller au cinéma.
4. Elle aime manger des gâteaux.
5. Elle déteste travailler.
6. Elle déteste étudier.
7. Elle déteste écouter le professeur.
8. Elle déteste faire son lit.

TEST 7. **C'est beau, l'amour!** (*Love is beautiful!*)

Jeanne is very much in love with Pierre, as you can see from the letter she wrote to her girl friend. But Jeanne was so distracted that she sometimes forgot to insert the preposition **à** after the verb. For each sentence, indicate whether **à** is missing or not.

1. J'aime . . . Pierre.
2. J'adore . . . Pierre.
3. Je trouve . . . Pierre très sympathique.
4. Je téléphone . . . Pierre très souvent.
5. Je parle . . . Pierre.
6. J'écoute . . . Pierre quand il parle.
7. Je regarde . . . Pierre quand il ne parle pas.
8. Je cherche . . . Pierre à l'université où il étudie.

VOCABULARY

TEST 8. **Au régime** (*on a diet*)

Jacques is on a diet and should not eat meat or drink alcoholic beverages. For each item below, write A if it is allowed and B if it is prohibited.

1. lait
2. vin
3. bière
4. beurre
5. gâteau
6. glace
7. fromage
8. poulet
9. jambon
10. thé

TEST 9. **L'ordre chronologique**

Below are eight different times of the day, numbered from A to H. Put them in chronological sequence, beginning with *noon*.

A. midi   B. minuit   C. quatre heures   D. quatre heures dix   E. quatre heures et demie   F. dix heures et quart   G. dix heures moins le quart   H. dix heures et demie

1. ——   2. ——   3. ——   4. ——   5. ——   6. ——   7. ——   8. ——

TEST 10. **Le mot exact** (*the right word*)

For each sentence indicate which word (A or B) best fits the blank.

	A	B
1. Je —— de la limonade.	bois	mange
2. En général, nous prenons le —— à midi.	déjeuner	petit déjeuner
3. Quand j'ai ——, je prends un Coca-Cola.	faim	soif
4. —— la classe, je vais chez moi.	Pendant	Après
5. —— la représentation, les spectateurs écoutent les acteurs.	Avant	Pendant
6. Fais —— !	attention	tranquille
7. Je ne vais —— au restaurant.	jamais	souvent
8. Je ne regarde —— la télévision.	plus	rarement

Images de la France

LES JEUNES

Les amis et les copains

En général, un jeune Français a un ou deux amis . . . et une multitude de copains. Souvent, il a aussi une «petite amie», c'est-à-dire° une fille avec qui il aime flirter. (Les filles, elles, ont un «petit ami».)

Est-ce qu'un copain est un ami? Pas exactement! Les amis sont les personnes qui comptent le plus° après la famille. Ils sont peu nombreux.° Pour un Français, l'amitié° est une chose° précieuse . . . et rare. Les copains et les copines (ou camarades) sont les garçons et les filles avec qui on va au cinéma, au théâtre, à la plage. Ils jouent aussi un rôle important. Les jeunes Français en effet n'aiment pas sortir seuls.° Ils préfèrent sortir «en bande»,° c'est-à-dire en compagnie de leurs copains.

c'est-à-dire that is to say; **comptent le plus** count the most; **peu nombreux** few (hardly numerous); **amitié** *f.* friendship; **chose** thing; **sortir seuls** to go out alone; **en bande** in a group

Vrai ou faux?

1. Les Français ont un grand nombre de copains.
2. Une «petite amie» est une fille qui est petite.
3. Les jeunes Français aiment aller au cinéma avec leurs copains.
4. Les jeunes Français ont un grand nombre d'amis et un ou deux copains.
5. Sortir en bande, c'est sortir avec ses copains.

Les sorties°

Sur le chapitre des° sorties, les jeunes
Français sont moins favorisés° que les
jeunes Américains. En semaine,° en effet, ils
ont rarement la permission de sortir° après
le dîner. Le week-end, ils vont parfois° en
surboum,° avec, bien sûr, l'autorisation de
leurs parents.

   Pour beaucoup de jeunes Français, la
surboum est le principal sujet° de
conversation de la semaine . . . et la
principale activité du week-end. Les garçons
et les filles commencent à aller en surboum
à l'âge de quinze ans. Rarement avant.°
Souvent, ce sont les parents qui organisent
les premières° surprises-parties (mot qui
signifie surboum dans le langage adulte).
Ils invitent les amis de leurs enfants. Ils
préparent le buffet et parfois ils sont
présents à la surboum.

   Que font les jeunes dans une surboum?
Ça dépend des tempéraments. Les
gourmands commencent par visiter° le
buffet. (Dans une surboum bien organisée,
il y a toujours du Coca-Cola, de la limonade,
du punch, des hors-d'œuvres et d'excellents
petits sandwiches.) Les autres dansent,
écoutent des disques (souvent de musique
pop américaine) et parlent . . . de la
surboum de la semaine suivante.°

212

sorties *f.* dates; **Sur le chapitre des** On the subject of; **moins
favorisés** less fortunate; **En semaine** During the week; **sortir**
to go out; **parfois** sometimes; **surboum** = **surprise-partie**;
sujet topic; **avant** before, earlier; **premières** first; **commencent
par visiter** begin by paying a visit to (going over to); **suivante**
following

Vrai ou faux?

1. Après le dîner, les jeunes Français vont souvent
   au cinéma.
2. Les jeunes Français parlent souvent de leurs
   surboums.
3. «Surboum» signifie surprise-partie.
4. Quand ils ont douze ans, la majorité des jeunes
   Français vont en surprise-partie.
5. Quand ils sont en surprise-partie, les jeunes
   dansent souvent.
6. Les surprises-parties bien organisées ont un
   buffet.

Les loisirs°

Les collections

Un grand nombre de jeunes Français
collectionnent° les timbres.° D'autres°
collectionnent les disques, les posters et
une quantité de choses plus ou moins
inutiles:° porte-clés,° boîtes d'allumettes,°
cartes postales, etc. . . .

Le bricolage°

Bricoler,° c'est utiliser ses talents manuels. Les Français aiment bricoler. Certains font des modèles réduits.° D'autres passent leurs week-ends à réparer° leur radio et leur poste de télévision° ou à démonter et remonter° leur vélo.

L'auto et la moto

Pour un grand nombre de jeunes Français, le rêve,° c'est d'avoir une moto ou une voiture de sport. Ce rêve reste° un rêve. Les jeunes Français n'ont généralement pas de voiture et ils n'ont pratiquement jamais la permission d'utiliser la voiture familiale. (De toute façon,° cette permission est inutile avant dix-huit ans, âge minimum pour conduire° une voiture.) Pour utiliser une voiture, il faut avoir° un permis° spécial, le permis de conduire, qui n'est pas facile à obtenir.° Alors, comment les jeunes Français vont-ils à l'école? au cinéma? en ville? chez leurs amis? Ils prennent° le bus (les transports publics sont bien organisés en France), leur bicyclette, leur vélomoteur, et très souvent, ils vont à pied.°

loisirs *m.* leisure, free-time activities; **collectionnent** collect; **timbres** *m.* stamps; **D'autres** Others; **plus ou moins inutiles** more or less useless; **porte-clés** *m.* key chains; **boîtes d'allu-**

mettes *f.* matchboxes; **Le bricolage** "Do-it-yourself"; **Bricoler** To put things together; **modèles réduits** scale models *(of planes, ships)*; **à réparer** repairing; **poste de télévision** *m.* TV set; **à démonter et remonter** taking apart and putting back together; **rêve** dream; **reste** remains; **De toute façon** Anyhow; **pour conduire** for driving; **il faut avoir** you need; **permis** license; **facile à obtenir** easy to get; **prennent** take; **vont à pied** walk

Vrai ou faux?

1. Les jeunes Français collectionnent les timbres.
2. Réparer sa radio, c'est bricoler.
3. La majorité des jeunes Français ont une moto.
4. Les jeunes Français ont souvent la permission d'utiliser la voiture familiale.
5. Les jeunes Français vont à l'école en voiture.
6. En France, les services de bus sont bien organisés.
7. Les jeunes Français vont souvent en ville à pied.

PROJETS CULTURELS

Projet de classe

Prepare a classroom display on French-built cars. Use advertisements, newspaper clippings, and model cars.

Projet individuel

Prepare a display of stamps from France or French-speaking countries.

Les sports

Les sports

Les Français sont-ils sportifs? Ça dépend! Devant° la télévision, oui! Ce sont des spectateurs très assidus.° Sur le stade, c'est différent. Les jeunes Français sont probablement moins° sportifs que les jeunes Américains. Voici les principaux sports pratiqués° en France.

Le football

Les jeunes pratiquent ce sport en semaine à l'école. Le dimanche, leurs parents regardent les matchs professionnels à la télévision. Les grands événements° de l'année sont la Coupe° de France qui oppose les meilleures équipes° françaises, et les matchs internationaux qui opposent les meilleures équipes européennes.

Le cyclisme

C'est un passe-temps,° mais aussi un sport professionnel. Au printemps et en été, les coureurs° professionnels participent à un grand nombre de courses.° Pour les grands champions européens, «les géants de la route»,° le véritable° test d'endurance est le Tour de France. Imaginez! Vingt jours de course, 3.000 kilomètres de route à travers° les plaines et les montagnes de France. Un grand nombre de coureurs abandonnent. Les autres arrivent triomphalement à Paris. Le Tour de France est un grand spectacle° sportif et publicitaire. Des millions de Français viennent° applaudir leur champion préféré.°

Le ski

Ce n'est pas un sport réservé° uniquement aux habitants des Alpes et des Pyrénées. Aujourd'hui, ce sport populaire est pratiqué par un très grand nombre de jeunes. En compétition internationale, aux Jeux Olympiques° d'Hiver, par exemple, les Français ont souvent de très bonnes équipes.

Le rugby

Ce sport violent ressemble vaguement au football américain. Le grand événement de l'année est le Tournoi° des Nations qui oppose l'équipe de France à quatre équipes britanniques° (l'Angleterre,° l'Irlande, l'Écosse° et le Pays de Galles°).

Devant In front of: assidus avid; moins less; pratiqués played; événements m. events; Coupe trophy, cup; meilleures équipes best teams; passe-temps hobby, pastime; coureurs m. racers; courses f. races; «les géants de la route» "the giants of the road"; véritable real; à travers across; spectacle show; viennent come; préféré favorite; réservé reserved; Jeux Olympiques Olympic Games; Tournoi tournament; britanniques British; l'Angleterre England; l'Écosse Scotland; le Pays de Galles Wales

Vrai ou faux?

1. A l'école, les jeunes Français jouent au football américain.
2. La Coupe de France est un championnat de football.
3. Les «géants de la route» sont des champions cyclistes.
4. Le Tour de France est une course automobile.
5. Le ski est un sport populaire en France.
6. Le rugby est un sport violent.

PROJETS CULTURELS

Projet de classe

Prepare a bulletin board display which explains the differences between le football, le football américain, *and* le rugby. *Show differences in equipment, team size, and how the games are played.*

Projets individuels

1. *List the French men and women medal-winners in the last four Winter (or Summer) Olympics. (Source: World Almanac)*
2. *Prepare a short biographical sketch of Pierre de Coubertin, founder of the modern Olympic Games. (Source: encyclopedias)*

Chapitre six

QUESTIONS D'ARGENT

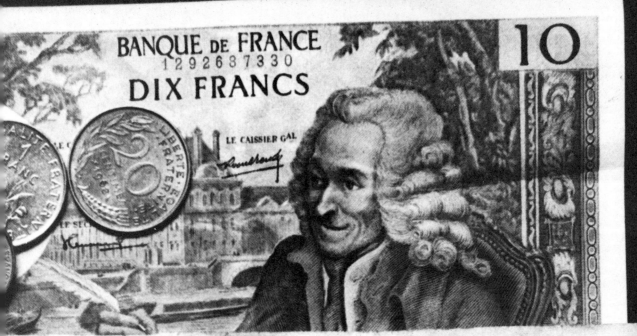

Banque de France
1292637330
DIX FRANCS

10

LE CAISSIER GAL

BANQUE DE FRANCE
0233984045

LE CONTROLEUR GAL

LE SECRÉTAIRE GAL

4045

CINQ FRANCS

LE 6-2-1969 M.

P.9

6.1 *L'ARGENT DE POCHE*

Avez-vous de l'argent de poche?
Comment le dépensez-vous?
Voici la réponse de quatre jeunes Français.

GEORGES: J'ai 100 francs par mois. J'aime la musique et j'achète des disques. J'achète aussi des livres et je vais souvent au concert.

ISABELLE: Je suis moins riche que Georges. J'ai 60 francs par mois. Je vais au cinéma. Je préfère le théâtre, mais le cinéma est moins cher que le théâtre.

ROBERT: Je suis plus riche qu'Isabelle. J'ai 120 francs par mois. Hélas, j'ai un passe-temps ruineux: j'ai une moto.

YVETTE: Moi aussi, j'ai 120 francs par mois. Je suis aussi riche que Robert, mais je suis plus économe que lui. Moi, je ne dépense pas mon argent. Je préfère faire des économies pour les vacances.

Vocabulaire spécialisé: l'argent

NOMS:	l'**argent**	*money*	une **pièce**	*coin*
	l'**argent de poche**	*pocket money*		
	un **billet**	*bill, paper money*		
	un **franc**	*franc (about 20¢)*		
ADJECTIFS:	**cher (chère)**	*expensive*		
	économe	*thrifty, good at managing money*		
	pauvre	*poor*		
	riche	*rich*		
	ruineux (ruineuse)	*costly, ruinous*		
VERBES RÉGULIERS:	**acheter**	*to buy*		
	dépenser	*to spend*		
	préférer	*to prefer, like better*		
EXPRESSIONS:	**faire des économies**	*to save money*		
	aussi . . . que	*as . . . as*		
	moins . . . que	*less . . . than*		
	plus . . . que	*more . . . than, . . . -er than*		
	plus riche que	*richer than*		
	par	*per* J'ai dix dollars **par** mois.		

Vrai ou faux?

Rectifiez les phrases qui sont fausses.

1. Georges est **plus** riche **qu'**Isabelle.
2. Georges est **plus** riche **qu'**Yvette.
3. Isabelle est **moins** riche **que** Georges.
4. Robert est **moins** riche **que** Georges.
5. Yvette est **aussi** riche **que** Robert.
6. Georges est **aussi** riche **qu'**Yvette.

OBSERVATIONS

The statements in **Vrai ou faux** above compare how rich people are with respect to each other.

- How do you say *richer than*? Which word comes before **riche**? after **riche**?

- How do you say *less rich than*? Which word comes before **riche**? after **riche**?

- How do you say *as rich as*? Which word comes before **riche**? after **riche**?

- What is the form of **que** before a word beginning with a vowel sound (such as **Isabelle** or **Yvette**)?

LA LANGUE FRANÇAISE

PRONONCIATION

Révisons: les sons /e/ et /ɛ/

Contrast: /e/ hélas, j'ai, cinéma, dépense, théâtre, considérer, répétez
Préférez-vous aller au cinéma ou regarder la télé?

/ɛ/ cher, Robert, Yvette, Isabelle, j'aime, j'achète, je considère
Qu'est-ce qu'Yvette achète à sa mère pour Noël?

STRUCTURE

A. LES VERBES COMME *PRÉFÉRER* ET *ACHETER*

Verbs which end in **é** + consonant + **er** (like **préférer** *to prefer*) and verbs which end in **e** + consonant + **er** (like **acheter** *to buy*)[1] have two stems in the present tense.

préférer é→è		acheter e→è	
je	préf**è**re	j'	ach**è**te
tu	préf**è**res	tu	ach**è**tes
il/elle	préf**è**re	il/elle	ach**è**te
nous	préférons	nous	achetons
vous	préférez	vous	achetez
ils/elles	préf**è**rent	ils/elles	ach**è**tent

Have you noted?

The **e** of **acheter** and the **é** of **préférer** become **è** before a silent verb ending. This change occurs in the **je, tu, il,** and **ils** forms of the present.

Verbs conjugated like **préférer:**

considérer	(*to consider*)	**Considérez** cette idée!	Je la **considère.**
espérer	(*to hope*)	Où **espérez**-vous aller?	J'**espère** aller à Paris.
répéter	(*to repeat*)	**Répétez** la question.	Je la **répète** pour vous.

Verb conjugated like **acheter:**

amener	(*to bring*)	Qui **amenez**-vous au match?	J'**amène** mon frère.

Exercice 1. **Une question de goût** (*a matter of taste*)

Situation: Certaines personnes expliquent leurs préférences.
   Action: Faites des phrases avec le verbe **préférer** et le mot entre parenthèses.

MODÈLE: J'aime le piano. (la guitare)   **Je préfère la guitare.**

1. Nous aimons le français. (l'anglais)
2. Robert aime les voitures. (les motos)
3. Isabelle aime le cinéma. (le théâtre)
4. Georges aime le jazz. (la musique pop)
5. Tu aimes le football. (le baseball)
6. J'aime Boston. (Montréal)
7. Vous aimez la géographie. (l'histoire)
8. J'aime les livres. (les disques)

[1] A few verbs which end in **e** + consonant + **er** double the consonant before a silent verb ending: Comment vous appelez-vous? Je m'appelle Yvette.

Exercice 2. ***Avec 100 francs***

Situation: Les personnes suivantes ont 100 francs. Action: Dites ce que chacune achète.

MODÈLE: Georges (des disques)   Georges achète des disques.

1. Nous (des livres)
2. Henri (un électrophone)
3. Isabelle (un appareil-photo)
4. Robert (des cassettes)
5. Vous (une lampe)
6. Toi (un sac)
7. Moi (un transistor)
8. Pierre et Jacques (des raquettes de tennis)

Questions personnelles

1. Achetez-vous souvent des disques français?
2. Préférez-vous étudier le français ou les math?
3. Préférez-vous aller au cinéma ou au théâtre?
4. Espérez-vous aller en France cet été?
5. Si vous allez à une surprise-partie, amenez-vous vos amis?

Révisons

Review adjective forms in **Structure,** Section C, p. 60; Section C, p. 79; Section E, p. 80.

Exercice de révision: ***Portraits***

Situation: Voici le portrait de Georges. Sa sœur Anne lui ressemble. Ses cousins Albert et Jacques ne lui ressemblent pas.

Action: Faites le portrait d'Anne. Faites aussi le portrait d'Albert et de Jacques.

MODÈLE: Georges est blond.   Anne est blonde aussi.
Albert et Jacques ne sont pas blonds.

1. Georges est grand.
2. Il est calme.
3. Il est prudent.
4. Il est riche.
5. Il est économe.
6. Il est amusant.
7. Il est patient.
8. Il est timide.

B. COMPARAISONS AVEC LES ADJECTIFS

To express comparisons with adjectives, the French use the following patterns:

plus		Ma moto est **plus chère que** ton vélo. *(more expensive than)*
		Elle est **plus économe** que moi. *(thriftier than)*
moins	+ adjectif + **que**	Georges est **moins riche que** Robert. *(less rich than)*
		Les cassettes sont **aussi chères que** les disques. *(as expensive as)*
aussi	**qu'**	Nous sommes **aussi riches qu'**Yvette. *(as rich as)*
	(+ vowel sound)	

NOTES: 1. Liaison is required after **plus** and **moins,** when the next word begins with a vowel sound.

2. In the comparative form, the adjective must always agree with the noun or pronoun it refers to.

Une moto est **plus chère qu'**une bicyclette.

3. After **que,** the French use a stressed pronoun.

Mes amis sont **plus économes que moi.**

4. The comparative of **bon (bonne)** is **meilleur (meilleure).**

Yvette est **meilleure** en français **qu'**Isabelle.

but: Elle est **aussi bonne** en anglais **qu'**Isabelle.
Elle est **moins bonne** en histoire **qu'**Isabelle.

Exercice 3. **Comparaisons**

Situation: Vous achetez une guitare qui coûte 200 francs.
   Action: Dites si les autres objets sont **plus, moins** ou **aussi** chers que la guitare.

MODÈLE: une raquette de tennis (60 francs)

Cette raquette de tennis est moins chère que la guitare.

1. un électrophone (120 francs)
2. une bicyclette (300 francs)
3. une mini-cassette (600 francs)
4. un appareil-photo (200 francs)
5. une moto (1000 francs)
6. un transistor (200 francs)
7. cinq disques (60 francs)
8. un livre (20 francs)

Exercice 4. **Opinions**

Action: Comparez les choses suivantes. Pour cela, utilisez l'adjectif entre parenthèses. Exprimez votre opinion personnelle.

MODÈLE: l'histoire / la géographie (intéressante)

L'histoire est plus intéressante que la géographie.

ou: L'histoire est moins intéressante que la géographie.
ou: L'histoire est aussi intéressante que la géographie.

1. le français / les math (facile)
2. les sciences / l'histoire (difficiles)
3. le football / le tennis (intéressant)
4. la musique classique / la musique pop (belle)
5. le gâteau / la glace (bon)
6. la limonade / le café (bonne)
7. la Floride / la Californie (touristique)
8. la France / les États-Unis (grande)

Questions personnelles

Dans vos réponses, utilisez un pronom accentué (*stressed pronoun*).

MODÈLE: Êtes-vous plus jeune que votre meilleure amie?

Oui, je suis plus jeune qu'elle.
ou: Non, je suis moins jeune qu'elle.

1. Êtes-vous plus grand(e) que votre père?
2. Êtes-vous aussi intelligent(e) que vos amis?
3. Êtes-vous plus riche que votre frère (si vous avez un frère)?
4. Êtes-vous plus économe que votre sœur (si vous avez une sœur)?
5. Est-ce que vos amis sont plus sportifs que vous?
6. Est-ce que vous êtes meilleur(e) en math que vos amis?

Entre nous

L'argent[1]

Le franc est l'unité monétaire française. Il *vaut* 20 cents américains et il est *divisé* en 100 centimes.

= est l'équivalent de
divided

L'argent consiste:

en pièces (5 francs, 1 franc, 1/2 franc, 20 centimes, 10 centimes, 5 centimes, 1 centime)

(1/2 = un demi)

en billets (500 francs, 100 francs, 50 francs, 10 francs, 5 francs).

Les billets représentent des personnages de la littérature et de l'histoire françaises. Ces billets sont de dimensions différentes. Le billet de 500 francs est plus grand que le billet de 100 francs, le billet de 100 francs est plus grand que le billet de 50 francs, etc.

Les Suisses n'utilisent pas les francs français: ils utilisent les francs suisses. Le franc suisse *vaut plus cher* que le franc français.

*= a une plus
grande valeur*

Les Belges utilisent des francs belges. Le franc belge vaut aussi plus cher que le franc français.

Questions

1. Combien de centimes y a-t-il dans un franc?
2. Le billet de 500 francs est-il plus grand ou plus petit que le billet de 100 francs?
3. Le billet de 10 francs est-il plus grand ou plus petit que le billet de 50 francs?
4. Êtes-vous plus riche avec 10 francs français ou avec 10 francs suisses?
5. Êtes-vous plus riche avec 10 francs français ou avec 10 francs belges?
6. Êtes-vous plus riche avec un dollar ou avec 6 francs français?

[1] For illustrations of French banknotes and coins, turn to p. 251.

ISABELLE: Tu as un job?

YVETTE: Oui, j'ai un job. Le samedi après-midi je travaille comme vendeuse dans un grand magasin.

ISABELLE: Qu'est-ce que tu fais?

YVETTE: Je vends des disques.
Je vends aussi des photos, des posters, des livres, des magazines . . .
Je réponds aux questions des clients.
Je ne perds pas mon temps, je t'assure!

ISABELLE: C'est un job intéressant?

YVETTE: Ça dépend! On travaille, mais on est bien payé! On n'a jamais rien sans mal!

PROVERBE FRANÇAIS: **On n'a jamais rien sans mal!**
(You get nothing without trying.)

Petit vocabulaire

NOMS:	un **job**	*(part-time student) job*	une **réponse**	*answer*
ADJECTIF:	**payé**	*paid*		

VERBES RÉGULIERS:	en **-er**	**gagner**	*to earn*
	en **-re**	**perdre**	*to lose, waste*
		répondre (à)	*to answer*
		vendre	*to sell*

EXPRESSIONS:	**perdre son temps**	*to waste one's time*	Je ne **perds** jamais **mon temps.**
	Je t'assure!	*I can tell you that!*	

224

Questions personnelles

1. Avez-vous un job?
2. Gagnez-vous votre argent de poche?
3. Travaillez-vous le samedi?
4. Êtes-vous bien payé(e) ou mal payé(e)?

Vocabulaire spécialisé: les commerçants (*shopkeepers*)

un **magasin**	*store*	
un **grand magasin**	*department store*	
un **supermarché**	*supermarket*	

un **client**	*customer, client*	une **cliente**	(female) *customer, client*
un **marchand**	*shopkeeper, dealer*	une **marchande**	(female) *shopkeeper, dealer*
un **vendeur**	*salesman*	une **vendeuse**	*saleslady, salesgirl*

un **boucher**	*butcher*	Chez **le boucher,** on vend de la viande.
		At the butcher's, one sells (they sell) meat.
un **boulanger**	*baker*	Chez **le boulanger,** on vend du pain.
un **épicier**	*grocer*	Chez **l'épicier,** on vend du café et de l'eau minérale.
un **pâtissier**	*pastry baker*	Chez **le pâtissier,** on vend des gâteaux.

OBSERVATIONS

- In the above sentences beginning with **Chez,** which pronoun means *one* or *they* (*in general*)?
- In the French proverb «**On n'a jamais rien sans mal!**», which pronoun means *one* or *you* (in general)?
- Is the pronoun **on** followed by a singular or a plural verb?

LA LANGUE FRANÇAISE

PRONONCIATION

Révisons: les sons /ɑ̃/ et /ɔ̃/

Contrast: /ɑ̃/ Jean, vend, dans, grand, prend, vacances, temps
  Jean vend ce transistor cent francs.

/ɔ̃/ on, Léon, répond, mon, ton, son, considérons
  Répondons à Léon ou à son oncle.

La lettre «d» en liaison

In liaison the letter **d** is pronounced /t/:

Perd /t/ on son temps quand /t/ on regarde la télévision?

J'habite un grand /t/ appartement.

STRUCTURE

A. LES VERBES RÉGULIERS EN *-RE*

Many verbs which end in **-re** are regular. These regular **-re** verbs are conjugated like **vendre** (*to sell*).

vendre		STEM	ENDING
je vends			−s
tu vends			−s
il/elle vend		(infinitive minus **-re**)	—
nous vendons		**vend-** +	−ons
vous vendez			−ez
ils/elles vendent			−ent

NOTES: 1. The **d** of the stem is silent in the singular forms, but is pronounced in the plural forms.

2. The plural endings of **-re** verbs are the same as those of **-er** verbs.

3. In liaison, the **d** of the interrogative **il/elle** form is pronounced /t/.

Vend /t/ il sa moto? Vend /t/ elle des livres?

Vend /t/ on du pain chez le boulanger?

The following **-re** verbs are regular:

attendre	*to wait, wait for*	Yvette **attend**. **Attend**-elle Robert?
entendre	*to hear*	**Entendez**-vous Robert? Oui, nous l'**entendons.**
perdre	*to lose, waste*	Ne **perdez** pas patience! Moi, je ne **perds** jamais patience.
répondre[1] (à)	*to answer, respond*	Pourquoi est-ce que vous ne **répondez** pas? **Répondez à** ma question!

Exercice 1. Jobs

Situation: Les amis d'Yvette ont des jobs chez différents commerçants.
  Action: Dites ce que chacun vend.

MODÈLE: Yvette travaille dans un magasin. (des disques)   **Elle vend des disques.**

1. Je travaille chez un épicier. (du lait)
2. Tu travailles chez un boulanger. (du pain)
3. Nous travaillons chez un pâtissier. (des gâteaux)

---

[1] Have you noticed the letters R.S.V.P. on invitations? They stand for **Répondez, s'il vous plaît.** (*Please answer.*)

4. Vous travaillez chez un boucher. (du rosbif)
5. Henri travaille chez un marchand de fruits. (des oranges)
6. Mes frères travaillent chez un photographe. (des photos)
7. Mes cousines travaillent dans un grand magasin. (des livres)
8. Hélène travaille dans un magasin de sports. (des skis)

Exercice 2. *Rendez-vous* (dates)

Situation: Les amis d'Yvette ont rendez-vous avec elle.

Action: Demandez où chacun attend Yvette. Dans vos questions, utilisez l'inversion avec un pronom sujet.

MODÈLE: Robert et Georges   Où attendent-ils Yvette?

1. Jacques	3. Vous	5. Toi et moi	7. Suzanne et Michèle
2. Pierre	4. Toi	6. Isabelle	8. Henri et François

B. LE PRONOM *ON*

The subject pronoun **on** has several English equivalents.

one, you (in general)	Quand/ᵗ/on est Français, on parle français.
people, they (in general)	**On** parle français en France.
	Parle-t-on français au Canada?
we (in familiar conversation)	**On** ne va pas au cinéma ce soir.

Have you noted?

a. The pronoun **on** is always used with the **il/elle** form of the verb.

b. There is liaison after **on** when the next word begins with a vowel sound.

Exercice 3. *Les commerçants*

Situation: Joe, un ami américain, demande à Yvette où on achète certaines choses. Yvette répond.

Action: Jouez le rôle de Joe et d'Yvette.

MODÈLE: le pain / chez le boulanger   Joe: **Où est-ce qu'on achète le pain?**
Yvette: **On achète le pain chez le boulanger.**

1. le thé / chez l'épicier	4. la glace / chez le pâtissier
2. la viande / chez le boucher	5. le vin / chez le marchand de vin
3. l'aspirine / à la pharmacie	6. les bananes / chez le marchand de fruits

*Exercice 4. **En France et en Amérique***

Situation: Les habitudes françaises sont souvent différentes des habitudes américaines.

Action: Expliquez les habitudes françaises. Ensuite expliquez les habitudes américaines **en** utilisant les expressions entre parenthèses. Commencez vos phrases par **En France on . . .** ou **En Amérique on . . .**

MODÈLE: Les Français parlent <u>français</u>. (anglais) En France on parle français.
En Amérique on parle anglais.

1. Les Français dînent à <u>huit heures</u>. (à six heures)
2. Les Français prennent le café <u>après</u> le repas. (avec)
3. Les Français prennent <u>du vin</u> avec le repas. (de l'eau)
4. Les Français déjeunent <u>rarement</u> au restaurant. (souvent)
5. Les Français achètent le vin chez <u>l'épicier</u>. (le marchand de vins)
6. Les Français célèbrent la fête nationale le <u>14 juillet</u>. (le 4 juillet)
7. Les Français aiment les matchs <u>de football</u>. (de baseball)
8. Les Français ont <u>quatre semaines</u> de vacances. (deux semaines)

Questions personnelles

Ces questions concernent votre famille et vous. Dans vos réponses, utilisez **on** au lieu de **nous**.

1. Avez-vous une voiture?
2. Allez-vous souvent au restaurant?
3. A quelle heure dînez-vous?
4. Regardez-vous la télévision après les repas?
5. Que faites-vous pendant les week-ends?
6. Prenez-vous du vin avec les repas?

Entre nous

Les petits commerçants

Imaginez que vous organisez un pique-nique. Où allez-vous acheter le pain? le jambon? la limonade? les fruits? Si vous habitez en Amérique, il est probable que vous allez *faire vos achats* dans un magasin *unique*: le supermarché. En France, on va souvent dans des magasins différents. On va chez le boulanger pour le pain, chez le boucher pour la viande, chez l'épicier pour la limonade, chez le marchand de fruits pour les fruits, etc. . . . Évidemment, cette situation change. La France *«s'américanise»*. Aujourd'hui on trouve des «supermarchés» dans les grandes villes. On trouve aussi des «hypermarchés» qui sont de gigantesques supermarchés.

Les petits commerçants perdent leurs clients et tendent à *disparaître*. Mais ils ne disparaissent pas complètement. Certains clients préfèrent leurs *produits* aux produits des supermarchés. Pour avoir du pain *frais*, certaines personnes vont *même* chez le boulanger trois *fois* par jour: avant le petit déjeuner, avant le déjeuner et avant le dîner.

to do your shopping; single

is becoming Americanized

disappear

products; fresh

even; times

Vrai ou faux?

Rectifiez les phrases qui sont inexactes.

1. En Amérique, on trouve du pain dans les supermarchés.
2. En France, on achète du pain chez le boucher.
3. En France, on achète la limonade chez l'épicier.
4. En France, on ne trouve pas de supermarchés.
5. Un «hypermarché» est un petit magasin.
6. En France, les supermarchés tendent à disparaître.

6.3 *UN SYSTÈME EFFICACE?*

I.

MONSIEUR MOREAU: Combien d'argent de poche donnez-vous à votre fille Isabelle?

MADAME VERNIER: Je lui donne quinze francs par semaine. Et vous, combien d'argent donnez-vous à votre fils Georges?

MONSIEUR MOREAU: Ça dépend! Quand il travaille bien en classe, je lui donne vingt francs.

MADAME VERNIER: Et quand il ne travaille pas?

MONSIEUR MOREAU: Je ne lui donne rien.

MADAME VERNIER: C'est un système efficace?

MONSIEUR MOREAU: Très efficace!

II.

ISABELLE: Tu as des parents généreux?

GEORGES: Non, ils sont très radins. Je ne leur demande jamais rien.

ISABELLE: Mais tu as toujours de l'argent.

GEORGES: J'ai des grands-parents très généreux! Quand je leur rends visite, ils me donnent dix ou vingt francs.

ISABELLE: Tu leur rends souvent visite?

GEORGES: Tous les dimanches!

Questions sur le texte

1. Est-ce que Madame Vernier donne de l'argent **à Isabelle?**
2. Combien est-ce qu'elle **lui** donne?
3. Est-ce que Monsieur Moreau donne de l'argent **à Georges?**
4. Combien est-ce qu'il **lui** donne quand il travaille?
5. Est-ce Georges rend souvent visite **à ses grands-parents?**
6. Quand est-ce qu'il **leur** rend visite?

OBSERVATIONS

The indirect object of a verb is a noun or noun phrase which is introduced by the preposition **à** (or occasionally by another preposition, such as **pour**).

Madame Vernier donne quinze francs **à sa fille.** (**à sa fille** is the indirect object)

- In Question 2, which indirect object pronoun replaces **à Isabelle**?
- In Question 4, which indirect object pronoun replaces **à Georges**?
- In Question 6, which indirect object pronoun replaces **à ses grands-parents**?

Petit vocabulaire

ADJECTIFS:	**efficace**	*effective, workable*	
	généreux (généreuse)	*generous*	
	radin	*tight with money, stingy*	
VERBES RÉGULIERS:	**demander à**	*to ask (someone)*	Georges **demande à** Isabelle où elle habite.
	donner à	*to give (someone)*	Isabelle **donne** son adresse **à** Georges.
EXPRESSIONS:	**tous les (dimanches)**	*every (Sunday)*	**Tous les dimanches** je vais au cinéma.
	ne ... rien	*nothing, not anything*	Moi, je **ne** fais **rien.**
	ne ... personne	*nobody, not anyone*	Je **ne** cherche **personne.**

NOTES DE VOCABULAIRE: **Travailler** usually means *to work.* When used with reference to school work, **travailler** means *to study.*

Yvette **travaille bien.**	*She does well in class.*
Sa sœur **travaille mal.**	*Her sister does poorly in class.*

The French have two expressions which correspond to the English verb *to visit:*

visiter + place	Je vais **visiter Paris.**
rendre visite à + person	Je vais **rendre visite à mon oncle.** (or, *more casually:* Je vais aller chez mon oncle).

LA LANGUE FRANÇAISE

PRONONCIATION

Révisons: le son /j/

Be sure the sound /j/ is very short.

Daniel, rien, Pierre, curieux, épicier, pâtissier, bien, canadien, combien
Étudions avec Pierre et Éliane.
Combien de clients a cet épicier?

Contrast: /i/ Tu étudies?   /j/ Vous étudiez?

  Tu oublies?   Vous oubliez?

Les lettres «ill»

After a vowel, the letters **ill** (or **il**) represent the sound /j/:

trava<u>ill</u>e, trava<u>ill</u>ons, Mire<u>ill</u>e, Marse<u>ill</u>e, appare<u>il</u>-photo, me<u>ill</u>eur

After a consonant, the letters **ill** may be pronounced:

/ij/ f<u>ill</u>e, fam<u>ill</u>e, br<u>ill</u>ant, b<u>ill</u>et

/il/ v<u>ill</u>e, v<u>ill</u>age, m<u>ill</u>e, m<u>ill</u>ion

STRUCTURE

A. LE VERBE *DEMANDER*

The verb **demander** is a false cognate. It means *to ask* (not "to demand"). Note the following constructions:

Robert demande	**à**	Isabelle	**de** dîner avec lui.
Robert asks		*... Isabelle*	*to have dinner with him.*

Robert demande	**à**	Isabelle	**si** ses parents sont généreux.
Robert asks		*... Isabelle*	$\begin{cases} if \\ whether \end{cases}$ *her parents are generous.*

Reminder: **Si** becomes **s'** before **il** and **ils.**

Demande à Georges **s'**il a de l'argent.
Demande à Isabelle **si** elle a de l'argent.

Exercice 1. **Curiosité**

Situation: Vous voulez savoir si les informations suivantes sont vraies.
　Action: Demandez à un ami de les vérifier avec les personnes intéressées (*concerned*).

MODÈLE: Robert: il a de l'argent?　　**Demande à Robert s'il a de l'argent.**

1. Yvette: elle a un job?
2. Yvette: elle travaille?
3. Robert: il a une moto?
4. Georges: il fait des économies?
5. Isabelle: elle travaille en classe?
6. Tes amis: ils dépensent leur argent?
7. Tes cousines: elles sont généreuses?
8. Tes cousins: ils sont radins?

B. LES PRONOMS *LUI, LEUR*

The following indirect object pronouns replace **à** + noun referring to people.

Singular	**lui**	*(to) him*	Nous téléphonons **à Georges.**	Nous **lui** téléphonons.
			Nous parlons **au père de Paul.**	Nous **lui** parlons.
	lui	*(to) her*	Vous téléphonez **à Yvette.**	Vous **lui** téléphonez.
			Vous parlez **à sa mère.**	Vous **lui** parlez.
Plural	**leur**	*(to) them*	Je téléphone **à mes amies.**	Je **leur** téléphone.
			Je parle **aux parents d'Yvette.**	Je **leur** parle.

Like the direct object pronouns, the pronouns **lui** and **leur** come before the verb in French, with the exception of affirmative commands:

Est-ce que tu donnes ce livre **à Yvette?**   Non. Je vais **lui** donner un autre livre.

Contrast: Non, ne **lui** donne pas le livre.   Oui, donne-**lui** le livre.

The following verbs are frequently used with indirect objects:

acheter	Qu'est-ce que tu achètes **pour ton frère?** Je **lui** achète un disque.
demander	Combien d'argent demandes-tu **à tes parents?** Je **leur** demande dix francs.
donner	Que donnez-vous **à votre père** pour Noël? Nous **lui** donnons un livre.
montrer	Qu'est-ce que vous montrez **à vos amis?** Je **leur** montre mes photos.
parler	Tu parles français **à tes parents?** Non, je **leur** parle anglais.
rendre visite à	Quand rendez-vous visite **à votre tante?** Je **lui** rends visite le dimanche.
répondre	Tu réponds **à Georges?** Réponds-**lui!**
téléphoner	A quelle heure vas-tu téléphoner **à tes cousins?** Je vais **leur** téléphoner à deux heures et demie.
vendre	Qu'est-ce que vous vendez **à ce monsieur?** Je **lui** vends une radio.

Questions personnelles

Utilisez les pronoms **lui** et **leur** dans vos réponses.

1. Demandez-vous de l'argent à votre père?
2. Demandez-vous de l'argent à votre mère?
3. Rendez-vous visite à vos cousines en été?
4. Rendez-vous visite à vos amis le week-end?
5. Téléphonez-vous souvent à votre meilleur(e) ami(e)?
6. Téléphonez-vous souvent à vos grands-parents?
7. Parlez-vous français au professeur?
8. Répondez-vous en français au professeur?

Exercice 2. **Conseils** (*advice*)

Situation: Georges demande à Isabelle s'il doit (*should*) faire certaines choses. Isabelle lui répond.

Action: Jouez les rôles de Georges et d'Isabelle.

MODÈLES: Je téléphone à Robert? (oui)　　Georges: **Je téléphone à Robert?**
　　　　　　　　　　　　　　　　　　Isabelle: **Oui, téléphone-lui.**

　　　　　Je téléphone à mes parents? (non)　　Georges: **Je téléphone à mes parents?**
　　　　　　　　　　　　　　　　　　　　　　Isabelle: **Non, ne leur téléphone pas.**

1. Je téléphone à Yvette? (non)
2. Je réponds à Georges? (oui)
3. Je parle à tes amies? (non)
4. Je parle à tes amis? (oui)

5. Je donne ma guitare à Pierre? (non)
6. Je rends visite à mes cousins? (oui)
7. Je demande à Irène son adresse? (non)
8. Je demande de l'argent à mes parents? (oui)

C. LES EXPRESSIONS NÉGATIVES: *NE . . . RIEN, NE . . . PERSONNE*

The negative pronouns **rien** and **personne** may be used as subjects, objects of the verb, or after prepositions:

ne . . . rien	*nothing, not anything*	Je **ne** fais **rien.** Je **ne** fais attention à **rien.** **Rien** n'est impossible.
ne . . . personne	*nobody, no one, not anyone*	Je **n'**invite **personne.** Je **ne** parle à **personne.** **Personne** n'est ici.

NOTES: 1. In complete sentences, **rien** and **personne** must be used with **ne** (**n'** before a vowel sound). **Ne** always comes before the verb.

2. The pronouns **rien** and **personne** may be used as one-word answers.

Qu'est-ce que tu fais? **Rien.**
Qui va au cinéma ce soir? **Personne.**

Exercice 3. **Un joueur international** (*an international gambler*)

Situation: Un détective questionne Perry Mutuel, le célèbre joueur international, sur ses activités.

Action: Jouez les deux rôles. Perry Mutuel va utiliser **ne . . . personne** dans ses réponses aux questions 1 à 4. Il va utiliser **ne . . . rien** dans ses réponses 5 à 8.

MODÈLE: Avec qui dînez-vous?　　Le détective: **Avec qui dînez-vous?**
　　　　　　　　　　　　　　　　Perry Mutuel: **Je ne dîne avec personne.**

1. A qui parlez-vous?
2. A qui téléphonez-vous?
3. Qui invitez-vous au restaurant?
4. A qui donnez-vous cent dollars?

5. Qu'est-ce que vous faites ici?
6. Qu'est-ce vous donnez à vos amis?
7. Qu'est-ce que vous achetez dans ce magasin?
8. Qu'est-ce que vous répondez?

Entre nous

L'argent de poche

Demandez-vous de l'argent à vos parents? Les jeunes Français n'ont pas le *choix*. Les parents sont la source principale, et souvent *unique*, d'argent. Combien d'argent donnent-ils à leurs enfants? Ça dépend! A quatorze ans, un garçon dispose de 20 francs par mois. A seize ans, il dispose de 80 francs. Les filles sont moins *favorisées*: elles disposent de 60 francs. Quand un père donne de l'argent à ses enfants, il *pose* souvent des conditions. Il leur demande, par exemple, de dépenser «*utilement*» cet argent. Les livres, les disques de musique classique sont des dépenses «utiles».

    Les jeunes ont d'autres idées. Ils préfèrent aller au cinéma ou au café avec leurs amis, acheter des disques de musique-pop, des magazines de *bandes dessinées*, des gadgets, etc. . . . Pour les jeunes Français, l'argent des parents n'est donc pas uniquement une source de *revenus*. C'est aussi une source de conflit!

choice; only

favored

sets

in a useful way

comics

income

Questions

1. Est-ce que les jeunes Français demandent de l'argent à leurs parents?
2. Combien d'argent est-ce que les parents français donnent à un garçon de quatorze ans?
3. Combien est-ce qu'ils donnent à un garçon de seize ans?
4. Combien est-ce qu'ils donnent à une fille de seize ans?
5. Qu'est-ce que les parents demandent à leurs enfants?
6. Comment les jeunes Français aiment-ils dépenser leur argent?

6.4 *CHANTAGE*

GEORGES: Dis, Robert, prête-moi ta moto!

ROBERT: Je te prête ma moto . . . si tu me prêtes dix francs.

GEORGES: Écoute, Robert, tu me **connais.** Tu **sais** que je suis toujours
fauché!

ROBERT: C'est vrai. Je te **connais** et je **connais** aussi tes grands-parents.
Je **sais** qu'ils te donnent souvent de l'argent.

GEORGES: Je t'assure, Robert . . .

ROBERT: Pas d'argent, pas de moto!

ROBERT: Bon, bon. Voilà dix francs . . . mais c'est du *chantage*.   blackmail

Petit vocabulaire

ADJECTIF:	**fauché**	*broke (without money)*	
VERBE RÉGULIER:	**prêter**	*to loan, lend,* *let (someone) have (something)*	Robert n'aime pas **prêter** sa moto.
VERBES IRRÉGULIERS:	**connaître** **savoir**	*to know (a person, a thing)* *to know (a fact)*	Robert **connaît** Georges. Robert **sait** que Georges est fauché.

OBSERVATIONS

Read the dialogue again carefully. The verbs in heavy print are forms of **connaître** and **savoir,** which both mean *to know*.

- Which verb **(connaître** or **savoir)** is used with direct object nouns (such as **tes grands-parents)** or pronouns?
- Which verb is followed by **que** + subject and verb?

Look at the first two lines of the dialogue.

- Which object pronoun (beginning with **t**) refers to the same person as **tu**?
- Which object pronoun (beginning with **m**) refers to the same person as **je** in statements?
- Which object pronoun (also beginning with **m**) refers to the same person as **je** in affirmative commands?

PROVERBE FRANÇAIS: **Aide-toi, le ciel t'aidera.**

   God helps him who helps himself.
   (literally: *Help yourself, heaven will help you.*)

LA LANGUE FRANÇAISE

PRONONCIATION

Révisons: le son /r/

Remember, the French /r/ is not at all like the American *r*. The French /r/ is pronounced at the back of the throat. It is softer at the end of a word.

   Robert, rare, grand-père, considère, espère, argent, vrai, préfère
   Robert prête rarement de l'argent à Georges.
   Charles n'est pas riche: il a trente-trois francs.

STRUCTURE

A. LES VERBES *CONNAÎTRE* ET *SAVOIR*

The verbs **connaître** and **savoir** are irregular. Here are the present tense forms:

connaître		savoir	
je	connais	je	sais
tu	connais	tu	sais
il/elle	connaît	il/elle	sait
nous	connaissons	nous	savons
vous	connaissez	vous	savez
ils/elles	connaissent	ils/elles	savent

Exercice 1. **Georges**

Action: Dites que les personnes suivantes connaissent Georges.

MODÈLE: Yvette   Yvette le connaît.

1. Moi   3. Nous   5. Robert   7. Toi
2. Mes parents   4. Isabelle   6. Vous   8. Paul et David

Exercice 2. **Georges est radin.**

Situation: Georges est radin.
   Action: Dites que les personnes suivantes savent cela (*this*).

MODÈLE: Isabelle   Isabelle sait cela.

1. Nous   3. Georges   5. Mes amis   7. Vous
2. Moi   4. Yvette   6. Anne et Claire   8. Toi

B. L'EMPLOI DE *CONNAÎTRE* ET DE *SAVOIR*

Both **connaître** and **savoir** mean *to know*. The chart below shows when to use **connaître** and when to use **savoir**.

connaître + { people, places, things }	Mes parents **connaissent Robert.** **Connaissez**-vous **Paris?** Tu **connais ce livre?** Non, je ne **le connais** pas.
savoir + que . . .	**Savez**-vous **que** Robert a une moto? Oui, je **sais qu**'il a une moto.
savoir + si . . . **savoir** + interrogative expression	Je ne **sais** pas **s**'il la prête. Je **sais où** tu es. Je **sais à quelle heure** tu arrives. Je **sais qui** va me téléphoner. Je ne **sais** pas **pourquoi** tu es ici. Je ne **sais** pas **avec qui** tu travailles.
savoir + infinitive	Nous **savons parler** français. Mes frères **savent faire** du ski.
connaître or **savoir** } + { school subjects, dates, information }	Yvette **sait la date** de l'examen. Yvette **connaît la date** de l'examen.

NOTES: 1. **Savoir**+infinitive means *to know how to.*

Je **sais jouer** au tennis. = Je **sais comment jouer** au tennis.

2. In French the conjunction **que** must be used after **savoir** to introduce a subject and verb. It cannot be omitted.

Contrast: Je sais | que | tu ne sais rien.
I know | *(that)* | *you don't know anything.*

Questions personnelles

1. Savez-vous parler français?
2. Savez-vous danser?
3. Savez-vous jouer au tennis?
4. Savez-vous faire du ski?
5. Savez-vous faire du football?
6. Savez-vous jouer au ping-pong?

7. Connaissez-vous Paris?
8. Connaissez-vous la France?
9. Connaissez-vous Montréal?
10. Connaissez-vous le Canada?
11. Connaissez-vous Louisville?
12. Connaissez-vous l'Amérique?

Exercice 3. **Le secret de tout le monde**

Situation: Tout le monde connaît Georges et sa famille.

Action: Exprimez cela d'après le modèle. Pour chaque personne, faites deux phrases; l'une avec **connaître**, l'autre avec **savoir que.**

MODÈLE: Isabelle (Georges: il n'a pas de moto)

Isabelle connaît Georges. Elle sait qu'il n'a pas de moto.

1. Yvette (ses parents: ils sont radins)
2. Nous (ses grands-parents: ils sont généreux)
3. Toi (Georges: il a de l'argent)
4. Robert (son père: il est docteur)

5. Mes cousines (sa mère: elle est sympathique)
6. Vous (sa cousine: elle fait des économies)
7. Moi (son frère: il a un job)
8. Mes amis (sa sœur: elle est jolie)

Exercice 4. **Robert**

Situation: Vous désirez avoir certains renseignements (*information*) sur Robert. Vous posez des questions à son ami.

Action: Commencez vos questions par **Sais-tu** ou **Connais-tu.**

MODÈLE: —— Robert? **Connais-tu Robert?**

1. —— son adresse?
2. —— où il habite?
3. —— ses parents?
4. —— si ses parents sont généreux?
5. —— s'il a une moto?
6. —— sa sœur?

7. —— si sa sœur est jolie?
8. —— son amie Isabelle?
9. —— pourquoi il est fauché?
10. —— comment il dépense son argent?
11. —— s'il fait des économies?
12. —— où il va en classe?

C. LES PRONOMS *ME, TE, NOUS, VOUS*

The following chart presents the object pronouns which correspond to the subject pronouns **je, tu, nous,** and **vous.**

SUBJECT PRONOUNS	DIRECT AND INDIRECT OBJECT PRONOUNS		
je	**me** ↓ **m'** (+ vowel sound)	*me, to me*	Robert **me** téléphone. Il **m'**invite.
tu	**te** ↓ **t'** (+ vowel sound)	*you, to you*	Robert **te** téléphone. Il **t'**invite.
nous	**nous**	*us, to us*	Robert **nous** téléphone. Il **nous** invite.
vous	**vous**	*you, to you*	Robert **vous** téléphone. Il **vous** invite.

NOTES: 1. The object pronouns **me, te, nous,** and **vous** come before the verb, except in affirmative commands.

2. In affirmative commands, **me** is replaced by **moi** (**te** is replaced by **toi**).

Téléphone-**moi** ce soir. Ne **me** téléphone pas après 11 heures.

Exercice 5. *Avec Isabelle*

Situation: Vous êtes avec Isabelle.
   Action: Vous répondez affirmativement à ses questions.

MODÈLE: Est-ce que tu me téléphones lundi?   *Oui, je te téléphone lundi.*

1. Est-ce que tu me trouves jolie?
2. Est-ce que tu m'invites?
3. Est-ce que tu m'écoutes?
4. Est-ce que tu m'achètes une glace?
5. Est-ce que tu me prêtes tes disques?
6. Est-ce que tu me trouves sympathique?

Expression personnelle

Choisissez un(e) camarade dans la classe. Demandez-lui de faire les choses suivantes. Votre ami(e) va accepter ou refuser.

MODÈLE: Demandez-lui de vous inviter.

Vous: **Invite-moi!**
Votre camarade: **D'accord, je vais t'inviter.** ou: **Pas question, je ne vais pas t'inviter.**

1. Demandez-lui de vous téléphoner.
2. Demandez-lui de vous écouter.
3. Demandez-lui de vous attendre.
4. Demandez-lui de vous répondre.
5. Demandez-lui de vous prêter sa bicyclette.
6. Demandez-lui de vous donner ses disques.
7. Demandez-lui de vous donner ses livres.
8. Demandez-lui de vous prêter son électrophone.

Entre nous

Jobs

L'argent, c'est l'indépendance! Pour avoir cette indépendance, un grand nombre de jeunes Français *aimeraient* avoir un job, comme les jeunes Américains. *Seulement*, il y a des obstacles.

would like

However

Obstacle numéro 1: Les parents ne sont pas souvent d'accord. Le père a le monopole de l'argent et il n'aime pas que sa femme et que ses enfants travaillent.

Obstacle numéro 2: Les jobs sont difficiles à trouver. En France, les adultes hésitent à utiliser les services des jeunes. Il y a des exceptions. Si on connaît bien un commerçant, par exemple, on peut travailler dans son magasin le week-end. On peut faire du baby-sitting. On peut *laver* les voitures. On peut *promener* les *chiens*, etc. . . . Le meilleur job est de jouer dans un *orchestre*. On peut gagner 200 francs par soirée. Évidemment, tout le monde n'est pas musicien . . .

wash

walk; dogs

(dance) band

Questions

1. Qui a le monopole de l'argent dans une famille française?
2. En général, est-ce que les parents français encouragent leurs enfants à avoir un job?
3. Est-ce que les jeunes Français trouvent facilement un job?
4. Est-ce que les adultes utilisent souvent les services des jeunes?
5. Que font les jeunes Français pour gagner de l'argent?

6.5 *ÉCHANGES*

ISABELLE: Je vais vendre ma guitare à Georges.

ROBERT: Combien est-ce qu'il te l'achète?

ISABELLE: Soixante francs.

ROBERT: Ne **la lui** vends pas. Échange-la-moi!

ISABELLE: Ça dépend! Contre quoi?

ROBERT: Contre mon électrophone.

ISABELLE: Montre-le-moi.

ROBERT: Tiens, le voilà.

ISABELLE: Dis, tu me prends pour une idiote? Il est cassé, cet électrophone!

OBSERVATIONS

In the above conversation, Robert uses pronouns to say: **Ne vends pas ta guitare à Georges.**

- Which direct object pronoun does he use to replace **ta guitare**?
- Which indirect object pronoun does he use to replace **à Georges**?
- Which of the two pronouns comes first?

242

Petit vocabulaire

ADJECTIF:	**cassé**	*broken*
VERBE RÉGULIER:	**échanger**[1]	*to exchange, trade*
EXPRESSIONS:	**contre quoi**	*against what*
	je t'achète (ta guitare)	*I am buying (your guitar) from you*

LA LANGUE FRANÇAISE

PRONONCIATION

Révisons: les sons /a/ et /wa/

Contrast: /a/ à, la, ma, pas, Nathalie, rarement, parents
As-tu la guitare de Nathalie?

/wa/ voici, voilà, moi, toi, voyage, soixante, quoi, pourquoi
Pourquoi Benoît voyage-t-il avec toi?

STRUCTURE

Révisons

Review the direct object pronouns in **Structure,** Section B, p. 181 and Section B, p. 193.

Exercice de révision: **Oui ou non?**

Répondez aux questions. Utilisez des pronoms dans vos réponses.

1. Aimez-vous le français?
2. Aimez-vous les sciences?
3. Détestez-vous l'anglais?
4. Détestez-vous vos professeurs?

5. Dépensez-vous votre argent?
6. Prenez-vous souvent le bus?
7. Préparez-vous toujours vos leçons?
8. Faites-vous bien vos exercices?

A. LA CONSTRUCTION: PRONOM + *VOICI, VOILÀ*

Direct object pronouns come before **voici** and **voilà.**

Où est ton électrophone?	**Le** voilà.	*There it is.*
Où est Isabelle?	**La** voici.	*Here she is.*
Où sont mes photos?	**Les** voilà.	*There they are.*
Où êtes-vous?	**Nous** voici.	*Here we are.*

(The words **voici** and **voilà** stand for verbs. Literally, **voici** means *look here!* and **voilà** means *look there!* This is why object pronouns precede these expressions.)

---

[1] To keep the sound /ʒ/ in the stem, the **nous**-form of **échanger** is written: nous échangeons.

Exercice 1. **L'album de photos**

Situation: Isabelle regarde votre album de photos. Elle vous demande de lui montrer certaines personnes.

Action: Répondez-lui. Utilisez un pronom d'objet direct dans vos réponses.

MODÈLES: Où est ta cousine? La voici. (La voilà.)
Où es-tu? Me voici. (Me voilà.)

1. Où est ton père?
2. Où est ta mère?
3. Où est Christine?
4. Où est Georges?
5. Où sont mes cousins?
6. Où sont Michel et Yvette?
7. Où est ta tante Louise?
8. Où est ton oncle Charles?
9. Où es-tu?
10. Où sommes-nous?
11. Où est Jacques?
12. Où êtes-vous, toi et Paul?

B. LA PLACE DES PRONOMS: *LUI, LEUR*

Note the word order of the following pronouns in both statements and commands:

le
la before lui
les   leur

Je donne ma guitare à Robert. Je **la lui** donne. Donne-**la-lui**!
Je ne donne pas mes disques à mes cousins. Je ne **les leur** donne pas.
Ne **les leur** donne pas!

Questions personnelles

Utilisez des pronoms dans vos réponses.

1. Prêtez-vous vos disques à vos amis?
2. Prêtez-vous vos livres à vos amis?
3. Montrez-vous vos photos à vos amies?
4. Donnez-vous vos devoirs (*homework*) au professeur?
5. Montrez-vous vos notes (*grades*) à votre père?

Exercice 2. **Opinions contraires**

Situation: Un ami de Robert et d'Isabelle leur demande s'il doit faire certaines choses. Robert dit oui. Isabelle dit non.

Action: Jouez le rôle de Robert et d'Isabelle.

MODÈLE: L'ami: Je vends ma guitare à Yvette? Robert: **Oui, vends-la-lui!**
Isabelle: **Non, ne la lui vends pas!**

1. Je prête mes disques à Caroline?
2. Je vends ma guitare à Georges?
3. J'achète ce livre à François?
4. Je montre mes photos à mes cousines?
5. Je donne mes magazines à Henri?
6. Je vends mes timbres au marchand?
7. Je demande la voiture à mes parents?
8. Je demande à mon frère sa moto?

C. LA PLACE DES PRONOMS: *ME, TE, NOUS, VOUS*

Note the word order of the following pronouns in statements and negative commands:

| me
te
nous
vous | before | le (l')
la (l')
les | Tu as une jolie guitare. Combien est-ce que tu **me la** vends?
Je **te la** vends cent francs.
J'aime vos disques. Allez-vous **nous les** prêter?
Ah non! Je ne **vous les** prête pas! |

In affirmative commands the word order is:

| le
la
les | before | moi
nous | J'aime ta guitare. Vends-**la-moi**!
J'aime vos disques. Prêtez-**les-nous**! |

Exercice 3. **Tout a un prix.** *(Everything has a price.)*

Situation: Isabelle désire acheter certaines choses à Georges. Georges propose de les lui vendre à un certain prix.

Action: Jouez le rôle d'Isabelle et de Georges.

MODÈLE: ta guitare (60 francs)   Isabelle: **Vends-la-moi, ta guitare!**
                                    Georges: **D'accord, je te la vends soixante francs.**

1. ta bicyclette (100 francs)   3. tes disques (20 francs)   5. tes livres (10 francs)
2. ton électrophone (50 francs)   4. ton banjo (60 francs)   6. ta raquette (30 francs)

Entre nous

Conseils à un jeune touriste

Vous pensez passer vos vacances en France, mais vous n'avez pas *beaucoup*   much
d'argent? Est-ce un obstacle? Oui, bien sûr, mais ce n'est pas un obstacle
sérieux. Voici *quelques* conseils.   some

   Ne restez pas dans les grandes villes. Les hôtels y sont plus chers qu'à
la campagne. Et puis, si vous restez dans la même ville, vous *connaîtrez*   will know
bien *celle-ci*, mais vous ne connaîtrez pas la France. Voyagez! Visitez les   this one
petites villes de province. Dans ces villes, il y a généralement une *auberge*   youth hostel
de la jeunesse ou un *terrain de camping*. Allez à la campagne!   campground

   Évidemment, il y a le *coût* du transport, mais en France les transports   cost
publics ne sont pas très chers. Et puis, si vous aimez l'aventure, vous avez
toujours la ressource *de faire de l'auto-stop*.   to hitchhike

Questions sur le texte

1. Est-ce que l'auteur recommande de visiter la campagne?
2. Où les hôtels sont-ils plus chers – en ville ou à la campagne?
3. Qu'est-ce qu'il y a généralement dans les petites villes?
4. Est-ce que les transports publics sont chers en France?

Questions personnelles

1. Voyagez-vous souvent?
2. Préférez-vous la ville ou la campagne?
3. Est-ce qu'il y a des auberges de la jeunesse en Amérique?
4. Aux États-Unis, est-ce que les transports sont chers?
5. Est-ce que vous faites de l'auto-stop? Quand?

LISONS

Christine cherche un job.

Christine a des problèmes d'argent.

Savez-vous où passe votre argent? Christine, elle, ne sait pas. Elle est toujours fauchée! Son père lui donne 40 francs par mois. Et quand il les lui donne, c'est *toute une* cérémonie: «Achète des choses utiles... Ne dépense pas *tout* ton argent... Fais des économies...» Faire des économies! Avec 40 francs par mois! Les parents ont des idées étranges! Est-ce qu'ils savent qu'on n'est plus en 1950? Christine va *une fois* au cinéma, elle achète un ou deux disques, et c'est fini. Elle n'a plus rien pour le reste du mois. Non, avec 40 francs, on ne va pas *loin* aujourd'hui.

    Christine a des copains qui ont de l'argent. C'est parce qu'ils ont un job. Et bien, elle va faire comme eux. Elle va chercher un job. Oui, mais où? Christine a une idée. Elle a un oncle très riche. Cet oncle a un magasin d'*antiquités*. Il vend des souvenirs et des autographes aux touristes. «Il a certainement *besoin* d'une vendeuse jolie, charmante, intelligente, et qui parle anglais...» pense Christine. Eh bien, demain elle va lui rendre visite et lui demander s'il a un job de vendeuse pour elle.

Glosses: a whole · all · once · far · antiques · needs

Vrai ou faux?

1. Christine n'a pas d'argent de poche.
2. Christine fait des économies.
3. L'oncle de Christine lui donne de l'argent.
4. Christine va rendre visite à son oncle.

Christine rend visite à l'oncle Ernest.

CHRISTINE: Bonjour, mon oncle. *Comment allez-vous?*   *How are you?*

L'ONCLE ERNEST: Très bien, très bien. Et toi? on ne te *voit* pas souvent.   see
Pourquoi est-ce que tu ne nous rends jamais visite?

CHRISTINE: Je suis très *occupée*. L'école, vous savez... Dites,   busy
oncle Ernest, je cherche un job. Je sais que vous avez une
clientèle très *importante*. Vous avez certainement   = *grande*
besoin d'une vendeuse *supplémentaire* le samedi.   extra

L'ONCLE ERNEST: Hélas, non. J'ai *déjà* quatre vendeuses, tu sais. Mais je   already
vais *t'aider*. Je sais que les jeunes d'aujourd'hui ont   help
besoin d'argent. Je sais aussi que tu es sérieuse. Veux-tu
faire du baby-sitting? Je t'offre dix francs par week-end.
Es-tu d'accord?

CHRISTINE: Je ne sais pas. Je vais vous téléphoner demain.

Vrai ou faux?

1. Christine va souvent chez son oncle.
2. Elle lui demande un job.
3. L'oncle Ernest propose un job de vendeuse à Christine.
4. L'oncle Ernest pense que Christine est une fille sérieuse.

Christine trouve un job.

«Faire du baby-sitting chez l'oncle Ernest? Pas question!» décide Christine. «Mes petites cousines sont absolument *odieuses!* Et puis, dix francs   awful
par week-end? C'est de l'exploitation . . .»

Christine décide de chercher un autre job. Elle achète le *journal*. Elle   newspaper
regarde les *petites annonces*. Il y a peut-être des offres intéressantes. Oui,   ads
justement: = *précisément*

«Compagnie théâtrale cherche étudiants et étudiantes pour comédie
musicale.»

Christine ne sait pas *chanter*. Elle ne sait pas danser. Elle décide *tout de*   sing; nevertheless
même de téléphoner. Qui sait?

Maintenant Christine a un job. Elle est *figurante* dans une comédie   a walk-on
musicale. Elle joue des petits rôles. Elle n'est pas très bien payée, mais
elle trouve son job amusant. Et puis elle connaît *des tas* d'artistes à qui   = *beaucoup*
elle demande des autographes. Elle a une très belle collection d'auto
graphes. Son oncle Ernest lui *a demandé* de la lui vendre. Mais elle *a re-*   asked; refused
fusé. Quand elle a besoin d'argent, elle vend certains autographes à ses
amis de classe. Évidemment, ils les achètent moins cher que l'oncle Ernest.
Mais eux, au moins, ce sont des copains.

Vrai ou faux?

1. Christine accepte la proposition de l'oncle Ernest.
2. Christine joue des rôles importants.
3. Christine vend sa collection d'autographes à son oncle.
4. Christine aime son job.

L'art de la lecture

More on close and distant cognates

There are many French words which closely resemble English words but whose meanings differ to some extent. For instance:

Vendeur may mean *vendor*, but most often it means *salesman*.
Disque may mean *disc*, but very frequently it means *record*.

Even the word **job,** which the French borrowed from the English, has a somewhat different meaning in French: it means a *part-time job*. When reading French, you may often encounter cognates whose English equivalents do not seem quite appropriate to the sentence in which they occur. Try to determine the exact meanings of these words.

Travaux pratiques de lecture

The following cognates appear in the text you have just read. Find an exact English equivalent or each word as it appears in the sentence on the right.

1. **occupé:** Ce soir, je ne vais pas au cinéma: je suis occupé.
2. **supplémentaire:** Pendant les vacances, j'ai des dépenses supplémentaires.
3. **aider:** Aide-moi!
4. **passer:** Cet été, je vais passer un mois à Paris.
5. **annonces:** Est-ce qu'il y a des petites annonces dans votre journal?
6. **chanter:** Avant les matchs de football, les Américains chantent le «Star-Spangled Banner».
7. **important:** Ce magasin a une clientèle importante.
8. **journal:** Mon père achète le journal ici.

TESTS DE CONTRÔLE
Chapitre six

Directions: Write out your answers to the following test-exercises on a separate sheet of paper. Then turn to page 433 to correct your work. Do not check your answers until you have completed all the tests.

STRUCTURE

TEST 1. *Une question d'accent*

Jim's old typewriter does not always type the accents in. Read the sentences he just typed, looking at the underlined letters. Check whether an accent is missing or not. On your paper write out each underlined letter, adding the appropriate accent only if it is needed.

MODÈLE: Quelle viande préf<u>e</u>rez-vous?   *your paper:* <u>é</u>

1. Où ach<u>e</u>tez-vous le rosbif?
2. Nous l'ach<u>e</u>tons chez le boucher.
3. Je préf<u>e</u>re mon boucher.
4. J'ach<u>e</u>te le vin au supermarché.

5. Jacques ach<u>e</u>te son pain ici.

6. Nous préf<u>e</u>rons notre boulanger.

7. Mes parents préf<u>e</u>rent cette pâtisserie.

8. Où est-ce qu'ils ach<u>e</u>tent ces gâteaux?

TEST 2. *Non, non et non!*

Stuck-up Pierre invited his classmates to his birthday party, but they all answered "no." Explain what happened by completing the sentences below with the appropriate forms of **répondre** (*to answer*).

1. Pascal —— que non.

2. Mes cousins —— que non.

3. Marie-Françoise —— que non.

4. Je —— que non.

5. Tu —— que non.

6. Nous —— que non.

7. Hélène et Georges —— que non.

8. Vous —— que non.

TEST 3. *Le bon endroit* (*the right place*)

Write out what is usually done at the places mentioned below by using one of the verbs suggested: **dîner, manger, danser, étudier, regarder, jouer, écouter.**

MODÈLE: Au restaurant, —— .   *your paper:* on dîne

1. A table, —— .

2. A une surprise-partie, —— .

3. A l'université, —— .

4. Au musée, —— les sculptures.

5. Au stade, —— au football.

6. Au concert, —— la musique.

TEST 4. *Une question d'argent*

Jean-Jacques has 100 francs. Is he as rich as, richer, or less rich than the people below? Complete the following sentences with the appropriate comparative forms of the adjective **riche.**

MODÈLE: Sophie a 100 francs. Jean-Jacques est —— .   *your paper:* aussi riche que Sophie

1. Suzanne a 200 francs. Jean-Jacques est —— .

2. Martin a 70 francs. Jean-Jacques est —— .

3. Pierre a 100 francs. Jean-Jacques est —— .

4. André a 150 francs. Jean-Jacques est —— .

5. Éliane a 10 francs. Jean-Jacques est —— .

6. Nous avons 80 francs. Jean-Jacques est —— .

7. Tu as 140 francs. Jean-Jacques est —— .

8. Ils ont 100 francs. Jean-Jacques est —— .

TEST 5. *La bavarde* (*the gossip*)

Adèle talks to everybody. Say that she is speaking to the following people, using the appropriate pronouns.

MODÈLE: mes cousines   *your paper:* Adèle leur parle.

1. Henri

2. Julie

3. Sophie et Anne

4. le professeur

5. tes frères

6. moi

7. toi

8. vous

9. nous

TEST 6. *Annette*

No one has the same opinions about Annette. Say what the following people think by completing the sentences below with **lui, la, l'**, or **elle** as appropriate.

1. Nicole —— déteste.
2. François —— connaît bien.
3. Marc —— aime beaucoup.
4. Nous —— téléphonons souvent.
5. Mes cousines ne —— invitent jamais.
6. Marie-Jeanne déteste aller au cinéma avec —— .
7. —— et moi, nous sommes de bons amis.
8. Mon frère —— achète des glaces.
9. Nous aimons —— parler.
10. Je n'aime pas travailler avec —— .

TEST 7. *Connaissance de Paris* (*knowing Paris*)

Indicate whether the following sentences should be completed by **Je sais** or **Je connais**.

MODÈLE: —— Paris.   *your paper:* Je connais

1. —— la ville.
2. —— que c'est une belle ville.
3. —— des Parisiens.
4. —— où ils habitent.
5. —— qu'ils aiment leur ville.
6. —— de beaux magasins.
7. —— qu'ils sont chers.
8. —— des restaurants où on mange bien.

TEST 8. *La secrétaire fatiguée*

The secretary was so bored with typing the sentences below that she left out some words. Rewrite each sentence, inserting the word in parentheses.

MODÈLE: (leur) Yvette donne de l'argent.   *your paper:* Yvette leur donne de l'argent.

1. (moi) Donnez de l'argent.
2. (lui) Je prête cent francs.
3. (ne) Je sais rien.
4. (personne) Je ne connais dans cette ville.
5. (nous) Monsieur Martin donne son adresse.
6. (moi) Donnez-la.
7. (vous) Je la donne.
8. (lui) Est-ce que je la donne aussi?

VOCABULARY

TEST 9. *Faites votre choix!*

Fill in each blank with the appropriate word in parentheses.

1. (Le pâtissier, Le boucher) —— vend de la viande.
2. (Le boulanger, L'épicier) —— vend du café.
3. (attend, entend) Pierre —— les vacances avec impatience.
4. (demande, répond) Micheline —— au téléphone.
5. (espère, décide) Jean-Pierre —— avoir un vélo pour son anniversaire.
6. (amène, espère) Jacques —— sa guitare à la surprise-partie.
7. (prête, perd) André —— sa moto à un ami.
8. (gagne, dépense) Quand on travaille, on —— de l'argent.

Chapitre sept L'ÉCOLE

7.1 *OPINIONS*

Aimez-vous votre école? Pourquoi ou pourquoi pas?

Voici quatre opinions différentes.

MARC: Je déteste l'école! On travaille trop! Il y a trop de cours, trop de devoirs, trop d'examens!

ANNETTE: C'est vrai, nous travaillons beaucoup. Mais les professeurs ne sont pas trop sévères et les cours sont généralement intéressants. Moi, j'aime mon école.

HÉLÈNE: Je suis complètement d'accord avec Marc. Neuf mois de classes, c'est trop! Trois mois de vacances, ce n'est pas assez.

JEAN-PIERRE: Je n'aime pas spécialement mes études, mais j'aime mon école. J'y fais beaucoup de sport et j'y ai beaucoup de copains.

L'INTERVIEWER: Êtes-vous d'accord avec Marc?

ANNETTE:	Pas spéciale**ment.**	*Not especially.*
HÉLÈNE:	Oui, absolu**ment!**	*Yes, absolutely!*
JEAN-PIERRE:	Générale**ment,** oui.	*Generally, yes.*

OBSERVATIONS

In the above brief interview, the French students are answering with adverbs.

- What is the French adverb ending which corresponds to the English *-ly?*

Vocabulaire spécialisé: l'école

NOMS: un **cours**   *course, class*   les **études**   *studies*
un **devoir**   *assignment*   une **leçon**   *lesson*
des **devoirs**   *homework*
un **examen**   *exam, test*
le **travail**   *(school) work*

Vocabulaire spécialisé: expressions de quantité

peu	*little, not much*	Je travaille **peu.**
peu de	*little, not much, few, not many*	J'ai **peu de** travail et **peu d'**examens.
assez	*enough*	Vous travaillez **assez.**
assez de	*enough*	Vous avez **assez de** travail.
beaucoup	*much, very much, a lot*	Nous travaillons **beaucoup.**
beaucoup de	*much, many, a lot of*	Nous avons **beaucoup de** travail et **beaucoup d'** examens.
trop	*too much*	Marc travaille **trop.**
trop de	*too much, too many*	Marc a **trop de** travail et **trop de** cours.

NOTE DE VOCABULAIRE: The French have only one expression for *much* and *very much*: **beaucoup.** They have only one word for *too much*: **trop.**

OBSERVATIONS

Reread the sentences in the **Vocabulaire spécialisé.** In the second sentence of each pair, the expressions of quantity are followed by nouns **(travail, examens, cours).**

● Which word comes right before the noun?

Questions personnelles

1. Avez-vous beaucoup de cours?
2. Avez-vous beaucoup d'examens?
3. Avez-vous beaucoup de copains?
4. Avez-vous beaucoup de vacances?

LA LANGUE FRANÇAISE

PRONONCIATION

La terminaison -ent

As a verb ending, the letters **–ent** are silent:

Jean et Marie étud*ient*, travaill*ent*, parl*ent*, écout*ent* des disques.

At the end of any word except a verb, the letters **-ent** represent the sound /ã/:

comm<u>ent</u>, appartem<u>ent</u>, intellig<u>ent</u>, souv<u>ent</u>, génféralem<u>ent</u>, absolum<u>ent</u>

Répétez ces phrases: Ils parl<u>ent</u> distinctem<u>ent</u>.
Ils écout<u>ent</u> attentivem<u>ent</u>.
Ils voyag<u>ent</u> souv<u>ent</u>.

STRUCTURE

A. LES ADVERBES EN -*MENT*

Many French adverbs end in **-ment** and are derived from adjectives:

feminine form of adjective + **-ment**	certain, **certaine** → **certainement** complet, **complète** → **complètement** général, **générale** → **généralement** normal, **normale** → **normalement** spécial, **spéciale** → **spécialement**

There are frequent exceptions to the above pattern:

absolu (absolue) → **absolument**   **vrai** (vraie) → **vraiment**

Adverbs in **-ment** usually correspond to English adverbs in *-ly*.

Exercice 1. **D'une certaine manière** (*in a certain way*)

Situation: Un professeur dit à un(e) élève de faire certaines choses d'une certaine manière.
Action: Jouez le rôle du professeur et de l'élève.

MODÈLE: Travaillez d'une manière sérieuse.

Le professeur: **Travaillez d'une manière sérieuse.**
L'élève: **Je travaille sérieusement.**

1. Parlez d'une manière normale.
2. Parlez d'une manière distincte.
3. Jouez d'une manière calme.
4. Ne répondez pas d'une manière stupide.
5. Faites vos devoirs d'une manière rapide.
6. Écoutez-moi d'une manière attentive.
7. Répondez d'une manière correcte.
8. Dépensez votre argent d'une manière utile (*useful*).

B. LES EXPRESSIONS DE QUANTITÉ: AVEC LES VERBES

Expressions of quantity can modify verbs. They usually come *immediately after* the verb.

Est-ce que tu travailles beaucoup?   Non, je travaille **peu.**
Vous n'étudiez pas assez.   Moi, j'étudie **trop.**

Contrast the position of expressions of quantity in French and in English:

J'aime **beaucoup** mon école.	*I like my school **a lot**.*
Vous n'étudiez pas **assez** vos leçons.	*You don't study your lessons **enough**.*
Vous jouez **trop** au tennis.	*You play tennis **too much**.*

Exercice 2. ***Le professeur et l'élève***

Situation: Le professeur fait des reproches à l'élève. L'élève n'est pas d'accord.

Action: Jouez le rôle du professeur et de l'élève. Utilisez la première expression entre parenthèses pour le professeur et la seconde expression pour l'élève.

MODÈLE: Vous travaillez. (pas assez, trop) Le professeur: **Vous ne travaillez pas assez.**
L'élève: **Je travaille trop.**

1. Vous étudiez. (pas assez, beaucoup)
2. Vous parlez en classe. (trop, peu)
3. Vous jouez. (trop, pas beaucoup)
4. Vous regardez la télé. (trop, peu)
5. Vous pensez à vos amies. (beaucoup, pas assez)
6. Vous aimez vos classes. (pas assez, beaucoup)

Opinions personnelles

Dites si vous aimez beaucoup (ou pas beaucoup) les choses suivantes.

MODÈLE: l'école **J'aime beaucoup l'école.**
ou: **Je n'aime pas beaucoup l'école.**

1. le théâtre
2. les sports
3. la télévision
4. les vacances
5. mes cours
6. la classe de français
7. les devoirs
8. les examens

C. LES EXPRESSIONS DE QUANTITÉ: AVEC LES NOMS

Expressions of quantity can introduce nouns:

expression of quantity + **de** + noun	Marc a **beaucoup de** disques.
↓	
d' (+ vowel sound)	Il n'a pas **beaucoup d'**argent.

Nous avons **peu de** vacances.	Nous faisons **peu de** sport.
Nous avons **assez de** devoirs.	Nous n'avons pas **assez de** vacances.
Nous avons **beaucoup de** travail.	Nous avons **beaucoup d'**amis.
Nous avons **trop de** cours.	Nous avons **trop d'**examens.
Nous avons **beaucoup trop de** devoirs.	Nous avons **beaucoup trop de** travail.

After an expression of quantity, **de** is used rather than the partitive (**du, de la, de l', des**).

As-tu des amis?   Oui, j'ai beaucoup **d'**amis.

Exercice 3. **Les collections de Jean-Pierre**

Situation: Jean-Pierre collectionne différentes choses.

Action: Utilisez le verbe **avoir** et l'expression entre parenthèses pour dire si ses collections sont importantes ou non.

MODÈLES: des disques (beaucoup)   **Il a beaucoup de disques.**
des disques de jazz (pas beaucoup)   **Il n'a pas beaucoup de disques de jazz.**

1. des timbres (beaucoup)
2. des timbres français (trop)
3. des timbres anglais (peu)
4. des posters (pas beaucoup)

5. des livres (beaucoup)
6. des livres anglais (pas assez)
7. des livres d'histoire (pas beaucoup)
8. des disques de musique pop (peu)

Questions personnelles

Dans vos réponses, utilisez une expression de quantité, comme **peu de, assez de, beaucoup de, trop de.**

MODÈLE: Faites-vous du sport à l'école?

Je fais beaucoup de sport.
ou: **Je ne fais pas assez de sport. Nous faisons peu de sport.**

1. Faites-vous des math?
2. Faites-vous du français?
3. Faites-vous de l'anglais?
4. Avez-vous du travail?
5. Avez-vous de bons professeurs?

6. Avez-vous des amis intéressants?
7. Avez-vous des projets (*plans*) pour les vacances?
8. Avez-vous de l'argent?
9. Avez-vous des livres?
10. Avez-vous des disques?

Entre nous

Rencontres

Encounters

Dans «Rencontres» vous allez *faire connaissance de* Michèle, une jeune Française d'Annecy. Aujourd'hui, Michèle va parler du lycée où elle est élève. Écoutez-la. *Ensuite*, dans «A votre tour», vous allez parler de votre école. *Exprimez* vos idées personnelles.

meet

= *après*

Express

Michèle vous parle:

«Bonjour, je m'appelle Michèle Picard. J'ai quinze ans. Je vais au lycée à Annecy. Mon lycée s'appelle le lycée Berthollet. C'est une école assez moderne. J'y ai beaucoup de copains. Nous avons beaucoup de travail, mais nos cours sont assez intéressants et nos professeurs ne sont pas trop sévères. J'aime beaucoup le sport. Hélas, nous faisons peu de sport au lycée. J'aime bien mon lycée, mais je préfère les vacances.»

A votre tour:

Je m'appelle ——. J'ai ——. Je vais à l'école à ——. Mon école s'appelle
——. C'est une école ——. J'y ai ——. Nous avons (Nous n'avons pas)
——. Nos cours ——. Nos professeurs ——. J'aime (Je n'aime pas) ——
le sport. A l'école, nous faisons ——. J'aime ——, mais je préfère ——.

NOTE CULTURELLE: **Le lycée**

Le lycée est l'école secondaire française qui
correspond plus ou moins à la «high school»
américaine. Généralement, les lycées
portent° le nom d'hommes ou de femmes
célèbres. Berthollet est un chimiste français,
originaire d'Annecy.

portent = ont

JEAN-PIERRE: Tu fais du latin?

ANNETTE: Non, je n'**en** fais pas.

JEAN-PIERRE: Qu'est-ce tu fais alors? De l'anglais?

ANNETTE: Oui, j'**en** fais. Je fais aussi de l'espagnol. Plus tard je veux être interprète. Et toi?

JEAN-PIERRE: Moi, je veux être ingénieur, mais ce n'est pas un projet sérieux.

ANNETTE: Pourquoi pas?

JEAN-PIERRE: Pour être ingénieur, il faut être bon en math, et moi, je suis nul! Il faut aussi de la patience. Et moi, je n'en ai pas.

OBSERVATIONS

Reread Annette's answers in the above dialogue.

- Instead of saying **du latin** and **de l'anglais,** what pronoun does Annette use?
- Does this pronoun come before or after the verb?

Petit vocabulaire

NOM:	un **projet**	*plan*	
ADJECTIF:	**nul (nulle)**	*hopeless, zero*	Êtes-vous **nul** en math?
VERBE IRRÉGULIER:	**vouloir**	*to want, wish*	Je **veux** être pilote.
EXPRESSIONS:	**il faut**	*it is necessary (to)*	**Il faut** étudier.
	pour	*in order to*	**Pour** être professeur, il faut étudier.

NOTES DE VOCABULAIRE: **Pour**+infinitive often has the meaning of *in order to.*

Je travaille **pour gagner** de l'argent.   *I work (in order) to earn money.*

J'étudie **pour être** médecin.   *I study (in order) to be a doctor.*

The impersonal expression **il faut** expresses necessity and obligation.

il faut+ $\begin{cases} \text{infinitive} \\ \text{noun phrase} \end{cases}$ *you need (to), we must, one has to, it is necessary to* / *you need, one must have, we have to have, . . . is (are) necessary*

Pour être ingénieur, **il faut être** bon en math.

Est-ce qu'**il faut de l'argent** pour voyager?

Vocabulaire spécialisé: les professions

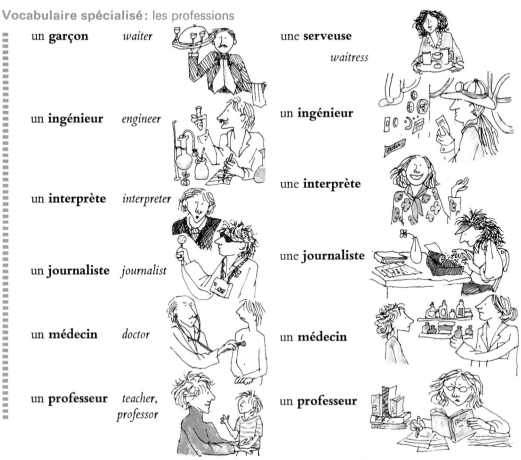

un **garçon**	*waiter*	une **serveuse**	
		waitress	
un **ingénieur**	*engineer*	un **ingénieur**	
un **interprète**	*interpreter*	une **interprète**	
un **journaliste**	*journalist*	une **journaliste**	
un **médecin**	*doctor*	un **médecin**	
un **professeur**	*teacher, professor*	un **professeur**	

NOTES DE VOCABULAIRE: Certain names of professions (like **ingénieur, professeur, médecin**) are always masculine.

Madame French est **mon** professeur de français.

After **être,** the article **un, une** is omitted before the name of a profession, unless this name is modified by an adjective.

Mon père est journaliste. Je veux être dentiste.

but: Mon père est **un** journaliste célèbre.

LA LANGUE FRANÇAISE

PRONONCIATION

Le son /ə/

Mot clé: jᴇ
Répétez les mots: dᴇ, lᴇ, mᴇ, nᴇ, Dᴇnis, dᴇmande, Rᴇné, vendrᴇdi
Répétez la phrase: Dᴇnis mᴇ dᴇmande dᴇ jouer avec lᴇ pᴇtit Rᴇné.

The sound /ə/ is similar to the sound /φ/ as in **deux**.

NOTE DE PRONONCIATION: In the middle of a word, **e** is pronounced as follows:

    e + one consonant + vowel is pronounced /ə/
    e + two consonants + vowel is pronounced /ɛ/

    Contrast: /ə/ petit   regarde prenez
             /ɛ/ Yvette italienne reste   prennent

The sound /ə/ is often dropped in the middle of a word:

    mad⌀moiselle ach⌀tons sam⌀di Jacqu⌀line

STRUCTURE

A. LE VERBE *VOULOIR*

The verb **vouloir** (*to wish, to want*) is irregular. Here is the form chart for the present tense.

vouloir		
je	veux	Je **veux** étudier l'anglais.
tu	veux	**Veux**-tu aller à l'université?
il/elle	veut	Annette **veut** être interprète.
nous	voulons	Nous **voulons** être ingénieurs.
vous	voulez	**Voulez**-vous ces livres?
ils/elles	veulent	Elles **veulent** de l'argent.

NOTES: 1. When asking for something, the French use the expression **je voudrais** (*I would like*), which is more polite than **je veux** (*I want*).

    Que voulez-vous?   **Je voudrais** ce livre.
                       Je voudrais de l'argent.

2. When accepting an offer to do something, the French often use the expression **je veux bien** (*I'd like to, I want to, I do*).

    Voulez-vous aller au cinéma avec nous?   Oui, **je veux bien.**

3. To ask what something means, the French use the expression **vouloir dire**.

    Que **veut dire** cette expression?   *What does that expression mean?*

Exercice 1. **Projets professionnels**

Situation: Les amis d'Annette ont des projets professionnels bien définis.
Action: Expliquez ces projets.

MODÈLE: Jean-Pierre (ingénieur)　**Jean-Pierre veut être ingénieur.**

1. Marc (pilote)
2. Michèle (médecin)
3. Henri et Bernard (professeurs)
4. Liliane et Sophie (chimistes)
5. moi (interprète)
6. toi (ingénieur)
7. nous (journalistes)
8. vous (actrices)

Révisons

Review the partitive article in **Structure,** Section A, p. 186 and Section B, p. 187.

Exercice de révision: **Au restaurant**

Situation: Au restaurant Annette et ses amis vont commander (*order*) ce qu'ils aiment.
Action: Dites ce que chacun veut.

MODÈLE: Annette aime le Coca-Cola.　**Elle veut du Coca-Cola.**

1. Jean-Pierre aime la salade.
2. J'aime le rosbif.
3. Tu aimes la glace.
4. Marie aime l'eau minérale.
5. Nous aimons le thé.
6. Henri et Bernard aiment le café.
7. Liliane et Sophie aiment le gâteau.
8. Vous aimez le pain.

B. LE PRONOM *EN*

The pronoun **en** replaces direct object nouns introduced by **du, de la, de l', des,** and **de (d').**

Voici **du pain.**	Annette **en** veut.	
Voici **de la salade.**	Annette **en** veut.	*Annette wants some.*
Voici **de l'orangeade.**	Annette **en** veut.	
Voici **des fruits.**	Annette **en** veut.	
Il n'y a pas **de vin.**	Il n'y **en** a pas.	*There isn't any.*

Have you noted?

a. There is liaison after **en** when the following verb begins with a vowel sound.

b. **En** may replace both masculine and feminine, singular and plural nouns.

c. Like other object pronouns, **en** comes before the verb, except in affirmative commands. (See **Structure,** Section B, p. 281.)

d. In the above sentences, the pronoun **en** corresponds to the English pronouns *some* and *any.*

Exercice 2. **Au régime** (*on a diet*)

Situation: Jean-Pierre est au régime. Il ne mange pas de viande, mais il mange toutes les autres choses (*everything else*). Au restaurant, le garçon (la serveuse) lui présente le menu.

Action: Jouez le rôle du garçon (de la serveuse) et de Jean-Pierre.

MODÈLES: les tomates   Le garçon (la serveuse): **Voulez-vous des tomates, Monsieur?**
Jean-Pierre: **Oui, j'en veux. J'en prends souvent.**

le rosbif   Le garçon (la serveuse): **Voulez-vous du rosbif, Monsieur?**
Jean-Pierre: **Non, je n'en veux pas. Je n'en prends jamais.**

1. le jambon   3. le pain   5. la glace   7. les bananes
2. le steak   4. les spaghetti   6. les oranges   8. le poulet

Vocabulaire spécialisé: qualités humaines

le **courage**	*courage*	l'**ambition**	*ambition*
l'**esprit**	*wit, sense of humor*	l'**énergie**	*energy*
le **génie**	*genius*	l'**imagination**	*imagination*
le **savoir-faire**	*know-how*	la **mémoire**	*good memory*
le **talent**	*talent*	la **patience**	*patience*

NOTE DE VOCABULAIRE: To say that a person exhibits a certain trait, the French frequently use the construction: **avoir** + partitive article + quality.

J'ai de la patience.   *I am patient. I have patience.*
Il a de l'énergie.   *He is energetic. He has energy.*

Questions personnelles

Utilisez le pronom **en** dans vos réponses.

MODÈLE: Avez-vous des amis français?   **Oui, j'en ai.**
ou: **Non, je n'en ai pas.**

Avez-vous . . .

1. des livres?   7. de l'imagination?
2. des examens demain?   8. de la mémoire?
3. des vacances?   9. des amis?
4. des devoirs?   10. des amies intelligentes?
5. du courage?   11. de bons professeurs?
6. de la patience?   12. des classes intéressantes?

Expression personnelle: «Pour être professeur»

Choisissez un(e) camarade dans la classe. Demandez-lui s'il faut avoir les qualités suivantes pour être professeur.

MODÈLE: de la patience

> Vous: **Est-ce qu'il faut de la patience pour être professeur?**
>
> Votre camarade: **Oui, il en faut.**
>
> ou: **Non, il n'en faut pas.**

1. de l'énergie
2. de la mémoire
3. du génie
4. de l'imagination
5. du talent
6. de l'esprit
7. du savoir-faire
8. de l'ambition
9. du courage

Entre nous

Rencontres

Aujourd'hui, Michèle parle de ses études d'anglais. Écoutez-la. Ensuite, parlez-lui de vos études de français. Exprimez votre opinion personnelle.

Michèle vous parle:

«En France, l'étude des *langues* est obligatoire. Il faut étudier *au moins* une langue. Moi, je fais de l'anglais. Mes amis en font aussi. L'anglais est une langue assez facile. Je pense aussi que c'est une langue très *utile*. Par exemple, quand on veut travailler dans une agence de voyages, il faut généralement parler anglais. Moi, je ne veux pas travailler dans une agence de voyages. Je veux être journaliste. Je voudrais aussi aller aux *États-Unis*. Plus tard, j'espère passer une année dans une université américaine. Voilà pourquoi j'étudie sérieusement l'anglais!»

languages; at least

useful

U.S.A.

A votre tour:

Aux États-Unis, l'étude des langues —— . A notre école, il faut (il ne faut pas) —— . Moi, je fais —— . Mes amis —— . Le français —— . Je pense aussi que —— . Le français est utile quand —— . Je veux être —— . Je voudrais aussi —— . Plus tard, j'espère —— . Voilà pourquoi —— .

7.3 *CALENDRIER DES VACANCES*

HÉLÈNE: On a combien de jours de vacances pendant l'année?

JEAN-PIERRE: Je ne sais pas. Comptons-les!

HÉLÈNE: Tu as un calendrier?

JEAN-PIERRE: Oui, j'en ai un dans mon sac. Tiens, le voilà.

HÉLÈNE: (*Elle compte les jours de vacances.*) Pour la Toussaint, nous avons quatre jours de vacances. Pour Noël, nous en avons douze.

JEAN-PIERRE: Et pour Pâques?

HÉLÈNE: Pour Pâques, nous en avons quinze.

JEAN-PIERRE: Quinze jours! Tu es sûre de cela?

HÉLÈNE: Oui, j'en suis sûre.

JEAN-PIERRE: On a beaucoup de vacances, tu ne trouves pas?

HÉLÈNE: Non! Moi, je trouve qu'il n'y en a jamais assez!

Qui a raison? (*Who is right?*)

D'après le texte, qui a raison, Marc ou Annette?

Vous avez combien de jours de vacances . . .

1. . . . pour la Toussaint?
Marc: Nous avons trois jours de vacances.
Annette: Non, nous **en** avons quatre.

2. . . . pour Noël?
Marc: Nous avons douze jours de vacances.
Annette: Non, nous **en** avons dix.

3. . . . pour Pâques?
Marc: Nous avons treize jours de vacances.
Annette: Non, nous **en** avons quinze.

OBSERVATIONS

Reread Annette's answers in **Qui a raison?**

Annette does not use a noun after the numbers **quatre, dix,** and **quinze.**

- Which pronoun does she use instead?

Petit vocabulaire

ADJECTIF:	**sûr**	*sure, certain*
VERBES RÉGULIERS:	**compter**	*to count*
	trouver	*to find; think*
EXPRESSION:	**ça, cela**	*that* Je suis sûr de **cela.**

NOTE DE VOCABULAIRE: **Trouver** usually means *to find.* The expression **trouver que** may mean *to be of the opinion that* or *to come to the conclusion that.*

> Tu **trouves qu'**on a trop de vacances?
> Moi, je **trouve qu'**on a trop de travail.

Vocabulaire spécialisé: les fêtes (*holidays*)

Mardi Gras	*Mardi gras*	**Pâques**	*Easter*
Noël	*Christmas*	la **Pentecôte**	*Pentecost*
		la **Toussaint**	*All Saints' Day* (Nov. 1)

Le carnaval à Nice

NOTE CULTURELLE: **Les vacances scolaires**

La France est un pays de tradition catholique. Voilà pourquoi les principales vacances coïncident avec les grandes fêtes catholiques, comme Noël, Pâques, la Toussaint (la fête de tous les saints). Les jeunes Français ont aussi un ou deux jours de vacances à l'occasion de Mardi Gras (40 jours avant Pâques) et de la Pentecôte (50 jours après Pâques).

LA LANGUE FRANÇAISE

PRONONCIATION

Le son /s/

Mot clé: sac
Répétez les mots: ce, ça, voici, six, François, Sylvie
Répétez la phrase: Sylvie aussi a six semaines de vacances.

Comment écrire /s/: **s** at the beginning of a word or next to a consonant: Sylvie, danse

ss between two vowels: aussi

c before **e, i, y:** ce, voici, Nancy

ç before **a, o, u:** ça, français

x in the words: dix, six, soixante

STRUCTURE

A. LE PRONOM *EN* REMPLAÇANT *DE*+NOM

En may replace **de**+noun or noun phrase.

Parles-tu **des vacances**?	Oui, j'**en** parle.
Es-tu sûr **de la date des vacances**?	Oui, j'**en** suis sûr.

Exercice 1. **Sujets de discussion**

Choisissez un(e) camarade dans la classe. Demandez-lui s'il (si elle) parle des sujets suivants avec ses parents.

MODÈLE: tes vacances   Vous: **Parles-tu de tes vacances?**
Votre camarade: **Oui, j'en parle.** ou: **Non, je n'en parle pas.**

1. tes examens	4. tes projets	7. ta classe de français
2. tes cours	5. tes amis	8. ton professeur de français
3. tes professeurs	6. ton meilleur ami	9. ton devoir d'anglais

B. LE PRONOM *EN* AVEC LES EXPRESSIONS DE QUANTITÉ

With expressions of quantity, the pronoun **en** replaces **de**+noun (or noun phrase).

— As-tu assez **d'argent**?	
— Non, je n'**en** ai pas assez.	*No, I don't have enough (of it).*
— Il y a trop **d'examens**!	
— C'est vrai! il y **en** a trop!	*That's right. There are too many (of them).*

Although the expressions *of it* and *of them* are hardly used in English, the pronoun **en** must be used in equivalent French sentences.

Exercice 2. **Hélène est d'accord.**

> Situation: Jean-Pierre et Hélène ont les mêmes opinions.
> Action: Jouez le rôle de Jean-Pierre et d'Hélène d'après le modèle.

MODÈLE: Il y a trop de cours. Jean-Pierre: **Il y a trop de cours.**
  Hélène: **C'est vrai! Il y en a trop.**

1. Nous avons beaucoup de devoirs.
2. Nous avons trop d'examens.
3. Nous n'avons pas assez de vacances.
4. Nous faisons peu de sport.
5. Nous faisons trop de français.
6. Le professeur donne trop de travail.

Questions personnelles

Utilisez une expression de quantité **(peu, beaucoup, assez, trop)** dans vos réponses.

MODÈLE: Avez-vous de l'argent? **J'en ai peu.**
  ou: **J'en ai beaucoup. (Je n'en ai pas assez.)**

1. Avez-vous des amis?
2. Avez-vous des examens.
3. Avez-vous des vacances?
4. Avez-vous des projets de vacances?
5. Faites-vous du sport?
6. Faites-vous du français?
7. Achetez-vous des disques?
8. Achetez-vous des livres?

Révisons

Review the numbers in Appendix II, p. 417.

Exercice de révision: **Au téléphone**

Donnez les numéros de téléphone des personnes suivantes:

1. Hélène: 40.20.10
2. Jean-Pierre: 30.09.60
3. Bernard: 50.90.70
4. Henri: 12.15.17
5. Marie-Claire: 21.31.41
6. Pascal: 22.64.52
7. Annette: 66.99.73
8. Marc: 96.85.72

C. LE PRONOM *EN* AVEC LES NOMBRES

The object pronoun **en** replaces nouns or noun phrases introduced by numbers or by the indefinite articles **un** and **une.**

> Jean-Pierre a une guitare.
> Il a un électrophone.
> Il a douze disques.

> Annette **en** a **une** aussi.
> Elle aussi, elle **en** a **un.**
> Annette **en** a **quinze.**

Contrast the French and the English:

> As-tu des frères? Oui, j'**en** ai **un.**
> Combien de cousins as-tu? J'**en** ai **cinq.**
> Combien d'élèves y a-t-il? Il y **en** a **vingt-cinq.**

> *Yes, I have one.*
> *I have five (of them).*
> *There are 25 (of them).*

In French, **en** must be used with numbers. (In English, *of them* is not usually used.)

Exercice 3. **Les photos de classe**

Situation: Le photographe prend des photos de la classe.
Action: Dites combien de photos chaque élève veut.

MODÈLE Hélène: 1   **Hélène en veut une.**

1. Jean-Pierre: 2   4. Jean-Louis: 5   7. Sophie: 10
2. Marc: 3   5. Henri: 1   8. Bernard: 12
3. Annette: 6   6. Sylvie: 4   9. Christine: 7

Questions personnelles

MODÈLE: Combien de frères avez-vous?   **J'en ai un (deux, trois,** etc.**)**
                                         ou: **Je n'en ai pas.**

1. Combien de sœurs avez-vous?
2. Combien de disques avez-vous?
3. Combien de cousins avez-vous?
4. Combien de cousines avez-vous?
5. Combien de professeurs différents avez-vous?
6. Combien de mois de vacances avez-vous?
7. Combien d'heures de français avez-vous par semaine?
8. Combien d'heures de sports avez vous par semaine?

Exercice 4. **Vrai ou faux?**

Action: Lisez les phrases suivantes. Si les faits (*facts*) sont vrais,
         confirmez-les. S'ils sont faux, rectifiez les phrases. Utilisez **en**.

MODÈLES: Il y a soixante minutes dans une heure.

Oui, il y en a soixante.

Il y a cinquante et un états aux États-Unis.

Non, il y en a cinquante.

1. Il y a 23 élèves dans cette classe.
2. Il y a dix garçons dans cette classe.
3. Il y a neuf filles dans cette classe.
4. Il y a sept livres sur la table du professeur.
5. Il y a sept jours dans une semaine.
6. Il y a 26 jours en février.
7. Il y a douze mois dans l'année.
8. Il y a 50 millions de personnes aux États-Unis.

Entre nous

Rencontres

Michèle parle de ses vacances. Écoutez-la. Ensuite parlez de vos vacances.
Exprimez vos idées personnelles.

Michèle vous parle:

«En France, nous avons relativement beaucoup de vacances. A Noël,
nous avons quinze jours de vacances. Nous en avons aussi quinze à
Pâques. Les grandes vacances commencent le 30 juin. J'ai beaucoup de
projets de vacances. Cette année, je voudrais aller en Grèce avec des   plans
copains. Je voudrais aussi visiter l'Italie ou le Portugal. Hélas, pour
voyager, il faut de l'argent. Moi, je n'en ai pas assez. Je n'ai pas de job et
mes parents ne sont pas généreux. Alors, cette année je vais faire comme
les autres années. Je vais passer mes vacances en Normandie chez mes
grands-parents.»

A votre tour:

Aux États-Unis, nous ——. A Noël, nous avons ——. Au printemps,
nous ——. Les grandes vacances ——. J'ai (Je n'ai pas) ——. Cette année,
je voudrais ——. Je voudrais aussi ——. Mais pour faire cela, il faut ——.
Moi, j'en ai (je n'en ai pas) ——. Mes parents ——. Alors, cette année,
je vais ——.

7.4 *UNE ÉLÈVE SÉRIEUSE*

Lundi, dix mars

MARC: Il y a un très bon film sur la Martinique ce soir. Tu m'accompagnes?

ANNETTE: Non, je ne peux pas.

MARC: Tu ne peux pas ou tu ne veux pas?

ANNETTE: Je ne peux pas! Nous avons un examen de géographie demain.

MARC: Et alors?

ANNETTE: Je dois le préparer.

MARC: Mais la Martinique, c'est de la géographie.

ANNETTE: Écoute, n'insiste pas. Je ne veux pas redoubler ma troisième.

NOTE CULTURELLE: **Les classes en France**

Les jeunes Français commencent leurs études secondaires par la sixième. Après la sixième, il y a la cinquième, la quatrième, la troisième, la seconde et la première. La dernière année s'appelle la terminale. On ne passe pas automatiquement d'une classe dans une autre. Si on n'a pas des résultats satisfaisants,° on «redouble». Cela veut dire qu'on reste dans la même° classe l'année suivante.°

satisfaisants satisfactory; **même** same; **suivante** following

272

OBSERVATIONS

Reread the **Note Culturelle,** paying special attention to the expressions **la sixième, la cinquième,** etc. The French **sixième** corresponds roughly to the American sixth grade.

• From which number is **sixième** derived? Which French ending corresponds to the English ending *-th*?

Petit vocabulaire

ADJECTIFS: **dernier (dernière)** *last* Ma **dernière** classe est à 4 heures.
premier (première) *first* Ma **première** classe est à 9 heures.

VERBE RÉGULIER: **redoubler** *to repeat (a grade), be kept back*

VERBES IRRÉGULIERS: **devoir** *should, to have to, must* Je **dois** étudier.
pouvoir *can, may, to be able* Je ne **peux** pas aller au cinéma.

NOTE DE VOCABULAIRE: **Premier** and **dernier** usually come before the noun they modify.

LA LANGUE FRANÇAISE

PRONONCIATION

Le son /z/

Mot clé: vi**s**ite
Répétez les mots: cou**s**in, dou**z**e, trei**z**e, troi**s**ième, sérieu**s**e
Répétez la phrase: Ma cou**s**ine Loui**s**e vi**s**ite Veni**s**e.

Comment écrire /z/: **z** quator**z**e
s (between two vowels) cho**s**e

NOTE DE PRONONCIATION: **x** is pronounced /z/ in **si<u>x</u>ième, di<u>x</u>ième.**

STRUCTURE

A. LE VERBE *POUVOIR*

The verb **pouvoir** (*can*) is irregular. Here is the form chart for the present tense.

pouvoir		
je	peux	Est-ce que je **peux** jouer avec toi et Marc?
tu	peux	Non, tu ne **peux** pas.
il/elle	peut	Annette ne **peut** pas aller au théâtre.
nous	pouvons	Est-ce que nous **pouvons** travailler ensemble?
vous	pouvez	**Pouvez**-vous répondre?
ils/elles	peuvent	Elles **peuvent** rester à la maison.

NOTES: 1. The verb **pouvoir** has several English equivalents:

may	— Est-ce que je **peux** jouer?	*May I play?*
	— Oui, tu **peux** jouer.	*Yes, you may (play).*
can	— **Peux**-tu répondre?	*Can you answer?*
	— Non, je ne **peux** pas.	*No, I can't.*
to be able to	— Vas-tu **pouvoir** m'accompagner?	*Will you be able to come along with me?*
	— Bien sûr, je **peux** t'accompagner.	*Of course I'll be able to (come along with you).*

2. **Pouvoir** does not usually stand alone. It is generally accompanied by a negative expression or an infinitive. (See examples above.)

PROVERBES FRANÇAIS: **Quand on veut, on peut.**
Vouloir, c'est pouvoir. } *Where there's a will, there's a way.*

Exercice 1. **Permissions**

Situation: Les amis d'Annette demandent la permission de faire certaines choses.
Action: Dites qu'ils ont la permission.

MODÈLE: Jean-Pierre (aller au théâtre)   **Il peut aller au théâtre.**

1. Moi (regarder les photos)
2. Toi (acheter ce livre)
3. Nous (écouter nos disques)
4. Vous (jouer au tennis)

5. Marc (rester à la maison)
6. Sylvie (prendre un sandwich)
7. Lise et Sophie (aller en ville)
8. Henri et Bernard (téléphoner)

B. LE VERBE *DEVOIR*

The verb **devoir** (*should*) is irregular. Here is the form chart for the present tense.

devoir		
je	dois	Je **dois** étudier.
tu	dois	Tu **dois** rester à la maison.
il/elle	doit	Annette ne **doit** pas aller au cinéma.
nous	devons	Nous **devons** téléphoner.
vous	devez	Vous ne **devez** pas parler en classe.
ils/elles	doivent	**Doivent**-ils attendre le professeur?

NOTES: 1. The verb **devoir** has several English equivalents:

should
must   Est-ce que **je dois** étudier? ⎰*Should I study?*
to have to   ⎱*Must I study?*
                                                 Do I have to study?

2. The verb **devoir** is usually followed by an infinitive. It is not used alone.

Bien sûr, **tu dois** étudier! ⎰*Of course, you should (study)!*
                               ⎱*Of course, you must (study)!*
                                Of course, you have to (study)!

Exercice 2. *Excuses!*

Situation: Marc propose à ses amis d'aller au cinéma. Ses amis disent qu'ils ne peuvent pas parce qu'ils doivent faire autre chose.

Action: Donnez l'excuse de chacun.

MODÈLE: Annette (étudier)   Annette ne peut pas. Elle doit étudier.

1. Christophe (aller en ville)
2. Toi (faire du piano)
3. Lucien (aller au théâtre)
4. Moi (attendre un ami)
5. Marie-Claire (rester à la maison)
6. Henri et Bernard (travailler)
7. Jacques et moi, nous (préparer l'examen)
8. Danièle et Nathalie (faire leurs devoirs)

C. LES NOMBRES ORDINAUX

Numbers like *first*, *second*, and *third* are used to rank persons or things, to put them in a given order. They are called "ordinal numbers."

To form ordinal numbers, the French use the following pattern:

> number (minus final **e**, if any) + **ième**

deux → deux**ième**   Février est le **deuxième** mois de l'année.
trois → trois**ième**   Mercredi est le **troisième** jour de la semaine.
quatre → quatr**ième**   Jeudi est le **quatrième** jour de la semaine.
onze → onz**ième**   Quel est le **onzième** mois de l'année?

Exceptions: un (une) → **premier (première)**
              cinq → **cinquième**
              neuf → **neuvième**

Ordinal numbers are adjectives and come before the noun.

*Exercice 3. **L'examen d'histoire***

Situation: Le professeur d'histoire demande aux élèves de donner le rang des présidents suivants.

Action: Vous répondez.

MODÈLE: John F. Kennedy (35)

John F. Kennedy est le trente-cinquième président des États-Unis.

1. George Washington (1)
2. John Quincy Adams (6)
3. Andrew Jackson (7)
4. Abraham Lincoln (16)

5. Woodrow Wilson (28)
6. Theodore Roosevelt (26)
7. Franklin Roosevelt (32)
8. Dwight Eisenhower (34)

Entre nous

Rencontres

Michèle parle de ses cours. Écoutez-la. Ensuite, parlez-lui de vos cours. Exprimez vos idées personnelles.

Michèle vous parle:

«J'ai quinze ans et je suis élève de seconde. En seconde, certaines *matières* sont *obligatoires*. On doit, par exemple, faire du français. On doit étudier au moins une langue *étrangère*. Si on veut, on peut étudier une ou deux autres langues. A notre école, nous pouvons étudier l'allemand, l'espagnol, l'anglais et le russe. Nous pouvons aussi faire du latin. Moi, j'étudie l'anglais et l'espagnol. J'ai six heures de langues par semaine. J'ai aussi trois heures de math. Je trouve que les math sont très difficiles et puis notre professeur est assez sévère. Mais le cours de math est obligatoire ... C'est dommage, *n'est-ce pas?*»

subjects

required

foreign

isn't it?

A votre tour:

«J'ai —— . Je suis élève de —— . Dans cette classe, nous devons faire —— . Nous devons aussi étudier —— . Si on veut, on peut aussi étudier —— . Moi, j'étudie —— . J'ai —— heures de —— . J'ai aussi —— heures de —— . Je trouve que —— . Mais le cours de —— . C'est dommage (formidable), n'est-ce pas?»

(d'autres matières: les sciences; l'histoire; la biologie, la musique; l'art; l'éducation physique; la dactylo (*typing*); les travaux manuels (*shop*); la littérature)

7.5 *LE JOUR DE L'EXAMEN*

Mardi, onze mars

C'est le jour de l'examen de géographie. Le professeur donne ses instructions aux élèves.

LE PROFESSEUR: Il y a trois sujets.

Réfléchissez bien et choisissez-en un.

Voici les sujets:

premier sujet:

deuxième sujet:

troisième sujet:

la Guadeloupe
la Martinique
la Réunion

MARC: Alors, quel sujet choisis-tu?
ANNETTE: Je ne sais pas. Je vais réfléchir. Et toi?
MARC: La Martinique, évidemment! Avec un sujet comme ça, je suis sûr de réussir.

Questions sur le texte

Dites si la réponse suggérée est exacte.

1. Combien de sujets y a-t-il sur l'examen? Il y **en** a quatre.
2. Que dit le professeur? Il dit: «Choisissez-**en** deux.»
3. Combien de sujets Marc choisit-il? Il **en** choisit un.

NOTE CULTURELLE: **La Guadeloupe et la Réunion**

La Guadeloupe et la Réunion sont deux îles françaises. La Guadeloupe est située dans la mer des Caraïbes. La Réunion est située en Afrique, près de Madagascar.

OBSERVATIONS

Reread the **Questions sur le texte.**

The suggested answers to Questions 1 and 3 are statements.

- Does the pronoun **en** come before or after the verb?

The suggested answer to Question 2 contains an affirmative command.

- In this case, does the pronoun **en** come before or after the verb?

Vocabulaire spécialisé: les examens

NOMS: un **sujet**   *question, topic*   une **copie**   *test paper*

VERBES ET EXPRESSIONS:

choisir	*to choose*	Quel sujet **choisis**-tu?
réfléchir à	*to think about*	**Réfléchissez** bien **à** cette question.
passer un examen	*to take a test*	Je **passe mon examen** d'histoire demain.
réussir à un examen	*to pass a test*	Si vous étudiez, vous allez **réussir.**
réussir à + infinitive	*to be successful in, be able to*	**Réussissez-vous à** étudier?
être reçu(e) à un examen	*to pass a test*	Est-ce que vous pensez **être reçu?**
rater un examen	*to fail a test*	Si vous n'étudiez pas, vous allez **rater votre examen.**

NOTE DE VOCABULAIRE: The expression **passer un examen** means *to take an exam* (and not "to pass an exam").

Quand on passe un examen, on n'est pas toujours reçu.

LA LANGUE FRANÇAISE

PRONONCIATION

La lettre «s»

The letter **s** represents the following sounds:

/s/ at the beginning of a word: <u>s</u>on, <u>s</u>a, <u>s</u>es, <u>s</u>ujet, <u>s</u>uis, <u>s</u>ûr
/s/ before or after another consonant: hi<u>s</u>toire, réu<u>ss</u>i<u>ss</u>ez, pa<u>ss</u>er, dan<u>s</u>e
/z/ between two vowels: choi<u>s</u>ir, troi<u>s</u>ième, mai<u>s</u>on

The letter **s** is silent at the end of a word: troi<u>s</u>, moi<u>s</u>.

Prononcez: Avec ces trois sujets, Suzanne est sûre de réussir.
Ma cousine Denise visite la maison d'Isabelle.

STRUCTURE

A. LES VERBES RÉGULIERS EN -*IR*

Many verbs in **-ir** are conjugated like **choisir** (*to choose*). The chart below gives the present tense of **choisir**. It also indicates how to form the present tense of any regular **-ir** verb.

choisir		STEM	ENDING
je choisis		(infinitive minus **-ir**)	⎧ **-is**
tu choisis			⎨ **-is**
il/elle choisit		**chois-** +	⎩ **-it**
nous choisissons		(infinitive minus **-ir**+**iss**)	⎧ **-ons**
vous choisissez			⎨ **-ez**
ils/elles choisissent		**choisiss-** +	⎩ **-ent**

Have you noted?

All final consonants are silent.

The following **-ir** verbs are regular:

finir	*to finish, end*	**Finissez** vos devoirs.
réussir (à)	*to succeed (in), pass (a test)*	Allez-vous **réussir à** votre examen?
réfléchir (à)	*to think (over, about)*	**Réfléchissez à** ce problème.

Exercice 1. *Avant les vacances*

Situation: Avant les vacances chacun finit son travail.
  Action: Dites ce que chacun finit.

MODÈLE: Marc (ses examens)   Marc finit ses examens.

1. moi (mes devoirs)
2. toi (la leçon)
3. mes cousines (leurs examens)
4. Sylvie et André (le devoir d'anglais)
5. le professeur (ses cours)
6. nous (nos examens)
7. vous (vos exercices)
8. Henri (ses math)

Questions personnelles

1. Quand finissent vos cours aujourd'hui?
2. Quand finit l'école cette année?
3. Quand finissent les grandes vacances?
4. Quels cours allez-vous choisir l'année prochaine (*next year*)?
5. Réfléchissez-vous à votre profession future?
6. Quelle profession allez-vous choisir?

B. LA POSITION DU PRONOM *EN*

The object pronoun **en** comes before the verb, except in affirmative commands. When there are two or more object pronouns, the pronoun **en** is the last pronoun.

Voici des oranges.	Est-ce que vous nous **en** donnez?
	Prends-**en**.
	Choisis-**en** quatre.
	Manges-**en** une.
	N'**en** mange pas trop.

In affirmative commands, there is liaison between the verb and **en**. When followed by **en**, the **tu**-form of the imperative must end in **s**.

NOTE: The pronoun **moi** followed by **en** becomes **m'**.

Donnez-moi des oranges.   Combien?   Donnez-m'**en** trois.

Exercice 2. **Conseiller d'éducation** (*guidance counselor*)

Situation: Vous êtes conseiller d'éducation dans une école française. Un élève vous demande quels sujets il doit étudier.

Action: Réponds-lui, d'après le modèle.

MODÈLES: de l'anglais? (oui)   Oui, faites-en!
du russe? (non)   Non, n'en faites pas!

1. des math? (oui)
2. du français? (oui)
3. de la biologie? (non)
4. de la politique? (non)
5. de la clarinette? (non)
6. de la physique? (oui)
7. des sciences? (oui)
8. du sport? (oui)

Entre nous

Rencontres

Aujourd'hui, Michèle *explique* pourquoi elle veut aller à l'université.   explains
Écoutez-la. Ensuite, dites pourquoi vous voulez (ou vous ne voulez pas)
aller à l'université.

Michèle vous parle:

«En France, l'université est *gratuite*. Plus tard, j'espère aller à l'université.   free
Je ne sais pas *encore* à quelle université je vais aller. Je voudrais aller à la   yet
Sorbonne. La Sorbonne est l'université de Paris. Si je vais à la Sorbonne,
ce n'est pas *uniquement* parce que c'est une bonne université. C'est aussi   just
parce que j'aime les grandes villes. (J'habite une petite ville.) Paris est une

ville extraordinaire où on peut faire *ce qu'*on veut. Je voudrais aussi passer — what
une année dans une université américaine pour *améliorer* mon anglais. — improve
Évidemment, il y a une condition: pour aller à l'université, je dois être
reçue à mes examens . . .»

A votre tour:

Aux États-Unis, l'université —— . Plus tard, j'espère (je ne pense pas) —— .
Je voudrais —— . —— est une université à —— . Si je vais à cette université,
c'est parce que —— . C'est aussi parce que —— . —— est une ville —— . Je
voudrais aussi —— . Il y a une condition: —— .

LISONS

Le premier jour du printemps

I.

Nous sommes le 21 mars. Un jour *comme* les autres? Non, aujourd'hui — like
c'est le premier jour du printemps. Voilà une occasion à célébrer, pense
Jacques. *Surtout* quand il fait beau comme aujourd'hui. — = *Spécialement*

«Oui, mais comment célébrer l'arrivée du printemps à Paris? C'est
simple. Je vais aller *faire du bateau* au *Bois de Boulogne*. — go boating; = *un parc à Paris*

«Bien sûr, il y a un petit problème. Le vingt et un mars cette année est
un lundi, un jour de classe! Bah, *tant pis* pour la classe, tant pis pour les — too bad
professeurs, et *vive* le printemps! — long live

«Pourquoi ne pas inviter mon ami Marc aussi? Je vais lui téléphoner.»
— Allô Marc? On va au Bois de Boulogne cet après-midi?
— Mais tu es *fou*. On a un examen d'anglais aujourd'hui. — crazy

«. . . C'est vrai! Nous avons un examen d'anglais, pense Jacques. Eh
bien, *justement*, c'est une autre *raison pour ne pas aller* en classe . . .» — = *précisément*; reason for not going
— Alors, Marc, tu ne veux vraiment pas faire du bateau avec moi?
— Ce n'est pas que je ne veux pas en faire. C'est que je ne peux pas.
On n'est pas dimanche aujourd'hui.
— Bon, je vais au Bois de Boulogne tout seul. Écoute! Sois *gentil*. — nice
Dis au professeur que ma mère a un mauvais *rhume* et que je suis à la — Tell; cold
maison pour l'aider.
— D'accord, je peux lui dire ça.
— Merci. Tu es un vrai copain.

Vrai ou faux?

1. Aujourd'hui, il fait beau.
2. Jacques veut aller en classe.
3. Jacques téléphone à Marc.
4. Aujourd'hui, il y a un examen.
5. Marc va aller avec Jacques.

II.

Voici Jacques au Bois de Boulogne. Il prend un bateau.

«*Comme on est bien! Comme il fait beau!* Comme ces *fleurs* bleues et jaunes et rouges et blanches sont jolies! Et ces violettes là-bas dans *l'herbe*. Comme la nature est belle au printemps!

«Pauvre Marc! C'est un garçon vraiment trop sérieux. Il n'est pas assez indépendant. Quand je vais lui parler de cette journée, il va certainement regretter . . .»

Hop! Un faux *mouvement* et Jacques est dans l'eau. *Même* quand il fait beau à Paris au mois de mars, l'eau du Bois de Boulogne est froide, très, très froide.

How good it feels! How beautiful it is! flowers grass

move; Even

Vrai ou faux?

1. Jacques fait du bateau.
2. Il admire la nature.
3. Il pense à Marc.
4. Marc tombe (*falls*) dans l'eau.

III.

Jacques est chez lui. Il *tousse* beaucoup. Il a de la température. Le docteur lui dit qu'il a un *méchant* rhume.

coughs

=mauvais

Jacques téléphone à Marc.

—Dis, Marc. Je suis *malade*. Je ne peux pas aller à l'école demain. Est-ce que tu peux *dire* au professeur . . .

sick

tell

— . . . que tu as un rhume? Aujourd'hui c'est ta mère, demain matin c'est toi! Dis donc, il y a une épidémie chez toi!

Vrai ou faux?

1. Jacques a un rhume.
2. Marc est malade aussi.
3. Jacques ne peut pas aller à l'école.
4. La mère de Jacques téléphone à Marc.

Bois de Boulogne, Paris

L'art de la lecture

Cognates and false cognates

This selection, like the others you have read, contains many French-English cognates.

- Reread the selection carefully and find the French cognates which correspond to the following words: *to celebrate, arrival, reason, to help (aid), violets, to regret, temperature, epidemic.* (Be sure to give the appropriate determiner with each noun.)

- Reread the selection and find the sentences in which the following false cognates occur. Remember their meanings:

  gentil means *nice*, NOT "gentle"
  l'herbe means *grass*, NOT "herb" (although **les herbes** means *herbs*)
  hop! is an exclamation indicating a sudden movement; it does not mean "hop."

If you are reading French and come across a word which looks like a cognate, but realize that the English equivalent does not fit the context, check the word in your dictionary. You cannot usually guess the meanings of false cognates. You have to learn them!

Travaux pratiques de lecture

Read the following sentences. For each sentence choose the word in parentheses which corresponds to the underlined word. Is the underlined word a false cognate? If so, explain why.

1. Jacques achète une raquette de tennis dans un <u>magasin</u> de sports. (*magazine, shop*)
2. Il achète des livres de classe à la <u>librairie</u> Durand. (*library, bookstore*)
3. Le père de Jacques travaille dans un <u>bureau</u> en ville. (*bureau, office*)
4. Il n'a jamais d'accident de voiture! C'est un excellent <u>conducteur</u>. (*conductor, driver*)
5. Marc <u>attend</u> Jacques qui n'est pas à l'heure. (*attends, waits for*)
6. Jacques n'a pas de <u>chance</u>: il est toujours malade pendant les vacances. (*chance, luck*)
7. Pour les vacances de printemps, Marc <u>ne reste pas</u> à Paris. Il va chez son oncle en Normandie. (*does not rest, does not stay*)
8. Marc va <u>assister à</u> un match de football. (*to assist, to go to*)

Understanding pronouns

To understand a sentence in which a personal pronoun is used, it is important to know which noun the pronoun is replacing. This noun is called the "antecedent" of the pronoun. The antecedent occurs before the pronoun, but not necessarily in the same sentence, or even in the preceding sentence.

- What is the antecedent of the underlined pronoun in the paragraph below?

  «Jacques est chez lui. Il tousse. Il a de la température. Le docteur <u>lui</u> dit qu'il a un méchant rhume.»

- What are the antecedents of the other object pronouns in the passage?

Usually you have no trouble finding the antecedent of a pronoun. Sometimes, however, two antecedents are grammatically possible and the reader must decide which antecedent makes the most sense.

Travaux pratiques de lecture

Read the following sentences. Which of the two nouns in parentheses is the logical antecedent of the underlined pronoun?

1. Jacques désire inviter Marc. Il <u>lui</u> téléphone. (Jacques, Marc)
2. Les cousins de Marc sont chez Jacques. Marc <u>leur</u> téléphone. (ses cousins, Jacques)
3. Jacques demande à Marc si sa mère est à la maison. Marc <u>lui</u> répond que non. (Jacques, sa mère)
4. Jacques demande la date de l'examen parce qu'il ne <u>la</u> connaît pas. (la date, l'examen)
5. Jacques demande à Marc de téléphoner au professeur pour <u>lui</u> dire qu'il est malade. (Marc, le professeur)
6. Jacques parle à Marc de sa cousine parce qu'il désire <u>la</u> connaître. (Marc, sa cousine)
7. Jacques achète des fleurs pour ses parents. Il va <u>les</u> offrir pour leur anniversaire de mariage. (ses parents, les fleurs)
8. Marc n'aime pas son professeur d'anglais. Il <u>lui</u> demande d'étudier. (Marc, son professeur)

TESTS DE CONTRÔLE
Chapitre sept

Directions: Write out your answers to the following test-exercises on a separate sheet of paper. Then turn to page 434 to correct your work. Do not check your answers until you have completed all the tests.

STRUCTURE

TEST 1. *Au grand magasin*

Marc and his friends are spending their monthly allowance in a department store. Say what each one selects by completing the sentences below with the appropriate forms of **choisir.**

1. Marc —— des disques.
2. Nous —— des livres.
3. Je —— un transistor.
4. Tu —— une cassette.
5. Vous —— une montre.
6. Hélène —— un sac.
7. Nos amies —— des jeans américains.
8. Jacques et Pierre —— des posters.

TEST 2. *A Paris*

Jean-Michel and his friends are in Paris for one day only. They are talking about what they can do. Complete the following sentences with the appropriate forms of **pouvoir.**

1. Nous —— aller à l'Opéra.
2. Vous —— visiter un musée.
3. Tu —— prendre des photos.
4. Je —— aller à la Tour Eiffel.
5. Daniel —— aller dans un café.
6. Henri et Jacques —— aller au Louvre.
7. Monique —— regarder les magasins.
8. Sophie et Nathalie —— acheter des souvenirs.

TEST 3. *Monuments*

If someone wants to see the monuments mentioned below, he must go to the cities where they are located. Complete the following sentences with the appropriate forms of **vouloir** (first blank) and **devoir** (second blank).

1. Si vous ── visiter Notre Dame, vous ── aller à Paris.
2. Si nous ── visiter le Kremlin, nous ── aller à Moscou.
3. Si vos amis ── visiter le World Trade Center, ils ── aller à New York.
4. Si ton frère ── visiter l'Astrodome, il ── aller à Houston.
5. Si tu ── visiter Bunker Hill, tu ── aller à Boston.
6. Si je ── visiter le Colisée, je ── aller à Rome.

TEST 4. *Excès alimentaires* (overeating)

Doctor Bonconseil is scolding a patient who has been overeating. Complete the doctor's statements with **trop** or **trop de (d')**, as appropriate.

1. Vous mangez ── .
2. Vous prenez ── gâteaux.
3. Vous mangez ── pain.
4. Vous aimez ── la bière.
5. Vous dînez ── souvent au restaurant.
6. Vous avez ── appétit.
7. Votre femme vous prépare ── bons repas.
8. Vous allez à ── banquets.

TEST 5. *Départ*

Pierre is packing the things indicated in parentheses, in preparation for his vacation. Complete the sentences below with the direct object pronouns **(le, la, les, en)** which correspond to the items mentioned.

1. (sa guitare) Il ── prend.
2. (des disques) Il ── prend.
3. (de l'argent) Il ── prend.
4. (ses livres) Il ── prend.
5. (de l'aspirine) Il ── prend.
6. (des enveloppes) Il ── prend.
7. (son sac) Il ── prend.
8. (son appareil-photo) Il ── prend.

TEST 6. *Jacques aussi*

Jacques has the same things that Marie has. Describe what Jacques owns. Use pronouns.

MODÈLE: Marie a une guitare. *your paper:* *Jacques aussi en a une.*

1. Marie a un vélo.
2. Marie a une voiture.
3. Marie a dix posters.
4. Marie a six disques de jazz.
5. Marie a beaucoup de photos.
6. Marie a peu de livres.

TEST 7. *La personnalité et l'expression*

A person's way of acting often reflects his personality. Complete the sentences below with adverbs in **-ment** corresponding to the traits and characteristics mentioned.

1. Jacques est stupide. Il travaille —— .
2. André est idiot. Il joue —— .
3. Michèle est originale. Elle répond —— .
4. Marc est calme. Il travaille —— .
5. Pierre est énigmatique. Il parle —— .
6. Anne est vague. Elle répond —— .

TEST 8. *La course cycliste*

Some of Jean-Pierre's friends entered a local bicycle race. Give the results of the race by writing out the ordinal numbers which correspond to the positions given in parentheses.

1. Jacques est —— . (1)
2. Claude est —— . (2)
3. Michel est —— . (3)

4. Roger est —— . (5)
5. Robert est —— . (6)
6. Luc et François sont —— . (11)

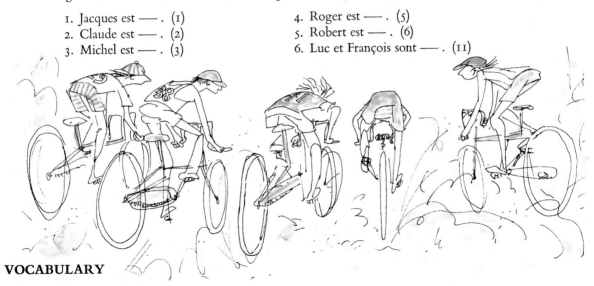

VOCABULARY

TEST 9. *A vous de choisir*

Which of the expressions in parentheses best completes the sentences below?

1. (interprète, un journaliste) Gilbert veut être —— .
2. (gagner, pour gagner) Je travaille —— de l'argent.
3. (fait, faut) Pour être artiste, il —— du talent.
4. (assez, peu) Je ne peux pas aller au cinéma. Je n'ai pas —— d'argent.
5. (trop, peu) Il ne peut pas jouer avec toi. Il a —— de travail.
6. (Réfléchissez, Réussissez) —— à cette question et prenez une décision.
7. (rater, réussir) Si tu ne travailles pas, tu vas —— ton examen.
8. (passer, être reçu à) Je pense —— mon examen parce que je travaille beaucoup.

Images de la France

TRAVAIL ET REPOS

Les études secondaires

A l'âge de onze ans, les jeunes Français entrent au collège, ou plus exactement au C.E.S. (Collège d'Enseignement Secondaire). A l'âge de dix-sept ou dix-huit ans, ils passent le «bac» (ou baccalauréat). En France, le baccalauréat marque la fin° des études° secondaires.

Voici la correspondance approximative entre les études secondaires en France et aux États-Unis.

fin end; **études** studies

EN FRANCE			AUX ÉTATS-UNIS	
École	*Classe*	*Age*	*École*	*Classe*
C.E.S.	sixième	11 ans	grade school	6th
	cinquième	12 ans		7th
	quatrième	13 ans	junior high school	8th
	troisième	14 ans		9th
lycée	seconde	15 ans		10th
	première	16 ans	high school	11th
	terminale	17 ans		12th

Vrai ou faux?

1. Le C.E.S. est une école secondaire.
2. «Bac» veut dire baccalauréat.
3. Après la quatrième, il y a la cinquième.
4. Le lycée français est l'équivalent de la «high school» américaine.

289

	LUNDI	MARDI	MERCREDI	JEUDI	VENDREDI	SAMEDI
8h. à 9h.	DESSIN / MUSIQUE	E P	FRANÇAIS	ANGLAIS	TP / SN	HIS-GEO
9h. à 10h.	LATIN	ALLEMAND	MATHS / FRANÇAIS	ANGLAIS	TP / SN	LATIN
10h. à 11h.	HIS-GEO	HIS. GEO	FRANÇAIS / MATHS	FRANÇAIS	TP	
11h. à 12h.	MATHS	MATHS		ALLEMAND	TP	
12h. à 13h.						
14h. à 15h.	FRANÇAIS	LATIN		STADE	ALLEMAND	
15h. à 16h.	ANGLAIS	FRANÇAIS		STADE	ANGLAIS	
16h. à 17h.	ANGLAIS / RENFORCÉ			STADE	MATHS	
17h. à 18h.					MUSIQUE	

Les études

L'étude des langues

«Parlez-vous anglais?» En France, cette question est très souvent posée° aux personnes qui veulent travailler dans l'industrie. Parler anglais n'est donc pas un luxe.° C'est une nécessité. Voilà probablement pourquoi la très grande majorité (90%) des jeunes Français étudient l'anglais. En fait, l'étude des langues est obligatoire° dans les écoles secondaires françaises. Tous° les élèves étudient au moins° une langue. Ils commencent l'étude des langues au C.E.S. à l'âge de onze ans. Beaucoup d'élèves commencent une seconde langue à quatorze ans.

Quelles langues étudie-t-on en France? Essentiellement l'anglais, mais aussi l'allemand, l'espagnol, l'italien, l'arabe, le russe . . . et le latin. Le français est en effet une langue d'origine latine et beaucoup de personnes pensent qu'il faut connaître le latin pour bien connaître le français!

posée asked; luxe luxury; obligatoire required; Tous All; au moins at least

Vrai ou faux?

1. En France, on commence l'étude des langues à l'université.
2. Les Français étudient principalement l'italien.
3. Quand on travaille dans l'industrie, il est utile de parler anglais.
4. Le français est une langue d'origine latine.

Le «bac» et après

En principe,° les jeunes Français doivent aller à l'école jusqu'à° l'âge de seize ans. Beaucoup continuent jusqu'au «bac». Le baccalauréat est un examen relativement difficile. Trente pour cent (30%) des candidats le ratent. Que font les élèves qui sont reçus? Ça dépend! S'ils veulent continuer leurs études, ils vont:

(1) à l'université (pour étudier le droit,° la médecine, la pharmacie, les lettres, les sciences)
(2) dans une «grande école» d'ingénieurs° ou de commerce.

N'imaginez pas que tous les jeunes Français vont à l'université. Seulement° seize pour cent (16%) des Français font des études universitaires. Cette proportion est plus faible° qu'aux États-Unis, mais plus élevée° que dans les autres pays européens.

principe m. principle; jusqu'à until; droit law; ingénieurs m. engineers; Seulement Only; plus faible lower; plus élevée higher

Vrai ou faux?

1. A seize ans, les Français vont à l'université.
2. Le baccalauréat est un examen.
3. Soixante-dix pour cent (70%) des candidats au «bac» sont reçus.
4. La majorité des Français vont à l'université.

PROJETS CULTURELS

Projet de classe

Locate a person from a French-speaking country, perhaps an exchange student at a nearby college or university, and invite this person to come to your class to tell you what it's like to go to school in his or her country. Also prepare a list of questions in French and conduct a short interview that you can record on tape for later study in class.

Projet individuel

Write a letter to a French university asking them to send you a brochure listing their summer courses for foreign students. (Source: for the names of French universities, write to: French Embassy, 2535 Belmont Road, N.W., Washington, D.C. 20008.)

Les fêtes et les vacances

Les fêtes

Les Français célèbrent beaucoup de fêtes.
Certaines ont un caractère particulier,
comme Mardi Gras et le 14 juillet.

Mardi Gras

Mardi Gras est une fête d'origine religieuse,
célébrée° quarante (40) jours avant Pâques.
C'est une fête très joyeuse. Dans certaines
villes comme à Nice en Provence, il y a
des défilés° de chars,° des bals masqués et
on danse dans les rues. Mardi Gras est
célébré aussi dans certains pays de tradition
française: en Haïti, à la Martinique . . . Et
n'oublions pas le Carnaval de Québec et le
célèbre Mardi Gras de la Nouvelle-Orléans.

292

Le 14 juillet

Le 14 juillet est la fête nationale française.
Cette fête commémore° le commencement
de la Révolution française en 1789. C'est
aussi une fête joyeuse. Le matin on
assiste au défilé militaire. Ensuite,° on
danse dans les rues et le soir on assiste
au traditionnel feu d'artifice.°

célébrée celebrated; **défilés** m. parades; **chars** m. floats; **commémore** commemorates; **Ensuite** Afterwards; **feu d'artifice** m. fireworks

Vrai ou faux?

1. Mardi Gras est célébré après Pâques.
2. A la Martinique on célèbre Mardi Gras.
3. La fête nationale française est célébrée le 4 juillet.
4. Le 14 juillet on danse dans les rues.

Les vacances

En France, les vacances jouent un rôle très important. On les prépare longtemps° à l'avance. Pour les Français, le mot «vacances» ne signifie pas uniquement «repos».° Il signifie aussi «voyages». Où vont les jeunes Français pendant les grandes vacances? Ça dépend! Beaucoup vont avec leurs parents à la campagne, à la montagne, à la mer° . . . D'autres rendent visite à leurs cousins, à leurs grands-parents. Certains vont dans un pays étranger,° comme l'Angleterre ou l'Allemagne.° Il y a d'autres formules plus originales. On peut faire du camping avec des copains. On peut aussi aller dans un camp de vacances international. Dans ces camps les jeunes Français ont l'occasion de rencontrer° des jeunes de toutes° nationalités. On peut° travailler en équipe° à restaurer un vieux° château, une vieille° église . . . Il y a mille façons° de passer des vacances intéressantes en France.

longtemps a long time; repos m. rest; mer ocean; étranger foreign; l'Allemagne Germany; rencontrer meet; toutes all; peut can; équipe f. team; vieux, vieille old; façons f. ways

Vrai ou faux?

1. Pendant les vacances, les Français voyagent très rarement.
2. Beaucoup de jeunes passent leurs vacances en famille.
3. Certains Français vont en Angleterre.
4. D'autres font du camping.

PROJETS CULTURELS

Projet de classe

Prepare an exhibit advertising one or several vacation areas of your choice in France or in French-speaking countries. (Possibilities range from the Sahara to Tahiti, from the Alps to the Gaspé peninsula.)

Projet individuel

Write a brief summary of the events commemorated on July 14, Bastille Day. (Sources: history books; encyclopedias)

Chapitre huit JIM

8.1 *UNE LETTRE DE FRANCE*

A la Nouvelle-Orléans

Jim Dumas rentre chez lui. Sa sœur l'attend.

CAROLINE: Mais d'où viens-tu Jim? Nous te cherchons partout.
JIM: Je reviens du cinéma. Qu'est-ce qu'il y a? Une mauvaise nouvelle?
CAROLINE: Au contraire. Une très bonne nouvelle! Tante Jacqueline vient d'écrire à Maman. Elle nous invite à passer un mois sur la Côte d'Azur!
JIM: Formidable! Nous allons passer par Paris, je suppose . . .
CAROLINE: Oui, bien sûr.
JIM: Bon, je vais écrire à Philippe Fournier, mon correspondant français. Je vais lui demander s'il peut venir à Orly.

La lettre de Jim

> *Mon cher Philippe,*
>
> *J'ai une surprise pour toi: nous allons bientôt <u>faire connaissance</u>. Ma tante de Nice vient en effet de nous inviter, ma sœur et moi. Nous allons donc passer un mois chez elle sur la Côte d'Azur. Mais avant, nous allons passer <u>une journée</u> à Paris. Je viens d'acheter les <u>billets</u>. Nous arrivons à Orly le 2 juillet à dix heures du matin. Si tu n'as pas d'autres projets, viens donc à l'aéroport à cette heure-là avec ta sœur. Réponds-moi rapidement.*
>
> *Amicalement,*
> *ton ami américain*
> *Jim*

meet

=un jour

tickets

1. La Côte d'Azur, c'est la «Riviera française». Cette région a un climat chaud et de très belles plages. Voilà pourquoi elle est très fréquentée par les touristes. Nice est la ville principale de la Côte d'Azur.

2. Orly est l'aéroport de Paris.

Vrai ou faux?

1. Jim **va** au cinéma.
2. Tante Jacqueline **va** écrire.
3. Jim **va** écrire à Philippe.
4. Jim **vient** du cinéma.
5. Tante Jacqueline **vient d'**écrire.
6. Jim **vient d'**écrire à Philippe.

OBSERVATIONS

Reread the section **Vrai ou faux** above.

- In sentences 2 and 3, which verb is used to say that Tante Jacqueline *is going to* write? Jim *is going* to write?
- In sentences 5 and 6, which expression is used to say that . . . *has just* written?

Petit vocabulaire

NOMS:	un **aéroport**	*airport*	une **correspondante**	*pen pal* (girl)
	un **correspondant**	*pen pal*		
ADJECTIFS:	**cher (chère)**	*dear*	**Chère** Nathalie, . . .	
	fréquenté	*crowded*; *popular*	Cette plage est très **fréquentée.**	
VERBE RÉGULIER:	**passer (par)**	*to pass* (*by, through*)	Tu **passes par** Paris?	
VERBES IRRÉGULIERS:	**écrire**[1]	*to write*		
	lire[1]	*to read*		
	revenir (de)	*to come back* (*from*)	D'où **revenez**-vous?	
	venir (de)	*to come* (*from*)	Nous **venons de** Paris.	
EXPRESSIONS:	**bientôt**	*soon*		
	partout	*everywhere*		
	qu'est-ce qu'il y a?	*what's the matter?*		
	venir de + infinitive	*to have just* (*done something*)	Nous **venons de** regarder la télé.	

NOTE DE VOCABULAIRE: The verb **passer** has several meanings:

to spend (time)	Je vais **passer** un mois à Paris.
to pass	Nous allons **passer** par Paris.
to take (a test)	Vous devez **passer** un examen d'anglais demain.

[1] For the conjugations of these verbs, see **Structure**, Section A, p. 306.

LA LANGUE FRANÇAISE

PRONONCIATION

Révisons: les sons /ɑ̃/ et /ɛ̃/

/ɑ̃/ tante, Maman, demande, Orléans, France, correspondant
Demande à Maman si Tante Andrée est en France.

/ɛ̃/ bien, viens, invite, américain, canadien
Je viens d'inviter un ami américain pour demain.

Révisons: le son /ə/

In the middle of a word, the letter **e** followed by a single consonant represents the sound /ə/.

venir, venons, venez, revenir, revenons, revenez
Nous venons de demander à René de revenir.

STRUCTURE

A. LE VERBE *VENIR*

The verb **venir** (*to come*) is irregular. Here is the form chart for the present tense.

venir		Vas-tu **venir** avec moi?
je	viens	Je **viens** de l'école.
tu	viens	D'où **viens**-tu, Jim?
il/elle	vient	Jim **vient** du cinéma.
nous	venons	Nous ne **venons** pas chez toi.
vous	venez	**Venez**-vous avec nous ce soir?
ils/elles	viennent	Est-ce qu'ils **viennent** aujourd'hui?

Revenir (*to come back*) is conjugated like **venir.**

Exercice 1. **Un jamboree**

Situation: Les filles et les garçons suivants participent à un jamboree international.
Action: Dites de quelle ville ils viennent.

MODÈLE: Philippe est français. (Paris)   Il vient de Paris.

1. Henri est suisse. (Genève)
2. Je suis sénégalais. (Dakar)
3. Vous êtes français. (Nice)
4. Nous sommes tunisiens. (Tunis)
5. Jim est américain. (la Nouvelle-Orléans)
6. Janet et Gail sont anglaises. (Liverpool)
7. Tu es canadienne. (Montréal)
8. Jean et Jacques sont haïtiens. (Port-au-Prince)

Révisons

The construction **aller** + *infinitive* is used to express the near future.

Cet été, je **vais** voyager. *This summer I am going to travel.*

Exercice de révision. ***Expression personnelle***

Choisissez un(e) camarade dans la classe. Demandez-lui s'il (si elle) va faire les choses suivantes pendant les vacances.

MODÈLE: voyager   Vous: **Vas-tu voyager?**

Votre camarade: **Oui, je vais voyager.**

ou: **Non, je ne vais pas voyager.**

1. aller en France
2. rester à la maison
3. étudier
4. travailler
5. aller à la plage
6. faire du tennis

B. *VENIR DE* + INFINITIF

To express an event that has taken place in the recent past, the French use the following construction:

venir de + infinitive	Jim **vient de** téléphoner.	*Jim (has) just phoned.*
↓ **d'** (+ vowel sound)	Il **vient d'**arriver.	*He (has) just arrived.*

If the infinitive is used with pronoun objects, these come immediately before the infinitive.

Nous venons de **lui** parler.   *We (have) just talked to him.*

— Où est ton vélo?

— Je viens de **le** prêter à Jim.[1]   *I (have) just loaned it to Jim.*

Exercice 2. ***Avant le départ***

Situation: Madame Dumas demande à ses enfants de faire certaines choses. Jim dit qu'il va les faire. Caroline dit qu'elle vient de les faire.

Action: Jouez le rôle de Jim et de Caroline.

MODÈLE: Téléphonez à votre professeur.

Jim: **Je vais téléphoner à mon professeur.**

Caroline: **Je viens de téléphoner à mon professeur.**

1. Invitez vos amis.
2. Répondez à Tante Jacqueline.
3. Prenez des photos de la famille.
4. Cherchez vos passeports.
5. Passez à la banque.
6. Prenez de l'argent.
7. Achetez des livres.
8. Achetez des disques.

[1] Note that direct object pronouns do not contract with **de.** Contraction only occurs with the definite article: Que penses-tu **du** frère de Caroline?

Exercice 3. **Avant et après**

Situation: Les amis de Jim ont certains projets.
Action: Parlez de ces projets avant et après leur exécution.

MODÈLE: Nous: jouer au tennis   avant — **Nous allons jouer au tennis.**
                                   après — **Nous venons de jouer au tennis.**

1. Moi: finir mes devoirs
2. Toi: écouter la radio
3. Nous: prendre des photos
4. Vous: regarder la télé

5. Hélène: étudier
6. Henri: travailler
7. Pierre et Jacques: téléphoner
8. Max et Isabelle: passer un examen

C. LA PLACE DES PRÉPOSITIONS

A French sentence can never end on a preposition. Compare the French word order and the informal English word order:

D'où vient Jim?

*Where is Jim coming **from?***
(From where is Jim coming?)

Avec qui va-t-il au cinéma?

*Whom is he going to the movies **with?***
(With whom is he going to the movies?)

A quel aéroport arrivez-vous?

*What airport are you arriving **at?***
(At which airport are you arriving?)

Exercice 4. **Et toi?**

Situation: Jim dit à Caroline ce qu'il fait. Il veut obtenir les mêmes renseignements (*information*) sur les activités de Caroline.

Action: Jouez le rôle de Jim.

MODÈLES: Je reviens de l'école.

Et toi, Caroline, d'où reviens-tu?

Je vais au cinéma avec Georges.

Et toi, Caroline, avec qui vas-tu au cinéma?

Jim:

1. Je rentre de la banque.
2. Je joue au tennis avec Sylvie.
3. Je danse avec Michèle.
4. Je téléphone à Robert.

5. Je parle à Max.
6. Je dîne chez François.
7. Je vais en ville avec Isabelle.
8. Je vends mes disques à Georges.

Entre nous

A Paris, Michèle a une surprise pour son frère Jacques.

MICHÈLE: Dis Jacques, ton ami Bob vient de téléphoner.
JACQUES: Mon ami Bob de la Nouvelle-Orléans? Pas possible!
MICHÈLE: Mais si, je t'assure.
JACQUES: Mais où est-il?
MICHÈLE: A Orly.
JACQUES: Ce n'est pas vrai!
MICHÈLE: Si, c'est vrai. Demande à Maman.
JACQUES: Dis Maman, c'est vrai que Bob est ici?
MADAME BEL: Mais oui, c'est vrai! Il vient d'arriver de la Nouvelle-Orléans.

Expressions pour la conversation

To say *yes*, the French use:

oui	to answer an affirmative statement or question	— Paris est en France? — **Oui,** Paris est en France.
si	to contradict a negative statement or question	— Paris n'est pas en France. — **Si,** Paris est en France.

L'art du dialogue

a. Jouez les rôles de Michèle, de Jacques et de Madame Bel.

b. Supposez que Jacques vous pose des questions sur l'Amérique. Répondez-lui. Commencez vos phrases par **oui** ou **si**.

1. New York est une grande ville?
2. San Francisco est en Californie?
3. Washington n'est pas la capitale?
4. La Nouvelle-Orléans est en Louisiane?
5. Houston n'est pas au Texas?
6. Miami n'est pas en Floride?

Aéroport de Paris: Orly

LECTURE CULTURELLE: **La Louisiane française**

Connaissez-vous l'origine du mot° «Louisiane»? Elle est très simple. Cet état° américain est nommé° en l'honneur d'un roi° de France, le roi Louis Quatorze (1638–1715). La Louisiane est en effet une ancienne colonie française. (En fait, la Louisiane française était° beaucoup plus vaste que la Louisiane d'aujourd'hui: c'était le bassin du Mississippi.)

Il y a encore° une réelle présence française en Louisiane. Connaissez-vous le «Vieux Carré»° (*"French Quarter"*) à la Nouvelle-Orléans? Savez-vous que certaines familles très anciennes de la Nouvelle-Orléans parlent encore français? Savez-vous que dans la région des «bayous», de Thibodaux à Lake Charles, de très nombreuses personnes ont eu° le français comme° langue maternelle et que blancs et noirs parlent encore français dans leur travail?°

mot word; **état** state; **nommé** named; **roi** king; **était** was; **encore** still

Vieux Carré *lit.* old square; **ont eu** have had; **comme** as; **travail** work

Le «Vieux Carré» à la Nouvelle-Orléans

Voici quelques dates de l'histoire de la Louisiane française:

1682   La Salle, un explorateur français, découvre° l'estuaire du Mississippi. Il donne le nom de Louisiane à la région du Mississippi.

1710   Les colons français fondent° Mobile.

1722   La Nouvelle-Orléans est la capitale de la Louisiane.

1763–1800   Les Espagnols occupent la Louisiane.

1803   L'empereur français Napoléon Premier vend la Louisiane aux États-Unis.

1968   La législature de la Louisiane crée le Conseil pour le Développement du Français en Louisiane (CODOFIL).

VIVE LA DIFFERENCE
LA LOUISIANE
EST BILINGUE

découvre discovers; **fondent** found (*establish*)

Vrai ou faux?

1. La Louisiane est une ancienne colonie française.
2. Louis Quatorze est un roi de France.
3. Certaines familles de la Nouvelle-Orléans parlent français.
4. Le «Vieux Carré» est à la Nouvelle-Orléans.

Les Acadiens en Louisiane

L'Acadie est l'ancien° nom de la Nouvelle-Écosse,° au Canada. Cette région a été développée° aux 16ᵉ et 17ᵉ siècles° par des colons français, les Acadiens. Malheureusement° pour eux, l'Acadie est devenue° une colonie anglaise. En 1755, les Anglais ont décidé de déporter par la force des milliers° d'Acadiens. Un grand nombre de ces Acadiens sont venus° en Louisiane. Leurs descendants, les «Cajuns», habitent toujours dans la région des «bayous». (Le mot «Cajun» est une déformation° du mot «Acadien».)

Le grand poète américain, Longfellow, a immortalisé l'exode° cruel et tragique des Acadiens dans son poème «*Evangeline*». L'histoire d'Évangéline est une histoire vécue° et embellie° au cours des années.° Évangéline, une jeune Acadienne, est fiancée à Gabriel. Au moment où ils vont se marier,° Évangéline et Gabriel sont déportés en Louisiane. Malheureusement, ils prennent des bateaux° différents. Évangéline perd la trace de son fiancé. Elle passe le reste de son existence à le chercher. Finalement, elle le trouve au moment où il va mourir.° Aujourd'hui, on peut voir° la statue d'Évangéline à côté de° l'église Saint Martin de Tours à St. Martinville (Louisiane).

ancien former; **la Nouvelle-Écosse** Nova Scotia; **a été développée** was developed; **un siècle = 100 ans**; **Malheureusement** Unfortunately; **est devenue** became; **milliers** thousands; **sont venus** came; **déformation** change (*in a word*); **l'exode = le départ**; **vécue** true-to-life; **embellie** embellished; **au cours des années** through the years; **se marier** to get married; **bateaux** ships; **mourir** to die; **voir** see; **à côté de** next to

8.2 *UNE LETTRE DES ÉTATS-UNIS*

A Paris. Chez les Fournier.

NATHALIE: Tiens! Une lettre des États-Unis.

PHILIPPE: C'est probablement une lettre de mon ami Jim.

NATHALIE: Qu'est-ce qu'il dit?

PHILIPPE: Une seconde. (*Il lit la lettre de Jim.*) Eh bien, il dit qu'il vient passer le mois de juillet en France. Il écrit qu'il va passer par Paris avec sa sœur. Il nous demande de venir à l'aéroport. Voilà sa lettre. Lis-la, si tu veux.

NATHALIE: Je suis très curieuse de le connaître, ce Jim. Écris-lui immédiatement! Dis-lui que nous les attendons, lui et sa sœur, à Orly. Dis-lui aussi que nous allons leur montrer Paris.

PHILIPPE: D'accord. Je vais leur écrire. Donne-moi une enveloppe et du papier, s'il te plaît.

Vrai ou faux?

1. Nathalie dit **qu**'il y a une lettre des États-Unis.
2. Philippe dit **que** c'est probablement une lettre de Jim.
3. Jim écrit **qu**'il vient passer le mois d'août en France.
4. Nathalie dit **qu**'elle est curieuse de connaître Jim.
5. Philippe dit **qu**'il ne veut pas écrire à Jim.

OBSERVATIONS

Reread **Vrai ou faux** above.

- What is the French equivalent of: *Nathalie says (that) there is a letter from the United States?*
- Which word follows **dit?** How is it spelled before a vowel sound? What is the English equivalent of that word?

Petit vocabulaire

NOMS:	du **papier**	*paper*	une **enveloppe** *envelope*
VERBES IRRÉGULIERS:	**dire**	*to say, tell*	Qu'est-ce que tu **dis?**
	écrire	*to write*	Philippe va **écrire** une lettre.
	lire	*to read*	Jim va **lire** cette lettre.
EXPRESSION:	**s'il te plaît**	*please*	Viens ici, **s'il te plaît.**

304

NOTES DE VOCABULAIRE

1. To say *please*, the French use —

s'il te plaît, when talking to a person they address as **tu:**

Donne-moi du papier, **s'il te plaît.**

s'il vous plaît, when talking to one or more persons they address as **vous:**

Donnez-moi une enveloppe, **s'il vous plaît.**

The above expressions usually come at the end of the sentence.

2. The verbs **dire** and **écrire** take an indirect object, as does the verb **demander** (see **Structure,** Section A, p. 232).

Dis **à Philippe** de téléphoner.   (Dis-**lui** de téléphoner.)
Écrivez **à Jacqueline** de venir.   (Écrivez-**lui** de venir.)

Vocabulaire spécialisé: les pays

un **pays**	country	une **nation**	nation
le **Canada**	Canada	l'**Allemagne**	Germany
les **États-Unis**[1]	United States	l'**Angleterre**	England
le **Mexique**	Mexico	la **Belgique**	Belgium
		l'**Espagne**	Spain
		la **France**	France
		l'**Italie**	Italy
		la **Suisse**	Switzerland

NOTE DE VOCABULAIRE: The definite article is generally used with names of countries.

La France et **l'**Italie sont des pays européens.

LA LANGUE FRANÇAISE

PRONONCIATION

Révisons: les sons /a/ et /i/

/a/ la, sa, passe, voilà, à, Nathalie
Nathalie passe par Paris avec Barbara.

/i/ il, si, lis, dis, écris, Paris, Philippe, Sylvie
L'ami de Philippe dit qu'il arrive à Paris.

[1] Note the required liaison in **les États-Unis** (/lezetazyni/).

STRUCTURE

A. LES VERBES *DIRE, ÉCRIRE* ET *LIRE*

The verbs **dire** (*to say*), **écrire** (*to write*) and **lire** (*to read*) are irregular. Here are the forms of these three verbs in the present tense.

dire	lire	écrire
je dis	je lis	j' écris
tu dis	tu lis	tu écris
il/elle dit	il/elle lit	il/elle écrit
nous disons	nous lisons	nous écrivons
vous dites	vous lisez	vous écrivez
ils/elles disent	ils/elles lisent	ils/elles écrivent

Exercice 1. **Lecture et écriture** (*reading and writing*)

Situation: Certaines personnes aiment lire, d'autres personnes préfèrent écrire.
Action: Dites que la première personne lit et que la seconde écrit.

MODÈLE: Jim, Caroline (une lettre)   **Jim lit une lettre. Caroline écrit une lettre.**

1. Nous, vous (un poème)
2. Toi, moi (un livre)
3. Moi, nous (un article)
4. Vous, toi (une fable)
5. Michèle, Pierre (un télégramme)
6. mes cousins, mes cousines (un message)

Questions personnelles

1. Aimez-vous lire?
2. Quels livres lisez-vous en classe d'anglais?
3. Lisez-vous des magazines?
4. Quels magazines lisez-vous?
5. Préférez-vous lire ou regarder la télé?
6. Aimez-vous écrire?
7. A qui écrivez-vous?
8. Écrivez-vous à vos amis pendant les vacances?

B. LA CONJONCTION *QUE*

The conjunction **que** is used after verbs like **écrire, lire,** and **dire** to introduce a clause.[1]

Contrast the French and the English:

Jim écrit **qu'**il vient en France.
Il dit **qu'**il passe par Paris.

Jim writes (that) he is coming to France.
He says (that) he is passing through Paris.

[1] A clause consists of a subject and verb, plus any related words.

Je pense **que** vous allez aimer Paris.   *I think (that) you are going to like Paris.*
Trouvez-vous **que** c'est une belle ville?   *Do you think (that) it is a beautiful city?*

In sentences like the ones above, the conjunction **que** must always be used in French. (In English the equivalent word *that* is often left out.)

Exercice 2. **Paris**

Situation: Les amis de Jim donnent leurs opinions sur Paris.
    Action: Exprimez l'opinion des amis de Jim. Utilisez le verbe **dire.**

MODÈLE: Hélène: c'est une belle ville   **Hélène dit que c'est une belle ville.**

1. Nous: nous aimons Paris
2. Vous: il y a de beaux monuments
3. Toi: c'est une trop grande ville
4. Moi: j'aime le Quartier Latin

5. Suzanne: elle préfère la Nouvelle-Orléans
6. Ses cousins: ils n'aiment pas Paris
7. Ses cousines: elles vont y aller
8. Marc: il veut y aller à Pâques

Opinions personnelles

Commencez vos réponses par **Je pense que.**

MODÈLE: Est-ce que le français est facile?   **Je pense que le français est facile.**
    ou: **Je pense que le français n'est pas facile.**

1. Est-ce que les math sont difficiles?
2. Est-ce que la classe de français est intéressante?
3. Est-ce que les professeurs sont sévères?
4. Est-ce que les parents sont trop stricts?
5. Est-ce que les examens sont nécessaires?
6. Est-ce que vous étudiez assez?

C. LES PRÉPOSITIONS AVEC LES NOMS DES PAYS

To express location in and movement to or from a country, the French use the following prepositions:

	MASCULINE SINGULAR COUNTRY		FEMININE SINGULAR COUNTRY		PLURAL COUNTRY	
in *to*	**au**	J'habite **au** Canada. Je vais **au** Mexique.	**en**	Nous sommes **en** France. Nous allons **en** Suisse.	**aux**	Je suis **aux** États-Unis. Il va **aux** États-Unis.
from	**du**	Je reviens **du** Mexique.	**de**	Jim arrive **d'**Italie.	**des**	Elle rentre **des** États-Unis.

Exercice 3. **En transit**

Situation : Les voyageurs suivants sont en transit à Paris. Le premier pays est leur pays d'origine. Le second pays est leur destination.

Action : Dites d'où vient chaque voyageur et où il va.

MODÈLE : Marc (le Canada, l'Italie) **Marc vient du Canada. Il va en Italie.**

1. Jacqueline (l'Italie, l'Angleterre)
2. Robert (le Danemark, l'Espagne)
3. Michèle (les États-Unis, la Belgique)
4. Jacques (la Russie, la Suisse)
5. Nicole (le Sénégal, le Canada)
6. Monique (les Bermudes, le Portugal)
7. Hélène (le Japon, le Mexique)
8. Pierre (la Chine, les Bahamas)

Entre nous

Bob visite Paris avec ses amis Jacques et Michèle. Il *découvre* que le = *trouve* français n'est pas trop difficile.

BOB : J'ai faim !

MICHÈLE : Moi aussi.

BOB : Alors, allons dans un.... Dites, comment dit-on «snack bar» en français ?

JACQUES : On dit «snack-bar».

BOB : Et comment dites-vous «hot dog» ?

JACQUES : On dit «hot-dog».

MICHÈLE : Le français est une langue très simple, n'est-ce pas ?

Expression pour la conversation

To reinforce a statement, or to turn a statement into a question, the French use:

n'est-ce pas? *isn't it? (aren't you?* Nous allons dans un snack-bar, **n'est-ce pas?**
don't we? etc.)

NOTE : When a person uses **n'est-ce pas,** he expects others to agree with him.

L'art du dialogue

a. Jouez les rôles de Bob, Michèle et Jacques.

b. Imaginez que vous voulez vérifier les renseignements (*information*) suivants. Posez des questions avec l'expression **n'est-ce pas.**

MODÈLE : Paris est en France. **Paris est en France, n'est-ce pas ?**

1. La Normandie est une province.
2. La Tour Eiffel est à Paris.
3. Les Français utilisent des expressions anglaises.
4. Le français est facile.

Il y a beaucoup de mots et d'expressions d'origine anglaise en français. Les Français disent, par exemple: «Ce week-end, je vais à la campagne». (Ils ne disent pas: «Cette fin° de semaine, je vais à la campagne.») Ils disent aussi: «Je joue au tennis, au golf, au basketball, *etc*....» Les Américains qui aiment les échanges utilisent° aussi un certain nombre d'expressions françaises. Est-ce que vous dites «Bon voyage!» à un ami qui va en vacances?

fin end; **utilisent** use

Vrai ou faux?

1. L'expression «week-end» est d'origine anglaise.
2. Les Français utilisent des expressions d'origine anglaise.
3. Les Français utilisent le mot «basketball».
4. L'expression «Bon voyage!» veut dire *Have a good trip!*

8.3 *QUI EST JIM?*

Perplexité

Philippe et Nathalie sont à Orly. Là, ils ont un grand problème: comment reconnaître leurs amis. Ils n'ont pas de photo d'eux.

Un avion arrive sur une *piste*.   runway
    Est-ce que c'est l'avion qui arrive des États-Unis?

Des passagers arrivent dans l'aéroport.
    Est-ce que ce sont les passagers qui arrivent de la Nouvelle-Orléans?

Qui est Jim?

Est-ce le jeune homme qui achète un magazine américain?

Est-ce le jeune homme qui cherche un taxi?

Est-ce le grand blond qui porte un pull-over bleu?

Qui est Caroline?

Est-ce la jeune fille qui achète un journal?

Est-ce la jeune fille qui téléphone?

Est-ce la grande brune qui porte un pull-over rouge?

Nathalie a raison

NATHALIE:	Moi, je sais! Jim, c'est le jeune homme qui *mâche* du *is chewing* chewing-gum!
PHILIPPE:	Non, ce n'est pas lui.
NATHALIE:	Si, c'est lui! Et Caroline, c'est la fille qui est avec lui!
PHILIPPE:	Non!
NATHALIE:	Si! (*Elle va vers le jeune homme en question.*) Vous êtes américain, n'est-ce pas?
LE GARÇON:	. . . Euh, oui.
NATHALIE:	Vous êtes bien Jim?
LE GARÇON	(*surpris*): Euh, oui.
NATHALIE	(*triomphante*): Mon cher Philippe, je te présente Jim. (*à voix basse*) Les filles ont toujours raison, n'est-ce pas? *in a low voice*

OBSERVATIONS

Read the following sentences:

A	B
Voici un garçon. **Le garçon** arrive des États-Unis.	Voici un garçon **qui** arrive des États-Unis.
Voici un avion. **L'avion** arrive des États-Unis.	Voici un avion **qui** arrive des États-Unis.

Each sentence in Column B brings together the two related sentences in Column A. The two sentences are connected with a *relative pronoun*. The pronouns in heavy print (column B) replace the nouns in heavy print (column A).

- Which relative pronoun replaces **le garçon**? **l'avion**?

Petit vocabulaire

NOMS:	un **avion**	*airplane*	une **jeune fille**	*girl* (of high school or college age)
	un **jeune homme**	*young man*		
	un **journal**	*newspaper*		
	un **passager**	*passenger*		
VERBE RÉGULIER:	**porter**	*to carry; wear*		
VERBE IRRÉGULIER:	**reconnaître** (like **connaître**)	*to recognize*		
EXPRESSIONS:	**avoir raison**	*to be right*	Nathalie **a raison.**	
	avoir tort	*to be wrong*	Les garçons **ont** souvent **tort.**	

Vocabulaire spécialisé: les vêtements (*clothes*)

Expression personnelle

Utilisez des adjectifs de couleur dans la description de vos vêtements.

1. Que portez-vous aujourd'hui?
2. Que portez-vous quand vous allez à une surprise-partie?
3. Que portez-vous quand vous allez à un match de football?
4. Quels sont vos vêtements préférés?

[1] (*m.*) means *masculine*; (*f.*) means *feminine*.

LA LANGUE FRANÇAISE

PRONONCIATION

Révisons: le son /ɔ/

robe, costume, porte, Caroline, Orly, homme, téléphone

Caroline porte une robe orange.

STRUCTURE

A. LE PRONOM RELATIF *QUI*

> The relative pronoun **qui** replaces { noun subjects referring to people
> { noun subjects referring to things

Qui est le garçon **qui** porte une cravate?	*Who is the boy **who (that)** is wearing a tie?*
Où sont les passagers **qui** arrivent de la Nouvelle-Orléans?	*Where are the passengers **who (that)** are arriving from New Orleans?*
Est-ce l'avion **qui** arrive de Nice?	*Is this the plane **which (that)** is arriving from Nice?*

Exercice 1. **A la surboum**

Situation: Vous êtes invité à une surboum en l'honneur de Jim. Voici la description d'autres invités.

Action: Demandez qui sont ces invités.

MODÈLE: Une fille porte une robe bleue. **Qui est la fille qui porte une robe bleue?**

1. Un garçon porte un pull-over vert.
2. Un jeune homme porte une cravate.
3. Une jeune fille porte une jupe noire.
4. Une personne porte une veste jaune.

5. Un garçon porte une chemise orange.
6. Un jeune homme boit du Coca-Cola.
7. Des filles mangent des sandwiches.
8. Des garçons parlent à Jim.

Exercice 2. **Préférences**

Exprimez vos préférences suivant le modèle.

MODÈLE: les garçons: beaux ou sympathiques?

Je préfère les garçons qui sont sympathiques.
ou: **Je préfère les garçons qui sont beaux.**

1. les filles: amusantes ou intelligentes?
2. les copains: riches ou sympathiques?
3. les classes: faciles ou difficiles?
4. les voitures: confortables ou rapides?

5. les maisons: anciennes ou modernes?
6. les sports: faciles ou dangereux?
7. les passe-temps: faciles ou compliqués?
8. les repas: simples ou compliqués?

B. LE VERBE APRÈS LE PRONOM *QUI*

The verb which follows the relative pronoun **qui** agrees with the noun or pronoun replaced by **qui**.

C'est **moi** qui **suis** content.	*It is I who am happy.*
C'est **vous** qui **devez** travailler.	*It's you who have to work.*
C'est **Nathalie et Philippe** qui **ont** un problème.	*It's Nathalie and Philippe who have a problem.*

NOTE: Do not confuse the relative pronoun (**qui**) with the question word (**qui?**). The question word is always followed by the **il/elle** form of the verb:

Qui arrive des États-Unis?   C'est nous **qui arrivons** des États-Unis.

Questions personnelles: Chez vous

Commencez vos réponses par **C'est . . . qui** ou **Ce sont . . . qui**.

MODÈLE: Qui fait la cuisine chez vous?   C'est moi qui fais la cuisine.
ou: **C'est ma mère qui fait la cuisine.**
ou: **Ce sont mes sœurs qui font la cuisine.**

1. Qui achète le journal chez vous?
2. Qui lit le journal chez vous?
3. Qui prépare le petit déjeuner?
4. Qui prépare le dîner?

5. Qui achète la nourriture chez vous?
6. Qui boit du Coca-Cola chez vous?
7. Qui téléphone le plus (*the most*)?
8. Qui travaille le plus?

Entre nous

Bob montre des photos à Jacques.

JACQUES: Dis Bob, qui est-ce, cette fille qui porte un pantalon bleu?
BOB: Ah ça, mon vieux, c'est un secret!
JACQUES: C'est une petite amie, je parie (*I bet*)!
BOB: Eh bien oui, c'est ma petite amie.
JACQUES: Elle habite à la Nouvelle-Orléans?
BOB: Non, elle habite à Baton Rouge.
JACQUES: Baton Rouge! C'est un nom très français.
BOB: Il y a beaucoup de noms français aux États-Unis!

Expressions pour la conversation

To address a good friend, the French often use:

mon vieux   *pal, old man*   Eh bien, tu as raison, **mon vieux!**
ma vieille   *old girl*   Eh bien, **ma vieille,** tu as raison!

L'art du dialogue

a. Jouez les rôles de Jacques et de Bob.

b. Préparez un nouveau dialogue entre Michèle (qui remplace Jacques) et Sally (qui remplace Bob). Remplacez **fille** par **garçon,** et **Baton Rouge** par **Prairie du Chien.** Faites les changements nécessaires.

Detroit

LECTURE CULTURELLE: Villes américaines . . . noms français

Detroit: Détroit signifie *strait*. C'est un nom très approprié. Detroit est sur un détroit entre° le lac Saint-Clair et le lac Érié.

Joliet: Ville nommée en l'honneur de l'explorateur français Joliet (1645–1700) qui explora° le Mississippi.

Saint Louis: Ville nommée en l'honneur de Louis Quinze, roi de France (1710–1774).

Mobile: L'ancien nom de cette ville est Fort Louis de la Mobile. Mobile (ou Mauvilla) est le nom d'une tribu indienne.

Baton Rouge: Bâton rouge signifie *red post*. Pourquoi ce nom? On ne sait pas. On pense que c'est à cause d'un bâton rouge planté° là par les Indiens.

entre between; **explora** explored; **planté** set

Vrai ou faux?

1. Detroit est une ville française.
2. Le nom de la ville de Joliet vient du mot français "joli".
3. Louis Quinze est un roi français.
4. On n'est pas sûr de l'origine du nom de la ville de Baton Rouge.

Baton Rouge

8.4 *UNE JOURNÉE DÉSAGRÉABLE*

Le matin

Philippe propose à Jim de visiter Paris. Il est très surpris par les réponses de son ami.

Le Louvre, Paris

PHILIPPE: Allons à la Tour Eiffel.

JIM: C'est un monument que je ne veux pas visiter.

PHILIPPE: Allons au Louvre! C'est un musée que les touristes trouvent très intéressant.

JIM: Moi, je déteste les musées.

PHILIPPE: Il y a de très beaux magasins d'antiquités au Quartier Latin. Allons-y!

JIM: Ah non, je n'aime pas les vieilles choses.

Questions sur le texte

1. Quel est le monument que Philippe propose de visiter?
2. Est-ce que Jim veut visiter ce monument?
3. Quel est le musée que les touristes trouvent intéressant?
4. Est-ce que Jim aime les musées?
5. Où sont les magasins que Philippe propose de visiter?

L'après-midi

Philippe propose à Jim et à sa sœur d'aller à une nouvelle discothèque où il a des amis. Là, les réflexions désagréables de Jim continuent . . .

JIM: La musique que nous écoutons est absolument horrible!
Les boissons que nous buvons sont abominables!
L'amie que vous venez d'inviter à notre table est jolie, mais elle n'est pas élégante.
La robe qu'elle porte est ridicule . . . , etc., etc.

Quelle est l'opinion de Jim?

Complétez les phrases avec l'adjectif approprié.

1. L'amie que Philippe vient d'inviter à leur table est (jolie, élégante).
2. La robe que cette amie porte est (belle, ridicule).
3. La musique qu'ils écoutent est (formidable, horrible).
4. Les boissons qu'ils boivent sont (abominables, excellentes).

OBSERVATIONS

Le Louvre est un musée.
  Philippe aime **ce musée.** } Le Louvre est un musée **que** Philippe aime.

Voici des amies.
  Il invite **ces amies.** } Voici des amies **qu'**il invite.

The two sentences on the left are combined into one single sentence on the right by the use of a relative pronoun.

- Which relative pronoun is used to replace the direct objects **ce musée** and **ces amies?**
- Find the direct object relative pronouns and the nouns they replace in **Quelle est l'opinion de Jim**.

Petit vocabulaire

NOM: un **magasin d'antiquités**	*antique store*	
ADJECTIFS: **beau (belle)**	*beautiful, handsome, nice*	C'est une **belle** robe.
nouveau (nouvelle)	*new*	C'est une **nouvelle** robe.
vieux (vieille)	*old*	C'est une **vieille** robe.
ridicule	*ridiculous*	
surpris (par)	*surprised (by)*	
VERBE RÉGULIER: **proposer**	*to propose, suggest*	Je te **propose** de visiter ce musée.

NOTE DE VOCABULAIRE: The adjectives **beau, nouveau,** and **vieux** usually come before the noun they modify.

LA LANGUE FRANÇAISE

PRONONCIATION

Révisons: les sons /u/ et /y/

Contrast: /u/ t**ou**r, v**ou**s, tr**ou**ve, n**ou**veau, t**ou**riste, éc**ou**te
  N**ou**s v**ou**lons éc**ou**ter les t**ou**ristes.

  /y/ t**u**, d**u**, m**u**sée, m**u**sique, ridic**u**le, s**u**rpris, aven**u**e, mon**u**ment, sc**u**lpture
  Le m**u**sée a des sc**u**lpt**u**res ridic**u**les.

STRUCTURE

A. LE PRONOM RELATIF *QUE*

The direct object relative pronoun **que** replaces $\begin{cases} \text{nouns referring to people} \\ \text{nouns referring to things} \end{cases}$

↓

qu' (+ vowel sound)

Philippe est un garçon **que** j'admire.	*Philippe is a boy (**whom, that**) I admire.*
J'ai des professeurs **que** je déteste.	*I have teachers (**whom, that**) I hate.*
Paris est une ville **que** j'aime.	*Paris is a city (**which, that**) I like.*
Voici les disques **qu'**Annie préfère.	*Here are the records (**which, that**) Annie prefers.*

NOTE: The relative pronoun **que** cannot be left out in French, although the corresponding pronoun in English (*whom, which, that*) is often omitted.

Exercice 1. *A la discothèque*

Situation: Philippe identifie les personnes que Jim regarde.
    Action: Jouez le rôle de Philippe d'après le modèle.

MODÈLE: Ce garçon est français.   **Le garçon que tu regardes est français.**

1. Cette fille est canadienne.
2. Ces garçons sont italiens.
3. Cette jeune fille est artiste.
4. Cette dame est pianiste.
5. Ce monsieur est pharmacien.
6. Ces filles sont actrices.
7. Ce jeune homme est étudiant.
8. Ces jeunes filles sont étudiantes.

Exercice 2. *A Paris avec Philippe et Nathalie*

Situation: Philippe explique les choses qu'il aime ou qu'il fait. Nathalie dit qu'elle aime et qu'elle fait les mêmes choses.

Action: Jouez le rôle de Nathalie. Commencez vos phrases par **C'est . . .** ou **Ce sont . . . ,** d'après le modèle.

MODÈLES: Philippe: J'aime cette discothèque.

Nathalie: **C'est une discothèque que j'aime aussi.**

Philippe: J'écoute souvent ces disques.

Nathalie: **Ce sont des disques que j'écoute souvent aussi.**

1. J'aime ce musée.
2. J'admire ces statues.
3. Je visite souvent cette église.
4. J'adore ce café.
5. J'achète ces livres.
6. Je regarde ces magasins.
7. Je lis ce journal.
8. Je prends souvent ce bus.

Exercice 3. **Préférences**

Choisissez un(e) camarade dans la classe. Demandez-lui ses préférences.

MODÈLE: le sport

> Vous: **Quel est le sport que tu préfères?**
>
> Votre camarade: **Le sport que je préfère est le football.**
> (ou: **le tennis, le baseball,** etc.)

1. la classe
2. le professeur
3. la ville
4. le monument
5. les magasins
6. les boissons
7. le restaurant
8. la voiture
9. les fruits
10. l'artiste
11. l'acteur
12. l'actrice
13. le quartier de ma ville
14. l'homme politique (*politician*)
15. le musicien
16. le joueur de baseball

B. LES ADJECTIFS *VIEUX, NOUVEAU* ET *BEAU*

The irregular adjectives **vieux** (*old*), **nouveau** (*new*), and **beau** (*beautiful*) have the following forms:

	BEFORE A CONSONANT SOUND	BEFORE A VOWEL SOUND
Masculine Singular	un **vieux** manteau un **nouveau** manteau un **beau** manteau	un **vieil**$^{/j/}$ appartement un **nouvel** appartement un **bel** appartement
Feminine Singular	une **vieille** maison une **nouvelle** maison une **belle** maison	une **vieille** amie une **nouvelle** amie une **belle** amie
Masculine Plural	de **vieux** manteaux de **nouveaux** manteaux de **beaux** manteaux	de **vieux**$^{/z/}$ appartements de **nouveaux**$^{/z/}$ appartements de **beaux**$^{/z/}$ appartements
Feminine Plural	de **vieilles** maisons de **nouvelles** maisons de **belles** maisons	de **vieilles** amies de **nouvelles** amies de **belles** amies

*Exercice 4. **Pas de compliments***

Situation: Nathalie montre à Jim certaines choses qu'elle vient d'acheter. Jim dit qu'il préfère les vieilles choses.

Action: Jouez les deux rôles d'après le modèle.

MODÈLE: un manteau

Nathalie: **Regarde mon nouveau manteau. C'est un beau manteau, n'est-ce pas?**

Jim: **Je préfère ton vieux manteau.**

1. une jupe
2. un pull-over
3. un sac
4. un électrophone
5. un foulard
6. des disques
7. un appareil-photo
8. des livres

Entre nous

Bob et Jacques sont dans une discothèque.

BOB: Dis, Jacques, c'est qui la fille là-bas?
JACQUES: Je ne sais pas, mon vieux. Je ne la connais pas.
BOB: *Je me demande* si elle est canadienne.   I wonder
JACQUES: Va lui demander.
BOB (*qui parle à la jeune fille*): Bonjour, Mademoiselle. Je suis américain. Je m'appelle Bob Lavoie. Vous êtes canadienne, n'est-ce pas?
LA FILLE: Mais oui! Comment savez-vous cela?
BOB: Oh, c'est très simple. Vous parlez parfaitement français . . . avec un joli accent québecois!

L'art du dialogue

a. Jouez les rôles de Jacques, de Bob et de la fille.

b. Préparez un nouveau dialogue où la fille est haïtienne et parle avec un accent haïtien.

LECTURE CULTURELLE: Les Canadiens français

Savez-vous que Montréal est la deuxième ville francophone° du monde?° Immédiatement après Paris! Sur° les 20 millions de Canadiens, 8 millions sont d'origine française et parlent français. Les Canadiens français sont très attachés à leur langue et à leurs coutumes.° Voilà sans doute° pourquoi les armes de leur capitale, la ville de Québec, porte la mention:° «Je me souviens.» Cette mention signifie *I remember.* Les Canadiens se souviennent de leurs traditions!

francophone French-speaking; **monde** world; **Sur** Out of; **coutumes** customs; **sans doute** = **probablement; porte la mention** bears the motto

Vrai ou faux?

1. A Montréal, on parle français.
2. Il y a vingt millions de Canadiens français.
3. Les Canadiens français sont attachés à leur langue.
4. Québec est une ville de tradition française.

Château Frontenac, Québec

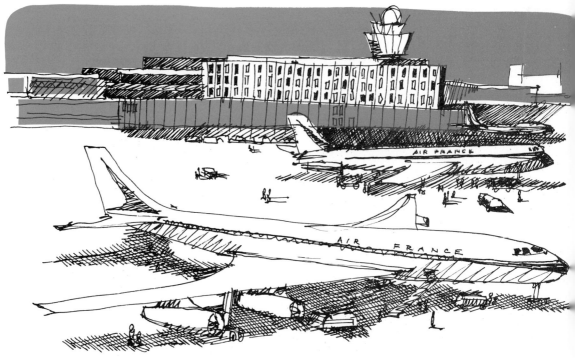

Enfin!

Nathalie est absolument furieuse. Philippe la rassure. Après tout, Jim et Caroline doivent bientôt prendre l'avion de Nice.

PHILIPPE: A quelle heure est votre avion?

JIM: A onze heures.

CAROLINE: Combien de temps met-on pour aller à l'aéroport?

PHILIPPE: En taxi, on met quarante minutes.

JIM: Il est neuf heures! Nous n'avons pas de temps à perdre.

PHILIPPE: Mettez vos manteaux! Nous allons vous accompagner à l'aéroport.

NATHALIE (*en elle-même*): Enfin!

Philippe ne comprend pas.

Nathalie et Philippe reviennent de l'aéroport. Ils sont très déçus.

PHILIPPE: Je ne comprends pas Jim. C'est un garçon **qui** est très aimable dans ses lettres.

NATHALIE: C'est un garçon **que** je trouve odieux!

PHILIPPE: Vraiment, je ne comprends pas!

(Attention: L'histoire n'est pas finie. Lisez l'Épilogue à la page 328. Vous allez comprendre.)

OBSERVATIONS

Reread the section **Philippe ne comprend pas.**

- Is the pronoun **qui** in heavy type followed by a verb or by a subject and verb?
- What follows the pronoun **que?**

Petit vocabulaire

NOMS:	le **départ**	*departure*
	le **temps**	*time*
ADJECTIFS:	**aimable**	*pleasant*
	déçu	*disappointed*
VERBE RÉGULIER:	**rassurer**	*to reassure*
VERBES IRRÉGULIERS:	**mettre**	*to put, place, put on*
	comprendre	*to understand*
	(like **prendre**)	

EXPRESSIONS:	**en elle-même**	*to herself*
	après tout	*after all*

Après tout, ce n'est pas important.

mettre (**du temps**)	*to take* (*time*)

Je **mets dix minutes** pour aller à l'école.
(*It takes me ten minutes to go* [*get*] *to school.*)

enfin!   *at last!*

Enfin! Les vacances commencent bientôt!

LA LANGUE FRANÇAISE

PRONONCIATION

Révisons: le son /õ/

on, mon, ton, son, avion, garçon, onze, comprend
Mon avion arrive à Lyon à onze heures.
Non, Léon ne comprend pas ton opinion.

STRUCTURE

A. LE VERBE *METTRE*

The verb **mettre** (*to put*) is irregular. Here is the form chart for the present tense.

mettre	Où vas-tu **mettre** cette photo?
je **mets**	Je **mets** mon manteau.
tu **mets**	Où **mets**-tu ton sac?
il/elle **met**	Qu'est-ce qu'elle **met** dans son sac?
nous **mettons**	Nous **mettons** notre argent à la banque?
vous **mettez**	Où **mettez**-vous votre argent?
ils/elles **mettent**	Ils **mettent** des disques de musique pop.

NOTES: 1. In the singular forms, the **t** of the stem is silent. The **t** is pronounced in the plural forms.

2. The verb **mettre** has several English equivalents:

to place	**Mettez** le vase sur la table.	*Place the vase on the table.*
to put	**Mettez** votre sac ici.	*Put your bag here.*
to put on	Je **mets** ma veste.	*I'm putting on my jacket.*
to set	Je ne **mets** pas la table.	*I'm not setting the table.*
to take (*time*)	On **met** dix minutes pour aller en classe.	*It takes ten minutes to go* (*get*) *to class.*

Exercice 1. *Élégance*

Situation: Philippe et ses amis sont invités à une surboum.
 Action: Dites quels vêtements ils vont mettre.

MODÈLE: Philippe (une cravate verte)   Philippe met une cravate verte.

1. Nathalie (une jupe bleue)
2. Michel (un pull-over orange)
3. Suzanne (un manteau)
4. Nous (nos pantalons gris)
5. Vous (vos chaussures noires)
6. Jean et Pierre (leurs vestes rouges)
7. Mes amies (des chemisiers jaunes)
8. Moi (des jeans)

Questions personnelles

1. Quels vêtements mettez-vous le dimanche?
2. Qu'est-ce que vous mettez pour aller à l'école?
3. Combien de temps mettez-vous pour aller à l'école?
4. Où mettez-vous votre argent?

B. *QUI OU QUE?*

The relative pronoun **qui** is usually followed by a verb.

> Jim est un garçon **qui** est idiot.
> Caroline est une fille **qui** est stupide.

The relative pronoun **que** is usually followed by a subject and a verb.

> Jim est un garçon **que** je trouve idiot.
> Caroline est une fille **que** je trouve stupide.

Helpful hints: If you can leave out the relative pronoun (*that, which, who, whom*) in the equivalent English sentence, use **que** in French:

> *The teacher I like* ...   Le professeur **que** j'aime ...

If you must use a relative pronoun (*that, which, who*) in the equivalent English sentence, use **qui** in French:

> *The teacher who likes me* ...   Le professeur **qui** m'aime ...

Exercice 2. **Les amis de Philippe**

Situation: Philippe parle de ses amis. Pour chaque ami, il utilise deux phrases.

Action: Formez une seule phrase d'après le modèle. Utilisez l'expression ... **est un garçon (une fille)** ... ou ... **sont des garçons (des filles)** ...

MODÈLE: André habite Paris. J'invite souvent André.

> André est un garçon qui habite Paris.
> André est un garçon que j'invite souvent.

1. Henri parle anglais. Je trouve Henri intéressant.
2. Michèle fait du piano. J'écoute Michèle.
3. Lucie et Mireille sont intelligentes. J'admire Lucie et Mireille.
4. Jim est idiot. Mes amis n'aiment pas Jim.
5. Caroline est jolie. Ma sœur trouve Caroline jolie.
6. Robert et Gilles jouent bien au tennis. Nous admirons Robert et Gilles.
7. Charles connaît tout. Je connais bien Charles.
8. Linda et Nancy arrivent de Chicago. J'attends Linda et Nancy à Orly.

Révisons

Review the regular verbs in **-re** (**Structure,** Section A, p. 226) and the irregular verb **prendre** (**Structure,** Section A, p. 174).

Exercice de révision: **A l'aéroport de Moscou**

Situation: Un groupe d'étudiants français visitent la Russie. Ils arrivent à l'aéroport de Moscou où les annonces sont en russe.

Action: Dites que chacun entend, mais ne comprend pas.

MODÈLE: Philippe   Il entend, mais il ne comprend pas.

1. Nous
2. Vous
3. Suzanne et Françoise
4. Michel et Denis
5. Pierre
6. Moi
7. Toi
8. Anne-Marie

Entre nous

Jacques et Bob sont dans la chambre de Jacques.

JACQUES: Je vais chez un copain cet après-midi.
BOB: Où est-ce qu'il habite?
JACQUES: Avenue du Président Kennedy.
BOB: Dis, je peux venir avec toi?
JACQUES: Bien sûr, mais dépêche-toi, le bus passe dans cinq minutes.

Expressions pour la conversation

To tell someone to *hurry up,* the French use:

Dépêche-toi! (with a person they address as **tu**)
Dépêchez-vous! (with one or more persons they address as **vous**)

L'art du dialogue

a. Jouez les rôles de Jacques et de Bob.
b. Supposez que Jacques parle à Bob et à Michèle. Changez la fin du dialogue en remplaçant **je** par **nous** et **toi** par **vous.** Faites les changements nécessaires.

LECTURE CULTURELLE: **L'amitié franco-américaine**

A Paris il y a une avenue du Président Kennedy. Il y a aussi une rue Washington, une rue Lincoln, une rue Franklin, une avenue F. D. Roosevelt, une avenue du Président Wilson, une place° des États-Unis. C'est dire l'importance que l'amitié° franco-américaine représente pour les Parisiens et pour les Français en général. Cette amitié est très ancienne. Elle date de la guerre° de l'Indépendance américaine. (Savez-vous que 40%, oui quarante pour cent, des troupes engagées° par Washington à Yorktown étaient° françaises?) Aujourd'hui cette amitié est bien vivante.° Elle se manifeste° par de nombreux° échanges culturels et scientifiques entre la France et les États-Unis.

Quelques dates dans l'histoire des relations franco-américaines:

1777 La Fayette, un aristocrate français, arrive aux États-Unis pour aider les patriotes américains.
1917 Les troupes américaines aident les Français.
1944 Les troupes américaines libèrent la France occupée par l'Allemagne.
1960 Le général de Gaulle vient aux États-Unis en visite officielle.
1961 Le président Kennedy visite Paris.
1969 Le président Nixon vient en France en visite officielle.
1970 Le président Pompidou vient aux États-Unis en visite officielle.

place square; **amitié** friendship; **guerre** war; **engagées** committed; **étaient** were; **bien vivante** very much alive; **se manifeste** shows itself; **de nombreux** = **beaucoup de**

Vrai ou faux?

1. A Paris, certaines rues portent (*bear*) le nom de présidents américains.
2. L'amitié franco-américaine est récente.
3. La majorité des Français sont anti-américains.
4. La Fayette est un patriote américain.

La statue de George Washington à Paris

LISONS

Épilogue: Il y a plus d'un Jim en Amérique!

Philippe et Nathalie rentrent chez eux. Madame Fournier les attend avec impatience.

MADAME FOURNIER:	Ah enfin, vous voilà! D'où venez-vous?
NATHALIE:	De l'aéroport!
MADAME FOURNIER:	Il y a un télégramme pour toi, Philippe!
PHILIPPE:	Un télégramme?
MADAME FOURNIER:	Oui, un télégramme qui vient des États-Unis!
PHILIPPE:	Des États-Unis? Donne-le-moi, s'il te plaît! (*Il prend le télégramme et le lit.*) . . . C'est Jim!
NATHALIE:	Jim? Mais nous venons de l'accompagner à Orly.
PHILIPPE:	Lis le télégramme *toi-même.*
NATHALIE:	«Nous venons de *rater* notre avion pour Paris. Arrivons demain 3 juillet. Espérons visiter votre belle ville avec vous. *Sommes désolés de ce retard.* Excusez-nous! A demain. Signé: Jim Dumas.» . . . *Ça, par exemple!* Jim et sa sœur sont *encore* à la Nouvelle-Orléans! Mais alors, ce Jim qui déteste tout et que je déteste cordialement?
PHILIPPE:	Il y a *plus* d'un Jim en Amérique! N'oublie pas, ma chère Nathalie, c'est toi qui es responsable de cette petite aventure. Après tout, c'est toi qui *as cru reconnaître* mon ami Jim à l'aéroport!
NATHALIE:	C'est moi qui suis responsable? C'est vrai, tu as raison et moi, j'ai tort.
PHILIPPE:	Comme toujours, n'est-ce pas?
NATHALIE:	Maintenant, c'est toi qui es *insupportable*!
PHILIPPE:	Non!
NATHALIE:	Si!
PHILIPPE:	*Arrêtons, je plaisantais!*

Glosses (right margin):
- *toi-même* — yourself
- *rater* — missed
- *Sommes désolés de ce retard.* — Very sorry about this delay.
- *Ça, par exemple!* — What do you know! *encore* — still
- *plus* — more than
- *as cru reconnaître* — thought you recognized
- *insupportable* — unbearable
- *Arrêtons, je plaisantais!* — Let's stop. I was joking.

Vrai ou faux?

1. Madame Fournier donne une lettre à Philippe.
2. Le télégramme vient des États-Unis.
3. Jim Dumas est encore à la Nouvelle-Orléans.
4. Jim Dumas et sa sœur ne vont pas passer par Paris.

L'art de la lecture

Language styles

In French, as in English, there are different levels or styles of language. Jim's letter, in Module **8.**1, is an example of informal written style. The conversation at the Fourniers, which you have just read, is an example of informal conversational style. (It is not totally authentic, because hesitations and repetitions typical of live conversation have been cut.) Let us examine some characteristics which distinguish conversational style from written style.

● On the whole, are the sentences longer in the letter or in the conversation?

In conversation, people tend to use short expressions which highlight what is being said without bringing in any new information. These are called "fillers." Madame Fournier starts her first sentence with **Ah enfin,** a filler which introduces the statement **Vous voilà!**

● What other fillers can you find?
● Can you think of any other fillers you have learned?

In an English conversation, if you want to give extra emphasis to a word, you stress that word by saying it more loudly. In French the stress always falls at the end of a group of words, so that if you want to emphasize the subject, for example, you must change the sentence around. The French equivalent of *You are responsible for this little adventure* is **Tu es responsable de cette petite aventure.**

● How would you say: *You are responsible for this little adventure!*
● Find other examples of sentences in which the subject is stressed.

TESTS DE CONTRÔLE
Chapitre huit

Directions: Write out your answers to the following test-exercises on a separate sheet of paper. Then turn to page 436 to correct your work. Do not check your answers until you have completed all the tests.

STRUCTURE

TEST 1. *Retour de vacances*

You and your friends have been on vacation. Now you are coming back. Complete the sentences below with the appropriate forms of **revenir** (which is conjugated like **venir**).

1. Nous —— de Québec.
2. Henri —— de Paris.
3. Marie-Cécile —— de Genève.
4. Mes cousins —— de Tokyo.
5. Tu —— de Nice.
6. Je —— de Miami.
7. Mes cousines —— de Rome.
8. Vous —— de Munich.

TEST 2. **Bourse commune** (*common kitty*)

Jean-Michel and his friends have decided to pool their resources to buy an old bus with which they plan to travel around France. Say how much each person is contributing by completing the sentences below with the appropriate form of **mettre.**

1. Nous —— 100 francs.
2. Vous —— 150 francs.
3. Je —— 200 francs.
4. Tu —— 300 francs.

5. Daniel —— 350 francs.
6. Sophie et Nathalie —— 400 francs.
7. Henri et Jacques —— 500 francs.
8. Monique —— 550 francs.

TEST 3. **Production littéraire**

The people in column A are writing things which are being read by the people in column B and commented on by the people in column C. Complete the sentences below with the appropriate forms of **écrire** (column A), **lire** (column B), and **dire** (column C).

A	B	C
1. Pierre —— un poème.	Nathalie —— ce poème.	Elle —— qu'il est idiot.
2. Vous —— un livre.	Nous —— ce livre.	Nous —— qu'il est excellent.
3. Les auteurs —— des pièces.	Les critiques —— ces pièces.	Ils —— qu'elles sont bonnes.
4. Nous —— une histoire.	Vous —— cette histoire.	Vous —— qu'elle est absurde.

TEST 4. **Causes et effets**

Read the sentences in parentheses carefully. In the second sentence of each pair, fill in the blank with **vient** or **vient de,** as best completes the sentence.

1. (Jacques va souvent au musée.) Il —— admirer les sculptures modernes.
2. (Nicole est très contente.) Elle —— réussir à son examen.
3. (Pierre sait la leçon.) Il —— l'étudier.
4. (Hubert n'a pas d'électrophone chez lui.) Il —— écouter ses disques chez nous.
5. (Joseph n'a plus faim.) Il —— manger.
6. (Je sais qu'Elisabeth est chez elle.) Elle —— me téléphoner.

TEST 5. **Au choix**

Complete the following sentences with **qui** or **que,** as appropriate.

1. Les Parisiens sont les personnes —— habitent Paris.
2. Paris est une ville —— est très grande.
3. Paris est une ville —— les touristes admirent.
4. Les touristes sont des personnes —— aiment voyager.
5. L'avion est un transport —— les touristes américains prennent souvent.
6. Les touristes vont dans les magasins —— vendent des souvenirs.
7. Les souvenirs —— les touristes achètent ne sont pas toujours très jolis.
8. Les touristes —— sont riches dépensent beaucoup d'argent.
9. Les touristes —— ne parlent pas français sont défavorisés (*at a disadvantage*).
10. Le français est une langue —— les Américains étudient à l'école secondaire.

TEST 6. *Échanges*

Jacques is offering to trade his old things against Robert's new things. To find out what kind of a deal he is suggesting, fill in the first blank of each line with the appropriate form of **vieux** and the second with the appropriate form of **nouveau.**

1. Ma —— bicyclette contre ton —— banjo!
2. Mon —— électrophone contre tes —— disques américains!
3. Mon —— manteau contre ton —— appareil-photo!
4. Mes —— chaussures noires contre ta —— veste!
5. Mes —— timbres français contre tes —— cravates italiennes!

TEST 7. *Vacances*

Jim's friends are spending their vacation in the countries mentioned below. They will be flying home tomorrow. Fill in the blanks with the appropriate prepositions.

1. Charles est —— France. Il revient —— France demain.
2. Jean-Paul est —— États-Unis. Il revient —— États-Unis demain.
3. Linda est —— Italie. Elle revient —— Italie demain.
4. Charlotte est —— Canada. Elle revient —— Canada demain.

VOCABULARY

TEST 8. *A Philippe ou à Nathalie?*

Look at the pictures below and decide to whom the following items of clothing belong. Write down P if they belong to Philippe and N if they belong to Nathalie.

1. Le foulard est à —— .
2. Les chaussettes sont à —— .
3. La cravate est à —— .
4. Le manteau est à —— .
5. Le pantalon est à —— .
6. La veste est à —— .
7. La jupe est à —— .
8. Les chaussures blanches sont à ——.

TEST 9. *Choisissez!*

Complete the sentences below with the appropriate expressions.

1. (bientôt, partout) «C'est toi, Philippe? Je t'ai cherché —— .»
2. (s'il te plaît, s'il vous plaît) «J'ai très soif. Donnez-moi de la limonade, —— .»
3. (tort, raison) «Je trouve que Jacques est très intelligent.» «Tu as —— ! Il est idiot.»
4. (pense, pense que) «J'aime Paris. Je —— c'est une belle ville.»

Chapitre neuf

UN FANA DE FOOTBALL

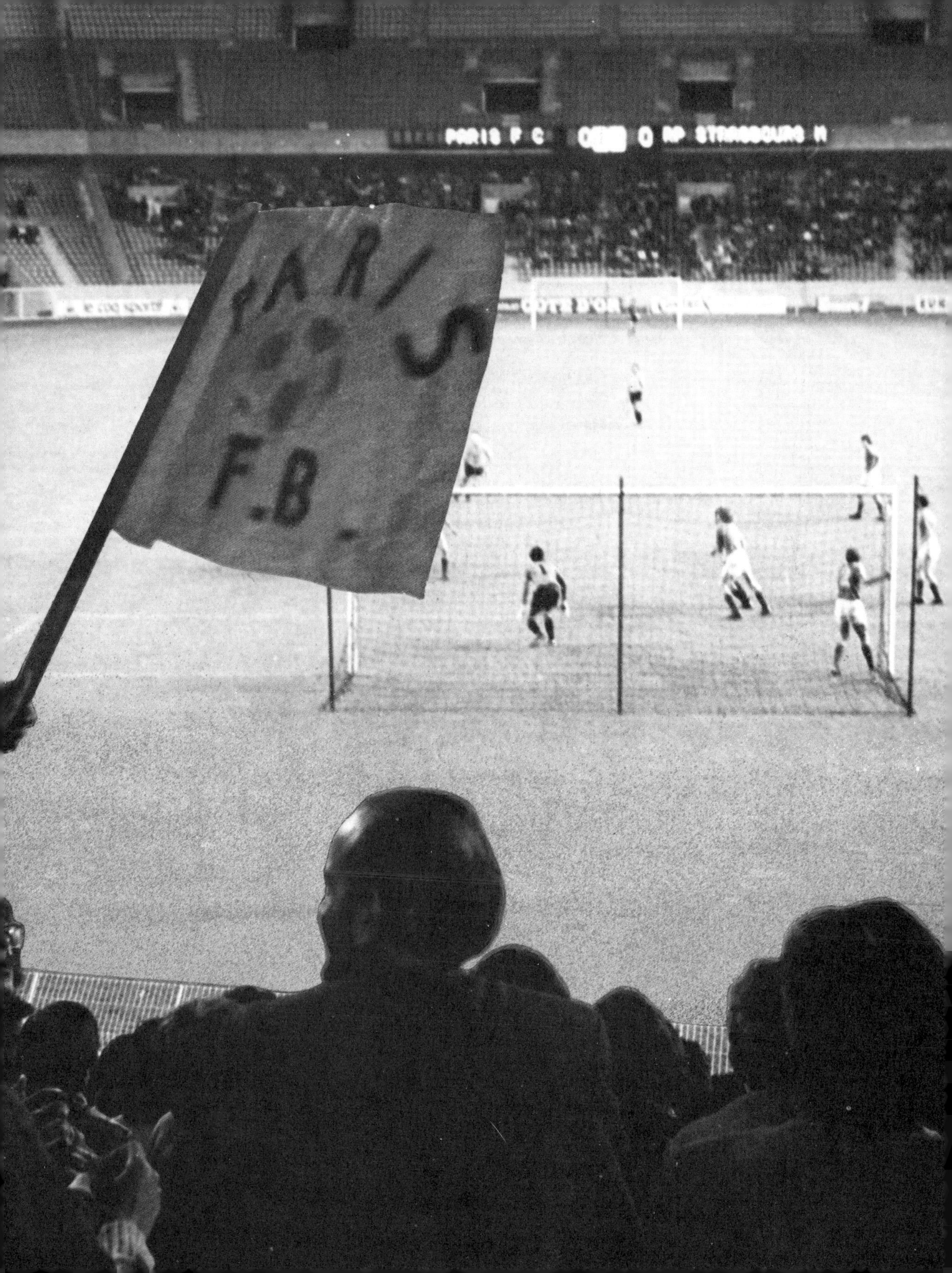
PARIS F C
STRASBOURG
F.B
COTE D'OR

9.1 *PREMIÈRE JOURNÉE: Jean-Marc est malade.*

Mercredi. Jean-Marc Lambert n'est pas bien. Il va chez le Docteur Brunet.

JEAN-MARC:	Docteur, je suis malade.
LE DOCTEUR BRUNET:	Où avez-vous mal?
JEAN-MARC:	J'ai mal à la tête et j'ai mal au ventre.
LE DOCTEUR BRUNET:	Est-ce que vous avez mal à la gorge?
JEAN-MARC:	Oui, j'ai mal à la gorge.
LE DOCTEUR BRUNET:	Vous avez une très mauvaise grippe. Rentrez chez vous. Restez une semaine au lit.
JEAN-MARC:	Une semaine! C'est long. . . . Je ne peux vraiment pas sortir?
LE DOCTEUR BRUNET:	Non, vous ne pouvez pas sortir.
JEAN-MARC:	Mais Docteur, dimanche il y a un très bon match de football. Je ne peux pas y aller?
LE DOCTEUR BRUNET:	Vous ne voulez pas être plus malade? Bon, alors ne sortez pas dimanche!

Questions

1. Qui est malade?
2. Où Jean-Marc a-t-il mal?
3. Qu'est-ce qu'il a?
4. Combien de temps doit-il rester au lit?
5. Où veut-il aller dimanche?
6. Est-ce qu'il peut sortir dimanche?

OBSERVATIONS

Read the following sentences:

Est-ce que Jean-Marc **a de la chance** ou non?	*Is Jean-Marc **lucky** or not?*
Il **a envie d'**aller au match et il ne peut pas.	*He **wants** to go to the game and he can't.*

• Which French expression with **avoir** is the equivalent of the English *to be lucky*? of the English *to want*?

334

Petit vocabulaire

NOMS:	la **grippe**	*flu*	J'ai la **grippe.**		
	une **journée**	*day*	C'est une mauvaise **journée.**		
ADJECTIF:	**malade**	*sick*	Je suis **malade.**		
VERBES IRRÉGULIERS:	**sortir**	*to go out*	Ne **sortez** pas!		
	partir	*to leave*	Ne **partez** pas!		
EXPRESSIONS:	**au lit**	*in bed*	Restez **au lit!**	*Stay in bed!*	
	avoir mal	*to be in pain*	Où **avez**-vous **mal?**	*Where does it hurt?*	
			J'**ai mal** au dos.	*My back hurts.*	

NOTE DE VOCABULAIRE: **Une journée** is used rather than **un jour** to mean a whole day or a day full of activity.

La semaine a sept **jours.** Dimanche est ma **journée** préférée.

Vocabulaire spécialisé: les parties du corps (*parts of the body*)

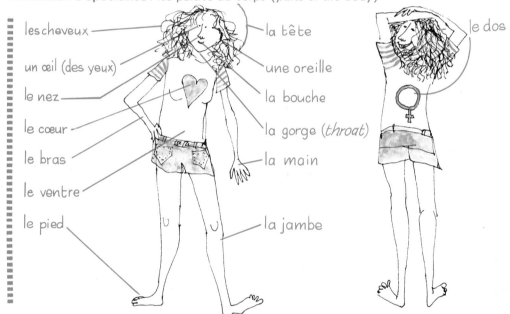

les cheveux — la tête
un œil (des yeux) — une oreille
le nez — la bouche
le cœur — la gorge (*throat*)
le bras — la main
le ventre
le pied — la jambe
le dos

NOTE DE VOCABULAIRE: In general, the French use the definite articles with parts of the body.

J'ai mal à **la** gorge.   *My throat hurts. (I have a sore throat.)*
Il a **les** yeux bleus.   *He has blue eyes. (His eyes are blue.)*

Questions personnelles

1. Avez-vous les cheveux bruns ou blonds? et votre père? et votre mère?
2. Avez-vous les yeux bleus ou noirs? et votre meilleur ami? et votre meilleure amie?

LA LANGUE FRANÇAISE

PRONONCIATION

Révisons: les sons /ɸ/ et /œ/

/ɸ/ yeux, deux, cheveux, bleu, sérieux, curieux, veut, peut
Eugène Lebleu a les yeux bleus.
Mathieu ne veut pas être sérieux.

/œ/ cœur, œil, Docteur, leur, heure, peuvent, veulent
La sœur du Docteur Lafleur a mal au cœur.
Leur professeur arrive à neuf /v/ heures.

STRUCTURE

A. LES VERBES IRRÉGULIERS *SORTIR* ET *PARTIR*

The verbs **sortir** (*to go out, get out*) and **partir** (*to leave*) are irregular. Here is the form chart for the present tense of these verbs:

sortir		partir		Jean-Marc vient de **partir.**
je	sors	je	pars	Je **pars** en vacances avec un ami.
tu	sors	tu	pars	Quand **pars**-tu?
il/elle	sort	il/elle	part	Nicole **part** jeudi.
nous	sortons	nous	partons	Nous **partons** en voiture.
vous	sortez	vous	partez	**Partez**-vous avec vos amis?
ils/elles	sortent	ils/elles	partent	Mes amis **partent** demain.

Je pars de la maison à huit heures.
I leave . . . the house at eight o'clock.

Je pars à la campagne.
I am leaving for the country.

Nous sortons de la voiture.
We are getting out of the car.

Questions personnelles

1. A quelle heure partez-vous de chez vous pour aller à l'école?
2. A quelle heure partent vos frères et vos sœurs?
3. Est-ce que votre famille part en vacances cet été?
4. A quelle heure part votre père le matin?
5. Est-ce que vous sortez souvent en semaine?
6. Est-ce que vous sortez le week-end?
7. Où allez-vous quand vous sortez?
8. Avec qui sortez-vous souvent?
9. Est-ce que vos frères et vos sœurs sortent le samedi?
10. Sortent-ils le dimanche?

PROVERBE FRANÇAIS: **Partir, c'est mourir un peu.**
(*To leave is to die a little.* [*When you leave a person or place, you leave a little of yourself behind.*])

Révisons

Review the present tense of **être** (**Structure,** Section A, p. 51) and **avoir** (**Structure,** Section A, p. 66).

Exercice de révision: **Une épidémie**

Situation: Il y a une épidémie de grippe au lycée.
Action: Dites que les élèves suivants sont malades. Dites aussi où ils ont mal.

MODÈLE: Jean-Marc (à la tête)   **Jean-Marc est malade. Il a mal à la tête.**

1. Nicole (au ventre)   3. Suzanne (à la gorge)   5. Nous (aux yeux) 7. Moi (aux jambes)
2. Jean et Pierre (au dos) 4. Robert et Roger (aux oreilles) 6. Vous (à la tête)   8. Toi (aux bras)

B. EXPRESSIONS AVEC *AVOIR*

The verb **avoir** is used in the following idiomatic expressions:

avoir envie de	*to want*	**Avez**-vous **envie de** regarder le match?
avoir besoin de	*to need*	Nous **avons besoin** d'argent.
avoir l'intention de	*to intend to*	Nous **avons l'intention de** rester chez nous.
avoir de la chance	*to be lucky*	**J'ai de la chance:** je ne suis jamais malade.

Questions personnelles

1. Qu'avez-vous l'intention de faire dimanche?
2. Avez-vous envie d'aller au cinéma?
3. Avez-vous envie de rester chez vous?
4. Avez-vous besoin d'argent?
5. Avez-vous l'intention d'aller chez des amis?
6. Généralement, avez-vous de la chance?

Exercice. **Le coût de la vie** (the cost of living)

Situation: Les personnes suivantes veulent faire certaines choses.
Action: Dites ce que chaque personne a envie de faire et de combien d'argent elle a besoin.

MODÈLE: moi (aller à Paris: trois cents dollars)

J'ai envie d'aller à Paris. J'ai besoin de trois cents dollars.

1. Jean-Marc (aller au match: trois francs)
2. Françoise (aller au cinéma: cinq francs)
3. Nous (acheter un livre: vingt francs)
4. Toi (acheter une glace: un franc)
5. Mes cousines (voyager: mille francs)
6. Vous (déjeuner au restaurant: trente francs)
7. Mes frères (téléphoner: un franc)
8. Moi (aller à New York: cent dollars)

Entre nous
Correspondance

Dans cette section, vous allez correspondre avec Nathalie, une jeune Française. Lisez attentivement ses lettres et répondez-lui. *Exprimez-vous*   Express yourself
d'une manière simple et personnelle.

La lettre de Nathalie:

> Paris, le 23 mars
>
> Chers amis,
>
> Je m'appelle Nathalie Masson. J'ai quinze ans. Je suis grande, blonde et j'ai les yeux bleus. J'ai un frère qui s'appelle Marc. (Nous sommes très différents: il a les yeux noirs et il est très brun.)
>
> J'habite à Paris et je vais au lycée Buffon où je suis élève de seconde.
>
> Plus tard, je n'ai pas l'intention de rester chez moi. J'ai l'intention d'aller à l'université. Mais avant, j'ai l'intention de voyager. J'ai envie, par exemple, d'aller au Canada où j'ai des amis. J'ai aussi envie de visiter les États-Unis et le Mexique. Est-ce qu'on a besoin de beaucoup d'argent quand on voyage aux États-Unis?
>
> Parlez-moi de vous, de votre famille et de vos projets.
>
> Amicalement,
> Nathalie

Expressions pour la correspondance

How do the French begin their letters? This depends on how well they know the people they are writing to. Here are the various forms of address:

	when writing to:
Monsieur, Madame, Mademoiselle	an adult you do not know or barely know
Cher Monsieur, Chère Madame, Chère Mademoiselle	an adult you know quite well
Cher Philippe, Chère Isabelle	a friend
Mon cher Philippe, Ma chère Isabelle	a close friend

The French often end personal letters to friends with expressions such as:

Amitiés	*Best regards*	(*lit.* **amitié** means *friendship*)
Amicalement	*Love*	(*lit.* **amical** means *friendly*)

A votre tour:

_____, le _____

Chère Nathalie,

Je m'appelle _____. J'ai _____. Je suis _____ et j'ai _____. J'ai un (une) _____ qui s'appelle _____. Il (Elle) est _____. Il (Elle) a _____. Nous habitons _____. Je vais _____.

Plus tard, j'ai l'intention de _____. J'ai aussi l'intention de _____. J'ai envie de _____. Je n'ai pas envie de _____.

Écris-moi souvent.

Amicalement,

_____

9.2 DEUXIÈME JOURNÉE: Jean-Marc a de la chance.

Jeudi. Jean-Marc a passé la journée au lit. Le soir, son amie Françoise lui téléphone. Jean-Marc et Françoise comparent leurs occupations de la journée.

FRANÇOISE:	Qu'est-ce que tu as fait? Tu as étudié?
JEAN-MARC:	Certainement pas! J'ai regardé la télévision et j'ai écouté mes disques.
FRANÇOISE:	Tu as de la chance, mon vieux!
JEAN-MARC:	Pourquoi?
FRANÇOISE:	Parce que nous, nous avons travaillé *comme des brutes* . . . =*beaucoup* Dis, Jean-Marc.
JEAN-MARC:	Oui?
FRANÇOISE:	Comment fait-on pour avoir la grippe?

Jean-Marc ou Françoise?

1.	Qui **a étudié?**	*Who studied?*
2.	Qui **a travaillé?**	*Who worked?*
3.	Qui **a regardé** la télévision?	*Who watched television?*
4.	Qui **a écouté** ses disques?	*Who listened to records?*
5.	Qui n'**a** pas **regardé** la télévision?	*Who didn't watch television?*
6.	Qui n'**a** pas **écouté** ses disques?	*Who didn't listen to records?*

Petit vocabulaire

EXPRESSIONS: **hier** *yesterday*   Qu'est-ce que tu as fait **hier?**   *What did you do yesterday?*

Comment fait-on pour . . . ? *What do you do to . . . ?*   **Comment fait-on pour** avoir la grippe?

Questions personnelles: Hier . . .

> MODÈLE: Est-ce que vous avez travaillé?   Oui, j'ai travaillé.
> ou: **Non, je n'ai pas travaillé.**

1. Est-ce que vous avez étudié?
2. Est-ce que vous avez parlé à vos amis?
3. Est-ce que vous avez téléphoné à vos amis?
4. Est-ce que vous avez écouté vos disques?
5. Est-ce que vous avez regardé la télévision?
6. A quelle heure est-ce que vous avez dîné?

OBSERVATIONS

Reread the section **Jean-Marc ou Françoise.**

The verbs in heavy type indicate *past* action. Each verb is *composed* of two parts. This verb form is called the **passé composé.**

The first part of each verb is the "auxiliary" or "helping" verb.

- The auxiliary verb is the present tense form of a verb that you know: which one?

The second part of each verb is the "past participle."

- What letter do the above past participles end in?

Sentences 5 and 6 are negative.

- Does the negative word **pas** come after the auxiliary verb **a** or after the past participle?

LA LANGUE FRANÇAISE

PRONONCIATION

Révisons: les sons /e/ et /ɛ/

The following letters and letter combinations are pronounced /e/:

é	été, idée, journée écouté
e + silent final consonant (except **s**)	et, Roger, chez, écouter, restez
es (in the following words)	les, des, ces, mes, tes, ses
ai; ai + silent final consonant	j'ai, fait, vais, anglais, français

J'ai écouté mes disques chez Roger.

The following letters and letter combinations are pronounced /ɛ/:

è; ê; ë	Michèle, embêtant, Noël
e + two consonants	elle, restons, anniversaire, serveuse
e + pronounced final consonant	cher, avec, Robert
ai + pronounced consonant	aime, faire

Elle aime faire du tennis avec Albert.

STRUCTURE

A. LE PASSÉ COMPOSÉ

The **passé composé** is used to describe past events. Here is the **passé composé** of the verb **travailler:**

travailler		AUXILIARY VERB + PAST PARTICIPLE
j' ai travaillé		
tu as travaillé		
il/elle a travaillé		present tense of **avoir** + **travaillé**
nous‿avons travaillé		
vous‿avez travaillé		
ils/elles‿ont travaillé		

NOTE: The **passé composé** has several English equivalents:

il a travaillé
$\begin{cases} \textit{he worked} \\ \textit{he has worked} \\ \textit{he did work} \\ \textit{he has been working} \end{cases}$

Exercice 1. **Au téléphone**

Situation: Les camarades de Jean-Marc ont téléphoné à leur ami.
   Action: Dites qui a téléphoné à Jean-Marc.

MODÈLE: Françoise   **Françoise a téléphoné à Jean-Marc.**

1. Jacques
2. Denise
3. Sylvie
4. Les cousins
5. Suzanne et Pierre
6. André et Georges
7. Nos amis
8. Nous
9. Vous
10. Moi
11. Toi
12. Les copains

B. LE PARTICIPE PASSÉ EN -É

For **-er** verbs, the past participle is formed as follows:

infinitive stem
(infinitive minus **-er**) $\Big\}$ + **é**

étud**ier**→étudi**é**	Françoise **a étudié.**
téléphon**er**→téléphon**é**	Françoise **a téléphoné** à Jean-Marc.
parl**er**→parl**é**	Ils **ont parlé** de leurs occupations de la journée.

The past participle of **être** is **été.**

   Tu **as été** en classe aujourd'hui?   *Were you in class today?*

Exercice 2. **Déjà fait** (*already done*)

> Situation: La mère de Jean-Marc demande à son fils s'il a fait certaines choses. Jean-Marc répond que oui.

> Action: Jouez les deux rôles.

MODÈLE: Écouter la radio

> La mère de Jean-Marc: **Tu as écouté la radio?**
> Jean-Marc: **Oui, j'ai écouté la radio.**

1. Téléphoner à Françoise
2. Inviter des amis
3. Regarder la télévision
4. Commencer ce livre
5. Déjeuner
6. Chercher ton électrophone
7. Écouter tes disques
8. Préparer ton examen
9. Dîner
10. Jouer de la guitare

C. LE PARTICIPE PASSÉ DU VERBE *FAIRE*

The past participle of **faire** is **fait.**

> **Avez-**vous **fait** vos devoirs? *Did you do your homework?*

Exercice 3. **De vrais sportifs**

> Situation: Aujourd'hui les amis de Jean-Marc ont fait du sport.
> Action: Dites ce qu'ils ont fait.

MODÈLE: Moi (du tennis) **J'ai fait du tennis.**

1. Vous (du football)
2. Philippe (du rugby)
3. Toi (du basketball)
4. Nous (du volleyball)
5. Mes copains (du football)
6. Moi (du ping-pong)

D. LE PASSÉ COMPOSÉ À LA FORME NÉGATIVE

In negative sentences in the **passé composé,** the word order is:

> **ne** + present of auxiliary + negative word + past participle
> ↓
> **n'** (+ vowel sound)

> Je **n'**ai **pas** été en ville.   *I have not been downtown.*
> Je **n'**ai **jamais** été dans ce magasin.   *I have never been in that store.*
> Je **n'**ai **rien** acheté.   *I didn't buy anything.*

The negative word **personne** comes after the past participle.

> Je **n'**ai invité **personne.**   *I didn't invite anyone.*

Remember that in negative sentences **un, une, des, du,** and **de la** usually become **de** before a direct object.

Est-ce que tu as invité **un** ami?	Non, je n'ai pas invité **d'**ami.
Est-ce que tu as écouté **des** disques?	Non, je n'ai pas écouté **de** disques.
Est-ce que tu as acheté **du** vin?	Non, je n'ai pas acheté **de** vin.
Est-ce que tu as fait **de la** poterie?	Non, je n'ai pas fait **de** poterie.

Exercice 4. *Aujourd'hui*

Situation: Aujourd'hui, Jean-Marc n'a pas fait ce qu'il fait d'habitude (*usually*).
Action: Dites ce qu'il n'a pas fait aujourd'hui.

MODÈLE: D'habitude, il étudie.   Aujourd'hui, il n'a pas étudié.

1. D'habitude, il déjeune à l'école.
2. D'habitude, il parle avec ses amis.
3. D'habitude, il joue au football.
4. D'habitude, il téléphone à Suzanne.
5. D'habitude, il écoute le professeur.
6. D'habitude, il achète un journal.
7. D'habitude, il travaille avant le dîner.
8. D'habitude, il regarde ses livres.

Exercice 5. *Le jeu des erreurs historiques* (*the game of historical errors*)

Situation: Les paragraphes suivants contiennent (*contain*) des erreurs historiques.

Action: Rectifiez les erreurs. Pour cela, mettez les phrases inexactes à la forme négative. Puis relisez le paragraphe.

MODÈLE: L'astronaute américain Neil Armstrong . . .

a été dans la lune (*moon*).
a trouvé des hommes sur la lune.
a exploré la planète Mars.

L'astronaute américain Neil Armstrong a été dans la lune. Il n'a pas trouvé d'hommes sur la lune. Il n'a jamais exploré la planète Mars.

1. George Washington . . .

a été le premier président américain.
a participé à la bataille de Gettysburg.
a donné la Louisiane à la France.
a parlé à Abraham Lincoln.

2. Benjamin Franklin . . .

a habité à Philadelphie.
a été président des États-Unis.
a inventé la photographie.
a visité San Francisco.

3. Dwight Eisenhower . . .

a été un grand général.
a libéré les Philippines en 1944.
a été membre du Sénat américain.
a été président.

4. Les frères Wright . . .

ont inventé le télégraphe.
ont inventé le téléphone.
ont inventé l'avion.
ont exploré la lune.

Entre nous

Correspondance

Nathalie vous écrit ce qu'elle a fait aujourd'hui. Faites-lui une description de votre journée. Exprimez-vous d'une manière simple et personnelle.

La lettre de Nathalie:

Paris, le 3 avril

Chers amis,

Aujourd'hui, c'est mercredi. Tu sais probablement qu'en France, nous n'avons pas classe le mercredi.[1] Aussi,   = *Alors*
je n'ai pas été au lycée. J'ai téléphoné à une amie et nous avons été en ville. Nous avons déjeuné dans un petit restaurant du Quartier Latin. Ensuite, nous avons été   = *Puis*
dans les magasins. Mon amie a acheté des disques. Moi, j'ai regardé les robes et les manteaux, mais je n'ai rien acheté. Je fais des économies pour les vacances.

J'ai dîné avec mes parents. Après le dîner, j'ai décidé de travailler parce que demain j'ai un examen. Mais mon amie a téléphoné et nous avons parlé pendant deux heures. Bien sûr, je n'ai pas étudié et je vais probablement rater mon examen demain. Tant pis!   = *Dommage!*
Maintenant que je t'ai parlé de ce que je fais, je voudrais   what
aussi savoir comment tu occupes tes journées.

Amicalement,
Nathalie

[1] Until 1972, French children had school Monday, Tuesday, Wednesday, Friday, and Saturday morning. Thursday was free. As of September 1972, they have school on Thursday, but they have Wednesday off.

Expressions pour la correspondance

Comment dater une lettre:

avec **le**:   **le trois avril; le deux mai;** etc. . . .

sans **le**:   **mercredi trois avril; samedi deux mai;** etc. . . .

A votre tour:

Essayez d'utiliser le passé composé des verbes entre parenthèses (à la forme affirmative ou négative) et d'autres verbes réguliers en **-er**.

_____, le _____

Ma chère Nathalie,

     Tu veux savoir comment je passe mes journées? C'est très simple. Je vais te dire ce que j'ai fait aujourd'hui. Ce matin j'_____ (être) à l'école. En classe de _____, nous _____ (étudier). Le professeur _____ (parler) de _____. A midi, j'_____ _____ (déjeuner) avec _____. Puis, j'_____ (être) en classe de _____. Cette classe est toujours (n'est jamais) très _____. Chez moi, j'_____ (regarder) la télévision. J'_____ (téléphoner) à _____. Nous _____ (parler) pendant _____. Puis, j'_____ (préparer) mes devoirs pour demain.

     Voilà comment j'ai passé ma journée.

Amicalement,

_____

9.3 *TROISIÈME JOURNÉE : Une invitation ratée*

Vendredi. Jean-Marc commence à trouver le temps long. Il invite des amies, mais sans succès . . .

Voici les événements de vendredi :

Jean-Marc invite Florence, Martine et Michèle.

Il attend longtemps.
Il perd patience.
Il entend le téléphone.
Il répond.

Il reconnaît ses amies.
Il a une mauvaise surprise.
Florence ne peut pas venir.
 (Elle a un accident de voiture.)
Martine ne veut pas venir.
 (Elle ne veut pas attraper la grippe.)
Michèle doit rester chez elle.

Alors, il boit un café.
Il lit un livre intéressant.
Il ne perd pas complètement son temps.

Voici comment Jean-Marc raconte ces événements, vendredi soir :

«J'ai invité Florence, Martine et Michèle.

J'**ai attendu** longtemps.
J'**ai perdu** patience.
J'**ai entendu** le téléphone.
J'**ai répondu.**

J'**ai reconnu** mes amies.
J'**ai eu** une mauvaise surprise.
Florence n'**a** pas **pu** venir.
 (Elle **a eu** un accident de voiture.)
Martine n'**a** pas **voulu** venir.
 (Elle n'**a** pas **voulu** attraper la grippe.)
Michèle **a dû** rester chez elle.

Alors, j'**ai bu** un café.
J'**ai lu** un livre intéressant.
Je n'**ai** pas complètement **perdu** mon temps.»

OBSERVATIONS

Look at the verbs in heavy type in the right-hand column of the preceding text.

- What tense are they in, the present or the **passé composé?**
- Which vowel do the past participles end in?
- Which regular **-re** verbs can you identify?
- Which irregular verbs can you identify?

Questions sur le texte

1. Est-ce que Jean-Marc a invité des amies?
2. Qui a-t-il invité?
3. A-t-il perdu patience?
4. A-t-il répondu au téléphone?
5. Qui a-t-il reconnu?

OBSERVATIONS

Reread the **Questions sur le texte** above.

- Which four questions are inverted questions?
- Does the subject pronoun come after the auxiliary verb **(a)** or after the past participle **(invité, perdu, répondu, reconnu)**?

Petit vocabulaire

NOM:	un **événement**	*event*	C'est un grand **événement.**
ADJECTIF:	**raté**	*unsuccessful; ruined*	Mon gâteau est **raté.**
VERBES RÉGULIERS:	**attraper**	*to catch*	N'**attrape** pas la grippe.
	raconter	*to tell (about)*	Il **raconte** sa journée.
EXPRESSIONS:	**longtemps**	*for a long time*	Je n'aime pas attendre **longtemps.**
	sans	*without*	Je suis **sans** argent.
	sans succès	*unsuccessful(ly)*	Il cherche son ami **sans succès.**
	trouver le temps long	*to be bored*	Il **trouve le temps long.**

NOTES DE VOCABULAIRE: There is generally no article (indefinite or partitive) between **sans** and the noun which follows it.

Je suis **sans** énergie.

Sans is followed by a stressed pronoun:

Allez au cinéma **sans moi.**

LA LANGUE FRANÇAISE

PRONONCIATION

Révisons: le son /y/

une, surprise, eu, bu, dû, pu, voulu, connu, lu, su, vendu, répondu
As-tu bu du café?
Lulu a eu une curieuse surprise.
Julie a dû aller à Honolulu.

STRUCTURE

A. LE PARTICIPE PASSÉ RÉGULIER EN -*U*

For regular **-re** verbs, the past participle is formed as follows:

$$\left.\begin{array}{l}\text{infinitive stem}\\\text{(infinitive minus }\textbf{-re})\end{array}\right\} + \textbf{u}$$

attend**re** → attend**u**	Est-ce que tu **as attendu** longtemps?	*Have you waited a long time?*
entend**re** → entend**u**	Je n'**ai** pas **entendu** la question.	*I didn't hear the question.*
répond**re** → répond**u**	Qu'est-ce que tu **as répondu?**	*What did you answer?*
vend**re** → vend**u**	J'**ai vendu** mon vélo.	*I sold my bike.*

Exercice 1. **La même chose**

Situation: Voici ce que les personnes suivantes font aujourd'hui.
  Action: Dites qu'elles ont fait la même chose hier.

MODÈLE: J'attends le bus.   **Hier, j'ai attendu le bus.**

1. Je perds patience.
2. Elles répondent à Jean-Marc.
3. Tu attends tes amis.
4. Je vends des livres.
5. Hélène répond à une lettre.
6. Jacques et Henri attendent le taxi.
7. Nous entendons un avion.
8. Le marchand vend ses timbres.

B. LE PARTICIPE PASSÉ IRRÉGULIER EN -*U*

The following irregular verbs have past participles ending in **-u.** Study each one carefully.

avoir	**eu**	pouvoir	**pu**
boire	**bu**	reconnaître	**reconnu**
connaître	**connu**	savoir	**su**
devoir	**dû**	vouloir	**voulu**
lire	**lu**		

NOTES : ɪ. The **passé composé** of **il y a** is **il y a eu.**
   2. The past participle **eu** is pronounced /y/.

Exercice 2. *Impossibilités*

Situations: Certaines personnes disent ce qu'elles n'ont pas fait.

   Action: Dites (a) qu'elles n'ont pas voulu faire ces choses.
   (b) qu'elles n'ont pas pu faire ces choses.

MODÈLE: Jean-Marc n'a pas étudié.   (a) **Il n'a pas voulu étudier.**
   (b) **Il n'a pas pu étudier.**

ɪ. Tu n'as pas téléphoné.
2. Hélène n'a pas dansé.
3. Je n'ai pas parlé.
4. Vous n'avez pas écouté.

5. Je n'ai pas invité Martine.
6. Florence n'a pas répondu.
7. Ils n'ont pas dîné en ville.
8. Nous n'avons pas visité Paris.

Exercice 3. *En ville*

Situation: Mireille et sa sœur vont en ville. Le soir elles racontent leur journée.
   Action: Jouez le rôle de Mireille et de sa sœur.

MODÈLE: Nous sommes dans un magasin.

   Mireille et sa sœur: **Nous avons été dans un magasin.**

ɪ. Nous avons une surprise.
2. Nous rencontrons (*meet*) Jean-Paul.
3. Nous reconnaissons notre vieil ami.
4. Jean-Paul veut nous inviter à déjeuner.

5. Nous acceptons.
6. Jean-Paul lit le menu.
7. Nous buvons du champagne.
8. Nous devons rentrer à la maison.

Révisons

Review the formation of inverted questions in **Structure,** Section B, p. 52.

Exercice de révision. *Emprunts* (loans)

Situation: Pendant sa maladie, Jean-Marc a besoin de certaines choses. Il demande si ses amis ont ces choses.

   Action: Jouez le rôle de Jean-Marc.

MODÈLE: Françoise: une guitare   **A-t-elle une guitare?**

ɪ. Florence: un transistor
2. Michèle et Martine: des disques
3. André: de l'argent
4. Jacques et Pierre: des livres

5. Paul: un banjo
6. Monique et Sylvie: une mini-cassette
7. Toi: des cassettes
8. Vous: des magazines de sports

C. L'INVERSION AVEC LE PASSÉ COMPOSÉ

In the **passé composé,** inverted questions are formed as follows:

present tense of auxiliary verb + subject pronoun + past participle

Vous avez été chez Jean-Marc.   **Avez-vous été** chez Jean-Marc?
Elle a été chez Jean-Marc.   **A-t-elle été** chez Jean-Marc?

Have you noted?

  a. There is a hyphen between the auxiliary verb and the subject pronoun.

  b. In the **il/elle** form, a **-t-** is inserted between the verb **a** and the pronoun.

Exercice 4. **Curiosité**

  Situation: Jean-Marc raconte sa journée à Françoise. Après chaque phrase, Françoise demande pourquoi.

    Action: Jouez le rôle de Françoise. Utilisez l'inversion dans vos questions.

  MODÈLE: Jean-Marc: J'ai invité Florence et Martine.

          Françoise: **Pourquoi as-tu invité Florence et Martine?**

1. J'ai attendu longtemps.
2. J'ai eu une mauvaise surprise.
3. Florence n'a pas pu venir.
4. Michèle a dû rester chez elle.
5. Martine n'a pas voulu venir.
6. J'ai bu mon café tout seul.
7. J'ai lu un livre intéressant.
8. J'ai perdu mon après-midi.

Expression personnelle

Choisissez un(e) camarade dans la classe. Posez-lui des questions sur ses activités du week-end dernier.

  MODÈLE: Tu as été: où?   Vous: **Où as-tu été?**

                Votre camarade: **J'ai été au cinéma.**

                          (**à la campagne, en ville,** etc.).

1. Tu as téléphoné: à qui?
2. Tu as joué: avec qui?
3. Tu as parlé: avec qui?
4. Tu as lu: quel livre?
5. Tu as regardé: quels programmes de télévision?
6. Tu as invité: qui?
7. Tu as été: chez qui?
8. Tu as rendu visite: à qui?

D. LA PLACE DE L'ADVERBE AU PASSÉ COMPOSÉ

With certain adverbs (especially adverbs in **-ment** and adverbs of quantity), the word order in the **passé composé** is:

auxiliary verb + negation (if any) + adverb + past participle

Tu as aimé ce livre?   Moi, je l'ai **beaucoup** aimé.

                        Jean-Marc ne l'a pas **particulièrement** aimé.

Exercice 5. **Les occupations de Jean-Marc**

Situation: Françoise demande à Jean-Marc ce qu'il a fait pendant sa maladie. Il lui répond.
Action: Jouez le rôle de Françoise et de Jean-Marc.

MODÈLE: Tu as téléphoné? (oui, souvent)   Françoise: **As-tu téléphoné?**
                                          Jean-Marc: **Oui, j'ai souvent téléphoné.**

1. Tu as lu? (oui, beaucoup)
2. Tu as aimé ce livre? (oui, beaucoup)
3. Tu as regardé la télévision? (oui, souvent)
4. Tu as travaillé? (non, pas assez)
5. Tu as déjeuné avec ta mère? (non, pas toujours)
6. Tu as joué de la guitare? (non, jamais)

Entre nous

Correspondance

La lettre de Nathalie:

Paris, le 20 avril

Mes chers amis,

J'ai bien reçu vos dernières lettres. Excusez-moi si je ne vous ai pas répondu immédiatement. Je n'ai pas eu le temps. Nous avons eu de la famille chez nous (mes cousins d'Annecy) et j'ai dû aider ma mère. A l'école, j'ai eu beaucoup de travail aussi. Hier, nous avons passé un examen d'anglais. Pour une fois, j'ai eu de la chance: comme sujet, nous avons eu un texte de Steinbeck à commenter. Steinbeck est mon auteur préféré. Avez-vous lu ses romans? Moi, j'ai lu « Of Mice and Men ». J'ai aussi lu « The Grapes of Wrath ». J'ai énormément aimé ces livres. Steinbeck a eu le prix Nobel de littérature, n'est-ce pas?

En France, on lit beaucoup de livres américains. As-tu lu Mark Twain? Hemingway? dos Passos? Ici, ce sont des auteurs très connus. Dans votre prochaine lettre, parlez-moi de vos auteurs préférés.

Votre amie
Nathalie

(marginal glosses: For once — as a topic — novels — next)

Expressions pour la correspondance

J'ai bien reçu ta (votre) lettre . . .	*I received your letter . . .*
Merci pour ta (votre) lettre . . .⎫	*Thanks for your letter . . .*
Merci de ta (votre) lettre . . .⎭	

A votre tour:

Parlez à Nathalie de vos lectures. Écrivez un paragraphe de 5 à 10 lignes. Exprimez-vous d'une manière simple et personnelle. Répondez aux questions suivantes:

Avez-vous lu Mark Twain? Steinbeck? Hemingway? Quels livres?
Avez-vous aimé ces livres?
Avez-vous trouvé ces livres intéressants?
Est-ce que ces auteurs sont connus aux États-Unis?
Ont-ils eu le prix Nobel de littérature?
Quels livres lisez-vous en classe d'anglais?
Quelle opinion avez-vous de ces livres?
Quelle est l'opinion de votre professeur?

Vous pouvez commencer votre lettre ainsi:

_____, le _____

Ma chère Nathalie,

    J'ai bien reçu ta dernière lettre. Tu me parles de Steinbeck. Eh bien, oui, cet auteur a eu le prix Nobel en 1962. C'est un auteur très connu aux États-Unis. J'ai lu _____. J'ai _____ aimé ce livre. Je n'ai pas _____. En classe, nous avons lu _____ de _____. Nous avons aussi . . .

Et, maintenant, continuez votre lettre.

John Steinbeck

9.4 *QUATRIÈME JOURNÉE: Jean-Marc désobéit.*

Jean-Marc trouve le temps très, très long. Maintenant il a décidé de sortir avec . . . ou sans autorisation.

Samedi matin

JEAN-MARC: Dis, Maman. Qu'est-ce que tu fais aujourd'hui?

MADAME LAMBERT: Je vais en ville avec ton père.

JEAN-MARC: Et demain?

MADAME LAMBERT: Nous sortons aussi. Nous allons chez des amis.

JEAN-MARC: Est-ce que je peux vous accompagner?

MADAME LAMBERT: Pas question! Le docteur Brunet t'a dit de rester une semaine au lit!

JEAN-MARC: Bon, bon . . . Quand partez-vous?

MADAME LAMBERT: A deux heures. Au revoir. A tout à l'heure.

Samedi après-midi

Jean-Marc a promis à sa mère de rester à la maison.
Mais il n'a pas obéi.
A deux heures et demie il a mis son manteau.
Il a pris le bus pour aller au stade.
Là, il a pris un billet pour le match de demain.
Il a choisi une très bonne place.

Questions sur le texte

1. Qu'est-ce que Jean-Marc a promis?
2. A-t-il obéi?
3. Qu'a-t-il mis?
4. Qu'est-ce qu'il a choisi?

OBSERVATIONS

The section **Samedi après-midi** is written in the **passé composé.**

● What sound do the past participles of the verbs end in?
● Which of these participles come from regular **–ir** verbs?
● What letter do the **–ir** past participles end in?

The other past participles come from irregular verbs.

● Can you identify these irregular verbs?

Petit vocabulaire

NOMS:	un **billet**	*ticket*	une **place** *seat*
VERBES RÉGULIERS:	**désobéir**	*to disobey*	Jean-Marc **désobéit** rarement.
	obéir	*to obey*	Il doit toujours **obéir.**
VERBE IRRÉGULIER:	**promettre** (like **mettre**)	*to promise*	Je ne **promets** jamais rien.
EXPRESSION:	**à tout à l'heure**	*See you in a while.* *See you later.*	

NOTES DE VOCABULAIRE: Note the use of **à** with the following verbs:

désobéir à Jean-Marc a désobéi **à sa mère**.   (Il **lui** a désobéi.)
obéir à   Obéissez-vous **à vos parents**?   (**Leur** obéissez-vous?)

When saying good-by to someone they will see again shortly, the French often mention the time of the next meeting in an expression with **à**:

A demain.   *See you tomorrow.*
A cet après-midi.   *See you this afternoon.*
A jeudi.   *See you Thursday.*

LA LANGUE FRANÇAISE

PRONONCIATION

Révisons: le son /ɔ̃/

bo̲n̲, maiso̲n̲, no̲n̲, resto̲n̲s, allo̲n̲s, to̲n̲, o̲n̲cle, raiso̲n̲
No̲n̲, ne resto̲n̲s pas à la maiso̲n̲. Allo̲n̲s chez to̲n̲ o̲n̲cle Simo̲n̲.

La terminaison -ion

At the end of a word, the letters **-ion** represent the sound /jɔ̃/.

opini̲o̲n̲, champi̲o̲n̲, étudi̲o̲n̲s, oubli̲o̲n̲s, expressi̲o̲n̲

The ending **-sion** is pronounced /zjɔ̃/. Be sure to avoid the English *zhun.*

révi̲si̲o̲n̲, télévi̲si̲o̲n̲, occa̲si̲o̲n̲, inva̲si̲o̲n̲

Le groupe: ti + voyelle

Before **i** + vowel, the letter **t** usually represents the sound /s/.

> pat<u>i</u>ent, pat<u>i</u>ence, démocrat<u>i</u>e, part<u>i</u>al, impart<u>i</u>al

Consequently, the ending **-tion** is pronounced /sjɔ̃/. Be sure to avoid the English *shun* when pronouncing words in **tion**.

> occupa<u>tion</u>, atten<u>tion</u>, inten<u>tion</u>, sec<u>tion</u>, prononcia<u>tion</u>, descrip<u>tion</u>, excep<u>tion</u>, collec<u>tion</u>, autorisa<u>tion</u>, imagina<u>tion</u>, ambi<u>tion</u>
>
> Faites atten<u>tion</u> à la prononcia<u>tion</u> de cette sec<u>tion</u>!

Exception: **question** is pronounced /kɛstjɔ̃/

STRUCTURE

A. LE PARTICIPE PASSÉ EN *-I*

For regular **-ir** verbs, the past participle is formed as follows:

$$\left.\begin{array}{c}\text{infinitive stem}\\ \text{(infinitive minus -ir)}\end{array}\right\} + \text{-i}$$

chois**ir**→choisi	J'**ai choisi** de nouveaux disques.	*I chose some new records.*
réuss**ir**→réuss**i**	**Avez-vous réussi?**	*Did you succeed?*
obé**ir**→obé**i**	Jean-Marc n'**a** pas **obéi**.	*Jean-Marc did not obey.*

Exercice 1. **Aujourd'hui et hier**

> Situation: Aujourd'hui, chacun fait ce qu'il a fait hier.
>   Action: Dites ce que chacun a fait hier.

MODÈLE: Je choisis un livre.   **Hier, j'ai choisi un livre.**

1. Françoise finit un livre.
2. Tu ne finis pas tes devoirs.
3. Jean-Marc n'obéit pas.
4. Tu choisis un journal.
5. Nous ne réussissons pas à notre examen.
6. Vous réussissez vos photos.
7. Ils obéissent au professeur.
8. Elles choisissent des disques.

B. LES PARTICIPES PASSÉS EN *-IS* ET *-IT*

The following irregular verbs have past participles ending in **-is** and **-it**:

-is

mettre→**mis**	Elle **a mis** son foulard jaune.
promettre→**promis**	Qu'est-ce que vous **avez promis** à Papa?
prendre→**pris**	Nous n'**avons** pas **pris** ta mini-cassette.
comprendre→**compris**	**Avez**-vous **compris** ce problème?

–it

| dire→ **dit** | Qu'est-ce qu'ils **ont dit?** |
| écrire→ **écrit** | Je n'**ai** rien **écrit.** |

Exercice 2. ***Un jour à l'école***

Situation: Voici ce que Michèle a fait pendant la journée. Elle téléphone à Jean-Marc après l'école et elle lui raconte ses occupations.

Action: Jouez le rôle de Michèle au téléphone.

MODÈLE: Je prends mon petit déjeuner.   **J'ai pris mon petit déjeuner.**

1. Je prends mes livres.
2. Je mets mon manteau.
3. Je promets de travailler.
4. Je prends le bus.
5. Je mets mes livres sur la table.
6. J'écris une lettre.
7. Je ne comprends pas la leçon.
8. Je dis cela au professeur.

C. LA PLACE DES PRONOMS AU PASSÉ COMPOSÉ

In the **passé composé,** as in all tenses, object pronouns come before the verb.

$$\text{subject} + \textbf{ne} + \begin{Bmatrix} \textbf{me} \\ \textbf{te} \\ \textbf{nous} \\ \textbf{vous} \end{Bmatrix} + \begin{Bmatrix} \textbf{le} \\ \textbf{la} \\ \textbf{les} \end{Bmatrix} + \begin{Bmatrix} \textbf{lui} \\ \textbf{leur} \end{Bmatrix} + \textbf{y} + \textbf{en} + \begin{array}{c} \text{auxiliary} \\ \text{verb} \end{array} + \begin{Bmatrix} \textbf{pas} \\ \textbf{jamais} \\ \textbf{plus} \end{Bmatrix} + \text{past participle}$$

As-tu donné ce livre à Jean-Marc?	Oui, je **le lui** ai donné.
	Non, je ne **le lui** ai pas donné.
As-tu parlé de ce livre à Françoise?	Oui, je **lui en** ai parlé.
	Non, je ne **lui en** ai pas parlé.

Questions personnelles

Utilisez des pronoms dans vos réponses.

1. Avez-vous parlé au professeur aujourd'hui?
2. Avez-vous obéi à vos parents?
3. Avez-vous téléphoné à vos amis?
4. Avez-vous écrit à vos cousins?
5. Avez-vous pris le bus?
6. Avez-vous acheté un journal?
7. Avez-vous lu un livre?
8. Avez-vous écouté le professeur?

Entre nous

Correspondance

Dans cette lettre, Nathalie parle d'un week-end qu'elle a passé en Normandie.

La lettre de Nathalie:

Paris, le 6 mai

Mes chers amis,

Est-ce que je vous ai écrit que mon frère Marc a un ami qui habite à Deauville, en Normandie? Eh bien, cet ami lui a téléphoné jeudi dernier et il l'a invité à passer le week-end chez lui. Il a aussi demandé si je <u>voulais</u> venir. Bien sûr, j'ai accepté. Mes parents nous ont donné cent francs pour prendre le train. En fait, nous n'avons pas pris le train. Nous avons fait de <u>l'auto-stop.</u> (On fait des économies comme on peut, n'est-ce pas?) Avez-vous déjà fait de l'auto-stop? C'est économique, mais ce n'est pas très rapide. Nous avons mis cinq heures pour faire 200 kilomètres (c'est-à-dire, 120 «miles»).

A Deauville, nous avons passé un week-end formidable. Samedi, nous avons été à la plage, mais nous <u>n'avons pas nagé</u> (l'eau est trop froide en cette saison). Par contre, nous <u>avons fait du bateau.</u> Nous avons aussi joué au tennis. Le soir nous avons été dans une nouvelle discothèque. Là, j'ai rencontré un Américain qui vient de Frenchville, en Pennsylvanie. C'est un village minuscule qui a été fondé par des Français en 1820 et où on parle toujours français. Est-ce que vous le connaissez?

Amitiés,

Nathalie

wanted

hitchhiking

didn't go swimming

went boating

NOTE CULTURELLE: **La terminaison «-ville»**

Il y a beaucoup de villes françaises dont° le nom se termine en
-ville: Deauville, Charleville, Albertville, etc. . . . C'est aussi le
cas de certaines villes américaines: Louisville, Jacksonville,
Charlottesville, Nashville, Gainesville, etc. . . .

dont whose

Expression

par contre	*on the other hand*	Je n'ai pas visité New York.
		Par contre, j'ai visité Boston.

A votre tour:

Maintenant parlez à Nathalie d'un récent week-end. Voici certaines
questions qui peuvent vous guider dans la rédaction (*writing*) de votre
lettre:

> Où avez-vous été? au cinéma? au théâtre? au restaurant? à une
> surboum? à un match de baseball? Avec qui?
>
> Avez-vous été en ville? Avec qui? Comment? Qu'est-ce que vous
> avez fait? Qu'est-ce que vous avez acheté?
>
> Avez-vous invité des amis? Qui? Qu'est-ce que vous avez fait?
> Avez-vous rendu visite à vos cousins? à vos grands-parents?
> Avez-vous regardé la télévision? Qu'est-ce que vous avez regardé?

Maintenant, commencez votre lettre:

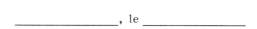

_____, le _____

Ma chère Nathalie,

   Aujourd'hui, je vais te parler de ce que j'ai fait le week-end dernier...

Et, maintenant, continuez votre lettre.

9.5 *CINQUIÈME JOURNÉE: Jean-Marc a décidé d'obéir.*

Au stade

Dimanche. Les parents de Jean-Marc sont sortis après le déjeuner.
Jean-Marc, évidemment, n'est pas resté chez lui. Il est allé au stade.
Après le match il a rencontré Mireille . . . la fille du Docteur Brunet.
C'est une mauvaise surprise.

MIREILLE: Salut, Jean-Marc, ça va?
JEAN-MARC: Oh, plus ou moins. Dis, tu es venue seule?
MIREILLE: Non, je suis venue avec mon père et mes sœurs.
JEAN-MARC: Avec ton père?
MIREILLE: Oui, pourquoi? Tu veux lui parler?
JEAN-MARC: Euh, . . . non. Je suis un peu malade. Je vais rentrer chez moi.

A la maison

Les parents de Jean-Marc sont rentrés assez tard. Ils ont trouvé Jean-Marc très malade.
Madame Lambert a proposé de l'amener chez le médecin.

Jean-Marc a répondu:

«Mais non, Maman. Tu sais que je ne dois pas sortir avant mercredi. Je vais rester au lit.»

Vrai ou faux?

1. Dimanche, Jean-Marc **est** all**é** au stade.
2. Mireille **est** all**ée** au stade.
3. Les parents de Jean-Marc **sont** all**és** au stade.
4. Les sœurs de Mireille **sont** all**ées** au stade.

OBSERVATIONS

Reread the sentences in **Vrai ou faux.**

- Is the verb **aller** in the present or the **passé composé?**
- What is the auxiliary verb, **avoir** or **être?**
- What letter(s) does the past participle of **aller** end in when the subject is masculine singular **(Jean-Marc)?** feminine singular **(Mireille)?** masculine plural **(les parents de Jean-Marc)?** feminine plural **(les sœurs de Mireille)?**

Reread the story.

- Which verbs use **être** as an auxiliary in the **passé composé?**

Petit vocabulaire

ADJECTIF:	**seul**	*alone; lonely*	Jean-Marc n'aime pas être **seul.**
VERBE REGULIER:	**rencontrer**	*to meet*	Il préfère **rencontrer** ses amis.
EXPRESSIONS:	**un peu**	*a little*	Je suis **un peu** malade.
	plus ou moins	*more or less*	Nous sommes **plus ou moins** prêts.

Vocabulaire spécialisé: verbes de mouvement

en **-er**:	**arriver**	*to arrive*	Nous **arrivons** chez Jean-Marc.
	entrer	*to enter*	Nous **entrons** chez lui.
	monter	*to go up; get on*	Nous **montons** dans sa chambre.
	passer (par)	*to pass (by, through)*	Nous **passons** par le stade.
	rentrer	*to go back, go home*	Nous **rentrons** à l'école.
	retourner	*to return*	Nous **retournons** en classe.
	rester	*to remain, stay*	Nous ne **restons** pas à l'école.
en **-re**:	**descendre**	*to go down; get off*	Nous **descendons** du bus.
IRRÉGULIERS:	**aller**	*to go*	Qui **va** au stade?
	partir	*to leave*	Nous **partons** à deux heures.
	sortir	*to go out*	Jean-Marc ne peut pas **sortir.**
	venir	*to come*	Vous **venez** au match?
	revenir	*to come back*	A quelle heure **revenez**-vous?

LA LANGUE FRANÇAISE

PRONONCIATION

La liaison au passé composé

In a sentence, liaison is required between the elements which are boxed:

subject noun	+	object pronouns	+	auxiliary verb	+	past participle		Le docteur nous en a parlé. Mes amis les ont pris.

subject pronoun	+	object pronouns	+	auxiliary verb	+	past participle		Nous avons acheté des billets. Ils en ont acheté.

object pronouns	+	auxiliary verb	+	subject pronoun	+	past participle		Ont-ils écrit ces livres? Les ont-ils écrits?

NOTE DE PRONONCIATION: Liaison is optional before the past participle. In conversational French these liaisons are frequently omitted after **avoir.**

Nous avons étudié la leçon.   Ils en ont acheté.

Nous sommes arrivés à midi.   Il n'est pas allé en classe.

STRUCTURE

A. LE PASSÉ COMPOSÉ AVEC *ÊTRE*

The **passé composé** of certain verbs is formed with **être** (rather than **avoir**) as the auxiliary verb. Here is the form chart for the **passé composé** of **aller:**

aller		
je suis allé	*I went, I have gone*	Je **suis allé** au stade.
tu es allé	*you went, you have gone*	**Es-tu allé** au cinéma?
il est allé	*he went, he has gone*	Paul n'**est** pas **allé** en classe.
elle est allée	*she went, she has gone*	Anne n'**est** jamais **allée** à Paris.
nous sommes allés	*we went, we have gone*	Nous **sommes allés** en ville.
vous êtes allés	*you went, you have gone*	Où **êtes-vous allés**, toi et Paul?
ils sont allés	*they went, they have gone*	Quand **sont-ils allés** en France?
elles sont allées	*they went, they have gone*	Mes sœurs **sont allées** au match.

Most of the verbs which form their **passé composé** with **être** are verbs of motion. They are shown in the «**Être**-stadium», with their past participles in parentheses:

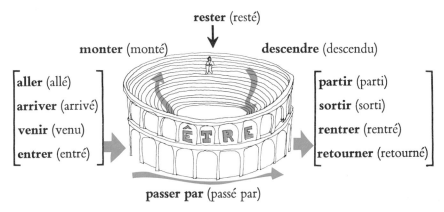

NOTE: Verbs conjugated with **être** cannot take a direct object, but they may be followed by a preposition.

> Jean-Marc est entré dans le stade.
> *Jean-Marc entered* ... *the stadium.*

Exercice 1. *Le voyage de Jean Allidet*

Situation: Vous travaillez pour un magazine français. Vous devez raconter le voyage aux États-Unis de Jean Allidet, un acteur français très célèbre. Voici vos notes.

Action: Faites la description du voyage de Jean Allidet d'après vos notes.

MODÈLE: Jean Allidet arrive à New York. Jean Allidet est arrivé à New York.

1. Il descend dans un hôtel.
2. Il monte à l'Empire State Building.
3. Il va à la Statue de la Liberté.
4. Il part pour la Floride.
5. Il reste à Miami.
6. Il vient à la Nouvelle Orléans.
7. Il retourne à New York.
8. Il passe par Philadelphie.
9. Il revient à Paris.
10. Il rentre chez lui.

B. LES FORMES DU PARTICIPE PASSÉ

In French the past participle has the same four forms as a regular adjective. Here are the four forms of the past participle of **arriver**:

	SINGULAR	PLURAL
Masculine	**arrivé**	**arrivés**
Feminine	**arrivée**	**arrivées**

The four forms of the past participle sound the same for past participles ending in **-é, -i,** and **-u.**

C. L'ACCORD DU PARTICIPE PASSÉ

Verbs conjugated with **être**:

The *past participle* agrees in gender and number with the *subject* of the verb.

Verbs conjugated with **avoir**:

The past participle remains in the masculine singular form when there is no direct object or when the direct object comes after the verb.[1]

Contrast:

Jean-Marc **a** visit**é** le Canada.	Il **est** all**é** à Québec.
Mireille **a** visit**é** le Canada.	Elle **est** all**ée** à Québec.
Jean-Marc et René **ont** visit**é** le Canada.	Ils **sont** all**és** à Québec.
Mireille et Marie **ont** visit**é** le Canada.	Elles **sont** all**ées** à Québec.

NOTE: The pronoun **vous** can be masculine or feminine, singular or plural.

Nous demandons à **Jean-Marc:**   Êtes-vous all**é** à Montréal?
Nous demandons à **Mireille:**   Êtes-vous all**ée** à Montréal?
Nous demandons à **Jean-Marc et à René:** Êtes-vous all**és** à Montréal?
Nous demandons à **Mireille et à Marie:** Êtes-vous all**ées** à Montréal?

Exercice 2. **Uniquement pour détectives**

Situation: Un ami a trouvé un carnet (*notebook*) avec les observations suivantes. Les observations, écrites au passé composé, sont incomplètes. Votre ami vous demande si elles concernent un garçon, une fille, des garçons ou des filles.

Action: Aidez votre ami. Pour cela, complétez les phrases avec **un garçon, une fille, des garçons, des filles** et la forme appropriée du verbe **être**.

MODÈLE: —— venue ici. **Une fille est venue ici.**

1. —— arrivées à Orly.
2. —— rentré à l'hôtel.
3. —— partis pour New York.
4. —— descendues au Quartier Latin.
5. —— montés à la Tour Eiffel.
6. —— retournée à l'hôtel.
7. —— revenu à huit heures.
8. —— venues à dix heures.
9. —— sortis le soir.
10. —— allées à Nice.

Exercice 3. **Jim et Juliette**

Situation: Juliette fait ce que (*what*) fait Jim.
Action: Jouez le rôle de Juliette, et le rôle de Jim et de Juliette, d'après le modèle.

MODÈLE: Jim est allé à New York. Juliette: **Je suis allée à New York aussi.**
           Jim et Juliette: **Nous sommes allés à New York.**

1. Jim est arrivé en avion.
2. Jim est resté dans un hôtel.
3. Jim est allé au musée d'Art Moderne.
4. Jim est monté à l'Empire State Building.
5. Jim est descendu dans le métro (*subway*).
6. Jim est sorti à Greenwich Village.
7. Jim est parti en bus.
8. Jim est rentré chez lui.

[1] For cases where the direct object precedes the verb, see **Structure,** Section C, p. 404.

Expression personnelle

Choisissez un(e) camarade. Parlez avec lui du week-end dernier. Vous pouvez utiliser les expressions suivantes. (Attention: certains verbes sont conjugués avec **avoir,** les autres avec **être.)**

MODÈLES: faire (que?)   Vous: **Qu'as-tu fait le week-end dernier?**
                       Votre camarade: **J'ai fait du ping-pong.**

           aller (où?)   Vous: **Où es-tu allé(e)?**
                       Votre camarade: **Je suis allé(e) à la campagne.**

1. rester (à la maison? en ville?)
2. inviter (qui?)
3. sortir (avec qui? où?)
4. déjeuner (où? avec qui?)
5. aller (au cinéma? à la campagne?)
6. téléphoner (à qui?)
7. regarder (la télévision?)
8. rentrer à la maison (quand?)

Entre nous
Correspondance

La lettre de Nathalie:

Paris, le 24 mai

Mes chers amis,

    Qu'est-ce que vous faites en été? Vous voyagez ou vous restez chez vous? Nous, nous ne restons jamais à Paris pendant les vacances. L'année dernière, par exemple, nous sommes allés en Algérie. Savez-vous où est l'Algérie? C'est un pays d'Afrique du Nord où il fait toujours beau.

    Voici notre itinéraire. Nous sommes partis de Paris le 3 juillet et nous sommes descendus en voiture jusqu'à [as far as] Marseille. Là, nous avons pris un bateau [boat] et nous sommes arrivés à Alger le 6 juillet. Nous ne sommes pas restés à l'hôtel. Nous avons fait du camping. [went camping]

    Avez-vous déjà fait du camping? Personnellement, j'ai trouvé ça très amusant. Mon frère Marc, lui, n'a pas spécialement apprécié la compagnie des moustiques...A part les [mosquitoes; Except for] moustiques, nous avons passé des vacances sensationnelles. Nous sommes allés à la plage tous les jours, sauf deux ou trois [except] jours où il a fait mauvais. Je suis rentrée à Paris avec un bronzage magnifique. [suntan]

    J'ai un copain qui a été aux États-Unis l'année dernière. Il m'a dit que beaucoup d'étudiants travaillent pendant les vacances. Est-ce que c'est vrai?

                Votre amie
                Nathalie

NOTE CULTURELLE: **Marseille et l'Algérie**

Marseille est une ville très ancienne. Elle a été fondée° par des marins grecs° en 600 avant Jésus-Christ. Aujourd'hui, Marseille est une ville moderne et un grand port sur la Méditerranée.

L'Algérie est un pays méditerranéen et africain. Sa capitale est Alger. La majorité des Algériens sont musulmans.° Beaucoup parlent français.

fondée settled; **marins grecs** Greek sailors; **musulmans** moslems

A votre tour:

Racontez à Nathalie ce que vous avez fait les vacances dernières. Voici quelques questions qui peuvent vous guider dans la rédaction de votre lettre:

Êtes-vous resté chez vous ou avez-vous voyagé?
Où êtes-vous allé? Chez des parents? Dans une *colonie de vacances?*   camp
Avec qui? Comment?
Quand êtes-vous parti? Quand êtes-vous rentré?
Avez-vous invité des amis? Avez-vous été invité?
A qui avez-vous rendu visite?
Avez-vous visité des *endroits* intéressants?   places
Avez-vous travaillé? Où? Avec qui?
Avez-vous fait du sport? Quels sports? Avec qui?
Qu'est-ce que vous avez fait en juin? en juillet? en août?

Maintenant, commencez votre lettre:

_____, le _____
     what

Ma chère Nathalie,

    Merci de ta lettre où tu me parles de tes vacances de l'année dernière. Voilà, moi, <u>ce que</u> j'ai fait: ...

Et, maintenant, continuez votre lettre.

LISONS: un poème

Dans ce poème, une jeune femme regarde son mari qui prend son petit déjeuner. Quels sont les sentiments de cette femme?

«Déjeuner du matin»

Il a mis le café
Dans la tasse
Il a mis le lait
Dans la tasse de café
Il a mis le sucre
Dans le café au lait
Avec la petite cuiller
Il a tourné
Il a bu le café au lait
Et il *a reposé* la tasse   = *a mis sur la table*
Sans me parler   = *il ne m'a pas parlé*
Il a allumé
Une cigarette
Il a fait *des ronds*   = *des cercles*
Avec la fumée
Il a mis les cendres
Dans le cendrier
Sans me parler
Sans me regarder   = *il ne m'a pas regardée*
Il *s'est levé*   got up
Il a mis
Son *chapeau* sur sa tête   hat
Il a mis

Son *manteau de pluie*   raincoat (usually: *un imperméable*)
Parce qu'*il pleuvait*   it was raining
Et il est parti
Sous la pluie   In the rain
Sans une *parole*   word
Sans me regarder
Et moi j'ai pris
Ma tête dans ma main
Et j'ai *pleuré*.   cried
   Jacques Prévert, *Paroles*
   © Éditions Gallimard

Avez-vous compris le poème?

Complétez les phrases avec *a*, *b* ou *c*.

1. L'action du poème a lieu (*takes place*)
    a. le matin
    b. l'après-midi
    c. le soir

2. A la fin (*end*) du poème, l'homme
    a. a dit au revoir à sa femme
    b. est resté chez lui
    c. est parti

3. L'attitude de l'homme est une attitude
    a. d'indifférence
    b. de joie
    c. de vanité

4. La femme est
    a. joyeuse
    b. indifférente
    c. triste (*sad*)

L'art de la lecture

Inference

The action in this poem takes place at a definite point in time, as is indicated in the title «**Déjeuner du matin**». If you know what a Frenchman's usual breakfast consists of, you should be able to discover the meanings of many words which Prévert uses and which are unfamiliar to you.

The usual breakfast drink in France is **café au lait.** First one pours a cup half full of hot coffee and fills it the rest of the way with warm milk. One adds a few lumps of sugar and stirs the drink with a spoon. Some adults do without the usual bread and butter, occasionally replacing them with a cigarette. Sometimes people who smoke amuse themselves by blowing smoke rings. In any case, a smoker soon has ashes on the end of his cigarette and, in his own home, generally taps these ashes into an ashtray.

- Reread the poem and find the French equivalents for the following:
  a cup, sugar, a spoon, to stir, to light (cigarette), to blow smoke rings, smoke, ashes, an ashtray.

When you study the context in which new words are used and from this context draw logical conclusions about the meaning of these words, you are using "inference."

Travaux pratiques de lecture

The following ten sentences form a short story. For each sentence use inference to determine which of the three words in parentheses is closest in meaning to the unfamiliar underlined word.

1. Marc est un jeune <u>écrivain</u> qui vient de publier son premier livre. (*bookkeeper, librarian, writer*)
2. <u>Malheureusement</u>, ce livre n'a pas eu un grand succès. (*fortunately, unfortunately, consequently*)
3. Marc doit par conséquent travailler dans une banque pour <u>vivre</u>. (*to earn a living, to keep in shape, to save money*)

4. Mais il passe ses nuits sur un nouveau roman. (*novel, magazine, soldier*)
5. Le soir, il prend du café pour rester éveillé. (*asleep, sick, awake*)
6. Puis, il prend sa machine. (*washing machine, electric drill, typewriter*)
7. Il tape vingt pages par nuit. (*types, tapes, reads*)
8. Quand il arrive à la banque le matin, il est totalement épuisé. (*alert, exhausted, uninhibited*)
9. Marc commet des erreurs et Monsieur Tapedur, son patron, est absolument furieux. (*father, publisher, boss*)
10. Il va être plus furieux encore quand il apprendra que Marc l'a choisi comme personnage principal du livre qu'il écrit. (*character, parson, godfather*)

TESTS DE CONTRÔLE
Chapitre neuf

Directions: Write out your answers to the following test-exercises on a separate sheet of paper. Then turn to page 437 to correct your work. Do not check your answers until you have completed the tests.

STRUCTURE

TEST 1. *A la suprise-partie*

Everyone danced at the party last night. Say who danced with whom by completing the sentences below with the **passé composé** of **danser.**

1. Pierre —— avec Hélène.
2. Nicole —— avec Roger.
3. J'—— avec Marie.
4. Tu —— avec Georges.
5. Nous —— avec Sylvie.
6. Vous —— avec Mathilde.
7. Gilbert et Jean-François —— avec Alice.
8. Suzanne et Monique —— avec Robert.

TEST 2. *Préparation*

Max plans to write a story in the past tense, using the following verbs. For each verb, write out the past participle.

MODÈLE: travailler   *your paper:*   *travaillé*

1. parler
2. obéir
3. désobéir
4. vendre
5. répondre
6. passer
7. prendre
8. vouloir
9. mettre
10. dire
11. boire
12. venir
13. pouvoir
14. être
15. avoir

TEST 3. *Précisions*

Max is giving additional details about his activities. Complete the sentences below with the appropriate **passé composé** form of the verb which appears in the first sentence.

MODÈLE: Je viens de déjeuner. J'— avec Caroline.   *your paper:* ai déjeuné

1. Je viens de téléphoner. J'— à Henri.
2. Henri vient de réussir. Il — à son examen.
3. Jacques vient de dîner. Il — au restaurant.
4. Nous venons d'attendre Michel. Nous — Michel.
5. Vous venez de lire. Vous — un livre très intéressant.
6. Je viens d'écrire. J'— un poème.
7. Tu viens de comprendre. Tu — la question.
8. Nous venons de faire un match de tennis. Nous — ce match avec nos cousins.

TEST 4. *Être ou avoir?*

Max is telling about his recent trip to France. Complete his sentences with **Je suis** or **J'ai**, as appropriate.

1. — parti le premier juillet.
2. — arrivé à Paris le 2 juillet.
3. — visité Notre-Dame.
4. — téléphoné à des amis.
5. — resté chez eux.
6. — allé en Provence.
7. — pris le train.
8. — été à Nice.
9. — parlé à une charmante jeune fille.
10. — rentré le 10 août.

TEST 5. *Erreurs historiques*

Rectify the following historical errors by rewriting the sentences in the negative.

1. Christophe Colomb a fondé New York. Non, il —
2. Abraham Lincoln a signé la Déclaration d'Indépendance. Non, il —
3. Les frères Wright ont inventé la bombe atomique. Non, ils —
4. Les astronautes sont arrivés sur la planète Mars. Non, ils —

TEST 6. *Qui?*

Max, Nicole, and Marie are visiting the United States. Indicate the appropriate completion for the sentences below:

A. **Max est**   B. **Nicole est**   C. **Max et Nicole sont**   D. **Nicole et Marie sont**

1. — arrivées à New York.
2. — allé à Boston.
3. — montée à l'Empire State Building.
4. — venus à San Francisco.
5. — descendue en Floride.
6. — passées par Houston.
7. — rentrée à Paris.
8. — resté à Chicago.

VOCABULARY

TEST 7. *Anatomie*

The drawing on the right is divided into three sections: A, B, and C. Indicate in which section each of the following parts of the body is found.

MODÈLE: la tête   *your paper:* a

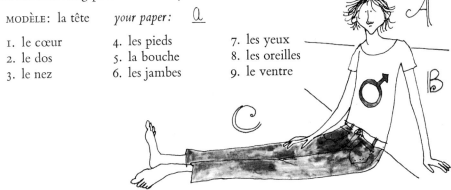

1. le cœur
2. le dos
3. le nez
4. les pieds
5. la bouche
6. les jambes
7. les yeux
8. les oreilles
9. le ventre

TEST 8. *Au choix*

Indicate which of the words in parentheses best completes each of the sentences below.

1. (envie, mal) Ce soir j'ai —— d'aller au cinéma.
2. (besoin, tort) J'ai —— d'argent pour acheter des billets.
3. (mal, malade) J'ai —— à la tête. J'ai la grippe.
4. (l'intention, de la chance) Vous allez à Paris? Vous avez —— !
5. (sortir, partir) Si je veux être à Paris, je dois —— de Lyon à 7 heures.
6. (partir, attraper) Mon père ne veut pas —— la grippe.

Images de la France

LE FRANÇAIS DANS LE MONDE

Où parle-t-on français?

Le français n'est pas uniquement parlé
en France. Aujourd'hui, c'est la langue
commune de 150 millions d'hommes et de
femmes: les francophones.° Ces
francophones ne constituent pas un bloc
uniforme. Au contraire, ils représentent des
cultures, des races, des modes d'existence
très différents. Géographiquement, les
francophones sont disséminés sur° la
surface du globe. Ainsi, on parle français
sur tous les continents.

En Amérique du Nord

On parle français au Canada, principalement
dans la province de Québec. Aux États-Unis,
le français est parlé dans un certain nombre
de communautés d'origine canadienne,
surtout en Nouvelle-Angleterre et en
Louisiane.

En Amérique centrale et en Amérique du Sud

On parle français en Haïti, à la Guadeloupe,
à la Martinique et en Guyane française.
Les Guadeloupéens, les Martiniquais et les
Guyanais sont des Français d'origine
principalement africaine.

En Europe

On parle français en France et aussi en
Suisse, en Belgique et au Luxembourg
où c'est une des langues officielles.

En Afrique

En Afrique du Nord, on parle français au
Maroc, en Algérie et en Tunisie. En Afrique
noire, le français est resté la langue
officielle d'un grand nombre de pays: le
Sénégal (capitale: Dakar), la Côte-d'Ivoire
(capitale: Abidjan), le Zaïre (l'ancien
Congo), etc. . . . En superficie,° les pays
d'expression française° représentent la
moitié° de l'Afrique.

En Océanie

On parle français principalement à Tahiti
qui est un territoire français.

En Asie

On parle français au Vietnam et au Laos
où c'est l'une des langues officielles.

francophones *m.* French speakers; **disséminés sur** spread over;
superficie *f.* area; **d'expression française** French-speaking;
moitié half

Vrai ou faux?

1. Les francophones parlent français.
2. Il y a 50 millions de francophones.
3. Le français est parlé uniquement en Europe.
4. Les habitants de Québec parlent français.
5. Il n'y a pas de francophones aux États-Unis.
6. Les Guadeloupéens parlent français.
7. Tahiti est en Asie.
8. Dakar est la capitale de la Côte-d'Ivoire.

PROJETS CULTURELS

Projet de classe

On a world map, plan an imaginary trip with stops in eight French-speaking countries, including islands. Draw in your route and prepare a short statement in French about what you wish to do and to see at each stop. If you plan the trip by air, show the complete flight itinerary. Your local travel agent will provide you with flight schedules.

Projet individuel

Get a map of the northern United States from a gas station. Circle twenty French-sounding geographical names and try to explain the meanings or origins of these names.

Le français dans le monde

Pourquoi parle-t-on français en Amérique? en Afrique? en Asie?

Les raisons varient. Prenons le cas de trois régions francophones très différentes: le Québec, Haïti, l'Afrique occidentale.°

Le Québec

Hier. La présence française en Amérique du Nord est très ancienne. C'est un explorateur français, Jacques Cartier, qui a découvert le Saint-Laurent en 1534. En 1608, un autre explorateur, Champlain, a fondé° Québec. Après lui, d'autres Français (Duluth, Cadillac, La Salle) ont exploré la région des Grands Lacs, la Louisiane, le Mississippi. Au Canada, les Français ont constitué une immense colonie: la «Nouvelle-France». Mais la «Nouvelle-France» n'est pas restée française. Au dix-huitième siècle,° les Anglais ont attaqué et conquis° la colonie,

et en 1763 le Canada est passé sous la domination anglaise. Les Français du Canada (ils étaient 70.000 en 1783) ne sont pas partis. Au contraire, ils ont réussi à maintenir° leurs traditions, leur religion, leur culture et, bien sûr, leur langue.

Aujourd'hui. Les Canadiens français sont 8 millions. Ils représentent trente pour cent (30%) de la population canadienne. On les trouve principalement dans la province de Québec, mais aussi au Nouveau-Brunswick. Beaucoup ont émigré aux États-Unis, surtout en Nouvelle-Angleterre. La vieille ville de Québec est le centre culturel du Canada français. Montréal en est le centre économique. Les Canadiens français sont toujours très attachés à leur culture. Ils sont aussi très fiers° de leur langue. Autrefois, ils utilisaient un grand nombre

d'expressions anglaises. Aujourd'hui, ils veulent remplacer ces expressions anglaises par des expressions françaises. (En France, c'est le contraire: les Français d'aujourd'hui utilisent une quantité considérable d'expressions d'origine anglaise.)

occidentale West; **a fondé** founded; **Au dix-huitième siècle** In the eighteenth century; **ont attaqué et conquis** attacked and conquered; **maintenir** to maintain; **fiers** proud

Vrai ou faux?

1. La «Nouvelle-France» est l'ancien nom du Canada français.
2. Les Canadiens français ont oublié leurs traditions et leur langue.
3. Québec est une ville francophone.

Haïti

Hier. Vous savez probablement où est Haïti. Mais savez-vous que c'est Christophe Colomb qui a découvert° cette île en 1492?

Plus tard, les Français ont occupé et colonisé Haïti. Ils ont amené avec eux des esclaves° venus d'Afrique. Mais ces esclaves n'ont pas accepté la domination des Blancs. Ils se sont révoltés.° En 1804, ils ont obtenu° leur indépendance et les Français sont partis. Haïti a été la première république noire indépendante.

Aujourd'hui. Après le départ des Français, le français est resté la langue officielle d'Haïti. Aujourd'hui, les Haïtiens parlent français. Beaucoup parlent aussi créole qui est un dialecte d'origine française et africaine.

a découvert discovered; **esclaves** *m.* slaves; **se sont révoltés** rebelled; **ont obtenu** obtained

Vrai ou faux?

1. Christophe Colomb a découvert Haïti.
2. Les habitants d'Haïti sont d'origine africaine.
3. Aujourd'hui, Haïti est une colonie française.

Le français

L'Afrique occidentale

Hier. On connaît peu° l'histoire africaine,
mais on sait qu'elle est très ancienne. Les
légendes africaines, par exemple, parlent du
pays préhistorique de Bafour. On sait aussi
qu'il y a eu de grands empires africains.
Au neuvième siècle,° les Arabes sont venus
en Afrique occidentale où ils ont introduit
la religion musulmane.° Au dix-neuvième
siècle, des commerçants français ont
établi° des enclaves° commerciales sur la
côte° africaine. Puis des explorateurs sont
venus. Et des missionnaires et des
administrateurs. Les administrateurs ont
occupé d'immenses territoires en Afrique
au nom de la France. Pendant la colonisation,

les Français ont exploité les ressources de
l'Afrique, mais ils ont aussi créé des hôpitaux,°
des écoles, des universités, des villes (par
exemple, Abidjan, en Côte-d'Ivoire). Un
grand nombre d'Africains sont venus dans
les universités françaises où ils ont étudié la
culture et la langue françaises. La colonisation
française n'a pas été très longue. En 1960,
les territoires africains ont acquis° leur
indépendance. Les nouvelles républiques
africaines sont membres des Nations Unies.

Aujourd'hui. La France et ses anciennes
colonies ont conservé° des rapports très

378

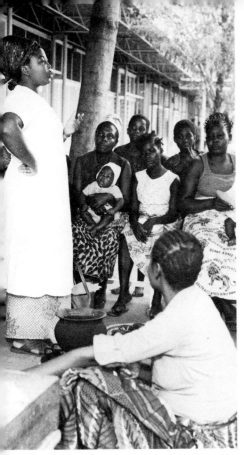

dans le monde

amicaux.° Elles ont signé, par exemple, des traités° de coopération économique et culturelle. Les républiques africaines ont maintenu le français comme langue officielle. Aujourd'hui, il y a une riche littérature africaine d'expression française.°

On connaît peu We know little about; Au neuvième siècle In the ninth century; musulmane Moslem; ont établi established; enclaves f. small settlements; côte coast; hôpitaux m. hospitals; ont acquis acquired; ont conservé have maintained; rapports très amicaux very friendly relations; traités m. treaties; d'expression française written in French

Vrai ou faux?

1. Les Français ont colonisé de vastes territoires africains.
2. Les anciennes colonies françaises d'Afrique sont aujourd'hui des républiques indépendantes.

PROJETS CULTURELS

Projet de classe

Prepare a bulletin board exhibit on French Canada, Haiti, and West Africa.

Projet individuel

Write a short account of how Haiti acquired her independence. (Source: encyclopedias)

379

Chapitre dix MADAME R

10.1 *LA FÊTE FORAINE*

Nous sommes dimanche, 10 juin. C'est le premier jour de la fête foraine. A Villeneuve, la fête foraine est un événement très important. Sophie et son amie Christine ont décidé d'y aller. Les deux filles passent devant un stand très fréquenté.

SOPHIE: Tu vois ce stand?

CHRISTINE: Oui, pourquoi?

SOPHIE: C'est le stand de Madame R.

CHRISTINE: De Madame R? Qui est-ce?

SOPHIE: Voyons, tu ne sais pas? C'est la célèbre voyante!

CHRISTINE: Tu crois à ces choses-là?

SOPHIE: Bien sûr! Pas toi?

CHRISTINE: Non, je n'**y** crois pas, mais si tu as vraiment envie de gaspiller ton argent, je veux bien t'accompagner chez Madame R.

OBSERVATIONS

In her last reply, Christine does not say **Je ne crois pas à ces choses.** Instead, she replaces **à ces choses** with a pronoun.

- Which pronoun does she use?
- Does this pronoun come before or after the verb?

Petit vocabulaire

NOMS:	un **stand** /stãd/ *booth*	une **fête**	*holiday*
		la **fête foraine**	*carnival, fun fair*
		une **voyante**	*fortune-teller*

VERBES RÉGULIERS:	**décider (de)**	*to decide*	Nous **décidons de** partir.
	gaspiller	*to waste*	Ne **gaspillez** pas votre argent!
VERBES IRRÉGULIERS:	**voir**	*to see*	Je ne **vois** pas mon cousin.
	croire	*to believe, think*	Je **crois** qu'il est parti.
EXPRESSIONS:	**devant**	*in front of*	Nous sommes **devant** le stand.
	voyons	*come on!*	**Voyons!** Ce n'est pas possible.
		let's see!	**Voyons!** Où est le stand de Madame R?

NOTE CULTURELLE: **La fête foraine**

Dans les petites villes et les villages de France, l'arrivée° de la fête foraine est un événement important. En général, la fête foraine a lieu° à l'occasion d'une fête: fête nationale (le 14 juillet), fête religieuse, fête locale. Elle dure° généralement une semaine. Que font les jeunes à la fête foraine? Ça dépend. Les plus petits vont sur les manèges° ou chez le marchand de bonbons.° Les plus grands vont au stand de tir° ou au dancing . . .

arrivée coming, arrival; **a lieu** takes place; **dure** lasts; **manèges** merry-go-rounds; **bonbons** candy; **stand de tir** shooting gallery

LA LANGUE FRANÇAISE

PRONONCIATION

Les lettres «oi» et «oy»

The letters **oi** represent the sound /wa/.

moi, toi, soir, croire, voir, pourquoi, voici
Je ne vois pas pourquoi tu ne me crois pas.

The letters **oy** + vowel represent the sound /waj/.

voyage, voyelle, voyons, croyons, voyez, croyez
Nous croyons voyager à Royat.

STRUCTURE

A. LES VERBES *VOIR* ET *CROIRE*

The verbs **voir** (*to see*) and **croire** (*to believe*) are irregular. Here is the form chart for these two verbs:

	voir	croire	
Present:	je vois	je crois	Je **vois** une fille.
	tu vois	tu crois	Tu **crois** que c'est Sophie?
	il/elle voit	il/elle croit	Elle ne nous **voit** pas.
	nous voyons	nous croyons	Nous **voyons** un garçon.
	vous voyez	vous croyez	Vous **croyez** que c'est Jacques.
	ils/elles voient	ils/elles croient	Ils ne me **croient** pas.
Passé composé:	j'ai **vu**	j'ai **cru**	J'ai **vu** un bon film à la télé.

Croire may also mean *to think that something is so.*

Est-ce que la fête foraine commence dimanche?   Oui, je **crois.**   (*Yes, I think so.*)

Voir is the basic verb in the following expressions:

voici (= vois ici)   *here is/here are*   (*lit.* "see over here")
voilà (= vois là)   *there is/there are*   (*lit.* "see over there")

PROVERBE FRANÇAIS: **Voir, c'est croire.**   *Seeing is believing.*

Exercice 1. **Vue d'en haut** (*view from the top*)

> Situation: Sophie et Christine vont à Paris avec des amis. Ils montent à la Tour Eiffel. Chacun explique ce qu'il voit.

> Action: Faites des phrases avec le verbe **voir.**

> MODÈLE: Sophie (Notre-Dame)   Sophie voit Notre-Dame.

> 1. Christine (les Champs-Élysées)
> 2. Paulette (l'Arc de Triomphe)
> 3. Bernard et Pierre (les Invalides)
> 4. Marie-Jeanne et Christelle (Orly)
> 5. Moi (un autobus)
> 6. Nous (un autre autobus)
> 7. Vous (un taxi)
> 8. Toi (un avion)

Exercice 2. **Perdus dans le brouillard**

> Situation: A cause du brouillard (*fog*), il est difficile maintenant de voir distinctement. Chacun dit ce qu'il croit voir.

> Action: Faites des phrases d'après le modèle. Utilisez les mots de l'exercice précédent.

> MODÈLE: Sophie (Notre-Dame)   Sophie croit qu'elle voit Notre-Dame.

Révisons

The pronoun **y** replaces the name of a place already mentioned (see **Structure,** Section A, p. 201).

Exercice de révision: **expression personnelle**

Choisissez un(e) camarade. Demandez-lui s'il (si elle) va souvent aux endroits suivants. Dans sa réponse, il (elle) doit employer le pronom **y.**

> MODÈLE: au cinéma   Vous: **Vas-tu souvent au cinéma?**
>
> Votre camarade: **Oui, j'y vais souvent.**
> ou: **Non, je n'y vais pas souvent.**
> ou: **Non, je n'y vais jamais.**
> ou: **Non, je n'y suis jamais allé(e).**

> 1. en ville
> 2. chez tes cousins
> 3. à New York
> 4. à l'école
> 5. au supermarché
> 6. dans les magasins
> 7. au stade
> 8. aux Bermudes

B. LE PRONOM **Y** (*suite*)

The pronoun **y** may replace **à** + noun or noun phrase after certain verbs:

penser à	*to think about*	Penses-tu à cette question?	Oui, j'**y** pense.
croire à	*to believe in*	Crois-tu à l'astrologie?	Non, je n'**y** crois pas.
réfléchir à	*to think about*	Réfléchis-tu aux examens?	Oui, j'**y** réfléchis souvent.

Questions personnelles

1. Pensez-vous aux vacances?
2. Pensez-vous à vos études?
3. Réfléchissez-vous à votre profession future?
4. Réfléchissez-vous aux problèmes politiques?
5. Croyez-vous aux prédictions des voyantes?
6. Croyez-vous aux fantômes (*ghosts*)?

Entre nous

Un jeu: «Les Quatre Erreurs»

jeu game

Quatre jeunes Français passent leurs vacances aux États-Unis. Ils écrivent à leurs amis en France. Mais dans sa lettre, chacun a fait une erreur. Trouvez l'erreur et rectifiez-la.

La lettre de Marc:

Chers amis,

Je passe les vacances à New York. C'est une ville formidable! Il y a beaucoup de choses à voir. Hier, j'ai visité l'Empire State Building et j'ai vu la Statue de la Liberté! Demain, je vais aller voir Independence Hall avec des amis américains.

Amicalement,
Marc

La lettre de Suzanne:

Mes chers amis,

Hier je suis arrivée à Miami. C'est une ville très belle et très moderne. De mon hôtel, on peut voir l'océan Pacifique. Je crois que je vais aller à la plage tous les jours.

Amitiés,
Suzanne

every day

La lettre d'Henri:

Chers amis,

Je passe mes vacances dans le Colorado. Je n'ai pas vu d'Indiens, mais j'ai vu un rodéo avec des vrais cowboys. Demain, nous allons faire un pique-nique dans les montagnes qui s'appellent les « Alleghenies », je crois.

Amitiés,

Henri

La lettre de Michèle:

Mes chers amis,

Savez-vous où je passe mes vacances? Eh bien, je suis à Houston, la capitale du Texas. C'est une très grande ville. J'ai déjà beaucoup d'amis ici. Demain, je vais aller voir un match de baseball à l'Astrodome qui est le stade de la ville.

A bientôt,

Michèle

Maintenant . . .

Quelle est l'erreur de Marc?
Quelle est l'erreur de Suzanne?
Quelle est l'erreur d'Henri?
Quelle est l'erreur de Michèle?

Christine et Sophie sont entrées dans le stand de Madame R.

MADAME R: Bonjour, Mesdemoiselles. Vous voulez connaître votre avenir? Eh bien, c'est très simple ... Donnez-moi quinze francs et je vous renseignerai.

SOPHIE: Voilà quinze francs.

MADAME R (*examine la main de Sophie*): Ah, Mademoiselle, je vois que vous aimez les voyages. Vous voyagez souvent?

SOPHIE: Non, jamais.

MADAME R: Eh bien, cet été vous allez faire un grand voyage.

SOPHIE: Je **voyagerai?** Avec qui? Avec mon amie ou avec mes parents?

MADAME R: Je ne sais pas si votre amie voyagera. En tout cas, elle ne voyagera pas avec vous. Vos parents, eux, ne **voyageront** pas. Ils resteront chez eux ... Vous **voyagerez** donc seule ... Je vois un avion ... Vous **voyagerez** en avion ... Je vois la mer, des montagnes, de belles plages, une île ... Vous arriverez dans une île très romantique ... Là, vous rencontrerez des jeunes gens très sympathiques. Ah, Mademoiselle, quelles splendides vacances vous allez passer!

SOPHIE: Vous êtes sûre?

MADAME R: Absolument sûre.

SOPHIE: Mais, c'est magnifique!

CHRISTINE (*en elle-même*): C'est complètement idiot! Pour faire un voyage, il faut de l'argent. Et Sophie est toujours fauchée. Comment est-ce qu'elle voyagera si elle n'a pas d'argent?

Vrai ou faux?

Madame R a prédit certains événements. Dites «C'est vrai», si elle a prédit les événements suivants. Dites «C'est faux» si elle ne les a pas prédits.

1. Cet été Sophie **voyagera.**   *This summer Sophie **will travel.***
2. Sophie **voyagera** avec Christine.   *Sophie **will travel** with Christine.*
3. Sophie **voyagera** avec ses parents.   *Sophie **will travel** with her parents.*
4. Sophie **voyagera** en avion.   *Sophie **will travel** by plane.*
5. Sophie **arrivera** dans une île.   *Sophie **will arrive** on an island.*
6. Sophie **rencontrera** des jeunes gens.   *Sophie **will meet** young people.*

OBSERVATIONS

The sentences in **Vrai ou faux** describe future events. The verbs in heavy type are in the future tense.

- In French, does a future tense verb consist of one word or two? Is this similar to English?

Like the present tense, the future tense forms consist of a stem which remains the same and endings which change to agree with the subject.

- The future ending which corresponds to the subject **Sophie** is the letter __?
- What is the future stem of **voyager?**

Reread the text, paying careful attention to the future forms of **voyager.**

- Which future ending corresponds to the subject **je?** the subject **vos parents?** the subject **vous?**

Petit vocabulaire

NOMS:	un **avenir**	*future*	une **île**	*island*
	des **jeunes gens**	*young people*	une **mer**	*sea*
VERBE RÉGULIER:	**renseigner**	*to inform, give information*	**Renseignez**-moi sur cette question.	
VERBE IRRÉGULIER:	**prédire** (like **dire**)	*to predict*	Je ne **prédis** pas l'avenir.	
EXPRESSIONS:	**donc**	*therefore*	Vous connaissez Paris? Vous avez **donc** été en France.	
	en tout cas	*in any case, at any rate*	Cet été, je pense voyager. **En tout cas,** je ne travaillerai pas.	
	faire un voyage	*to take a trip*	Je vais **faire un voyage** au Canada.	

NOTE DE VOCABULAIRE: The plural of **Mademoiselle, Madame,** and **Monsieur** are formed as follows:

Ma + demoiselle	*"My damsel"*	Mes + demoiselles → **Mesdemoiselles**
Ma + dame	*"My lady"*	Mes + dames → **Mesdames**
Mon + sieur	*"My lord"*	Mes + sieurs → **Messieurs**

When addressing an audience, French speakers open by saying: **Mesdames, Mesdemoiselles, Messieurs . . .**

LA LANGUE FRANÇAISE

PRONONCIATION

Révisons: les sons /ɔ̃/ et /ɔn/, /ɔm/

Contrast the nasal sound /ɔ̃/ and the non-nasal sounds /ɔn/ and /ɔm/.

/ɔ̃/   m<u>on</u>, t<u>on</u>, b<u>on</u>, b<u>on</u>jour, all<u>on</u>s, <u>on</u>t, d<u>on</u>c, avi<u>on</u>, m<u>on</u>tagne, Sim<u>on</u>
      M<u>on</u> <u>on</u>cle et s<u>on</u> ami Sim<u>on</u> v<u>on</u>t prendre l'avi<u>on</u> de Ly<u>on</u>.

/ɔn/, /ɔm/ b<u>on</u>ne, R<u>om</u>e, r<u>om</u>antique, c<u>om</u>ment, c<u>on</u>naître, Sim<u>on</u>e
      Sim<u>on</u>e est à R<u>om</u>e avec Yv<u>on</u>ne.
      C<u>om</u>ment, vous ne c<u>on</u>naissez-pas M<u>on</u>ique?

STRUCTURE

A. LE FUTUR DES VERBES EN *-ER*

The future tense is used to talk about events and actions which will happen in the future.

Here is the form chart of **voyager,** a regular **-er** verb:

	voyager	*to travel*	FUTURE STEM	ENDING
je	voyagerai	*I will travel*		**-ai**
tu	voyageras	*you will travel*	(infinitive)	**-as**
il/elle	voyagera	*he/she will travel*		**-a**
			voyager +	
nous	voyagerons	*we will travel*		**-ons**
vous	voyagerez	*you will travel*		**-ez**
ils/elles	voyageront	*they will travel*		**-ont**

NOTES: 1. For regular **-er** verbs, the future stem is the infinitive.[1]

2. In the future tense, all verbs—both regular and irregular—have the same endings. (For the **je, tu, il,** and **ils-**forms, these endings are the same as the present tense of **avoir.**)

3. In spoken French, the final **e** of the future stem of **-er** verbs is not pronounced. However, you always hear the consonant sound /r/ before the ending.

   Contrast: Aujourd'hui nous **visitons** Québec.
   Demain nous **visiterons** Montréal.

   The sound /r/ is the mark of the future.

(Madame **R** prédit l'aveni**R**. Do you understand the origin of her name?)

Exercice 1. *Un voyage en France*

Situation: Des jeunes Américains vont passer l'été dans des familles françaises.
   Action: Dites où chaque personne va rester. Dites aussi que chacun parlera français. Utilisez le futur.

MODÈLE: Linda (à Paris)   **Linda restera à Paris. Elle parlera français.**

1. Suzanne (à Annecy)
2. Anne (en Normandie)
3. Max et Joe (en Provence)
4. Millie et Renée (à Nice)
5. Toi (à Deauville)
6. Moi (en Savoie)
7. Nous (à Orléans)
8. Vous (à Cannes)

B. LE FUTUR DANS LES PHRASES NÉGATIVES ET INTERROGATIVES

The construction of negative and interrogative sentences in the future tense is the same as in the present tense.

INVERTED QUESTIONS	NEGATIVE SENTENCES
Voyageras-tu cet été?	Non, je **ne** voyagerai **pas.**
Et Christine? **Voyagera-t-elle?**	Elle **ne** voyagera **pas** avec Sophie.
Quand **jouera-t-on** au tennis?	Nous **ne** jouerons **pas** aujourd'hui.
Quand **inviterons-nous** nos amis?	Nous **ne** les inviterons **pas** cette semaine.

Have you noted?

In inverted questions, there is a **-t-** between the verb and the pronouns **il, elle,** and **on.**

---

[1] For verbs like **acheter** (which ends in **e**+consonant+**er**), the future stem ends in **è**+consonant+**er:** j'ach**è**terai, tu ach**è**teras, il ach**è**tera, etc.

Exercice 2. **Projets**

> Situation: Sophie a l'intention de faire les choses suivantes. Christine lui demande quand elle les fera (*will do*).

> Action: Jouez le rôle de Sophie et de Christine.

MODÈLE: inviter Marc   Sophie: **J'inviterai Marc.**
Christine: **Quand inviteras-tu Marc?**

1. Dîner avec Pierre	5. Visiter le musée
2. Téléphoner à Martine	6. Jouer au tennis
3. Parler à Henri	7. Écouter de la musique
4. Regarder la télévision	8. Organiser une surprise-partie

Exercice 3. **Demain, c'est les vacances!**

> Situation: Les vacances commencent demain. Christine demande à Sophie si ses amis feront (*will do*) ce qu'ils font aujourd'hui. Sophie répond que non.

> Action: Jouez le rôle de Christine et de Sophie d'après le modèle.

MODÈLE: Marc travaille.   Christine: **Travaillera-t-il demain?**
Sophie: **Non, il ne travaillera pas.**

1. Hélène étudie.	5. Jean et Hubert préparent leurs leçons.
2. Jacqueline parle au professeur.	6. Tes amies étudient.
3. Robert déjeune à l'école.	7. Tes cousins travaillent.
4. André regarde ses livres.	8. Tes amis écoutent le professeur.

Expression personnelle

Choisissez un(e) camarade dans la classe. Demandez-lui s'il (si elle) va faire les choses suivantes pendant les vacances. Votre camarade vous donnera une réponse.

MODÈLE: rester chez toi

> Vous: **Est-ce que tu resteras chez toi?**

> Votre camarade: **Oui, je resterai chez moi.**
> ou: **Non, je ne resterai pas chez moi.**

1. voyager	5. inviter des amis
2. visiter la France	6. jouer au tennis
3. étudier	7. gagner de l'argent
4. travailler	8. organiser des surprises-parties

Entre nous

Un jeu : Quelle sera leur profession?

Vous interviewez quatre jeunes Français. Vous leur demandez de vous parler de leur profession future. Voici leurs réponses. Dites quelle *sera* la   will be
profession de chacun.

JACQUELINE: Je voyagerai beaucoup. Je visiterai des villes très différentes. Là, je rencontrerai des acteurs, des musiciens, des hommes politiques et d'autres personnes importantes. Je leur poserai beaucoup de questions. Ils me parleront d'eux, de leurs idées, de leurs opinions, etc. . . .

HENRI: Je suis étudiant. J'ai l'intention de rester à l'université. Aujourd'hui, j'écoute mes professeurs. Plus tard, j'espère que mes élèves m'écouteront et qu'ils trouveront mes cours intéressants.

MARC: Je ne resterai pas en France. J'habiterai à New York. Je travaillerai *en effet* pour les Nations-Unies. Au travail, je   as a matter of fact
parlerai français, anglais, espagnol, russe, etc. . . .

JULIE: Moi, je resterai en France. J'habiterai probablement à Paris. Je travaillerai pour un grand magasin. Mon *métier*   =job
consistera à présenter les nouvelles collections aux clientes. Je porterai donc toujours de très belles robes et de très beaux manteaux.

Questions

1. Qui veut être mannequin (*fashion model*)?
2. Qui veut être interprète?
3. Qui veut être professeur?
4. Qui veut être journaliste?

Votre profession future

Maintenant, parlez de vos projets professionnels. Voici certaines questions qui peuvent vous aider:

1. Où habiterez-vous?
2. Où travaillerez-vous? (dans un hôpital? un bureau? [*office*] une usine? [*factory*])
3. Pour quelle compagnie travaillerez-vous?
4. Travaillerez-vous seul(e) ou avec d'autres personnes?
5. Voyagerez-vous? un peu? beaucoup?
6. Dans votre profession, porterez-vous un uniforme? quel uniforme?
7. En quoi consistera votre travail?
8. Gagnerez-vous beaucoup d'argent?

10.3 *L'ÎLE ROMANTIQUE*

Sophie et Christine sortent du stand de Madame R. Les prédictions de la voyante ont beaucoup impressionné Sophie.

SOPHIE: Eh bien, maintenant je sais où j'irai pendant les vacances.

CHRISTINE: Et où iras-tu?

SOPHIE: J'irai en Corse!

CHRISTINE: En Corse? Ah oui, je vois: l'île, les montagnes, les plages. D'abord où trouveras-tu assez d'argent pour aller en Corse?

SOPHIE: Je n'aurai pas besoin d'argent. Je serai invitée.

CHRISTINE: Et par qui?

SOPHIE: Mais voyons, c'est simple. Maman a un cousin qui a une villa en Corse. Eh bien, je lui écrirai. Je lui demanderai si je peux passer les vacances chez lui. Il ne pourra pas refuser. En fait, il sera ravi de me voir. J'imagine déjà ces vacances en Corse. Le matin je ne ferai rien . . . L'après-midi, je ferai du ski nautique. Ou bien, j'irai à la plage. Là, je ferai la connaissance de garçons avec qui j'irai danser le soir. Ce sera des vacances magnifiques!

CHRISTINE (*en elle-même*): «. . . Pauvre Sophie. Elle est complètement folle!»

NOTE CULTURELLE: la Corse

Savez-vous où est la Corse? C'est une île située dans la Méditerranée, en face de° l'Italie. La Corse est un département français, c'est-à-dire° une division administrative de la France. Cette très belle île (on l'appelle° l'Île de la Beauté) a un climat chaud et un relief montagneux.° C'est en Corse qu'est né° Napoléon, empereur des Français.

en face de across from; **c'est-à-dire** that is to say; **on l'appelle** it is called; **montagneux** mountainous; **est né** was born

394

Petit vocabulaire

NOM:	une **villa**	*summer house, villa*	
ADJECTIFS:	**ravi**	*delighted, very happy*	Je suis **ravi** de vous connaître.
	fou (folle)	*crazy*	Je crois que tu es **fou**.
VERBES RÉGULIERS:	**impressionner**	*to impress, make an impression on*	Ce livre m'a **impressionné**.
	refuser	*to refuse*	Mon père ne me **refuse** rien.
EXPRESSIONS:	**déjà**	*already*	Avez-vous **déjà** été en Corse?
	d'abord	*first*	Si je vais en France, je visiterai **d'abord** Paris.
	ou bien	*or*	Je visiterai la Corse **ou bien** l'Italie.
	faire du ski nautique	*to go water-skiing; water-ski*	J'aime **faire du ski nautique**.
	faire la connaissance de	*to meet*	J'ai **fait la connaissance d'un** garçon sympathique.

Équivalences

Pour chaque phrase optimiste de Sophie (1, 2, 3, 4), trouvez la réplique pessimiste de Christine (a, b, c, d).

SOPHIE

1. Je vais aller en Corse.
2. Je vais être invitée.
3. Je vais faire du ski nautique.
4. Je vais avoir beaucoup d'amis.

CHRISTINE

(a) Tu n'**auras** pas beaucoup d'amis.
(b) Tu ne **feras** pas de ski nautique.
(c) Tu ne **seras** pas invitée.
(d) Tu n'**iras** pas en Corse.

OBSERVATIONS

Reread Christine's replies in **Équivalences**. The verbs in heavy print are in the future tense.

- Which ending corresponds to the subject **tu**?
- The stems of the four verbs end with the same consonant: what is it?
- What is the future stem of **avoir**? **faire**? **être**? **aller**?

LA LANGUE FRANÇAISE

PRONONCIATION

Révisons: les sons /ɛ̃/, /ɛn/ et /in/

Contrast: /ɛ̃/ cous<u>in</u>   /in/ cous<u>ine</u>
Mart<u>in</u>   Mart<u>ine</u>
<u>in</u>vite   <u>in</u>epte
<u>im</u>possible   <u>im</u>age

/ɛ̃/ améric<u>ain</u>   /ɛn/ améric<u>aine</u>
canadi<u>en</u>   canadi<u>enne</u>
m<u>ain</u>tenant   M<u>aine</u>
dem<u>ain</u>   dom<u>aine</u>

Al<u>ain</u> a un cous<u>in</u> améric<u>ain</u> dans le M<u>aine</u>.
Est-ce que j'<u>in</u>vite la cous<u>ine</u> de Mart<u>ine</u> dem<u>ain</u> mat<u>in</u>?

STRUCTURE

A. LE FUTUR DES VERBES EN *-IR* ET *-RE*

Here is the form chart for the future tense of **choisir** (a regular **-ir** verb) and **répondre** (a regular **-re** verb):

	choisir	*to choose*		**répondre**	*to answer*
je	choisi**rai**	*I will choose*	je	répond**rai**	*I will answer*
tu	choisi**ras**	*you will choose*	tu	répond**ras**	*you will answer*
il/elle	choisi**ra**	*he/she will choose*	il/elle	répond**ra**	*he/she will answer*
nous	choisi**rons**	*we will choose*	nous	répond**rons**	*we will answer*
vous	choisi**rez**	*you will choose*	vous	répond**rez**	*you will answer*
ils/elles	choisi**ront**	*they will choose*	ils/elles	répond**ront**	*they will answer*

NOTES: 1. The endings of the future tense (**-ai, -as, -a, -ons, -ez, -ont**) are the same for all verbs: regular **-er, -ir** and **-re** verbs and irregular verbs.

2. The future stem of regular verbs is the infinitive up to and including the final **r**.

For regular **-ir** verbs, the future stem is the whole infinitive.
For regular **-re** verbs, the future stem is the infinitive minus **-e.**

Many irregular verbs with infinitives in **-ir** and **-re** follow the regular pattern:

boire	Je ne **boirai** pas de vin ce soir.
connaître	Si tu ne vas pas en France, tu ne **connaîtras** jamais Paris.
croire	Si je te parle de mes projets pour cet été, tu ne me **croiras** pas.
dire	Que **direz–**vous à vos amis?
écrire	J'**écrirai** à mes cousins.
lire	Ils **liront** ma lettre.
mettre	Combien de temps **mettrez–**vous pour aller en Corse?
partir	Nous **partirons** à neuf heures.
prendre	Nous **prendrons** un taxi.
sortir	Et ta sœur? **Sortira–**t-elle ce soir?

Exercice 1. **Départ**

Situation: Un groupe de jeunes Américains va passer l'été à Paris.
  Action: Dites quand chacun partira.

MODÈLE: Suzanne (en juin)

  Suzanne partira en juin.

1. Michèle (dimanche)
2. Mes cousines (jeudi)
3. Paul (le 3 juin)
4. Nous (le 5 juin)
5. Albert et Max (vendredi)
6. vous (demain)
7. toi (le 8 juin)
8. Moi (le 7 juin)

Exercice 2. **Demain**

Situation: Le frère de Sophie veut savoir quand sa sœur fera (*will do*) certaines choses. Sophie
         lui répond qu'elle les fera demain.

  Action: Jouez les deux rôles.

MODÈLE: Sortir avec Christine

    Le frère: **Quand sortiras-tu avec Christine?**
    Sophie: **Demain je sortirai avec Christine.**

1. Finir tes devoirs
2. Écrire à Grand-mère
3. Lire ce livre
4. Prendre des photos
5. Vendre tes vieux livres
6. Choisir une nouvelle robe
7. Répondre à l'Oncle Louis
8. Réfléchir à tes vacances

B. FUTURS IRRÉGULIERS

A few verbs have irregular futures. Such verbs have:

(1) an irregular stem (that is, one which is different from the infinitive)
(2) regular future endings (**-ai, -as, -a, -ons, -ez, -ont**)

Here are some of the verbs with irregular futures. (For others see **Structure**, Section A, p. 402.)

INFINITIVE	FUTURE STEM	
aller	**ir-**	Cet été, nous **irons** en France.
avoir	**aur-**	**Aurez-**vous assez d'argent?
être	**ser-**	Je ne **serai** pas à Paris en juin.
faire	**fer-**	Pierre **fera** un voyage au Canada.
pouvoir	**pourr-**	Il **pourra** visiter Québec.

Note that all future stems end on the consonant **r.**

Exercice 3. *Vacances aux États-Unis*

Situation: Un groupe de jeunes Français va visiter les États-Unis et le Canada cet été.
   Action: Dites où chacun ira.

MODÈLE: Marc (en Californie)   **Marc ira en Californie.**

1. Nicole (à la Nouvelle-Orléans)
2. Jean et Jacques (à Montréal)
3. Nous (en Louisiane)
4. Vous (à Québec)
5. Moi (en Floride)
6. Toi (à Baton Rouge)
7. Albert (à Saint Louis)
8. Suzanne et Monique (dans le Vermont)

Exercice 4. *Optimisme*

Situation: Vous êtes optimiste. Vous pensez que le futur sera plus brillant que le présent.
   Action: Faites des prédictions optimistes. Pour cela, mettez les phrases au futur et à la forme affirmative.

MODÈLE: Je n'ai pas de voiture.   **J'aurai une voiture.**

1. Je ne suis pas riche.
2. Mes parents ne sont pas généreux.
3. Nous n'avons pas d'argent.
4. Je n'ai pas assez de vacances.
5. Nous ne sommes pas indépendants.
6. Tu ne fais pas de voyages.
7. Je n'ai pas de bons professeurs.
8. Je ne peux pas voter.
9. Je ne vais pas souvent au cinéma.
10. Nous n'allons pas souvent au théâtre.

Entre nous

Un jeu : «L'an 2000»

Comment imaginez-vous l'an 2000? Composez deux paragraphes où vous ferez des prédictions personnelles et des prédictions générales. Voici des questions qui pourront vous aider.

Prédictions personnelles

1. Quel âge aurez-vous en l'an 2000?
2. Serez-vous marié(e)?
3. Aurez-vous des enfants? Combien?
4. Aurez-vous une maison? une voiture? un avion? une fusée (*rocket*)?
5. Quelle sera votre profession?
6. Où habiterez-vous?

Prédictions générales

7. Est-ce qu'il y aura des hôtels sur la lune (*moon*)?
8. Est-ce que les touristes passeront leurs vacances sur la lune?
9. Est-ce qu'il y aura des voitures électriques?
10. Est-ce qu'il y aura des robots?
11. Quels vêtements porteront les hommes?
12. Quels vêtements porteront les femmes?
13. Combien de jours travaillera-t-on par semaine?
14. Combien de mois de vacances les élèves auront-ils en été?

10.4 *L'ERREUR DE MADAME R*

Quinze jours après, Sophie et Christine passent à l'endroit où la fête foraine a été installée. Elles n'ont pas oublié Madame R et ses prédictions.

CHRISTINE: Au fait, ton cousin . . . Il t'a écrit?

SOPHIE: Oui, il m'a écrit.

CHRISTINE: Il t'a invitée?

SOPHIE: Hélas, non. Il ne m'a pas invitée! Il n'a plus sa villa. Il l'a vendue l'année dernière.

CHRISTINE: Alors, tu restes à Villeneuve?

SOPHIE: Oui, je suppose . . . Et toi?

CHRISTINE: Eh bien, moi, je vais en Angleterre.

SOPHIE: Chez qui?

CHRISTINE: Chez une amie que j'ai rencontrée l'année dernière. Tu vois, Madame R a dit la vérité. Elle a fait seulement une erreur de personne: ce n'est pas toi qui pars en vacances. C'est moi.

SOPHIE: Qu'est-ce que tu feras quand tu seras en Angleterre?

CHRISTINE: Voyons, qu'est-ce que Madame R a dit? Ah oui. Eh bien, j'irai sur la plage. Là, je rencontrerai des jeunes gens très sympathiques. Je . . .

SOPHIE: Tu m'écriras?

CHRISTINE: Tu sais, je serai certainement très occupée. Enfin, oui, je t'écrirai . . . quand j'aurai le temps!

Petit vocabulaire

NOMS:	un **endroit**	*place*	une **erreur** *mistake, error*
			la **vérité** *truth*
EXPRESSION:	**au fait . . .**	*Come to think of it . . .*	**Au fait,** tu as de l'argent?
	/ofɛt/		

Vrai ou faux?

1. Le cousin a écrit à Sophie.
2. Il a invité Sophie.
3. Il a vendu sa villa.
4. Sophie va rester à Villeneuve.
5. Christine va rester à Villeneuve.
6. Christine va rencontrer des jeunes gens sympathiques.

OBSERVATIONS

Read the following sentences:

1. Christine écrira **si** elle **a** le temps.
   *Christine will write **if** she **has** the time.*

2. Christine écrira **quand** elle **aura** le temps.
   *Christine will write **when** she **has** the time.*

Sentences 1 and 2 both begin with **Christine écrira.**

- What is the tense of the verb **écrira?**
- In Sentence 1, what is the tense of the verb which comes after **si (a)?**
  Is the English verb which comes after *if* in the same tense?
- In Sentence 2, what is the tense of the verb which comes after **quand (aura)?**
  Is the English verb which follows *when* in the same tense?

Read the following question and answer:

— Est-ce que le cousin a invité Sophie?
— Non, il ne **l**'a pas invité**e.**

In the question, the direct object **Sophie** comes *after* the verb.

- Which direct object pronoun replaces Sophie in the answer?
  Is it a masculine or a feminine pronoun?
  Does it come before or after the verb?
- What letter does the past participle end with in the *question*?
- What letter does the past participle end with in the *answer*?

Now read this question and answer:

— Est-ce que tu as invité tes cousins?
— Non, je ne **les** ai pas invité**s.**

- Is **tes cousins** masculine or feminine? singular or plural?
- Why is there an **s** on the past participle **invités** in the answer?

LA LANGUE FRANÇAISE

PRONONCIATION

Révisons: les sons /ã/ et /a/

Contrast: /ã/ Jean   /a/ Jeanne
        Adam   Madame
        an   année
        vacances   camarade
        demande   ami

Jean et son amie Anne rentrent d'Angleterre en septembre.
Quand Antoine danse avec Jeanne, Marianne n'est pas contente.

STRUCTURE

A. FUTURS IRRÉGULIERS (*suite*)

The following verbs have irregular future stems (but regular future endings):

INFINITIVE	FUTURE STEM	
devoir	**devr-**	Pour voyager, vous **devrez** avoir un passeport.
falloir	**faudr-**	Il **faudra** prendre de l'argent.
savoir	**saur-**	Quand **saurez-**vous la date du départ?
venir	**viendr-**	Je ne **viendrai** pas avec vous.
voir	**verr-**	**Verrez-**vous Paris?
vouloir	**voudr-**	Marc **voudra** visiter la Corse.

Questions personnelles

Cet été . . .
1. Devrez-vous travailler?
2. Devrez-vous étudier?
3. Verrez-vous vos cousins?
4. Verrez-vous vos grands-parents?
5. Est-ce que vos cousins viendront chez vous?
6. Est-ce que vous irez chez eux?

B. L'USAGE DU FUTUR APRÈS *QUAND*

If the main clause of a sentence is in the future (**j'irai en France**), then:

(1) the clause introduced by **quand** (*when*) is usually in the future (unlike English where the present is often used)

(2) the clause introduced by **si** (*if*) is usually in the present (like English).

Contrast:

1. Quand j'**aurai** de l'argent, j'**irai** en France.	*When I **have** money, I'll go to France.*
2. Si j'**ai** de l'argent, j'**irai** en France.	*If I **have** money, I'll go to France.*

Exercice 1. *A Paris*

Situation: Des Français visitent les États-Unis.
Action: Dites ce que chacun verra quand il sera dans un certain endroit.

MODÈLE: Jacques (New York / World Trade Building)

Quand Jacques sera à New York, il verra le World Trade Building.

1. Eric (Houston / l'Astrodome)
2. Henri (Washington / le Capitole)
3. Michèle (San Antonio / l'Alamo)
4. Mélanie (Los Angeles / Disneyland)
5. André et Marc (Philadelphie / Independence Hall)
6. Pierre et Daniel (Saint Louis / le Zoo)
7. Martine et Jeanne (Salt Lake City / le Tabernacle Mormon)
8. Julie (la Nouvelle-Orléans / le Vieux Carré)

Exercice 2. *Projets*

Situation: Sophie et ses amis font certains projets.
Action: Dites que chacun réalisera son projet quand il aura de l'argent.

MODÈLE: Sophie veut voyager.   Elle voyagera quand elle aura de l'argent.

1. Marc veut acheter une voiture.
2. Christine veut aller aux États-Unis.
3. Nous voulons aller au Canada.
4. Je veux prendre des leçons de piano.
5. Tu veux faire un voyage.
6. Les cousins de Sophie veulent partir au Japon.

Expression personnelle

Faites des projets personnels. Pour cela, complétez les phrases suivantes:

1. Quand je serai en vacances . . .
2. Quand j'aurai de l'argent . . .
3. Quand j'aurai vingt ans . . .
4. Quand je travaillerai . . .
5. Quand je serai à l'université . . .
6. Quand je parlerai bien le français . . .

C. L'ACCORD DU PARTICIPE PASSÉ (*suite*)

When the auxiliary in the **passé composé** is **avoir,** the past participle usually remains in the masculine singular form.

Nous avons ach**eté** nos billets.

However, the past participle agrees in gender and number with a direct object that comes in front of the verb.

Voici les billets **que** nous avons ach**etés.**

NOTE: The following direct objects may come before the verb:

quel + noun	**Quelle ville** as-tu visit**ée**?
	Quels amis as-tu invit**és**?
m', t', nous, vous	(Sophie demande :) Est-ce que tu **m'**as v**ue**?
	(Anne et Marie demandent :) Est-ce que tu **nous** as v**ues**?
l', les	Où est Marie? Je ne **l'**ai pas rencont**rée**.
	Où sont mes livres? Je ne **les** ai pas cherch**és**.
que (qu')	Voici le garçon **que** j'ai rencontré chez Sophie.
	Voici les disques **que** j'ai écout**és** chez elle.

There is no agreement in the following cases:

(1) with a direct object that comes after the verb:

J'ai donn**é** **ces photos** à mes grands-parents.

(2) with an indirect object pronoun:

Je **leur** ai donn**é** ces photos.

(3) with the object pronoun **en**:
Tu as pris des photos? Oui, j'**en** ai **pris.**

The agreement of the past participle is mainly a matter of spelling. This is because the four forms of any past participle in **-é, -i,** or **-u** all sound the same:

Je vous ai **vu.** Je vous ai **vue.** Je vous ai **vus.** Je vous ai **vues.**

However, when the past participle ends in **-s** or **-t,** the final consonant is silent in the masculine forms and pronounced in the feminine forms.

Contrast: Voici un livre **que** j'ai écri**t.**   (**t** is silent)
Voici une lettre **que** j'ai écri**te.**   (**t** is pronounced)

Exercice 3. «*Élémentaire, mon cher Watson!*»

Situation: «Qui sont ces personnes décrites (*described*) dans ce carnet?» demande le Docteur Watson à son ami, le détective Sherlock Holmes. «Je ne sais pas, répond Holmes, car (*because*) les phrases ne sont pas complètes. Mais je peux vous dire si c'est un homme, une femme, des hommes ou des femmes.»

Action: Jouez le rôle de Sherlock Holmes. Pour cela, remplacez les blancs par **C'est l'homme (la femme)** ou **Ce sont les hommes (les femmes).**

MODÈLE: —— que nous avons attendus.   **Ce sont les hommes que nous avons attendus.**

1. —— que j'ai vue vendredi.
2. —— que j'ai rencontrés lundi.
3. —— que nous avons invité.
4. —— qu'il a trouvés ridicules.
5. —— que j'ai cherchée à l'aéroport.

6. —— qu'ils ont trouvés intelligents.
7. —— que nous avons écouté.
8. —— que nous avons attendue à l'hôtel.
9. —— que j'ai connues à Paris.
10. —— qu'elle a reconnu.

Exercice 4. **Christine fait ses valises.** (*Christine packs her suitcases.*)

Situation: La mère de Christine demande à sa fille si elle a pris certaines choses. Christine répond que oui.

Action: Jouez les deux rôles d'après le modèle.

MODÈLE: ta raquette?   La mère de Christine: **As-tu pris ta raquette?**
Christine: **Oui, je l'ai prise.**

1. ton appareil-photo?
2. ta guitare?
3. tes blouses blanches?

4. ton foulard bleu?
5. ton pantalon beige?
6. tes nouveaux disques?

7. ta veste bleue?
8. tes chaussures noires?
9. tes livres d'anglais?

Entre nous

Un jeu: Construction de phrases

Vous avez dix minutes. Combien de phrases logiques et grammaticalement correctes pourrez-vous écrire avec les éléments suivants?

(a)	(b)	(c)
S' Si Quand	j'ai une voiture j'aurai de l'argent j'aurai dix-huit ans il fait beau nous serons en vacances	je voyagerai je pourrai voter j'irai à la plage j'irai en France je vais à la campagne je ne reste jamais à la maison j'achèterai une moto j'irai à l'université je fais un pique-nique avec des copains j'inviterai souvent mes copains

Le 31 août, Christine vient de rentrer d'Angleterre. Elle passe chez Sophie pour lui dire bonjour. C'est Madame Beaumont, la mère de Sophie, qui lui répond.

CHRISTINE: Bonjour, Madame. Est-ce que Sophie est là?

MADAME BEAUMONT: Non, elle est partie hier.

CHRISTINE: Ah bon! Où est-elle?

MADAME BEAUMONT: Aujourd'hui elle est à l'autre bout du monde ... sur une île.

CHRISTINE (*surprise*): Sur une île? Où ça?

MADAME BEAUMONT: A Tahiti.

CHRISTINE: A Tahiti! Mais qu'est-ce qu'elle fait là-bas?

MADAME BEAUMONT: Elle est en vacances ... C'est une histoire incroyable ... En juin, après votre départ, Sophie a participé à un concours publicitaire. Eh bien, avec sa chance habituelle, elle a gagné le grand prix: un mois à Tahiti!

CHRISTINE: (*en elle-même*): Tahiti! L'île, les montagnes, les plages ... Madame R a bien dit la vérité.

(*à Madame Beaumont*) J'espère que Sophie m'écrira.

MADAME BEAUMONT: Oui ... si elle trouve le temps!

Petit vocabulaire

NOMS:	un **bout**	*end*	la **chance** *luck*
	un **concours**	*contest*	
	un **concours publicitaire**	*publicity sweepstakes*	
	un **départ**	*departure*	
	le **monde**	*world*	
	un **prix**	*prize*	
ADJECTIFS:	**habituel (habituelle)**	*usual*	
	incroyable	*unbelievable*, *incredible*	

NOTE CULTURELLE: Tahiti

Pour vous, que représente Tahiti ? Une île romantique ? de très belles plages ? un climat tropical ? des habitants heureux ?° Cette belle île, située dans l'océan Pacifique, est un territoire français.

heureux happy

LA LANGUE FRANÇAISE

PRONONCIATION

Les terminaisons: consonne + re, consonne + le

Mots clés: let<u>tre</u>, sim<u>ple</u>

Prononcez les mots: /r/ qua<u>tre</u>, ren<u>tre</u>, octo<u>bre</u>, septem<u>bre</u>, tim<u>bre</u>, orches<u>tre</u>

/l/ possi<u>ble</u>, on<u>cle</u>, proba<u>ble</u>, horri<u>ble</u>, incroya<u>ble</u>

Prononcez les phrases: N'oublie pas de met<u>tre</u> un tim<u>bre</u> sur la let<u>tre</u>.

Il est possi<u>ble</u> que mon on<u>cle</u> ren<u>tre</u> de Greno<u>ble</u> demain.

In French there are many words which end in consonant+ **re** or consonant+ **le**. The two consonants are pronounced together, unlike English where they are separated by a vowel sound. For example:

The consonants **bl** sound the same in **bleu** and **terrible.**

The consonants **tr** sound the same in **très** and **lettre.**

STRUCTURE

A. RÉCAPITULATION: L'USAGE DES TEMPS

The following chart shows the use of the tenses presented in this book.

TENSE OR EXPRESSION	TIME OF ACTION	
Present	is taking place now	Je **parle** à un ami.
Passé composé	took place in the past	J'**ai passé** mes vacances à Paris.
venir de+infinitive	took place in the recent past	Je **viens de rentrer.**
Future	will take place in the future	Plus tard, j'**irai** à l'université.
aller+infinitive	will take place in the near future	Avant, je **vais voyager.**

NOTE: In informal conversation, the near future (expressed with **aller**+infinitive) is more frequently used than the future tense.

Exercice 1. **Aujourd'hui et demain**

> Situation: Des jeunes Français visitent les États-Unis.

> Action: Dites ce qu'ils visitent aujourd'hui, ce qu'ils ont visité hier, et ce qu'ils vont visiter demain.

> MODÈLE: Henri (Boston, Chicago, Detroit)　　**Aujourd'hui, Henri visite Boston.**
> **Hier, il a visité Chicago.**
> **Demain, il va visiter Detroit.**

1. Marc (Duluth, Milwaukee, Saint Paul)
2. Suzanne (Louisville, Saint Louis, Kansas City)
3. Nous (Miami, Atlanta, Orlando)
4. Vous (Denver, Santa Fé, Cheyenne)
5. Ces garçons (Sacramento, San Francisco, Los Angeles)
6. Ces filles (Austin, Houston, Dallas)
7. Moi (Baltimore, New York, Washington)
8. Toi (Cleveland, Pittsburgh, Buffalo)

Exercice 2. **Christine n'est pas contente!**

> Situation: Christine n'est pas contente parce que ses amis n'ont pas fait certaines choses. Elle espère qu'ils les feront.

> Action: Jouez le rôle de Christine.

> MODÈLE: Sophie n'écrit pas.　　Christine: **Sophie n'a pas écrit. J'espère qu'elle écrira.**

1. Charles ne téléphone pas.
2. Henri ne m'invite pas.
3. Mes cousins ne jouent pas au tennis avec moi.
4. Jacqueline ne me répond pas.
5. Mes amies ne me téléphonent pas.
6. Antoine ne me rend pas visite.

Exercice 3. **Christine est contente!**

> Situation: Christine est contente parce que ses amis viennent de prendre contact avec elle.
> Action: Jouez le rôle de Christine. Utilisez les phrases de l'exercice précédent.

> MODÈLE: Sophie n'écrit pas.　　Christine: **Sophie vient d'écrire.**

B. RÉCAPITULATION: LES ADVERBES DE TEMPS ET DE LIEU

Here are some of the frequently used adverbs of time and place:

TIME:			
	déjà	*already*	Est-ce que Robert est **déjà** parti?
	hier*	*yesterday*	Oui, il est parti **hier.**
	avant*	*before*	**Avant,** il a acheté ses billets.
	après*	*after, afterwards*	**Après,** il a pris l'avion.
	maintenant*	*now*	Il est en France **maintenant.**
	aujourd'hui*	*today*	**Aujourd'hui,** il visitera Paris.
	demain	*tomorrow*	**Demain,** il sera à Lyon.
	ensuite	*then, next*	**Ensuite,** il ira en Provence.
	bientôt	*soon*	Rentrera-t-il **bientôt?**

toujours	{ *always*	Quand il voyage, Robert prend **toujours** des photos.
	still	Est-ce qu'il est **toujours** à Nice?
souvent	*often*	Oui, et il va **souvent** à Cannes.
PLACE: **ici***	*here*	J'habite **ici**.
là*	*here, over here, there*	Marc, est-il **là**?
là-bas*	*over there*	Non, il est **là-bas**.

NOTES: 1. Adverbs may come at the beginning of the sentence or after the verb. They do not come between the subject and the verb.

2. In the **passé composé,** the adverbs marked with an asterisk (*) come after the past participle. The other adverbs come between the auxiliary and the past participle.

Paul est **déjà** parti. Il est parti **hier**.

Exercice 4. **Le mot exact**

Complétez les phrases avec le mot exact.

MODÈLE: (hier / demain) —— j'ai été au cinéma.   Hier, j'ai été au cinéma.

1. (maintenant / demain) —— je suis en classe.
2. (Avant / Après) Je prends le petit déjeuner à 7 heures. —— , je vais en classe.
3. (Avant / Ensuite) Nous dînons. —— nous irons au cinéma.
4. (bientôt / maintenant) Nous sommes en mai. Les vacances vont commencer —— .
5. (souvent / déjà) Pendant les vacances, je vais —— à la plage.
6. (toujours / déjà) Avez-vous —— été à la plage cette année?

Entre nous

Un jeu: Construction de phrases

Vous avez dix minutes. Combien de phrases grammaticalement correctes pouvez-vous faire avec les éléments suivants?

(a)	(b)	(c)
hier	je suis	en classe
en ce moment	j'ai	chez moi
demain	je vais	au cinéma
	je serai	regarder la télé
	j'irai	écouter la radio
		envie de regarder la télé
		écouté des disques
		regardé la télé
		été au cinéma
		resté chez moi
		beaucoup de travail
		calme

LISONS

Les secrets de Madame R

Comment Madame R prédit-elle l'avenir? C'est simple! Elle interprète les *rêves* que ses clients ont faits. Vous pouvez faire comme elle. Voici comment analyser vos rêves et connaître les secrets de l'avenir.

dreams

VOS RÊVES	L'AVENIR	
Si vous voyez des livres,	vous réussirez vos études.	
Si vous voyez une voiture,	vous devrez être très *prudent*.	careful
Si vous mangez du pain,	vous continuerez à être en bonne *santé*.	health
Si vous voyez une église, Mais attention! Si vous entrez dans l'église,	vous aurez beaucoup de chance. vous devrez être prudent.	
Si vous voyez un œuf,	vous deviendrez riche.	
Si vous voyez du *feu*,	vous aurez des petites querelles avec vos amis.	fire
Si vous voyez des fleurs,	vos amis seront très généreux avec vous.	
Si vous allez dans un hôtel,	vous ferez un long voyage.	
Si vous voyez un *chat*,	vous aurez des problèmes sérieux avec les personnes que vous aimez.	cat
Si vous écrivez une lettre,	vous aurez une grande surprise.	
Si vous gagnez un prix,	vous aurez des problèmes d'argent.	
Si vous voyez un vase,	vous *agirez* d'une *façon* égoïste.	act; manner
Si vous allez dans un village,	vous changerez d'occupation.	
Si vous voyez un violon,	vous aurez de nouveaux amis.	

Bonne chance dans vos prédictions!

Pouvez-vous prédire l'avenir?

Faites des prédictions pour les personnes suivantes.

1. FRANCINE

«J'ai fait un rêve curieux. Je suis entrée dans une vieille maison. J'ai vu du feu dans la *cheminée*. Je n'ai vu personne. Dans la cuisine, sur une table, j'ai remarqué trois choses: un œuf, un vase, et un bouquet de roses. Puis, je suis partie.»

fireplace

2. ROBERT ET CHARLES

«Nous avons fait le même rêve. Nous avons participé à un concours et nous avons gagné. Le grand prix: une belle voiture italienne. Nous sommes allés à Annecy en voiture. Près d'Annecy, nous avons vu une petite église. Nous avons visité cette église et—chose curieuse—dans cette église nous avons vu un chat blanc.»

3. NATHALIE

«Quel beau rêve! J'ai entendu de la musique et j'ai vu une belle dame avec un violon. Puis, je suis entrée dans un magnifique hôtel, où j'ai pris le petit déjeuner. Quel repas délicieux! Je voudrais aller dans un vrai hôtel comme *celui-là*.»

that one

4. JEAN-PIERRE

«Dans mon rêve, je suis dans une chambre où il y a beaucoup de livres, des livres partout. Moi, je suis sur un lit, et j'écris des lettres . . .»

5. MONSIEUR MICHAUD

«Écoutez mon rêve. J'entre dans un village où il y a cinq églises. Devant chaque église il y a un très grand œuf, un œuf presque aussi grand que l'église. Je regarde ces églises et ces œufs et puis je continue mon voyage. J'ai fait ce même rêve dimanche, lundi et mardi. Cinq églises et cinq œufs!».

L'art de la lecture

Word families

Sometimes you may come across a word which seems totally new to you, like the word **incroyable** used by Madame Beaumont in **10.5**, p. 406. A closer look at these words, however, may reveal some familiar elements. A word like **incroyable,** for example, may be broken up as follows:

the ending: **able** is the same as in English
the beginning: **in** often corresponds to the English *un* or *in*
the middle part: **croy** comes from the verb **croire** (*to believe*)

Thus, **incroyable** turns out to be the French equivalent of *unbelievable*.

When you do not know a word, you should look whether the entire word or parts of it resemble words you already know. In this manner, you will often discover its meaning. This is because there are many "word families" in French where words are built on the same stem.

For instance, if you know—

étudier (*to study*), you may easily guess **études** (*studies*) and **étudiant** (*student*)
voyager (*to travel*), you may easily guess **voyageur** (*traveler*).

Travaux pratiques de lecture

Derive the meanings of the underlined words from verbs whose meanings you have already learned.

1. C'est un événement totalement <u>inattendu</u>.
2. Cette viande est absolument <u>immangeable</u>.
3. Ma vieille bicyclette est <u>invendable</u>.
4. Où est Jacqueline? Elle est <u>introuvable</u>.
5. Pierre est un excellent <u>joueur</u> de football.
6. Les <u>travailleurs</u> prennent leurs vacances en été.

TESTS DE CONTRÔLE
Chapitre dix

Directions: Write out your answers to the following test-exercises on a separate sheet of paper. Then turn to page 438 to correct your work. Do not check your answers until you have completed all the tests.

STRUCTURE

TEST 1. *Les jumelles* (*binoculars*)

André's friends are looking through his binoculars. Say what everyone sees by completing the sentences below with the appropriate form of **voir.**

1. Claude —— une maison.
2. Je —— des filles.
3. Tu —— un vélo.
4. Nous —— une moto.
5. Mes cousins —— leur maison.
6. Vous —— une voiture rouge.
7. Jacqueline —— un avion.
8. Tes sœurs —— le professeur.

TEST 2. *Un meeting international*

Next week the students below will be attending an international student meeting in Paris. Say when everyone will arrive by completing the following sentences with the appropriate future forms of **arriver.**

1. Jacques —— lundi.
2. Nous —— mardi.
3. Vous —— lundi à huit heures.
4. Tu —— dimanche soir.
5. J'—— le 3 juillet.
6. Suzanne et Monique —— le 2 juillet.
7. Michèle —— lundi soir.
8. Robert et Roger —— mardi matin.

TEST 3. *Quand on veut . . .*

People often succeed in doing what they want to do. Complete the sentences below with the appropriate future form of the verb in italics.

1. Pierre veut *voyager*. Il —— .
2. Henri veut *habiter* Paris. Il —— Paris.
3. Nous voulons *sortir* ce soir. Nous —— ce soir.
4. Vous voulez *réussir*. Vous —— .
5. Jacqueline veut *apprendre* le judo. Elle —— le judo.
6. Je veux *vendre* ma voiture. Je —— ma voiture.
7. Nous voulons *faire* du tennis. Nous —— du tennis.
8. Tu veux *aller* à l'université. Tu —— à l'université.
9. Tu veux *avoir* une moto. Tu —— une moto.
10. Ils désirent *être* riches. Ils —— riches.
11. Marc veut *voir* les États-Unis. Il —— les États-Unis.
12. Monique veut *venir* au Canada. Elle —— au Canada.

TEST 4. *Projets ou hypothèses?*

Replace the blanks by **quand** (*when*) or **si** (*if*), as appropriate.

1. —— j'ai de l'argent, j'irai aux États-Unis.
2. —— j'irai aux États-Unis, je passerai par New York.
3. —— je serai à New York, je visiterai la Statue de la Liberté.
4. —— je vais en Louisiane, j'irai à la Nouvelle-Orléans.
5. —— j'irai à la Nouvelle-Orléans, je visiterai le Vieux Carré.
6. —— je passerai à San Francisco, je rendrai visite à des amis français.

TEST 5. *Retour à la ville natale* (*visit to the hometown*)

Robert has gone back to his hometown after being away for a semester at boarding school. Charles asks him if he saw the following people. Robert answers in the affirmative, using the pronouns **l'** or **les** and the **passé composé** of **rencontrer**. Write out his replies.

MODÈLE: Tu as vu Pierre?   *your paper:* *Oui, je l'ai rencontré.*

1. Tu as vu Suzanne?
2. Tu as vu Marc?
3. Tu as vu ta tante Jacqueline?
4. Tu as vu tes cousines?
5. Tu as vu ton professeur de français?
6. Tu as vu tes amis de collège?

VOCABULARY

TEST 6. *Le mot exact*

Choose the word in parentheses which best fits each sentence below:

1. (déjà, là) Avez-vous —— été à Paris?
2. (souvent, ici) Moi, j'y vais —— .
3. (demain, hier) J'y suis allé —— .
4. (toujours, aujourd'hui) Quand je suis à Paris, je vais —— au théâtre.
5. (Demain, Déjà) —— je vais téléphoner à mes amis.
6. (hier, bientôt) J'espère qu'ils m'inviteront —— .

Prénoms

Garçons

Alain
Albert
André
Antoine
Benoît
Bernard

Charles
Christian
Claude
Daniel
David
Denis
Dominique
Édouard
Eugène
François
Frédéric
Georges
Gérard
Gilles
Guillaume
Guy
Henri
Hubert
Jacques
Jean
Jean-Claude
Jean-François
Jean-Jacques
Jean-Louis

Jean-Marc
Jean-Michel
Jean-Paul
Jean-Pierre
Joël
Julien
Léon
Louis
Luc
Marc
Marcel
Mathieu
Maurice
Max
Michel
Nicolas
Noël
Olivier
Patrice
Patrick
Paul
Philippe
Pierre

Raymond
René
Robert
Roger
Simon
Vincent
Yves

Filles

Andrée
Anne
Anne-Marie
Annick
Annie
Béatrice
Bernadette
Brigitte
Caroline
Catherine
Chantal
Christiane
Christine
Claude
Colette
Danièle
Denise
Dominique

Élisabeth
Florence
Françoise
Geneviève
Ginette
Gisèle
Hélène
Isabelle
Jacqueline
Janine
Jeanne
Joëlle

Laure
Lise
Lisette
Louise
Madeleine
Marianne
Marie
Marie-Christine
Marie-Françoise
Marie-Hélène
Marie-Laure
Martine
Michèle
Mireille

Monique
Nathalie
Nicole
Noëlle
Renée
Séverine
Solange
Sophie
Suzanne
Sylvaine
Sylvie
Thérèse
Véronique
Viviane
Yvette
Yvonne

414

APPENDIX I

Sound-spelling Correspondences

SOUND	SPELLING	EXAMPLE
Vowels		
/a/	**a, à, â**	M<u>a</u>dame
/i/	**i, î**	bik<u>i</u>ni
	y (initial, final, or between consonants)	<u>Y</u>ves
/u/	**ou, où, oû**	T<u>ou</u>louse, <u>où</u>
/y/	**u, û**	t<u>u</u>
/o/	**o** (final or before silent consonant)	pian<u>o</u>, idi<u>o</u>t
	au, eau	m<u>au</u>ve, b<u>eau</u>
	ô	r<u>ô</u>le
/ɔ/	**o**	M<u>o</u>nique
	au	P<u>au</u>l
/e/	**é**	D<u>é</u>d<u>é</u>
	e (before silent final **z, t, r**)	ch<u>e</u>z, chal<u>e</u>t, Rog<u>e</u>r
	ai (final or before final silent consonant)	j'<u>ai</u>
/ɛ/	**è**	Mich<u>è</u>le
	ei	s<u>ei</u>ze
	ê	f<u>ê</u>te
	e (before two consonants + vowel)	<u>e</u>lle, r<u>e</u>ste
	e (before final pronounced consonant)	Mich<u>e</u>l
	ai (before final pronounced consonant)	franç<u>ai</u>se
/ə/	**e**	j<u>e</u>, D<u>e</u>nise
/φ/	**eu, œu**	bl<u>eu</u>
	eu (before final **se**)	curi<u>eu</u>se
/œ/	**eu** (before final pronounced consonant except /z/)	l<u>eu</u>r
	œu	s<u>œu</u>r
Nasal vowels		
/ã/	**an, am**	<u>am</u>bula<u>n</u>ce
	en, em	<u>en</u>semble
/ɔ̃/	**on, om**	Lé<u>on</u>, p<u>om</u>pe

SOUND	SPELLING	EXAMPLE
/ɛ̃/	**in, im**	Mart<u>in</u>, <u>im</u>possible
	yn, ym	s<u>ym</u>pathique
	ain	Al<u>ain</u>
	(o) + in	l<u>oin</u>
	(i) + en	bi<u>en</u>
/ɛ̃/ or /œ̃/	**un, um**	<u>un</u>, h<u>um</u>ble

Semi-vowels

/j/	**i, y** (before vowel sound)	b<u>i</u>en, L<u>y</u>on
	-il, -ill (after vowel sound)	trava<u>il</u>, trava<u>ill</u>ons
/ɥ/	**u** (before vowel sound)	l<u>u</u>i
/w/	**ou** (before vowel sound)	<u>ou</u>i
/wa/	**oi, oy** (before vowel)	v<u>oi</u>ci, v<u>oy</u>age
/wɛ̃/	**oin**	l<u>oin</u>

Consonants

/b/	**b**	Bar<u>b</u>ara
/k/	**c** (before **a, o, u**)	Coca-<u>C</u>ola
	ch(r)	<u>Ch</u>ristine
	qu	<u>qu</u>el
	k	<u>k</u>ilo
/ʃ/	**ch**	<u>Ch</u>arles
/d/	**d**	Di<u>d</u>ier
/f/	**f**	<u>F</u>élix
	ph	<u>Ph</u>ilippe
/g/	**g** (before **a, o, u**)	<u>G</u>abriel
	gu (before **e, i, y**)	va<u>gu</u>e
/ɲ/	**gn**	champa<u>gn</u>e
/ʒ/	**j**	<u>J</u>érôme
	g (before **e, i, y**)	<u>G</u>i<u>g</u>i
	ge (before **a, o, u**)	man<u>ge</u>ons
/l/	**l**	<u>L</u>ise, e<u>ll</u>e
/m/	**m**	<u>M</u>a<u>m</u>an

SOUND	SPELLING	EXAMPLE
/n/	**n**	ba<u>n</u>ane
/p/	**p**	pa<u>p</u>a
/r/	**r**	ra<u>r</u>e
/s/	**c** (before **e, i, y**)	<u>C</u>écile
	ç (before **a, o, u**)	gar<u>ç</u>on
	s (initial or before consonant)	<u>s</u>ac, re<u>s</u>te
	ss (between vowels)	boi<u>ss</u>on
	t (before **i**+ vowel)	atten<u>t</u>ion
/t/	**t**	<u>t</u>rop
	th	<u>Th</u>érèse
/v/	**v**	Vi<u>v</u>iane
/gz/	**x**	e<u>x</u>amen
/ks/	**x**	Ma<u>x</u>
/z/	**s** (between vowels)	ro<u>s</u>e
	z	Su<u>z</u>anne

APPENDIX II

Numbers

1 un (une)	16 seize	71 soixante et onze
2 deux	17 dix-sept	72 soixante-douze
3 trois	18 dix-huit	80 quatre-vingts
4 quatre	19 dix-neuf	81 quatre-vingt-un (une)
5 cinq	20 vingt	82 quatre-vingt-deux
6 six	21 vingt et un (une)	90 quatre-vingt-dix
7 sept	22 vingt-deux	91 quatre-vingt-onze
8 huit	30 trente	100 cent
9 neuf	31 trente et un (une)	101 cent un (une)
10 dix	32 trente-deux	102 cent deux
11 onze	40 quarante	200 deux cents
12 douze	41 quarante et un (une)	201 deux cent un
13 treize	50 cinquante	1000 mille
14 quatorze	60 soixante	2000 deux mille
15 quinze	70 soixante-dix	1.000.000 un million

APPENDIX III

Grammar Reference Section

A. Nouns

French nouns have
- a gender: they are masculine or feminine
- a number: they are singular or plural

In written French, noun plurals are usually formed as follows:

singular nouns + **s** → plural noun   un garçon, deux garçon**s**

B. Determiners

Determiners have the same gender and number as the nouns they introduce.

In spoken French, elision and liaison occur after determiners when the following word begins with a vowel sound.

Form chart for determiners:

Determiner	WRITTEN FORM singular masc. / fem.	plural	Examples
DEFINITE ARTICLE			
before a consonant sound	le / la	les	le sac, la clé; les sacs
before a vowel sound	l'	les	l'ami, l'amie; les enfants
forms with **à**			
before a consonant sound	au / à la	aux	au stade, à la plage; aux musées
before a vowel sound	à l'	aux	à l'hôtel, à l'école; aux amis
forms with **de**			
before a consonant sound	du / de la	des	du lac, de la ville; des voitures
before a vowel sound	de l'	des	de l'ami, de l'amie; des écoles
INDEFINITE ARTICLE	un / une	des	un sac, une clé; des motos
negative form			
before a consonant sound	pas de		pas de clé; pas de voitures
before a vowel sound	pas d'		pas d'école; pas d'amis

PARTITIVE ARTICLE

before a consonant sound	**du**	**de la**	**du** café; **de la** glace
before a vowel sound	**de l'**		**de l'**eau

negative form

before a consonant sound	**pas de**	**pas de** champagne
before a vowel sound	**pas d'**	**pas d'**argent

DEMONSTRATIVE ADJECTIVE

before a consonant sound	**ce**	**cette**	**ces**	**ce** sac, **cette** clé; **ces** motos
before a vowel sound	**cet**			**cet** ami, **cette** église; **ces** amis

POSSESSIVE ADJECTIVE

before a consonant sound	**mon**	**ma**	**mes**	**mon** père, **ma** mère; **mes** parents
before a vowel sound		**mon**		**mon** oncle, **mon** école; **mes** amis
before a consonant sound	**ton**	**ta**	**tes**	**ton** père, **ta** mère; **tes** parents
before a vowel sound		**ton**		**ton** oncle, **ton** école; **tes** amis
before a consonant sound	**son**	**sa**	**ses**	**son** père, **sa** mère; **ses** parents
before a vowel sound		**son**		**son** oncle, **son** école; **ses** amis
	notre	**nos**		**notre** famille; **nos** cousins
	votre	**vos**		**votre** famille; **vos** cousins
	leur	**leurs**		**leur** famille; **leurs** cousins

C. Adjectives

Adjectives must *agree* with the nouns they modify in *gender* and *number*.

1. Form chart for adjective endings.

	SINGULAR	PLURAL		
Masculine	–	**-s**	un sac vert	des sacs verts
Feminine	**-e**	**-es**	une moto verte	des motos vertes

NOTE: If the masculine singular ends in **-s,** do not add another **-s** in the plural. If the masculine singular ends in **-e,** do not add another **-e** in the feminine.

The following adjectives are irregular:

    beau (bel), belle, beaux, belles
    nouveau (nouvel), nouvelle, nouveaux, nouvelles
    vieux (vieil), vieille, vieux, vieilles

Other irregular adjectives are listed in the end vocabulary.

Adjectives *follow* the nouns they modify.

Exception: The following adjectives usually come in *front* of the noun:

beau, bon, dernier, grand, jeune, mauvais, nouveau, petit, premier, vieux, vrai

2. Comparison of adjectives:

plus	(*more*)		Il est **plus** grand **que** moi.
aussi	(*as*)	} + adjective + **que**	Il est **aussi** grand **que** toi.
moins	(*less*)		Il est **moins** grand **que** nous.

NOTE: The comparative of **bon** is **meilleur(e)**.

D. Pronouns

1. Form chart for personal pronouns:

SUBJEGT PRONOUNS	STRESSED PRONOUNS	DIRECT OBJECT PRONOUNS	INDIRECT OBJECT PRONOUNS
je (j') (*I*) **tu** (*you*) **il** (*he*) **elle** (*she*)	**moi** **toi** **lui** **elle**	**me (m')** **te (t')** **le (l')** **la (l')**	**me (m')** **te (t')** **lui** **lui**
nous (*we*) **vous** (*you*) **ils** (*they*) **elles** (*they*)	**nous** **vous** **eux** **elles**	**nous** **vous** **les** **les**	**nous** **vous** **leur** **leur**

NOTE: In affirmative commands **me** becomes **moi; te** becomes **toi.**

Another subject pronoun is: **on** (*one, you, they, people; we*)

Other object pronouns are: **en** (replacing **de** + noun)

y (replacing **à** + noun referring to things; places)

In a sentence the order of these pronouns is:

$$Subject \longrightarrow \begin{Bmatrix} \text{me} \\ \text{te} \\ \text{nous} \\ \text{vous} \end{Bmatrix} \longrightarrow \begin{Bmatrix} \text{le} \\ \text{la} \\ \text{les} \end{Bmatrix} \longrightarrow \begin{Bmatrix} \text{lui} \\ \text{leur} \end{Bmatrix} \longrightarrow y \longrightarrow en \longrightarrow Verb$$

In a command the order of pronouns is:

$$Verb \longrightarrow \left.\begin{array}{l} \text{le} \\ \text{la} \\ \text{les} \end{array}\right\} \longrightarrow \left.\begin{array}{l} \text{moi (m')} \\ \text{lui} \\ \text{nous} \\ \text{leur} \end{array}\right\} \longrightarrow \begin{array}{l} \text{y} \\ \text{en} \end{array}$$

2. Forms of the relative pronouns:

Subject form: **qui** (+ verb)
Object form: **que** (+ subject + verb)

E. Verbs

The *verb* must agree with the *subject*.

Il parl**e** français. Ell**es** parl**ent** arabe.
Nous parl**ons** espagnol.

1. Form chart for REGULAR verbs:

	parl er		**fin** ir		**vend** re	
Present	je	**-e**	je	**-is**	je	**-s**
	tu	**-es**	tu	**-is**	tu	**-s**
	il	**-e**	il	**-it**	il	**—**
	nous **parl**	**-ons**	nous **fin**	**-issons**	nous **vend**	**-ons**
	vous	**-ez**	vous	**-issez**	vous	**-ez**
	ils	**-ent**	ils	**-issent**	ils	**-ent**
Passé composé	j'**ai**		j'**ai**		j'**ai**	
	tu **as**		tu **as**		tu **as**	
	il **a**		il **a**		il **a**	
	nous **avons** **parl** é		nous **avons** **fin** i		nous **avons** **vend** u	
	vous **avez**		vous **avez**		vous **avez**	
	ils **ont**		ils **ont**		ils **ont**	
Future	je	**-ai**	je	**-ai**	je	**-ai**
	tu	**-as**	tu	**-as**	tu	**-as**
	il	**-a**	il	**-a**	il	**-a**
	nous **parler**	**-ons**	nous **finir**	**-ons**	nous **vendr**	**-ons**
	vous	**-ez**	vous	**-ez**	vous	**-ez**
	ils	**-ont**	ils	**-ont**	ils	**-ont**

The *imperative*[1] form is used to give commands or make suggestions.

tu-form: **tu**-form of the present   (tu finis) **Finis!**

> NOTE: For **-er** verbs the final **s** is dropped. (tu travailles) **Travaille!**

nous-form: **nous**-form of the present (nous écoutons) **Écoutons!**
vous-form: **vous**-form of the present (vous choisissez) **Choisissez!**

Verbs in **e**+consonant+**er** follow this pattern:[2]

acheter	j'**achète**	nous **achetons**	j'ai **acheté**	j'**achèterai**
(*to buy*)	tu **achètes**	vous **achetez**		
	il **achète**	ils **achètent**		

Verbs in **é**+consonant+**er** follow this pattern:

préférer	je **préfère**	nous **préférons**	j'ai **préféré**	je **préférerai**
(*to prefer*)	tu **préfères**	vous **préférez**		
	il **préfère**	ils **préfèrent**		

Certain verbs of motion form the passé composé with **être**:

monter	je **suis** monté(e)	nous **sommes** montés (montées)
(*to climb, go up*)	tu **es** monté(e)	vous **êtes** monté(e) (montés, montées)
	il **est** monté	ils **sont** montés
	elle **est** montée	elles **sont** montées

Other regular verbs that follow this pattern are:

> arriver (*to arrive*), descendre (*to go down*), entrer (*to enter*), rentrer (*to come back*), rester (*to stay*), retourner (*to return*)

2. Form charts for IRREGULAR verbs:[2]

avoir	j'**ai**	nous **avons**	j'ai eu	j'aurai
(*to have*)	tu **as**	vous **avez**		
	il **a**	ils ont		

être	je suis	nous sommes	j'ai été	je serai
(*to be*)	tu es	vous êtes		
	il est	ils sont		

> NOTE: The imperative forms of **avoir** and **être** are irregular — **avoir: aie, ayons, ayez;** **être: sois, soyons, soyez.**

---

[1] The imperative forms for irregular verbs are the same as for regular verbs, with the exception of **avoir** and **être** (see Note).

[2] Stems which come from the infinitive are in heavy type.

aller (*to go*)	je vais tu vas il va	nous **all**ons vous **all**ez ils vont	je suis **allé**	j'irai
boire (*to drink*)	je **boi**s tu **boi**s il **boi**t	nous buvons vous buvez ils boivent	j'ai bu	je **boir**ai
connaître (*to know*)	je connais tu connais il **connaît**	nous connaissons vous connaissez ils connaissent	j'ai connu	je **connaîtr**ai
croire (*to believe*)	je **croi**s tu **croi**s il **croi**t	nous croyons vous croyez ils **croi**ent	j'ai cru	je **croir**ai
devoir (*should*)	je dois tu dois il doit	nous **dev**ons vous **dev**ez ils doivent	j'ai dû	je devrai
dire (*to say*)	je **di**s tu **di**s il **di**t	nous disons vous dites ils disent	j'ai dit	je **dir**ai
écrire (*to write*)	j'**écri**s tu **écri**s il **écri**t	nous écrivons vous écrivez ils écrivent	j'ai écrit	j'**écrir**ai
faire (*to do, make*)	je **fai**s tu **fai**s il **fai**t	nous faisons vous faites ils font	j'ai fait	je ferai
lire (*to read*)	je **li**s tu **li**s il **li**t	nous lisons vous lisez ils lisent	j'ai lu	je **lir**ai
mettre (*to put*)	je mets tu mets il met	nous **mett**ons vous **mett**ez ils **mett**ent	j'ai mis	je **mettr**ai
partir (*to leave*)	je **par**s tu **par**s il **par**t	nous **part**ons vous **part**ez ils **part**ent	je suis **parti**	je **partir**ai
pouvoir (*can*)	je peux tu peux il peut	nous **pouv**ons vous **pouv**ez ils peuvent	j'ai pu	je pourrai

prendre (*to take*)	je **prend**s tu **prend**s il **prend**	nous prenons vous prenez ils prennent	j'ai pris	je **prendr**ai
savoir (*to know*)	je sais tu sais il sait	nous **sav**ons vous **sav**ez ils **sav**ent	j'ai su	je saurai
sortir (*to go out*)	je sors tu sors il sort	nous **sort**ons vous **sort**ez ils **sort**ent	je suis **sorti**	je **sortir**ai
venir (*to come*)	je viens tu viens il vient	nous **ven**ons vous **ven**ez ils viennent	je suis **venu**	je viendrai
voir (*to see*)	je **vois** tu **vois** il **voit**	nous voyons vous voyez ils **voi**ent	j'ai vu	je verrai
vouloir (*to want*)	je veux tu veux il veut ·	nous **voul**ons vous **voul**ez ils veulent	j'ai **voul**u	je voudrai

3. Inverted question forms:

est-ce que je parle?   est-ce que j'ai parlé?   est-ce que je parlerai?
parles-tu?   as-tu parlé?   parleras-tu?
parle-t-il? parle-t-elle?   a-t-il parlé? a-t-elle parlé?   parlera-t-il? parlera-t-elle?

parlons-nous?   avons-nous parlé?   parlerons-nous?
parlez-vous?   avez-vous parlé?   parlerez-vous?
parlent-ils? parlent-elles?   ont-ils parlé? ont-elles parlé?   parleront-ils? parleront-elles?

4. Negative forms:

Here is the pattern for the present and the future:

$$\text{subject} + \textbf{ne} + \text{verb} + \begin{cases} \textbf{pas} \ (not) \\ \textbf{jamais} \ (never) \\ \textbf{plus} \ (no \ longer) \\ \textbf{personne} \ (nobody) \\ \textbf{rien} \ (nothing) \end{cases}$$

Je **ne** parle **pas**.
Paul **ne** vient **jamais**.
Nous **ne** sortirons **plus**.
Je **ne** vois **personne**.
Vous **n'**avez **rien**.

Here is the pattern for the **passé composé**:

$$\text{subject} + \textbf{ne} + \text{auxiliary} + \begin{cases} \textbf{pas} \\ \textbf{jamais} \\ \textbf{plus} \\ \textbf{rien} \end{cases} + \text{past participle}$$

Je **n'**ai **pas** téléphoné.

subject + **ne** + auxiliary + past participle + **personne**   Je **n'**ai invité **personne**.

F. Adverbs

Adverbs formed from adjectives follow this pattern:

feminine form of adjective + **ment**   simple→simple**ment**

Adverbs never come between the subject and the verb. Their normal position is *after* the verb in the present and future tenses.

Nous parlons **toujours** français.

In the **passé composé** most adverbs come *after* the auxiliary verb.

Nous avons **toujours** parlé français.

APPENDIX IV
Key to TESTS DE CONTRÔLE

After taking a test, compare your answers with the correct answers shown in Part A (Answers). Then read Part B (Interpretation) to analyze the results. You may then do the suggested review on the basis of this analysis.

CHAPITRE UN

A. Answers

Test 1

	(a)	(b)
1.	vous	acceptez
2.	nous	acceptons
3.	j'	accepte
4.	tu	acceptes
5.	il	accepte
6.	elle	accepte
7.	ils	acceptent
8.	elles	acceptent
9.	ils	acceptent
10.	ils	acceptent

Test 2

1. Je compte.
2. J'étudie.
3. Nous observons.
4. Tu explores Paris.
5. Il commande.
6. Elle vote.
7. Ils marchent.
8. Elles voyagent.

Test 3

	(a)		(b)
1. Non, ils	**n'** étudient	**pas.**	
2. Non, elle	**ne** danse	**pas.**	
3. Non, elle	**ne** travaille	**pas.**	
4. Non elle	**n'** invite	**pas** Pierre.	
5. Non, ils	**n'** habitent	**pas** à Paris.	
6. Non, elles	**ne** dînent	**pas.**	

Test 4

1. lui
2. elle
3. eux
4. elles
5. eux
6. toi (*or* vous)
7. moi (*or* nous)
8. nous

Test 5

	(a)		(b)
1.	10	>	6
2.	2	<	12
3.	2	<	3
4.	4	<	8
5.	5	<	11
6.	5 + 2 = 7		
7.	9 + 1 < 12		
8.	6 + 2 < 9		

Test 6

1. téléphone
2. invite
3. habite
4. joue
5. regarde
6. présente
7. visite
8. rentre

Test 7

1. Qui
2. Où
3. Pour qui
4. Avec qui
5. Pourquoi
6. Quand

B. Interpretation

Correct your test. Add up your correct answers in each column.

STRUCTURE

Verbs in **-er**

> *Test 1*, column (*b*) and *Test 2*. If you have less than 15 correct answers, review Section **1.4C**.

Subject pronouns

> *Test 1*, column (*a*). If you have less than 8 correct answers, review Sections **1.2A**, **1.3C**, and **1.4A**.

Negative sentences

> *Test 3*, columns (*a*) and (*b*). If you have less than 10 correct answers, review Section **1.2B**.

Stressed pronouns

> *Test 4*. If you have less than 7 correct answers, review Section **1.5C**.

Elision

> *Test 1*, question 3; *Test 2*, question 2; *Test 3*, questions 1, 4, 5 in column (*a*). Remember elision with **je** and **ne** before a vowel sound.

VOCABULARY

Numbers

> *Test 5*, columns (*a*) and (*b*). If you have less than 16 correct numbers, review **Vocabulaire spécialisé: les nombres de 0 à 12,** Module **1.3**.

Actions verbs

> *Test 6*. If you have less than 8 correct answers, review **Petit vocabulaire: verbes,** Module **1.4**.

Interrogative expressions

> *Test 7*. If you have less than 5 correct answers, review Sections **1.3B**, **1.5A**, and **1.5B**.

CHAPITRE DEUX

A. Answers

Test 1	*Test 2*				*Test 3*		*Test 4*
		(*a*)	(*b*)	(*a*) (*b*)			
1. êtes					1. *m.*	7. *f.*	1. amusante, originale, jolie
2. sommes	1. avons-nous		6. as-tu		2. *f.*	8. *f.*	2. grand, blond, embêtant
3. est	2. avez-vous		7. a-t-il		3. *f.*		3. élégants, charmants, intéressants
4. suis	3.	a-t-il	8. ont-elles		4. *m.*		4. intelligentes, petites, blondes
5. sont	4.	a-t-elle			5. *m.*		
6. es	5.	ont-ils			6. *m.*		

Test 5

	(a)	(b)	(c)		(a)	(b)	(c)
1.	un	athlète	russe	5.	une	athlète	américaine
2.	des	athlètes	russes	6.	des	athlètes	américaines
3.	une	athlète	russe	7.	des	athlètes	américains
4.	des	athlètes	russes	8.	un	athlète	américain

Test 6

	(a)	(b)	(c)
1.	Il	est	français.
2.	Il	est	français.
3.	Elle	est	française.
4.	Ils	sont	français.
5.	Ils	sont	français.
6.	Elles	sont	françaises.

Test 7

	(a)	(b)
1.	de	guitare espagnole
2.	un	électrophone anglais
3.	un	petit transistor
4.	de	disques intéressants
5.	de	jolie montre
6.	un	vélo vert

Test 8

1. Il est
2. C'est
3. C'est
4. Il est
5. Il est
6. C'est
7. C'est
8. Il est

Test 9

1. non
2. oui
3. oui
4. non
5. oui
6. non
7. non
8. non

Test 10

1. E
2. A
3. D
4. F
5. C

B. Interpretation

Correct your test. Add up your correct answers in each column.

STRUCTURE

Present tense of **être**

> *Test 1*, and *Test 6*, column (*b*). If you have less than 10 correct answers, review Section **2.1**A.

Present tense of **avoir**

> *Test 2*, column (*a*). If you have less than 7 correct answers, review Section **2.3**A.

Inverted questions

> *Test 2*, column (*b*). If you have less than 6 correct answers, review Section **2.1**B.

Recognizing gender

> *Test 3*. If you made any mistakes in items 1 to 4, review Sections **2.2**A and **2.2**B. If you made any mistakes in items 5 to 8, review Sections **2.5**C and **2.5**E.
> *Test 4*. If you made any mistakes, review Section **2.5**E.

Indefinite articles

> *Test 5*, column (*a*). If you have less than 7 correct answers, review Sections **2.2**B and **2.5**B.
> *Test 7*, column (*a*). If you have less than 5 correct answers, review Sections **2.3**B, **2.3**C, and the note on the negative in Section **2.5**B.

Subject pronouns

> *Test 6*, column (*a*). If you have less than 5 correct answers, review Section **2.3**B.
> *Test 8*. If you have less than 6 correct answers, review Section **2.4**C.

Noun plurals

Test 5, column (b). If you made any mistakes, see Section **2.**5A.

Adjective forms

Test 5, column (c) and Test 6, column (c). If you have less than 12 correct answers, review Sections **2.**2C, **2.**5C, and **2.**5E.

Position of adjectives

Test 7, column (b). If you made any mistakes, see Section **2.**4A.

VOCABULARY

Nouns referring to objects

Test 9. If you have less than 7 correct answers, review **Vocabulaire spécialisé: objets courants,** Module **2.**3.

Descriptive adjectives

Test 10. If you made any mistakes, review **Vocabulaire spécialisé: la description,** Module **2.**2; **Vocabulaire spécialisé: les couleurs,** Module **2.**4; and **Vocabulaire spécialisé: expressions impersonnelles,** Module **2.**4.

CHAPITRE TROIS

A. Answers

Test 1	Test 2	Test 3		Test 4	
		(a)	(b)	(a)	(b)
1. allons	1. chinoise	1. Ce	le	1. au restaurant	du restaurant
2. allez	2. chinois	2. Cet	l'	2. à l'hôtel	de l'hôtel
3. vais	3. chinois	3. Cette	la	3. à la plage	de la plage
4. vas	4. chinoise	4. Ces	les	4. au village	du village
5. va	5. chinoise	5. Ces	les	5. à l'église	de l'église
6. va	6. chinois	6. Cette	la	6. à l'école	de l'école
7. allons	7. chinois			7. aux Bermudes	des Bermudes
8. vont	8. chinoise			8. aux Bahamas	des Bahamas

Test 5			Test 6		Test 7	Test 8	Test 9
(a)		(b)	1. 31	10. 13	1. H	1. samedi	1. A
1. La banane	est	un fruit.	2. 18	11. 15	2. C	2. dimanche	2. A
2. L'aluminium	est	un métal.	3. 64	12. 61	3. F	3. mardi	3. A
3. L'automne	est	une saison.	4. 57		4. D	4. jeudi	4. B
4. La physique	est	une science.	5. 48		5. G	5. le 31 janvier	5. B
5. Le léopard	est	un animal.	6. 16		6. B	6. le 31 août	6. A
6. Le cinéma	est	un spectacle.	7. 14		7. A	7. le 31 mars	7. A
7. La sculpture	est	un art.	8. 29		8. E	8. le 30 juin	8. B
8. L'Afrique	est	un continent.	9. 19				

B. Interpretation

Correct your test. Add up your correct answers in each column.

STRUCTURE

Present tense of **aller**

> *Test 1.* If you have less than 7 correct answers, review Section **3.**1A.

Recognizing gender

> *Test 2.* You should have gotten 8 correct answers. If you missed item 1, 2, 3, or 8, review Section **3.**5A. If you missed item 4 or 7, review Section **3.**2B. If you missed item 5 or 6, review Section **3.**5B.

The determiner **ce**

> *Test 3,* column (*a*). If you have less than 5 correct answers, review Section **3.**5A.

The definite article

> *Test 3,* column (*b*), and *Test 5,* column (*a*). If you have less than 12 correct answers, review Section **3.**2B.

Contractions with **à** + definite article

> *Test 4,* column (*a*). If you have less than 7 correct answers, review Section **3.**3A.

Contractions with **de** + definite article

> *Test 4,* column (*b*). If you have less than 7 correct answers, review Sections **3.**4B.

The indefinite article

> *Test 5,* column (*b*). If you have less than 7 correct answers, review Section **2.**2B.

VOCABULARY

Numbers

> *Test 6.* If you have less than 11 correct answers, review **Vocabulaire spécialisé : les nombres de 13 à 69,** Module **3.**4.

Places

> *Test 7.* If you have less than 7 correct answers, review the **Vocabulaire spécialisé : ville et campagne,** Module **3.**2.

Dates

> *Test 8.* If you made a mistake on items 1–4, review the **Vocabulaire spécialisé: les jours de la semaine,** Module **3.**3. If you made a mistake on items 5–8, review the **Vocabulaire spécialisé : mois et saisons de l'année,** Module **3.**5.

General vocabulary

> *Test 9.* If you missed item 1, review Section **3.**4A. If you missed item 2, review Section **3.**4C. If you missed item 3, review Section **3.**1B. If you missed item 4, review Section **3.**2A. If you missed item 5 or 7, review Section **3.**3B. If you missed item 6 or 8, review **Vocabulaire spécialisé: les jours de la semaine,** Module **3.**3.

CHAPITRE QUATRE

A. Answers

Test 1	Test 2	Test 3			Test 4		
1. fais	1. a			(a)	1. son vélo		7. tes livres
2. fait	2. est	1. C'est	mon	disque.	2. ses livres		8. leurs disques
3. fais	3. fait	2. C'est	ma	guitare.	3. son banjo		9. vos photos
4. faisons	4. fait	3. C'est	mon	électrophone.	4. sa raquette		10. notre piano
5. font	5. a	4. C'est	ma	voiture.	5. nos clarinettes		11. ma flûte
6. faites	6. fait	5. Ce sont	mes	livres.	6. votre voiture		12. vos posters
	7. est	6. Ce sont	mes	albums.			
	8. est						

Test 5	Test 6	Test 7	Test 8	Test 9
1. album de photos	1. 2.000	1. tante	1. froid	1. A
2. photo de famille	2. 101	2. grand-père	2. neige	2. B
3. école de musique	3. 80	3. grand-mère	3. l'hiver	3. A
4. guitare de jazz	4. 82	4. cousine	4. le printemps	4. B
5. raquette de tennis	5. 92	5. oncle	5. frais	5. A
6. marchand de disques	6. 61	6. petit-fils	6. pleut	6. B
	7. 73		7. été	
	8. 78		8. chaud	
	9. 88			

B. Interpretation

Correct your test. Add up your correct answers in each column.

STRUCTURE

Present tense of **faire**

> *Test 1.* If you have less than 5 correct answers, review Section 4.1B.

Uses of **avoir, être** and **faire**

> *Test 2.* If you missed item 1, review Section 4.3B. If you missed item 2, 7 or 8, review Section 2.1A. If you missed item 3, 4, or 6, review Section 4.1B. If you missed item 5, review Section 2.3A.

Possessive adjectives

> *Test 3*, column (*a*). If you have less than 5 correct answers, review Section 4.3A.
> *Test 4.* If you have less than 10 correct answers, review Sections 4.3A, 4.4A, 4.4B, and 4.5A.

Nouns modifying nouns

> *Test 5.* If you have less than 5 correct answers, review Section 4.2A.

VOCABULARY

Numbers

Test 6. If you have less than 7 correct answers, review the **Vocabulaire spécialisé: les nombres de 70 à 1.000.000** in Module 4.5.

Members of the family

Test 7. If you have less than 5 correct answers, review the **Vocabulaire spécialisé: la famille** in Module 4.3.

Seasons and weather

Test 8. If you have less than 6 correct answers, review both Section 4.2B and **Vocabulaire spécialisé: le temps** in Module 4.2.

General vocabulary

Test 9. If you missed item 1, review Section 4.2B. If you missed item 2, review Section 4.4C. If you missed item 3, review Section 4.5B. If you missed item 4, review Section 4.1A. If you missed item 5, review **Note de vocabulaire: rester** in Module 4.2. If you missed item 6, review the **Vocabulaire spécialisé: la famille** in Module 4.3.

CHAPITRE CINQ

A. Answers

Test 1	Test 2	Test 3	Test 4	Test 5	Test 6
1. prends	1. A	1. le	1. du	1. la	1. Danse!
2. prend	2. A	2. la	2. de la	2. de la	2. Parle en classe!
3. prenons	3. C	3. le	3. de la	3. une	3. Va au cinéma!
4. prenez	4. C	4. les	4. de l'	4. du	4. Mange des gâteaux!
5. prends	5. B	5. les	5. de	5. Le	5. Ne travaille pas!
6. prennent	6. C	6. les	6. d'	6. du	6. N'étudie pas!
		7. l'		7. un	7. N'écoute pas le professeur!
		8. l'		8. le	8. Ne fais pas tes devoirs!
		9. les			
		10. l'			

Test 7	Test 8		Test 9	Test 10
1. ——	1. A	9. B	1. A	1. A
2. ——	2. B	10. A	2. C	2. A
3. ——	3. B		3. D	3. B
4. à	4. A		4. E	4. B
5. à	5. A		5. G	5. B
6. ——	6. A		6. F	6. A
7. ——	7. A		7. H	7. A
8. ——	8. B		8. B	8. A

B. Interpretation

Correct your test. Add up your correct answers in each column.

STRUCTURE

Present tense of **prendre**

> *Test 1.* If you have less than 5 correct answers, review Section **5.**1A.

Recognizing pronouns

> *Test 2.* You should have gotten 6 correct answers. If you made any mistakes in items 1 to 5, review Section **5.**2B. If you missed item 6, review Section **5.**5A.

Direct object pronouns

> *Test 3.* If you have less than 8 correct answers, review Sections **5.**2B and **5.**4B. (If you failed to use the elision form **l'** in item 7, 8, or 10, remember that **le** and **la** become **l'** before a vowel sound.)

The partitive article

> *Test 4.* If you have any mistakes in items 1 to 4, review Section **5.**3A. If you missed item 5 or 6, review Section **5.**3B.

Choice of articles

> *Test 5.* If you have less than 7 correct answers, review Section **5.**5B.

Imperative verbs

> *Test 6.* If you have less than 7 correct answers, review Section **5.**1B.

Verbs followed by direct objects or by **à**

> *Test 7.* If you have less than 7 correct answers, review Sections **5.**4B and **5.**4C.

VOCABULARY

Food and drink

> *Test 8.* If you have less than 8 correct answers, review the **Vocabulaire spécialisé: nourritures** in Module **5.**3 and the **Vocabulaire spécialisé: boissons** in Module **5.**4.

Telling time

> *Test 9.* If you have less than 7 correct answers, review the **Vocabulaire spécialisé** on expressions of time, listed in Modules **5.**1 and **5.**2.

General vocabulary

> *Test 10.* If you made any mistakes in items 1 through 6, review the vocabulary of this lesson. If you missed item 7 or 8, remember that the **ne** before the verb indicates that a negative expression will follow.

CHAPITRE SIX

A. Answers

Test 1	*Test 2*	*Test 3*
1. e	1. répond	1. on mange
2. e	2. répondent	2. on danse
3. è	3. répond	3. on étudie
4. è	4. réponds	4. on nage
5. è	5. réponds	5. on joue
6. é	6. répondons	6. on écoute
7. è	7. répondent	
8. è	8. répondez	

Test 4

	(a)	(b)	(c)
1.	moins	riche	que Suzanne
2.	plus	riche	que Martin
3.	aussi	riche	que Pierre
4.	moins	riche	qu' André
5.	plus	riche	qu' Éliane
6.	plus	riche	que nous
7.	moins	riche	que toi
8.	aussi	riche	qu' eux

Test 5	*Test 6*	*Test 7*	*Test 8*
1. Adèle lui parle.	1. la	1. Je connais	1. Donnez-<u>moi</u> de l'argent.
2. Adèle lui parle.	2. la	2. Je sais	2. Je <u>lui</u> prête cent francs.
3. Adèle leur parle.	3. l'	3. Je connais	3. Je <u>ne</u> sais rien.
4. Adèle lui parle.	4. lui	4. Je sais	4. Je ne connais <u>personne</u> dans cette ville.
5. Adèle leur parle.	5. l'	5. Je sais	5. Monsieur Martin <u>nous</u> donne son adresse.
6. Adèle me parle.	6. elle	6. Je connais	6. Donnez-la-<u>moi</u>.
7. Adèle te parle.	7. Elle	7. Je sais	7. Je <u>vous</u> la donne.
8. Adèle vous parle.	8. lui	8. Je connais	8. Est-ce que je la <u>lui</u> donne aussi?
9. Adèle nous parle.	9. lui		
	10. elle		

Test 9

1. le boucher	3. attend	5. espère	7. prête
2. l'épicier	4. répond	6. amène	8. gagne

B. Interpretation

Correct your test. In Test 8, if the underlined word is in the right position in the sentence, count it as a correct answer. Add up your correct answers in each column.

STRUCTURE

Present tense of **-er** verbs with stem changes

   Test 1. If you have less than 7 correct answers, review Section **6.**1A.

Present tense of **-re** verbs

   Test 2. If you have less than 7 correct answers, review Section **6.**2A.

The pronoun **on**

   Test 3. If you made any mistakes, see Section **6.**2B.

Comparison — using adjectives

> *Test 4*, columns (a) and (b). If you have less than 14 correct answers, review Section **6.1**B. (If you failed to use the elision form **qu'**, remember that **que** becomes **qu'** before a vowel sound.)
>
> *Test 4*, column (c). If you made any mistakes, remember that stressed pronouns must be used after **que.** To review the forms of the stressed pronouns, see Section **1.5**C.

Indirect object pronouns

> *Test 5*. If you have less than 8 correct answers, review Section **6.3**B.

Review of pronouns

> *Test 6*. If you have less than 8 correct answers, review Sections **1.5**C, **5.4**B, and **6.3**B.

Use of **connaître** and **savoir**

> *Test 7*. If you have less than 7 correct answers, review Section **6.4**B.

Word order

> *Test 8*. If you missed item 1, 2, 5, 6, 7 or 8, review Sections **6.5**B and **6.5**C. If you missed item 3 or 4, review Section **6.3**C.

VOCABULARY

General vocabulary

> *Test 9*. If you missed item 1 or 2, review the **Vocabulaire spécialisé: les commerçants** in Module **6.2**. If you missed item 3, 4, 5, 6, 7, or 8, review the **Petit vocabulaire** sections in the modules of the chapter.

CHAPITRE SEPT

A. Answers

Test 1	*Test 2*	*Test 3*		*Test 4*	*Test 5*
		(a)	(b)		
1. choisit	1. pouvons	1. voulez	devez	1. trop	1. la
2. choisissons	2. pouvez	2. voulons	devons	2. trop de	2. en
3. choisis	3. peux	3. veulent	doivent	3. trop de	3. en
4. choisis	4. peux	4. veut	doit	4. trop	4. les
5. choisissez	5. peut	5. veux	dois	5. trop	5. en
6. choisit	6. peuvent	6. veux	dois	6. trop d'	6. en
7. choisissent	7. peut			7. trop de	7. le
8. choisissent	8. peuvent			8. trop de	8. le

Test 6			*Test 7*	*Test 8*
	(a)	(b)		
1. Jacques aussi	en a	un.	1. stupidement	1. premier
2. Jacques aussi	en a	une.	2. idiotement	2. deuxième
3. Jacques aussi	en a	dix.	3. originalement	3. troisième
4. Jacques aussi	en a	six.	4. calmement	4. cinquième
5. Jacques aussi	en a	beaucoup.	5. énigmatiquement	5. sixième
6. Jacques aussi	en a	peu.	6. vaguement	6. onzième

Test 9

1. interprète   3. faut   5. trop   7. rater
2. pour gagner   4. assez   6. Réfléchissez   8. être reçu à

B. Interpretation

Correct your test. Add up your correct answers in each column.

STRUCTURE

Present tense of **-ir** verbs

Test 1. If you have less than 7 correct answers, review Section **7.5**A.

Present tense of **pouvoir**

Test 2. If you have less than 7 correct answers, review Section **7.4**A.

Present tense of **vouloir**

Test 3, column (*a*). If you have less than 5 correct answers, review Section **7.2**A.

Present tense of **devoir**

Test 3, column (*b*). If you have less than 5 correct answers, review Section **7.4**B.

Expressions of quantity

Test 4. If you have less than 7 correct answers, review Sections **7.1**B and **7.1**C. (If you failed to use the elision form **d'**, remember that **de** becomes **d'** before a vowel sound.)

The pronoun **en** replacing direct objects

Test 5. If you have less than 7 correct answers, review Section **7.2**B.

The pronoun **en** with numbers and expressions of quantity

Test 6, columns (*a*) and (*b*). If you have less than 10 correct answers, review Sections **7.3**B and **7.3**C.

Adverbs in **-ment**

Test 7. If you have any mistakes, review Section **7.1**A.

Ordinal numbers

Test 8. If you have less than 5 correct answers, review Section **7.4**C.

VOCABULARY

General vocabulary

Test 9. If you missed item 1, 2, or 3, see the **Notes de vocabulaire** in Module **7.2**. If you missed item 4 or 5, review the **Vocabulaire spécialisé: expressions de quantité** in Module **7.1**. If you missed item 6, 7, or 8, review the **Vocabulaire spécialisé: les examens** in Module **7.5**.

CHAPITRE HUIT

A. Answers

Test 1	Test 2	Test 3			Test 4
		(a)	(b)	(c)	
1. revenons	1. mettons	1. écrit	lit	dit	1. vient
2. revient	2. mettez	2. écrivez	lisons	disons	2. vient de
3. revient	3. mets	3. écrivent	lisent	disent	3. vient de
4. reviennent	4. mets	4. écrivons	lisez	dites	4. vient
5. reviens	5. met				5. vient de
6. reviens	6. mettent				6. vient de
7. reviennent	7. mettent				
8. revenez	8. met				

Test 5		Test 6		Test 7		Test 8		Test 9
		(a)	(b)	(a)	(b)	1. N 7. N		1. partout
1. qui	7. que	1. vieille	nouveau	1. en	de	2. P 8. P		2. s'il vous plaît
2. qui	8. qui	2. vieil	nouveaux	2. aux	des	3. P		3. tort
3. que	9. qui	3. vieux	nouvel	3. en	d'	4. N		4. pense que
4. qui	10. que	4. vieilles	nouvelle	4. au	du	5. P		
5. que		5. vieux	nouvelles			6. P		
6. qui								

B. Interpretation

Correct your test. Add up your correct answers in each column.

STRUCTURE

Present tense of **venir**

    Test 1. If you have less than 7 correct answers, review Section **8.**1A.

Present tense of **mettre**

    Test 2. If you have less than 7 correct answers, review Section **8.**5A.

Present tense of **écrire, lire,** and **dire**

    Test 3, columns (a), (b), and (c). If you have less than 10 correct answers, review Section **8.**2A.

Venir vs. **venir de**

    Test 4. If you made any mistakes, review Section **8.**1B.

Relative pronouns **qui** and **que**

    Test 5. If you have less than 8 correct answers, review Sections **8.**3A, **8.**4A, and **8.**5B.

The adjectives **vieux** and **nouveau**

    Test 6, columns (a) and (b). If you have less than 9 correct answers, review Section **8.**4B.

Prepositions with names of countries

    Test 7, columns (a) and (b). If you have less than 7 correct answers, review Section **8.**2C.

VOCABULARY

Clothing

> *Test 8.* If you have less than 7 correct answers, review the **Vocabulaire spécialisé: les vêtements** in Module **8.**3.

General vocabulary

> *Test 9.* If you missed item 1, 2 or 3, review the **Petit vocabulaire** sections in the chapter. If you missed item 4, review Section **8.**2B.

CHAPITRE NEUF

A. Answers

Test 1

1. a dansé
2. a dansé
3. ai dansé
4. as dansé
5. avons dansé
6. avez dansé
7. ont dansé
8. ont dansé

Test 2

1. parlé
2. obéi
3. désobéi
4. vendu
5. répondu
6. passé
7. pris
8. voulu
9. mis
10. dit
11. bu
12. venu
13. pu
14. été
15. eu

Test 3

	(a)	(b)
1.	ai	téléphoné
2.	a	réussi
3.	a	dîné
4.	avons	attendu
5.	avez	lu
6.	ai	écrit
7.	as	compris
8.	avons	fait

Test 4

1. Je suis
2. Je suis
3. J'ai
4. J'ai
5. Je suis
6. Je suis
7. J'ai
8. J'ai
9. J'ai
10. Je suis

Test 5

	(a)	(b)	
1. Non, il	**n'** a	**pas**	fondé New York.
2. Non, il	**n'** a	**pas**	signé la Déclaration d'Indépendance.
3. Non, ils	**n'** ont	**pas**	inventé la bombe atomique.
4. Non, ils	**ne** sont	**pas**	arrivés sur la planète Mars.

Test 6

1. D   5. B
2. A   6. D
3. B   7. B
4. C   8. A

Test 7

1. B   6. C
2. B   7. A
3. A   8. A
4. C   9. B
5. A

Test 8

1. envie
2. besoin
3. mal
4. de la chance
5. partir
6. attraper

B. Interpretation

Correct your test. Add up your correct answers in each column.

STRUCTURE

Passé composé: form of the auxiliary **avoir**

> *Test 1* and *Test 3*, column (*a*). If you have less than 15 correct answers, review Section **9.**2A.

Passé composé: choice of the auxiliary

> *Test 4.* If you have less than 8 correct answers, review Sections **9.**2A and **9.**5A.

Passé composé: form of the past participle
(regular verbs)

> *Test 2*, items 1–6 and *Test 3*, column (*b*), items 1–4. If you have less than 8 correct answers, review Sections **9**.2B, **9**.3A, and **9**.4A.

(irregular verbs)

> *Test 2*, items 7–15 and *Test 3*, column (*b*), items 5–8. If you have less than 11 correct answers, review Sections **9**.2C, **9**.3B, and **9**.4B.

Passé composé: negative form

> *Test 5*, columns (*a*) and (*b*). If you made any mistakes on the position of **ne** and **pas,** review Section **9**.2D. (If you failed to use the elision form **n'**, remember that **ne** becomes **n'** before a vowel sound.)

Passé composé with **être:** agreement of the past participle

> *Test 6*. If you made any mistakes, review Sections **9**.5B and **9**.5C.

VOCABULARY

Parts of the body

> *Test 7*. If you have less than 8 correct answers, review the **Vocabulaire spécialisé: les parties du corps** in Module **9**.1.

General vocabulary

> *Test 8*. If you made any mistakes in items 1–4, review Section **9**.1B. If you missed item 5, see Section **9**.1A. If you missed item 6, see the **Petit vocabulaire** of Module **9**.3.

CHAPITRE DIX

A. Answers

Test 1	*Test 2*	*Test 3*					*Test 4*
		(*a*)	(*b*)		(*a*)	(*b*)	
1. voit	1. arrivera						1. si
2. vois	2. arriverons	1. voyager	a	7.	fer	ons	2. quand
3. vois	3. arriverez	2. habiter	a	8.	ir	as	3. quand
4. voyons	4. arriveras	3. sortir	ons	9.	aur	as	4. si
5. voient	5. arriverai	4. réussir	ez	10.	ser	ont	5. quand
6. voyez	6. arriveront	5. apprendr	a	11.	verr	a	6. quand
7. voit	7. arrivera	6. vendr	ai	12. viendṛ	a		
8. voient	8. arriveront						

Test 5		*Test 6*	
1. Oui, je l'ai recontrée.	4. Oui, je les ai rencontrées.	1. déjà	4. toujours
2. Oui, je l'ai rencontré.	5. Oui, je l'ai rencontré.	2. souvent	5. Demain
3. Oui, je l'ai rencontrée.	6. Oui, je les ai rencontrés.	3. hier	6. bientôt

B. Interpretation

Correct your test. Add up your correct answers in each column.

STRUCTURE

Present tense of **voir**

> *Test 1.* If you have less than 7 correct answers, review Section **10.1**A.

Endings of the future tense

> *Test 2* and *Test 3*, column (*b*). If you have less than 18 correct answers, review Section **10.2**A.

Form of the future stem: regular forms

> *Test 3*, column (*a*), items 1–6. If you have less than 5 correct answers, review Sections **10.2**A and **10.3**A.

Forms of the future stem: irregular forms

> *Test 3*, column (*a*), items 7–12. If you have less than 5 correct answers, review Section **10.3**B and **10.4**A.

Use of the future after **quand**

> *Test 4.* If you made any mistakes, review Section **10.4**B.

Agreement of the past particple

> *Test 5.* If you have less than 5 correct answers, review Section **10.4**C.

VOCABULARY

Adverbs

> *Test 6.* If you have less than 5 correct answers, review Section **10.5**B.

Note to the Vocabulary

This vocabulary contains all the words and expressions which occur in this book. They are presented as follows:

Nouns are preceded by the determiner with which they are most frequently used: the definite article (for place names and abstract nouns), the indefinite article (for count nouns), and the partitive article (for mass nouns). If the article does not indicate gender, the noun is followed by *m.* (*masculine*) or *f.* (*feminine*). If the plural (*pl.*) is irregular, it is given in parentheses.

Adjectives are listed in the masculine form. If the feminine form is irregular, it is given in parentheses.

Verbs are given in the infinitive form. Irregular present tense forms, past participle (*p. part.*) forms, and future forms are listed separately.

Words beginning with an **h** are preceded by an asterisk (*) if the **h** is aspirate: that is, if the word is treated as if it began with a consonant sound.

A

a: il a he has; **il y a** there is, there are

à to, at, in (*a city*); **à...ans** at (the age of)...; **à cause de** because of; **à cet après-midi** see you this afternoon; **à demain (jeudi)** see you tomorrow (Thursday); **à côté** nearby, next door; **à... heures** at... (o'clock); **à part** aside from, except for; **à qui est (sont)** whose is (are); **à tout à l'heure** see you in a while; see you soon; **être à** to belong to; **son livre à lui (elle)** his (her) book

abandonner to abandon

abominable abominable, hateful

abord: d'abord first

absent absent

absolu absolute

absolument absolutely

absurde absurd, crazy

un **accent** accent

accentué stressed

accepter to accept, agree

un **accident** accident; **accident de voiture** automobile accident

acclamer to applaud

accompagner to accompany, go along

un **accord** agreement; **d'accord** OK, all right; **être d'accord** to agree

un **achat** purchase

acheter to buy; **je l'achète dix francs** I'm buying it for ten francs

acquis: ils ont acquis they got, they acquired

un **acte** act

un **acteur** actor

une **action** action

une **activité** activity

une **actrice** actress

un **adjectif** adjective

un **administrateur** administrator

administratif (administrative) administrative

adorer to love, adore

une **adresse** address

adulte adult, grown-up

un **adverbe** adverb

un **aéroport** airport

affirmatif (affirmative) affirmative; "yes"; **à la forme affirmative** affirmatively; saying "yes"

africain African

l' **Afrique** *f.* Africa; **en Afrique** in Africa; **l'Afrique du Nord** North Africa; **l'Afrique Occidentale** West Africa

un **âge** age; **avoir l'âge de** to be old enough to; **Quel âge as-tu?** How old are you?

une **agence** agency; **une agence de voyages** travel agency

agir to act

agiter to shake

un **agneau** lamb

agréable agreeable, pleasant

ai: j'ai I have

aider to help

aimable pleasant

aimer to like, love; **ils aimeraient** they would like

ainsi thus

l' **air** *m.* air; **avoir l'air** to seem

ajouter to add

un **album** album

Alger Algiers (*capital of Algeria*)

l' **Algérie** *f.* Algeria (*country in North Africa*)

l' **Allemagne** *f.* Germany

allemand German

l' **allemand** *m.* German (*language*)

aller to go; **Comment allez-vous?** How are you?

allô hello (*used to answer the telephone*)

allumer to light

une **allumette** match

alors then; well then, so; **et alors?** so what?

les **Alpes** *f.* Alps (*mountains in eastern France*)

l' **alpinisme** *m.* mountaineering, mountain climbing

l' **Alsace** *f.* Alsace (*province in northeastern France*)

un **Alsacien** Alsatian (*inhabitant of Alsace*)

l' **aluminium** *m.* aluminum

un **amateur** amateur; *one who likes or loves a sport, a pastime, etc.*

une **ambition** ambition

améliorer to better; improve

amener to bring

américain American

un **Américain** American

une **Américaine** American girl *or* woman

s' **américaniser** to become americanized

l' **Amérique** *f.* America; **l'Amérique du Nord** North America

un **ami** friend; **un ami de classe** classmate; **un petit ami** boyfriend

amical (*pl.* **amicaux**) friendly

amicalement in a friendly manner; love (*at the end of a letter*)

une **amie** (*female*) friend; **une petite amie** girl friend

une **amitié** friendship; **Amitiés** love (*at the end of a letter*)

s' **amuser** to amuse oneself; have fun; **amusez-vous bien** have a good time

un **an** year; **avoir...ans** to be ...(years old); **avant dix-huit ans** before age eighteen

analyser to analyze

une **anatomie** anatomy

ancien (ancienne) old; former

un **ange** angel

anglais English

l' **anglais** *m.* English (*language*)

un **Anglais** Englishman, English person

l' **Angleterre** *f.* England

un **animal** (*pl.* **animaux**) animal

animé lively, animated

une **année** year

un **anniversaire** birthday; anniversary

une **annonce** announcement; ad; **une petite annonce** classified ad

l' **anthropologie** *f.* anthropology

anti-américain anti-American

une **antilope** antelope

les **antiquités** antiques; *art and artifacts from ancient civilizations*

août *m.* August

un **appartement** apartment

appeler to call; **comment t'ap-pelles-tu?** What's your name? **il s'appelle** he is called, it is called; his name is; **je m'ap-pelle** I am called; my name is

l' **appétit** *m.* appetite

applaudir to applaud

apprécier to appreciate

apprendre to learn; **il ap-prendra** he will learn

approprié appropriate

approximatif (approximative) approximate

après after; later, afterwards; **après tout** after all; **d'après** according to

un **après-midi** afternoon; **l'après-midi** in the afternoon; **de l'après-midi** P.M., in the afternoon

l' **Arabe** *m.* Arabic

une **arabesque** *ballet step in which one leg is extended to the back*

un **arc** arch; **l'Arc de Triomphe** *triumphal arch in Paris, com-memorating Napoleon's victories*

l' **archéologie** *f.* archaeology

l' **architecture** *f.* architecture

l' **argent** *m.* money; **l'argent de poche** pocket money, spend-ing money; allowance

un **aristocrate** aristocrat

les **armes** *f.* coat of arms; arms

arrêter to stop

une **arrivée** arrival, coming

arriver to arrive

l' **art** *m.* art

un **article** article

un **artiste** artist

as: tu as you have

une **aspirine** aspirin

assez rather; enough; **assez de** enough

assidu avid, eager

une **assiette** plate

assister (à) to attend; be present at

assurer to assure; **je t'assure!** I can tell you that!

l' **astrologie** *f.* astrology

un **astronaute** astronaut

un **astronome** astronomer

l' **astronomie** *f.* astronomy

un **athlète** athlete

une **athlète** (*female*) athlete

athlétique athletic

atomique atomic

attaché attached

attacher to attach

attendre to wait (for)

attentif (attentive) attentive; paying attention

l' **attention** *f.* attention; **faire at-tention** to pay attention; be careful; **attention!** careful!

attentivement attentively

une **attitude** attitude

une **attraction** attraction

attraper to catch

au (à + le): au Canada to Can-ada; in Canada; **au contraire** on the contrary; **au fait** come to think of it; **au moins** at least; **au revoir** good-by

une **auberge de la jeunesse** youth hostel

aucun: ne...aucun no, not any

aujourd'hui today

aura: il aura (*future of* **avoir**)

aussi also, too; (*at the beginning of a sentence*) therefore, so; **aussi ...que** as...as

un **auteur** author

une **auto** car, automobile

un **autobus** bus

un **autographe** autograph

automatiquement automat-ically

automobile: une course auto-mobile car race

l' **automne** *m.* fall, autumn; **en automne** in fall, in autumn

une **autorisation** permission, autho-rization

l' **auto-stop** *m.* hitchhiking; **faire de l'auto-stop** to hitchhike, go hitchhiking

autre other; **d'autres** other; **l'autre** the other (one); **les autres** the others, the other ones; **un autre (une autre)** another

autrefois formerly

l' **Auvergne** *f.* Auvergne (*province in central France*)

aux (à + les): aux États-Unis to the United States; in the United States

l' **avance** *f.* advance; **à l'avance** in advance

avancer to advance; **ma montre avance** my watch is fast

avant before; **avant Jésus-Christ** B.C.

avant-garde avant-garde; *relat-ing to new and experimental methods in the arts*

un **avant-propos** preface; fore-word

avec with

un **avenir** future

une **aventure** adventure

une **avenue** avenue

un **avion** plane

avoir to have; **avoir...ans** to be...(years old); **avoir be-soin de** to need; **avoir de la chance** to be lucky; **avoir chaud** to be hot, be warm; **avoir envie de** to want; **avoir froid** to be cold; **avoir l'intention de** to intend to; **avoir mal (à)** to be in pain; have a sore...; **avoir raison** to be right; **avoir tort** to be wrong

avril *m.* April

B

le **baby-sitting** baby-sitting; **faire du baby-sitting** to do baby-sitting; baby-sit

le **bac** (= **baccalauréat**)

le **baccalauréat** *diploma given at the end of secondary school* (*awarded on the basis of per-formance on nationwide examina-tions*)

Bafour *prehistoric empire in the area that is now Senegal*

les **Bahamas** *f.* Bahamas

un **bal** dance, ball; **un bal masqué** masked ball

le **ballet** ballet

une **banane** banana

une **bande** group, gang; strip; tape; **en bande** as a group; **une bande dessinée** comic strip
un **banjo** banjo
une **banque** bank
un **banquet** banquet, feast
le **baseball** baseball
le **basketball** basketball
le **bassin** basin
la **bataille** battle
un **bateau** (*pl.* **bateaux**) boat, ship; **faire du bateau** to go boating
un **bâton** stick; post
battez beat
beau (bel, belle; beaux) handsome; good-looking; beautiful; **il fait beau** it's lovely (weather)
beaucoup much; many; very much, a lot; **beaucoup de** much, many, a lot of; **beaucoup trop** much too much
la **beauté** beauty
un **beignet** fritter
bel (*see* **beau**) handsome
belge Belgian
la **Belgique** Belgium
belle (*see* **beau**) beautiful
les **Bermudes** *f.* Bermuda
un **besoin** need; **avoir besoin de** to need
bête stupid
une **bicyclette** bicycle
bien well; **être bien** to be comfortable; **bien sûr** of course, sure
bientôt soon
la **bière** beer
un **billet** ticket; bill, paper money
la **biologie** biology
un **bison** bison, buffalo
bizarre strange, bizarre
blanc (blanche) white
un **Blanc** white (man)
bleu blue
un **bloc** block
blond blond
un **blond** a blond man
une **blouse** blouse
boire to drink
un **bois** woods; **le Bois de Boulogne** *a wooded park in the west of Paris*

une **boisson** drink, beverage
une **boîte** box; **une boîte d'allumettes** matchbox, matchbook
un **bol** bowl
la **bombe** bomb; **la bombe atomique** atomic bomb
bon (bonne) good; **bon!** good!; **bon bon . . .** all right . . . ; **il fait bon** it's pleasant (*weather*); **bon voyage!** have a good trip!
les **bonbons** *m.* candy
bonjour hello; good morning, good afternoon
bonsoir hello; good evening
la **bouche** mouth
un **boucher** butcher
un **boulanger** baker
un **boulevard** boulevard
bourse: une bourse commune common kitty
un **bout** end
la **boxe** boxing
le **bras** arm
le **bricolage** do-it-yourself
bricoler to put things together; take apart and repair things; engage in do-it-yourself projects
brillant bright, brilliant
britannique British
un **bronzage** (sun)tan
le **brouillard** fog, mist
brun dark brown; brunette, dark-haired
une **brune** brunette
un **brute** brute; **comme des brutes** like mad
le **beurre** butter
bu (*p. part. of* **boire**)
le **buffet** buffet spread
un **bureau** office
le **bus** bus; **en bus** by bus
buvons let's drink (*see* **boire**)

C

c' (*see* **ce**)
ça that; **ça, par exemple!** what do you know! **ça va?** how are things? **ça va!** fine!
un **cadeau** (*pl.* **cadeaux**) gift, present; **faire un cadeau** to give a present

le **café** coffee
un **café** café; *French coffee shop*
une **caféteria** cafeteria
un **calendrier** calendar
la **Californie** California
calme calm
calmement calmly; in a calm manner
un **camarade** classmate
une **camarade** (*female*) classmate
une **caméra** movie camera
un **camp** camp
la **campagne** country; countryside
le **camping** camp-ground; camping; **faire du camping** to go camping; **un terrain de camping** campground
le **Canada** Canada
canadien (canadienne) Canadian
une **Canadienne** Canadian girl
la **capitale** capital
car because
un **caractère** character
le **Carnaval** *winter carnival celebration in Quebec and other French-speaking cities, held at Mardi Gras*
un **carnet** notebook
un **carré** square; **le Vieux Carré** *the French Quarter in New Orleans*
une **carte** map; card
une **carte postale** postcard
le **cas** case; **dans ce cas** in that case; **en tout cas** in any case; at any rate
cassé broken
une **cassette** cassette
une **cathédrale** cathedral
une **cause** cause; **à cause de** because of
le **caviar** caviar
ce (c') it, that; **c'est . . .** it is, he is, she is; **ce que** what
ce (cet, cette; ces) this, that; these, those; **ce . . . -ci** this (here); **ce . . . -là** that (there); **ce soir** this evening; tonight
cela that
célèbre famous
célébrer to celebrate
le **céleri** celery

celui-ci, celle-ci this one
celui-là, celle-là that one
les **cendres** *m.* ashes
un **cendrier** ashtray
cent one hundred; **pour cent** percent
un **cent** cent, penny
un **centime** centime (1/100 *of a franc*)
un **centre** center; **au centre** in the middle, in the center
une **cérémonie** ceremony
certain certain, sure
certainement certainly, surely
certains (certaines) some (people), some
un **C.E.S. (Collège d'Enseignement Secondaire)** *French junior high school*
ces these, those
c'est-à-dire that is to say
chacun each one
chacune each one
une **chaise** chair
une **chambre** room, bedroom
le **champagne** champagne, sparkling wine
un **champion** champion
un **championnat** championship match
une **championne** (*female*) champion
les **Champs-Élysées** *avenue in Paris*
la **chance** luck; **avoir de la chance** to be lucky
un **changement** change
changer (de) to change
le **chantage** blackmail
chanter to sing
un **chapeau** hat
un **chapitre** chapter; **sur le chapitre de** on the subject of
chaque each
un **char** float
charmant charming
un **chat** cat
un **château** (*pl.* **châteaux**) chateau, castle; manor house
chaud warm, hot; **avoir chaud** to be hot; **il fait chaud** it's hot (*weather*)
chauffer to heat
une **chaussette** sock
une **chaussure** shoe

une **chemise** shirt
un **chemisier** (*girl's*) shirt
cher (chère) expensive; dear
chercher to look for, search for; get
les **cheveux** *m.* hair
le **chewing-gum** gum
chez at ...'s house (place); to ...'s house (place); **chez lui** (at) home
un **chien** dog
un **chimiste** chemist
la **Chine** China
chinois Chinese
choisir to choose
un **choix** choice; **au choix** choose one
une **chose** thing; **quelque chose** something
chronologique chronological
le **ciel** heaven; sky
une **cigarette** cigarette
le **cinéma** movies
un **cinéma** movie theater
cinq five
cinquante fifty
cinquième fifth
la **cinquième** *seventh school year in France; second year of C.E.S.*
une **clarinette** clarinet
une **classe** class; **en classe** in class; **aller en classe** to go to school
classique classical
une **clé** key
un **client** customer, client
une **cliente** (*female*) customer, client
une **clientèle** clientele; customers
le **climat** climate
un **cobra** cobra
le **Coca-Cola** Coke
un **cocktail** cocktail party
le **cœur** heart
le **cognac** cognac; brandy
une **coïncidence** coincidence
coïncider to coincide; happen at the same time
le **Colisée** Coliseum
un **collage** collage
des **collants** *m.* tights
une **collection** collection; *fashion collection of designer clothes*
collectionner to collect

un **collectionneur** collector
un **collège (un Collège d'Enseignement Secondaire)** junior high school
Colomb: Christophe Colomb Christopher Columbus
un **colon** colonist
une **colonie** colony; **une colonie de vacances** (summer) camp
la **colonisation** colonization
coloniser to colonize
combien (de) how much, how many; **combien font deux plus deux?** how much is two plus two?
une **comédie** comedy; **la Comédie Française** *French national theater*
commander to command, order
comme as; like; **comme ...!** how ...! **comme vendeuse** as a salesgirl; **faire comme eux** to do as they do
commémorer to commemorate
le **commencement** beginning
commencer (par) to begin (by, with)
comment how; **comment?** what? **comment allez-vous?** how are you? **comment est-il (elle)?** what is he (she) like? **comment fait-on pour ...?** what do you have to do to ...? **comment t'appelles-tu?** what's your name?
un **commerçant** shopkeeper; small businessman; trader; **un petit commerçant** owner of a shop or store
le **commerce** commerce; business
commercial (*pl.* **commerciaux**) commercial
commettre to commit; **commettre des erreurs** to make mistakes
commun common; **une langue commune** the same language, common language
un **communauté** community
une **compagnie** company; **en compagnie de** in the company of; together with
une **comparaison** comparison

comparer to compare
la **compétition** competition
complet (complète) complete
complètement completely
compléter to complete
un **compliment** compliment
compliqué complicated
composé composed
la **compréhension** comprehension; understanding
comprendre to understand; include
compris (*p. part. of* **comprendre**)
compter to count
concerner to concern
un **concert** concert
un **concours** contest; **un concours publicitaire** sweepstakes
un **conducteur** driver
conduire to drive; **un permis de conduire** driver's licence
confirmer to confirm
la **confiture** jam
un **conflit** conflict
confortable comfortable
conjugué conjugated
une **connaissance** acquaintance; **faire la connaissance de** to meet
connaître to know; get to know
conquis conquered
un **conseil** piece of advice, advice
un **conseiller** counselor; **un conseiller d'éducation** guidance counselor
conséquent: par conséquent consequently
conserver to keep; preserve
considérable considerable, large
considérer to consider
consister (en) to consist (of)
une **consonne** consonant
constituer to constitute, form
une **construction** construction; building
construit built
le **contact** contact; **prendre contact avec** to contact
content happy, content
un **continent** continent
continuer to continue
une **contradiction** contradiction

le **contraire** opposite; **au contraire** on the contrary
un **contraste** contrast
contre against; **par contre** on the other hand
la **coopération** cooperation
un **copain** pal; friend
une **copine** (*female*) pal; friend
cordialement cordially
correct correct
correctement correctly
la **correspondance** letter writing; correspondence; **un jeu de correspondance** matching game
un **correspondant** pen pal
une **correspondante** (*female*) pen pal
correspondre to correspond
le **corps** body
la **Corse** Corsica (*island off the Italian coast; part of France*); **en Corse** to Corsica; in Corsica
un **costume** suit
une **côte** coast
la **Côte d'Azur** Riviera (*southern coast of France on the Mediterranean*)
la **Côte-d'Ivoire** Ivory Coast (*independent French-speaking nation in West Africa*)
une **couleur** color; **de quelle couleur?** what color?
la **Coupe de France** a *national soccer trophy annually awarded to the best French professional team*
le **courage** courage
un **coureur** racer, runner
un **cours** class; **avoir cours à** to have a class at
une **course** race
un **court** (tennis) court
un **cousin** cousin
une **cousine** (*female*) cousin
le **coût** cost
coûter to cost
une **coutume** custom
un **cowboy** cowboy
une **cravate** tie
créer to create
le **créole** Creole (*French dialect spoken in Louisiana and in the Caribbean*)

une **crêpe** crepe (*a very thin pancake*)
une **crêperie** crepe shop
un **crocodile** crocodile
croire to believe, think; **croire à** to believe in
croyez: vous croyez you believe
croyons: nous croyons we believe
cru (*p. part. of* **croire**); **tu as cru** you thought
une **cuiller** spoon; spoonful
la **cuisine** cooking, cuisine; kitchen; **faire la cuisine** to do the cooking
une **cuisinière** cook
la **culture** culture
culturel (culturelle) cultural
curieux (curieuse) curious
la **curiosité** curiosity
le **cyclisme** cycling
cycliste cycling; *pertaining to bicycles or cycling*
un **cylindre** cylinder, tube

D

d' (*see* **de**)
une **dactylo** typist
une **dame** lady, woman (*polite term*)
le **dancing** dance hall; dance
le **Danemark** Denmark
dangereux (dangeureuse) dangerous
dans in
danser to dance
la **date** date
dater to date; **dater de** to date back to
d'autres others
de from; of; about; **une pièce de** a play by; **pas de** not a; not any; no
débarquer to land; disembark
décembre *m.* December
décider (de) to decide (to)
une **décision** decision; **prendre une décision** to make a decision
décoré decorated
découvert discovered
découvre: il découvre he discovers
décrit described

déçu disappointed

dedans inside

défavorisé handicapped; at a disadvantage

un **défilé** parade

défini defined; definite

déjà already

déjeuner to have lunch; eat the noon meal

le **déjeuner** lunch; noon meal

délicieux (délicieuse) delicious

demain tomorrow

demander to ask; **demander à** to ask (someone); **je me demande** I wonder

un **demi** half; **midi et demi** half past twelve (*noon*); **minuit et demi** half past twelve (*midnight*)

un **demi-franc** half a franc (50 *centimes*)

la **demie** half past; **deux heures et demie** half past two

une **démocratie** democracy

un **démon** devil

démonter to take apart

un **dentiste** dentist

un **départ** departure

un **département** department; *a political subdivision of France*

dépêcher: dépêche-toi hurry! hurry up! **dépêchez-vous** hurry! hurry up!

dépendre to depend; **ça dépend (de)** that (all) depends (on)

dépenser to spend

dernier (dernière) last

des some

désagréable disagreeable; unpleasant

un **désastre** disaster

descendre to go down, get down; get off (a bus)

une **description** description

désirer to desire, want

désobéir (à) to disobey

désolé very sorry

un **désordre** disorder

le **dessert** dessert

une **destination** destination

un **détective** detective

détester to hate, detest

un **détroit** strait

deux two

deuxième second

devant in front of

devoir should; to have to; must

un **devoir** assignment; **des devoirs** homework

devra: il devra (*future of* **devoir**)

d'habitude usually

un **dialecte** dialect

un **dialogue** dialogue

la **diction** diction; *pronouncing words clearly and distinctly*

Dieu *m.* God; **mon Dieu!** oh dear! (*not as strong as the English exclamation "My God!"*)

différent different

difficile difficult, hard

un **dimanche** Sunday; **dimanche (on)** Sunday; **le dimanche (on)** Sundays; **tous les dimanches** every Sunday

une **dimension** dimension; size

un **diminutif** nickname

dîner to have dinner, have supper

le **dîner** dinner, supper

dire to say, tell; **c'est-à-dire** that is to say; **c'est dire that** tells, shows; **vouloir dire** to mean

dis say! hey! **dis donc** hey there! hey now!

une **discothèque** discotheque

une **discussion** discussion

disparaissent: ils disparaissent they disappear

disparaître to disappear

disposer (de) to dispose (of); be able to spend

disputer to compete for

un **disque** record

disséminé disseminated; spread out

distinct distinct, clear

distinctement distinctly, clearly

dit (*p. part. of* **dire**)

dites say! hey! **dites donc** hey there! hey now!

divers diverse, different

divisé (en) divided (into)

une **division** division

dix ten

dix-huit eighteen

dix-huitième eighteenth; **au dix-huitième siècle** in the eighteenth century

dix-neuf nineteen

dix-neuvième nineteenth; **au dix-neuvième siècle** in the nineteenth century

dix-sept seventeen

un **docteur** doctor

dois: je dois I should; **tu dois** you should

doit: il doit he should

doivent: ils doivent they should

un **dollar** dollar

un **domaine** domain, area; property

la **domination** domination

dominer to dominate, rule over

dommage too bad; **c'est dommage** that's too bad! **quel dommage** what a pity!

donc thus, therefore; **viens donc** come then

donner (à) to give (to), give (*someone*); **donner rendez-vous à** to arrange to meet

doré golden, golden brown

le **dos** back

un **doute** doubt; **sans doute** no doubt

douze twelve

dramatique dramatic

un **drame** drama, tragedy

drin drin ding-a-ling

le **droit** law

drôle funny, amusing

du some; **du Canada** from Canada

dû (*p. part. of* **devoir**)

durer to last, endure

dynamique dynamic, energetic

E

l' **eau** *f.* water; **l'eau minérale** mineral water, spring water

un **échange** exchange, trade

échanger to exchange, trade

une **école** school; **une grande école** graduate school

économe thrifty; good at managing money

les **économies** *f.* savings; **faire des économies** to save money

économique economic, economical

l' **Écosse** *f.* Scotland

écouter to listen (to); **écoute!** listen! **écoutez!** listen!

écrire to write

écrit (*p. part. of* **écrire**)

une **écriture** writing; handwriting

un **écrivain** writer

éducatif (**éducative**) educational

l' **éducation** *f.* education; **l'éducation physique** "phys. ed."

un **effet** effect; **en effet** as a matter of fact

efficace effective, workable

une **église** church

égoïste self-centered, egotistical

eh: eh bien well then, now then

électrique electric

un **électrophone** record player

l' **élégance** *f.* elegance

élégant elegant, well-dressed

un **élément** element

élémentaire elementary

un **éléphant** elephant

un **élève** student (*in elementary or secondary school*)

une **élève** (*female*) student (*in elementary or secondary school*)

élevé high

elle she; her

elle-même herself; **en elle-même** to herself

elles they; them

embêtant annoying, bothersome

émigrer to emigrate; leave a country

un **empereur** emperor

un **empire** empire

un **employé** employee

une **employée** (*female*) employee

employer to use

un **emprunt** loan

emprunter to borrow

ému excited; moved, nervous

en into, in; **en cette saison** at this time of year; **en effet** as a matter of fact; **en face de** across from, opposite; **en**

France to France, in France; **en tout cas** in any case; at any rate; **en vacances** on vacation; **en ville** downtown, in town

en some, any; of it, of them

une **enclave** enclave, outpost

encore still; yet

encourager to encourage

un **endroit** place

l' **endurance** *f.* endurance

l' **énergie** *f.* energy

un **enfant** child

enfin finally; at last! **mais enfin** but anyhow

engagé committed; active

énigmatique enigmatic, puzzling

énigmatiquement enigmatically, in a mysterious way

ensemble together

ensuite then, afterwards

entendre to hear

entre between; **entre parenthèses** in parentheses

entrer (en, sur, dans) to enter

une **enveloppe** envelope

une **envie** desire; **avoir envie de** to want, desire

un **épicier** grocer

une **épidémie** epidemic

un **épilogue** epilogue (*concluding part of a story or play*)

épuisé worn out, exhausted

une **équipe** team

équitable equitable, fair

une **équivalence** equivalency

l' **équivalent** *m.* equivalent (*that which is equal in value or size*)

une **erreur** error, mistake; **faire une erreur de personne** to pick the wrong person

es: tu es you are

un **esclave** slave

l' **Espagne** *f.* Spain

espagnol Spanish

l' **espagnol** *m.* Spanish (*language*)

l' **esprit** *m.* wit; sense of humor; spirit

l' **essentiel** *m.* essential, the main thing

essentiellement essentially, mainly

est: il est he is; **est-ce** is it; **est-ce que** *phrase used to introduce a question*

l' **Est** *m.* East

esthétique esthetic, beautiful

un **estuaire** estuary, mouth of a river

et and

établir to establish

étaient: ils étaient 70.000 they numbered 70,000

était: il était he was

un **état** state

les **États-Unis** *m.* the United States; **aux États-Unis** to (in) the United States; **des États-Unis** from (of) the United States

été (*p. part. of* **être**)

l' **été** summer; **en été** in summer

étendre to spread out; extend

êtes: vous êtes you are

étrange strange

étranger (**étrangère**) foreign

être to be; number; **être à** to belong to; **être bien** to be comfortable

une **étude** study; **les études** studies

un **étudiant** student (*at the university*)

une **étudiante** (*female*) student (*at the university*)

étudier to study

eu (*p. part. of* **avoir**): **il y a eu** there was (were)

euh . . . uh . . .; er . . .

l' **Europe** *f.* Europe

européen (**européenne**) European

eux they, them

éveillé awake

un **événement** event

évidemment obviously; evidently

exact exact, right, correct

exactement really, exactly

un **examen** exam, examination; test; **être reçu à un examen** to pass a test; **passer un examen** to take a test; **rater un examen** to fail a test; **réussir à un examen** to pass a test

examiner to examine

excellent excellent
excepté except
une **exception** exception
exceptionnel (exceptionnelle) exceptional
exceptionnellement exceptionally; as an exception, as a special case
une **excuse** excuse
excuser to excuse
une **exécution** execution; carrying out
exemplaire exemplary; a good example
un **exemple** example; **par exemple** for example; **ça, par exemple!** what do you know!
un **exercice** exercise
expliquer to explain; **s'expliquer** to be explained
exploiter to exploit; use, develop
une **exploitation** exploitation; development
un **explorateur** explorer
explorer to explore
une **expression** expression; **d'expression française** French-speaking; written in French
exprimer to express
extraordinaire extraordinary

F

une **fable** fable, tale
fabriqué made
face: en face de opposite; across from
facile easy
facilement easily
une **façon** way, manner; fashion; **de toute façon** in any case, anyhow
faible weak; low
la **faim** hunger; **avoir faim** to be hungry
faire to make, do; **faire de+** *activity* to do, study, play, practice; **faire de l'auto-stop** to hitchhike, go hitchhiking; **faire des économies** to save money; **faire la cuisine** to cook, do the cooking; **faire la connaissance de** to meet; **faire un cadeau à** to give a present to; **faire un match** to play a game; **faire un piquenique** to have a picnic; **faire un rêve** to have a dream; **faire un voyage** to take a trip; **faire une surprise** to prepare a surprise
fait (*p. part. of* **faire**)
un **fait** fact; **questions de fait** factual questions; **au fait** in fact; come to think of it; **en fait** in fact
fameux (fameuse) famous
familial family
la **famille** family; **la famille éloignée** distant family; relatives; **la famille proche** immediate family; **un nom de famille** last name
fana: un fana de football football fan
un **fantôme** ghost
la **farine** flour
fatigué tired
fauché broke; without money
faudra: il faudra (*future of* **il faut**)
faux (fausse) false; **un faux mouvement** slip; false move
favorisé favored, lucky
une **femme** woman; wife
féliciter to congratulate
fera: il fera (*future of* **faire**)
une **fête** feast; holiday; **une fête foraine** carnival, fun fair, street fair
un **feu** fire; **un feu d'artifice** fireworks
février *m.* February
fier (fière) proud
une **figurante** walk-on; extra
une **fille** girl; daughter; **une jeune fille** girl (*of high school age*)
un **film** film, movie
un **fils** son
la **fin** end
fini over, finished, done
finir to finish, end
une **fleur** flower
flirter to flirt

la **Floride** Florida
une **flûte** flute
la **fois** time; **une fois** once
fondé founded
fonder to found
font: ils font they do, make
le **foot** (= **football**)
le **football** soccer; **le football américain** football
forain: une fête foraine carnival, fun fair, street fair
une **forêt** forest
une **forme** form, shape; **à la forme négative** in the negative
formidable terrific
une **formule** formula
fou (folle) crazy
un **foulard** scarf; silk square
une **fourchette** fork
frais (fraîche) fresh; **il fait frais** it's cool (*weather*)
un **franc** franc
français French
le **français** French (*language*)
un **Français** Frenchman
une **Française** French woman (*girl*)
franco-américain Franco-American
francophone French-speaking
un **francophone** French speaker; person who speaks French
fréquent frequent
fréquenté crowded, popular; **fréquenté par** visited by; popular with
un **frère** brother
froid cold; **avoir froid** to be cold; **il fait froid** it is cold (*weather*)
le **fromage** cheese
la **frontière** border
un **fruit** fruit
la **fumée** smoke
furieux (furieuse) furious
une **fusée** rocket
futur future
le **futur** future; future form (*of a verb*)

G

un **gadget** gadget
gagner to win; earn
Galles: le pays de Galles Wales

un **garage** garage

un **garçon** boy; waiter

gaspiller to waste

le **gâteau** cake

une **gaufrette** waffle

une **gazelle** gazelle; small antelope

un **géant** giant

général (*pl.* **généraux**) general; **en général** in general

un **général** (*pl.* **généraux**) general

généralement generally

généreux (généreuse) generous

la **générosité** generosity

génial of genius caliber

le **génie** genius

le **genre** gender

les **gens** *m.* people; **les jeunes gens** young people

gentil (gentille) nice

la **géographie** geography

géographiquement geographically

gigantesque gigantic, huge

une **girafe** giraffe

la **glace** ice cream; ice-cream cone

une **glissade** slide; sliding step (*in ballet*)

le **globe** globe

la **gloire** glory

la **gorge** throat; **mal à la gorge** sore throat

un **gourmand** (greedy) eater; glutton; **être gourmand** to eat a lot

le **goût** taste; **une question de goût** a matter of taste

grammaticalement grammatically

grand tall, big; great; grand; **les Grands Lacs** the Great Lakes

les **grands** *m.* adults; **les plus grands** the older ones

la **grand-mère** grandmother

le **grand-père** grandfather

les **grands-parents** *m.* grandparents

gratuit free

grec (grecque) Greek

la **Grèce** Greece

une **grippe** flu

gris gray

la **Guadeloupe** Guadeloupe (*French island in the West Indies*)

un **Guadeloupéen** *inhabitant of Guadeloupe*

la **guerre** war

guider to guide

une **guitare** guitar

un **Guyanais** *inhabitant of French Guiana*

la **Guyane française** French Guiana (*country in the northeastern part of South America*)

un **gymnase** gym, gymnasium

la **gymnastique** gymnastics

H

Haïti *f.* Haiti (*independent French-speaking country in the West Indies; the western part of the island of Hispaniola*)

haïtien (haïtienne) Haitian

un **habitant** inhabitant

habiter to live (in)

une **habitude** habit, custom

habituel (habituelle) usual, habitual

***hein?** huh? really?

hélas! unfortunately!

hep! hey! (*used to hail a taxi*)

l' **herbe** *f.* grass

un ***héros** hero

hésiter to hesitate

l' **heure** *f.* hour; time; **à ... heure(s)** at ... (o'clock); **à quelle heure?** when? at what time? **à l'heure** on time; **à tout à l'heure** see you in a while; **il est ... heure(s)** it is ... (o'clock); **deux heures dix** ten after two; two ten; **deux heures et quart** quarter past (after) two; **deux heures et demie** half past two; two thirty; **trois heures moins dix** ten of (to) three; **trois heures moins le quart** quarter of (to) three

heureux (heureuse) happy

hier yesterday; in the past

une **histoire** story; history

historique historical

l' **hiver** *m.* winter; **en hiver** in winter

un **homme** man; **un jeune homme** young man; **un homme politique** politician

la ***Hongrie** Hungary

un **honneur** honor; **en l'honneur de** in honor of

***hop!** there he goes!

un **hôpital** (*pl.* **hôpitaux**) hospital

horrible horrible

les ***hors-d'œuvre** appetizers, hors-d'œuvres

un ***hot-dog** hot dog

un **hôte** host

un **hôtel** hotel

une **hôtesse** hostess; stewardess

l' **huile** *f.* oil

***huit** eight

***hum hum** yum-yum

humide humid

une ***hyène** hyena

un **hypermarché** large supermarket; *combination supermarket and discount store*

une **hypothèse** hypothesis, supposition

I

ici here

idéal ideal

une **idée** idea

identifier to identify

identique same, identical

idiot idiotic, stupid

idiotement in a stupid way, stupidly

ignorer not to know

il he, it; **il fait ...** it is ... (weather); **il faut** it is necessary; one needs, you need; you have to; **il neige** it is snowing; **il pleut** it is raining

une **île** island

illustre famous

ils they

une **image** image, picture; **une image publicitaire** *picture or card given away as publicity*

l' **imagination** *f.* imagination

imaginer to imagine; **s'imaginer** to think oneself

un **imbécile** imbecile, idiot

immangeable inedible, uneatable

immédiatement immediately

immense immense, very large

impartial (*pl.* **impartiaux**) impartial

l' **impatience** *f.* impatience; **avec impatience** impatiently

l' **importance** *f.* importance; **ça n'a pas d'importance** that doesn't matter

important important; large, sizable

impossible impossible

impressionner to impress, make an impression on

inattendu unexpected

incomplet (**incomplète**) incomplete

incroyable unbelievable, incredible

indéfini indefinite

l' **indépendance** *f.* independence

indépendant independent

indien (**indienne**) Indian

un **Indien** Indian

l' **indifférence** *f.* indifference

indifférent indifferent; not caring; not particularly good

indiquer to indicate

individuel (**individuelle**) individual

une **industrie** industry

inepte inept, clumsy

inexact wrong, not exact

un **infinitif** infinitive

l' **information** *f.* information

informé informed

un **ingénieur** engineer

inimaginable unimaginable

insister to insist

insolite unusual, bizarre, strange

installer to install; set up

une **instruction** instruction

un **instrument** instrument

insupportable unbearable

intelligent intelligent, smart

une **intention** intention; **avoir l'intention de** to intend to

international (*pl.* **internationaux**) international

un **interprète** interpreter, translator

une **interprète** (*female*) interpreter, translator

interpréter to interpret

intéressant interesting

interrogatif (**interrogative**) interrogative, questioning

interviewer to interview

intrigué intrigued, curious

introduit: ils ont introduit they introduced

introuvable untraceable; impossible to find

inutile useless

les **Invalides** *m. monument in Paris; Napoleon's tomb*

une **invasion** invasion

une **inversion** inversion; turning around

une **invitation** invitation

un **invité** guest

inviter to invite

ira: il ira (*future of* **aller**)

l' **Irlande** *f.* Ireland

irrationnel (**irrationnelle**) irrational; unthinking, unreasoning

irrégulier (**irrégulière**) irregular

l' **Italie** *f.* Italy

italien (**italienne**) Italian

l' **italien** *m.* Italian (*language*)

un **itinéraire** itinerary; travel plan

J

j' (*see* **je**)

un **jaguar** jaguar

une **jambe** leg

un **jambon** ham

un **jamboree** jamboree

janvier *m.* January

le **Japon** Japan

japonais Japanese

jaune yellow

le **jazz** jazz

je I

des **jeans** *m.* jeans, blue jeans

Jésus-Christ: avant Jésus-Christ B.C.

jeté thrown; **un tour jeté** *a ballet jump with a half turn in the air*

un **jeu** (*pl.* **jeux**) game; **le Jeu de Paume** *Paris museum containing Impressionist paintings;* **les Jeux Olympiques d'Hiver** Winter Olympics

un **jeudi** Thursday

jeune young; **un jeune homme** young man; **une jeune fille** girl (*of high school or college age*); **les jeunes gens** young people

les **jeunes** *m.* young people

un **job** part-time job

la **joie** joy

joli pretty

jouer to play; **jouer à**+*sport* to play; **jouer de**+*instrument* to play

un **joueur** player

un **jour** day; **quel jour sommes-nous?** what day is it? **tous les jours** every day; **un jour de vacances** holiday; day off

un **journal** (*pl.* **journaux**) diary; newspaper, paper

un **journaliste** journalist, reporter

une **journaliste** (*female*) journalist, reporter

une **journée** day

joyeux (**joyeuse**) happy, joyous, joyful

le **judo** judo

juillet *m.* July

juin *m.* June

les **jumelles** *f.* binoculars; field glasses

une **jupe** skirt

jusqu'à up to, until

justement precisely, just

K

un **kilomètre** kilometer (*about* 0.6 *mile*)

L

l' (*see* **le, la**)

la the

la it, her

là there, here

là-bas over there

un **laboratoire de langues** language lab

un **lac** lake; **les Grands Lacs** the Great Lakes

laisser to let, leave; **laisser reposer** to let rest

le **lait** milk

une **lampe** lamp

le **langage** language
le **Laos** Laos
latin Latin
le **latin** Latin (*language*)
laver to wash
le **the; le 14 juillet** July 14; on July 14
le it, him; **il le sait** he knows that
une **leçon** lesson
une **lecture** reading
une **légende** legend
lentement slowly
un **léopard** leopard
une **lettre** letter; **les lettres** literature
leur their
leur (to) them
levé: il s'est levé he got up
libérer to liberate, free
la **liberté** liberty
une **librairie** bookstore
un **lieu** place; **au lieu de** instead of; **avoir lieu** to take place
une **limite** limit
la **limonade** lemon soda, soft drink
un **lion** lion
lire to read
lisons let's read
une **liste** list
un **lit** bed; **au lit** in bed
la **littérature** literature
un **livre** book
local (*pl.* **locaux**) local
logique logical
loin far
les **loisirs** *m.* leisure time activities
Londres London
long (longue) long
longtemps a long time; for a long time
la **Louisiane** Louisiana
le **Louvre** *museum in Paris (formerly a royal palace)*
lu (*p. part. of* **lire**)
lui he, him
lui (to) him, (to) her
un **lundi** Monday
la **lune** moon
les **lunettes** *f.* glasses
un **luxe** luxury
le **Luxembourg** Luxembourg
un **lycée** French high school

M

m' (*see* **me**)
ma my
mâcher to chew
une **machine** machine; typewriter
Madagascar *f.* Madagascar (*island off the East African coast*)
Madame Mrs., Ma'am
Mademoiselle Miss
un **magasin** store; **un grand magasin** department store; **un magasin d'antiquités** antique store
un **magazine** magazine
magnifique magnificent
mai *m.* May
la **main** hand
le **Maine** Maine
maintenant now
maintenir to maintain
maintenu (*p. part. of* **maintenir**)
mais but; **mais . . .** why . . .; **mais oui** why yes; certainly; **mais non** why no; of course not
une **maison** house; **à la maison** at home; **la Maison des Jeunes** youth center
la **majorité** majority
mal badly, poorly
le **mal** pain; effort; **avoir mal** to be in pain; **j'ai mal à la tête** I have a headache; **sans mal** without working, without trying
malade sick
une **maladie** sickness, illness
malheureusement unfortunately
Maman Mom, Mommy, Mama
le **manège** merry-go-round
manger to eat
une **manière** manner, way
manifester to show, manifest; **elle se manifeste** it shows itself; it is evident
un **mannequin** (*male or female*) fashion model
un **manteau** (*pl.* **manteaux**) coat
un **marchand** dealer, merchant, storekeeper
une **marchande** (*female*) dealer, merchant, storekeeper

marcher to walk; work, function
un **mardi** Tuesday
un **mari** husband
le **mariage** marriage; wedding
marié married
un **marin** sailor
le **Maroc** Morocco (*country in North Africa*)
marquer to mark
mars *m.* March
un **Martiniquais** *inhabitant of Martinique*
la **Martinique** Martinique (*French island in the West Indies*)
martyriser to martyrize, torture, make suffer
masqué masked
un **match** game; match; **faire un match (de)** to play a game (of)
les **math** (= **mathématiques**)
les **mathématiques** *f.* math, mathematics
une **matière** (*school*) subject
un **matin** morning; **le matin** in the morning; **du matin** A.M., in the morning
mauvais bad; **il fait mauvais** it's bad (weather)
me me, (to) me; **je m'appelle** my name is
méchant bad, wicked
un **médecin** doctor, physician
la **médecine** medicine
médiocre mediocre; fair, average, not terribly good
la **Méditerranée** Mediterranean Sea
méditerranéen (méditerranéenne) Mediterranean
meilleur better
le **meilleur** the best
mélanger to mix; stir
un **membre** member; **être membre de** to be a member of
même even; same; **tout de même** all the same
la **mémoire** memory, good memory
une **mention** motto
un **menu** menu; **au menu** on the menu

la **mer** sea; **la mer des Caraïbes** Caribbean Sea

merci thanks; thank you; no thank you; **merci beaucoup** thank you very much

un **mercredi** Wednesday; **le mercredi** (on) Wednesdays

une **mère** mother

mes my

Mesdames Ladies

Mesdemoiselles Misses

un **message** message

Messieurs Gentlemen

un **métal** (*pl.* **métaux**) metal

un **métier** job; profession

le **métro** subway

un **metteur en scène** director (*of a play, movie*)

mettre to put, place; put on; take (*time*); set (*the table*)

mexicain Mexican

Mexico Mexico City

le **Mexique** Mexico

mieux: aimer mieux to prefer, like better

un **mile** mile

militaire military

mille one thousand

un **million** one million

une **mini-cassette** cassette recorder

minimum minimum; the least amount

minuit midnight

minuscule tiny, minuscule

une **minute** minute

mis (*p. part. of* **mettre**)

un **missionnaire** missionary

le **Mississippi** the Mississippi River

un **mobile** mobile

la **mode** fashion; style

un **mode** way; **un mode d'existence** way of life

un **modèle** model, example; **un modèle réduit** small-scale model

moderne modern

moi me, I

moins less; minus; **moins... que** less... than; **moins le quart** a quarter of (to); **moins dix** ten (minutes) before (to); ten of (to); **au moins** at least

un **mois** month

la **moitié** half

le **moment** moment, time

mon my

un **monde** world; **du monde** in the world; **tout le monde** everybody

le **monopole (de)** monopoly, control (over)

monotone monotonous

Monsieur Mr., Sir

un **monsieur** (*pl.* **messieurs**) gentleman; man (*polite term*)

une **montagne** mountain

montagneux (montagneuse) mountainous

monter to climb; go up; **monter (dans)** to get (on) (*a bus*)

une **montre** watch

montrer to show

un **monument** monument

un **morceau** (*pl.* **morceaux**) piece

Moscou Moscow

un **mot** word

un **moteur** motor

une **moto** motorcycle

mourir to die

un **moustique** mosquito

un **mouvement** movement, move; motion

une **multitude** multitude; great number

un **musée** museum

musical (*pl.* **musicaux**) musical

un **musicien** musician

une **musicienne** (*female*) musician

la **musique** music; **la musique pop** pop music

musulman Moslem, Muslim

un **musulman** Moslem, Muslim

myope nearsighted

N

n' (*see* **ne**)

nager to swim

naïf (naïve) naive, innocent

natal native; **la ville natale** hometown

une **nation** nation; **les Nations Unies** the United Nations

national (*pl.* **nationaux**) national

une **nationalité** nationality

la **nature** nature; the outdoors

naturellement naturally

nautique: le ski nautique water-skiing

ne... jamais never, not ever

ne... pas not

ne... personne nobody, no one; not anybody, not anyone

ne... plus no longer, no more; not any longer, not anymore

ne... rien nothing; not anything

né born; **il est né** he was born

nécessaire necessary

une **nécessité** necessity

négatif (négative) negative

neige: il neige it is snowing

la **neige** snow; **une classe de neige** *class which spends several weeks in a ski resort, with regular classes in the morning and skiing in the afternoon*

nerveux (nerveuse) nervous, tense

n'est-ce pas? doesn't he? isn't it?

neuf nine

neuvième ninth; **au neuvième siècle** in the ninth century

un **nez** nose

Noël *m.* Christmas

noir black

un **nom** name; **un petit nom** nickname; **au nom de** in the name of; **un nom de famille** last name

un **nombre** number; **un grand nombre de** a great many

nombreux (nombreuse) numerous; **de nombreux (de nombreuses)** numerous, many; **peu nombreux** few (in number)

nommé named

non no; **mais non** why no; of course not

non? isn't it?

nonante ninety (*in Switzerland and Belgium*)

le **Nord** North; **l'Amérique du Nord** North America

normal (*pl.* **normaux**) normal; not unusual

normalement normally; usually

normand Norman; of Normandy

un **Normand** *person from Normandy*; Norseman, Viking

la **Normandie** Normandy (*province in northwestern France*)

la **Norvège** Norway

nos our

une **note** note; footnote; grade (*in school*)

notre our

la **nourriture** food

nous we; us, (to) us

nouveau (nouvel, nouvelle, nouveaux) new

le **Nouveau-Brunswick** New Brunswick (*province in Canada*)

nouvelle (*see* **nouveau**) new

une **nouvelle** news; piece of news

la **Nouvelle-Angleterre** New England

la **Nouvelle-Orléans** New Orleans

novembre *m.* November

une **nuit** night; **la nuit** at night

nul (nulle) hopeless; zero; **être nul en** to be zero in

un **numéro** number; **un numéro de téléphone** phone number

O

obéir (à) to obey

objectif (objective) objective

un **objet** object, thing

obligatoire required

observer to observe, look out for

un **obstacle** obstacle

obtenir to obtain, get

obtenu (*p. part. of* **obtenir**)

une **occasion** occasion, opportunity; **à l'occasion de** for; on the occasion of

occidental (*pl.* **occidentaux**) western, west; **l'Afrique occidentale** West Africa

une **occupation** occupation, job

occupé busy; occupied; **occupé par** occupied by

occuper to occupy

un **océan** ocean; **l'océan Atlantique** the Atlantic Ocean; **l'océan Pacifique** the Pacific Ocean

l' **Océanie** *f.* South Pacific

octante eighty (*in Switzerland and Belgium*)

octobre *m.* October

odieux (odieuse) odious; hateful, awful

un **œil** (*pl.* **yeux**) eye

un **œuf** egg

une **œuvre** work

officiel (officielle) official

offrir to offer, provide, give

oh là là! whew! oh dear! oh la la!

une **omelette** omelet

on they; one, you; people; we

un **oncle** uncle

ont: ils ont they have

onze eleven

onzième eleventh

un **opéra** opera; **l'Opéra** the opera house in Paris

une **opinion** opinion

opposer to oppose; bring face to face

l' **optimisme** *m.* optimism (*a belief that everything will work out well*)

optimiste optimistic

orange orange (*color*)

une **orange** orange (*fruit*)

l' **orangeade** *f.* orange drink; orange soda

un **orchestre** orchestra; band

ordinaire ordinary

ordinal (*pl.* **ordinaux**) ordinal

un **ordre** order

une **oreille** ear

organiser to organize

originaire (de) from

original (*pl.* **originaux**) original

originalement originally

une **origine** origin

Orly *Paris airport*

ou or; **ou bien** or; or else

où where; when

oublier (de) to forget (to)

oui yes; **mais oui** why yes; of course

ouvrir to open

P

le **pain** bread

un **pantalon** pants; pair of pants

Papa Dad, Daddy; Pop, Pa

le **papier** paper

Pâques *f.* Easter

un **paquet** package

par by; along; through; per; with; **par conséquent** consequently; therefore; **par contre** on the other hand; **par exemple** for example; **ça, par exemple!** what do you know!

le **paradis** paradise

un **paragraphe** paragraph

parce que because

les **parenthèses** *f.* parentheses; **entre parenthèses** in parentheses

les **parents** *m.* parents, relatives

parfait! fine! perfect!

parfaitement perfectly

parfois sometimes

parier to bet

parisien (parisienne) Parisian

une **Parisienne** Parisian girl, woman

parlé spoken

parler to speak

une **parole** word

part: à part aside from; except for

partial (*pl.* **partiaux**) partial

un **participe** participle

participer (à) to participate (in)

particulier (particulière) particular

particulièrement particularly

une **partie** part

partir to leave; **partir à** to leave for; **partir de** to leave from

partitif (partitive) partitive

pas not; **ne ... pas** not; **pas de** no, not any; **pas du tout** not at all; **pas mal** not bad; **pas question** definitely not; "nothing doing"

un **pas** step; **un pas de deux** *ballet sequence for two dancers*

un **passager** passenger

passé past

le **passé composé** compound past tense; **au passé composé** in the passé composé

un **passeport** passport

passer to pass, go; spend (*time*); **passer chez** to go by someone's house; **passer par** to pass by (through); **passer un examen** to take a test; **passer une bonne soirée** to have a nice evening

un **passe-temps** hobby, pastime

une **passion** passion

passionné (par) enthusiastic (about)

un **passionné** enthusiast, buff

la **pâte** batter, dough

la **patience** patience; **perdre patience** to lose one's patience

patient patient

un **pâtissier** pastry cook (baker)

la **patrie** homeland, fatherland

un **patriote** patriot

le **patron** boss

pauvre poor

payé paid

payer to pay; buy, pay for

un **pays** country; **le pays de Galles** Wales

un **paysage** landscape, countryside

pendant during; for

penser to think; believe; **je pense être** I think I am; **penser que non** to think not; not to think so; **penser que oui** to think so; **Où pensez-vous passer vos vacances?** Where do you think you will spend your vacation?

le **Penseur** the Thinker (*a statue by Rodin, a French sculptor*)

la **Pentecôte** Pentecost (*holiday 50 days after Easter commemorating the descent of the Holy Ghost upon the apostles*)

perdre to lose, waste

un **père** father

un **permis** permit; licence; **un permis de conduire** driver's licence

la **permission** permission

perplexe perplexed, confused, mixed-up; bewildered

la **perplexité** perplexity; confusion; bewilderment

un **personnage** character

une **personnalité** personality

personne no one, nobody; **ne . . . personne** no one, nobody; not anyone, not anybody

une **personne** person; **des personnes** people

personnel (personnelle) personal

personnellement personally

pessimiste pessimistic (*believing that things will not work out right*)

petit short, little, small; **un petit ami** boyfriend; **une petite amie** girlfriend; **le petit déjeuner** breakfast; **une petite annonce** classified ad

un **petit-fils** grandson

une **petite-fille** granddaughter

les **petits** children; **les plus petits** the younger ones

les **petits-enfants** *m.* grandchildren

peu little, not much; **peu de** little, not much; few, not many; **un peu** a little

peut: il peut he can

peuvent: ils peuvent they can

peux: je peux I can; **tu peux** you can

la **pharmacie** pharmacy, drugstore

un **pharmacien** druggist, pharmacist

Philadelphie Philadelphia

un **philanthrope** philanthropist (*one who gives money to help others*)

les **Philippines** *f.* Philippines

une **photo** photograph, snapshot; picture

la **photo** (= la photographie)

un **photographe** photographer

la **photographie** photography

la **phrase** sentence; phrase

physique physical

la **physique** physics

un **pianiste** pianist

un **piano** piano

une **pièce** play; coin

un **pied** foot; **aller à pied** to walk

un **pilote** pilot

une **pincée** pinch

un **pique-nique** picnic; **faire un pique-nique** to have a picnic

pire worse

pis: tant pis too bad

la **piste** runway

pittoresque picturesque

une **place** seat; square

placer to put, place

une **plage** beach

une **plaine** plain

plaisanter to joke; **je plaisantais** I was joking

une **plaisanterie** joke

plaît: s'il te plaît please; **s'il vous plaît** please

une **planète** planet

planter to place in the ground; plant

plat flat

un **plat** dish, course (*in a meal*)

un **plateau** (*pl.* plateaux) plateau

pleurer to cry

pleut: il pleut it is raining

pleuvait: il pleuvait it was raining

un **plié** *ballet exercise in which the knees are bent*

la **pluie** rain; **un manteau de pluie** raincoat; **sous la pluie** in the rain

plus plus; more; **plus ou moins** more or less; **plus . . . que** more . . . than; **plus grand que** bigger than; **le plus** the most; **plus de** more than; **ne . . . plus** no more, no longer; not anymore, not any longer

plutôt rather

la **poche** pocket; **l'argent de poche** pocket money; allowance, spending money

une **poêle** skillet, frying pan

un **poème** poem

un **point** point

politique political; **un homme politique** politician

la **politique** politics

ponctuel (ponctuelle) punctual; on time

populaire popular

la **population** population

un **port** port, harbor

un **porte-clés** key chain, key holder

porter to carry, wear; bear (*a name*)

un **portrait** portrait

le **Portugal** Portugal

poser to place; **poser une con-dition** to lay down a con-dition; **poser une question** to ask a question

posséder to possess

la **possibilité** possibility, oppor-tunity

possible possible

un **poste de télévision** TV set

un **poster** poster

un **pot** pot, vase

la **poterie** pottery; piece of pot-tery

le **poulet** chicken

pour for; in order to; **pour cent** percent

pourquoi why

pourra: il pourra (*future of* **pouvoir**)

pouvoir can, may; to be able

pratique practical

pratiqué played

pratiquement practically; al-most

pratiquer to practice, play; en-gage in

précieux (précieuse) precious, valuable

une **précision** detail

une **prédiction** prediction

prédire to predict

prédit (*p. part. of* **prédire**)

préféré favorite, preferred

une **préférence** preference

préférer to prefer

préhistorique prehistoric

un **prélude** prelude (*introduction of a work*)

premier (première) first

le **premier** first (*of the month*)

la **première** *eleventh school year in France; second year of lycée*

prendre to take; have (*some-thing to eat or drink*); **prendre une décision** to make a de-cision

prenez: vous prenez you take

prennent: ils prennent they take

un **prénom** first name; **un prénom composé** double first name (*like Jean-Paul*)

prenons: nous prenons we take

prennent: ils prennent they take

préparé prepared, fixed

préparer to prepare

près de near

une **présence** presence

présent present

le **présent** present; present tense

une **présentation** introduction, pre-sentation

présenter to introduce; present

un **président** president

presque almost

prêt ready

prétentieux (prétentieuse) pre-tentious, showing off

prêter to loan

principal (*pl.* **principaux**) main, principal

principalement mainly

un **principe** principle; **en principe** in principle

le **printemps** spring; **au prin-temps** in spring

pris (*p. part. of* **prendre**)

privé private

un **prix** price; prize; **le prix Nobel** Nobel prize

probablement probably

un **problème** problem

prochain next

proche close; near

une **production** production

un **produit** product

un **professeur** professor; teacher (*in secondary school*)

une **profession** profession

professionnel (professionnelle) professional

un **programme** program, schedule

un **projet** plan, project

promener to take for a walk

promettre to promise

promis (*p. part. of* **promettre**)

un **pronom** pronoun; **un pronom accentué** stressed pronoun

une **proportion** proportion, part

proposer to suggest

une **proposition** proposition, state-ment

la **Provence** Provence (*region in southeastern France*)

une **province** province; **la province** *France with the exception of Paris*

prudent careful

pu (*p. part. of* **pouvoir**)

public (publique) public

publicitaire publicity

publier to publish

puis then; **et puis** and (more-over)

un **pull-over** pullover, sweater

un **puma** puma, mountain lion

le **punch** punch (*drink*)

pur pure

les **Pyrénées** Pyrenees (*mountains between France and Spain*)

Q

qu' (*see* **que**)

une **qualité** quality

quand when

une **quantité** quantity

quarante forty

un **quart** quarter; **une heure et quart** a quarter past one; **une heure moins le quart** a quarter of one

un **quartier** district; neighborhood; quarter; **le Quartier Latin** Latin Quarter (*the student district of Paris*)

quatorze fourteen

quatre four

quatre-vingt-deux eighty-two

quatre-vingt-dix ninety

quatre-vingt-douze ninety-two

quatre-vingt-huit eighty-eight

quatre-vingts eighty

quatrième fourth

la **quatrième** *eighth school year in France; third year of C.E.S.*

que that; which, who(m); than, as; **ce que** what

que? what?

qu'est-ce que? what?

québécois from Quebec

quel (quelle) what

quelque chose something

quelquefois sometimes

quelqu'un someone

une **querelle** *f.* quarrel

qu'est-ce qu'il y a? what's the matter?

une **question** question; **pas ques-tion** definitely not; "nothing doing"

qui who, which; that; whom; **ce qui** what

qui? who? **qui est-ce?** who is it?

quinze fifteen; **quinze jours** two weeks

quoi? what?

R

R.S.V.P. (=**Répondez, s'il vous plaît.**) Please answer.

une **race** race (of people)

raconter to tell (about)

radin stingy; tight-fisted; tight (with money)

la **radio** radio

une **raison** reason; **avoir raison** to be right

le **rang** rank

rapide rapid, fast

rapidement rapidly

un **rapport** relationship; rapport

une **raquette** racket

rare rare

rarement rarely

rassurer to reassure

raté unsuccessful; spoiled, ruined

rater to miss (a plane); fail, flunk (an exam)

ravi delighted; very happy

réaliser: réaliser un projet to carry out a plan

la **réalité** reality; **en réalité** really, actually

une **récapitulation** review, summary

récent recent

une **recette** recipe

une **recommandation** advice, suggestion; **faire des recommandations** to give advice

recommander to advise; recommend

reconnaître to recognize

reconnu (p. part. of **reconnaître**)

rectifier to correct

reçu received

la **rédaction** writing

redoubler to repeat, do (a class) over

réfléchir (à) to think (about); to reflect

une **réflexion** comment, reflection

un **réfrigérateur** refrigerator

refuser to refuse

regarder to look at; watch

un **régime** diet; **au régime** on a diet

une **région** region

regretter to regret

régulier (régulière) regular

la **relation** relationship, relation

relativement relatively

un **relief** terrain, relief

religieux (religieuse) religious

relire to reread

remarquable remarkable

remarquablement remarkably

une **remarque** note, notice

remonter to put back together

remplacer to replace; **en remplaçant** by replacing

une **rencontre** meeting

rencontrer to meet

un **rendez-vous** date, appointment

rendre visite à to visit

les **renseignements** information

renseigner to inform; give information

rentrer to go home, go back

réparer to repair

un **repas** meal

répéter to repeat

une **répétition** rehearsal; repetition

une **réplique** rejoinder, reply

répondre (à) to respond (to), answer

une **réponse** answer

le **repos** rest

reposer to put back

une **représentation** show; performance

représenter to represent

un **reproche** reproach; **faire des reproches à** to scold

la **république** republic

réservé (à) reserved (for)

réserver: se réserver pour to save room for

responsable responsible

ressembler (à) to look like, resemble

la **ressource** resource

un **restaurant** restaurant

restaurer to restore, rebuild

le **reste** rest

rester to stay, remain

un **résultat** result; **des résultats** school marks

un **retard** delay

un **retour** return, returning

retourner to return

une **réunion** reunion; get-together; meeting

la **Réunion** French island off the eastern coast of Africa

réussir to succeed; be successful; make a success of; get a good grade; **réussir à un examen** to pass a test; **réussir à** to be successful in; be able to

un **rêve** dream; **faire un rêve** to have a dream

revenir (de) to come back (from)

le **revenu** income

réviser to review

une **révision** review, revision

révolter to revolt; **ils se sont révoltés** they revolted

la **révolution** revolution, revolt

un **rhume** cold

riche rich

ridicule ridiculous

rien nothing; **ne...rien** nothing, not anything

rigoureux (rigoureuse) harsh, rigorous

une **robe** dress

un **robot** robot

le **rock and roll** rock

un **rodéo** rodeo

un **roi** king

un **rôle** role, part

romain Roman

un **Romain** Roman

un **roman** novel

romantique romantic

rond round

un **rond** circle, ring

le **rosbif** roast beef

une **rose** rose

rouge red

la **route** road, highway

une **rue** street

le **rugby** rugby

les **ruines** f. ruins

ruineux (ruineuse) costly, ruinous

russe Russian

le **russe** Russian (*language*)
la **Russie** Russia

S

s' (*see* **si**)
sa his, her, its
un **sac** bag, handbag
le **Saint-Laurent** the Saint Law-
 rence (*river in Canada*)
sais: je sais I know; **tu sais** you
 know
une **saison** season; **en cette saison**
 at this time of year
sait: il sait he knows
une **salade** salad
une **salle** room
salut! hi!
un **samedi** Saturday
un **sandwich** sandwich
sans without; **sans doute** no
 doubt; **sans succès** unsuccessfully
la **santé** health
satisfaisant satisfactory
sauf except
saura: il saura (*future of* **savoir**)
savez-vous? do you know?
la **Savoie** Savoy (*region in eastern
 France*)
savoir to know
le **savoir-faire** know-how
la **scène** stage
une **scène** scene
la **science** science
scientifique scientific
scolaire: les vacances scolaires
 school vacation
un **scooter** scooter
sculpter to sculpt
un **sculpteur** sculptor
une **sculpture** sculpture
second second
secondaire secondary
une **seconde** second
la **seconde** *tenth school year in
 France; first year of lycée*
le **secret** secret
une **secrétaire** secretary
une **section** section
seize sixteen
seizième sixteenth
le **sel** salt
une **sélection** selection

une **semaine** week; **en semaine**
 during the week
le **sénat** Senate
le **Sénégal** Senegal (*French-speaking country in West Africa*)
sénégalais Senegalese
sensationnel (**sensationnelle**)
 terrific
sept seven
septante seventy (*in Belgium and
 Switzerland*)
septembre m. September
septième seventh
sera: il sera (*future of* **être**)
sérieux (**sérieuse**) serious
sérieusement seriously
une **serveuse** waitress
les **services** m. services
ses his, her, its
seul alone; lonely; **tout seul**
 all alone, by oneself
seulement only
sévère strict, severe
si if, whether
si yes (*in answer to a negative
 question or statement*)
signer to sign
signifier to mean; signify
s'il vous (te) plaît please
simple simple
une **situation** situation
situé situated, located
six six
sixième sixth
la **sixième** *sixth school year in
 France; first year of C.E.S.*
un **ski** ski
le **ski** skiing; **faire du ski** to ski;
 go skiing; **le ski nautique**
 water-skiing; **faire du ski
 nautique** to water-ski; go
 water-skiing
un **snack-bar** snack bar
une **sœur** sister
la **soif** thirst; **avoir soif** to be
 thirsty
un **soir** evening; **le soir** in the
 evening; **ce soir** tonight, this
 evening; **du soir** P.M., in the
 evening
une **soirée** evening; **passer une
 bonne soirée** have a nice
 evening
sois be

soixante sixty
soixante-dix seventy
soixante-dix-huit seventy-eight
soixante et un sixty-one
soixante-treize seventy-three
une **solution** solution
sommes: nous sommes we
 are
son his, her, its
sont: ils sont they are
une **sorte** sort, kind
une **sortie** date; going out
sortir to go out; **sortir de** to
 get out of
soudain suddenly
un **souffleur** prompter
la **soupe** soup
une **source** source
sous under; **sous la pluie** in the
 rain
un **souvenir** souvenir
souvent often
**souviennent: ils se souvien-
 nent** they remember
souviens: je me souviens I
 remember
soyez be
soyons let's be
les **spaghetti** m. spaghetti
spécial (*pl.* **spéciaux**) special
spécialement especially, spe-
 cially
spécialisé specialized
un **spectacle** show
un **spectateur** spectator; **les spectateurs** audience
splendide splendid
un **sport** sport
sportif (**sportive**) athletic; **être
 sportif** to like sports
un **sportif** athletic type; athlete;
 lover of sports
une **sportive** (*female*) athlete; lover
 of sports
un **stade** stadium
un **stand** stand, booth; **un stand de
 tir** shooting gallery
une **standardiste** telephone operator
une **statue** statue; **la Statue de la
 Liberté** Statue of Liberty
un **steak** steak
strict strict, severe
studieux (**studieuse**) studious,
 hard-working

stupide stupid, dumb
stupidement stupidly
su (*p. part. of* **savoir**)
un **succès** success; **avoir du succès** to be successful; **sans succès** unsuccessfully
le **sucre** sugar
la **Suède** Sweden
suis: je suis I am
suisse Swiss
la **Suisse** Switzerland
suite continued
suivant following; according to
un **sujet** subject; question, topic (*on a test*)
la **superficie** area
un **supermarché** supermarket
supplémentaire extra
supposer to suppose
sur on, over; about; **aller sur** to walk along; **sur le stade** in the stadium; **sur 20 millions de Canadiens** out of 20 million Canadians
sûr sure, certain
une **surboum** party; **aller en surboum** to go to a party
la **surface** surface
surpris surprised
une **surprise** surprise
une **surprise-partie** (informal) party
surtout especially
sympathique nice, pleasant
un **système** system

T

t' (*see* **te**)
ta your
un **tabernacle** tabernacle
Tahiti Tahiti (*French island in the South Pacific*)
le **talent** talent
tant so much; **tant pis** too bad
une **tante** aunt
taper to type
tard late
un **tas** pile; **des tas de** a lot of
une **tasse** cup
un **taxi** taxi
te (to) you; **comment t'appelles-tu?** what's your name?
la **télé** TV; **à la télé** on TV
un **télégramme** telegram

un **téléphone** phone, telephone; **au téléphone** on the phone
téléphoner to phone, call
un **téléscope** telescope
la **télévision** television, TV
le **tempérament** temperament
la **température** temperature, fever
le **temps** weather; time; **quel temps fait-il?** how's the weather? **mettre du temps** to take time; **du temps à perdre** time to lose (waste); **trouver le temps long** to be bored
tendre à to tend to
tenez! look!
le **tennis** tennis; **jouer au tennis** to play tennis
la **terminaison** ending
la **terminale** *twelfth school year in France; last year of lycée*
un **terrain de camping** campground
terrible terrible; terrific
un **territoire** territory
tes your
un **test** test
la **tête** head; **avoir mal à la tête** to have a headache
le **texte** text, reading passage
le **thé** tea
théâtral (*pl.* **théâtraux**) theatrical; theater
un **théâtre** theater
les **thermes** *m.* Roman baths
tiens! look!
un **tigre** tiger
un **timbre** stamp
timide timid
le **tir** shooting; **un stand de tir** shooting gallery
un **toast** toast
toi you
toi-même yourself
une **tomate** tomato
tomber to fall
ton your
tort: avoir tort to be wrong
totalement totally, completely
toujours always
un **tour** turn; trip; **un tour jeté** *a ballet jump with a half-turn in the air*; **un tour de** a trip around; **le Tour de France** *month-long bicycle race around France*

une **tour** tower; **la Tour Eiffel** Eiffel Tower
un **touriste** tourist
touristique touristic
tourner to stir, turn over
un **tournoi** tournament
tous everyone; all; **tous les continents** all the continents; **tous les dimanches** every Sunday; **tous les jours** every day; **tous les membres** all the members; **tous les saints** all the saints
la **Toussaint** All Saints' Day (*November 1*)
tousser to cough
tout all, everything; **tout de même** all the same; **tout le monde** everyone; **tout s'explique** that explains everything; **en tout cas** in any case, at any rate; **tout seul** all alone, by oneself; **tout à l'heure** in a while; **à tout à l'heure** see you in a while
toutes: toutes les villes all the cities; **toutes sortes** all sorts, all kinds
une **tradition** tradition
traditionnel (traditionnelle) traditional
un **train** train
un **traité** treaty
tranquille calm; **être tranquille** not to worry
un **transistor** portable radio
transit: en transit in transit; passing through
un **transport** means of transportation
un **travail** (*pl.* **travaux**) work; school work; **au travail** at work; **les travaux manuels** shop; industrial arts
travailler to work; study; **elle travaille bien** she does well in class
un **travailleur** worker
treize thirteen
trente thirty
trente et un thirty-one
trente-cinquième thirty-fifth
trente-deuxième thirty-second
trente-quatrième thirty-fourth

très very; **très bien** very well, very good

une **tribu** tribe

triomphalement triumphantly

un **triomphe** triumph, success

triste sad

trois three

troisième third

la **troisième** *ninth school year in France; fourth year of C.E.S.*

un **trombone** trombone

une **trompette** trumpet

trop too, too much; **trop de** too much, too many

une **troupe** troop; **une troupe de ballet** ballet company

trouver to find; think; **trouver que** to think that; **trouver le temps long** to be bored

tu you

la **Tunisie** Tunisia (*country in North Africa*)

tunisien (tunisienne) Tunisian

la **Turquie** Turkey

U

un one

l' **un** the one

un (une) a; an; **un peu** a little

uni united; **les États-Unis** the United States; **les Nations Unies** the United Nations

uniforme uniform, regular, even

un **uniforme** uniform

unique unique, single

uniquement uniquely; only; just

une **université** university

une **urne** urn, large vase

une **usine** factory

un **ustensile** utensil

utile useful

utilement in a useful way, usefully

utilisé used

utiliser to use

V

va: il va he goes; **ça va?** how are things? **ça va!** fine!

les **vacances** *f.* vacation; **en vacances** on vacation; **les grandes vacances** summer vacation; **un jour de vacances** holiday, day off

vague vague

vaguement vaguely

vais: je vais I am going

une **valeur** value

une **valise** suitcase; **faire les valises** to pack (one's suitcases)

la **vanité** vanity, pride

varié varied

varier to vary, change around

vas: tu vas you are going

un **vase** vase

vaste vast, large

vaut: il vaut it is worth; **il vaut plus cher** it is worth more

un **vélo** bike

un **vélomoteur** motorbike

un **vendeur** salesman

une **vendeuse** salesgirl, saleslady

vendre to sell

un **vendredi** Friday

venir to come; **venir de+** *place* to come from; **venir de+** *infinitive* to have just

Venise Venice

le **ventre** stomach, tummy

un **verbe** verb

vérifier to check

véritable real

la **vérité** truth

le **Vermont** Vermont

un **verre** glass

verra: il verra (*future of* **voir**)

vert green

une **veste** jacket; vest

les **vêtements** *m.* clothes

veulent: ils veulent they want

veut: il veut he wants

veux: je veux I want; **tu veux** you want

vexé vexed, angered, angry; upset

la **viande** meat

vieille (*see* **vieux**) old; **ma vieille!** old lady! old girl! (*familiar*)

viendra: il viendra (*future of* **venir**)

viennent: ils viennent they are coming

viens: je viens I am coming; **tu viens** you are coming

vient: il vient he is coming

le **Vietnam** Vietnam

vieux (vieil, vieille; vieux) old

un **vieux** old man; **mon vieux!** old man! old boy! (*familiar*)

un **Viking** Viking

une **villa** villa; country house; summer house

un **village** village

une **ville** city; town; **en ville** in town; downtown

le **vin** wine

vingt twenty

vingt-deux twenty-two

vingt et un twenty-one

vingt-huitième twenty-eighth

vingt-sixième twenty-sixth

violent violent

une **violette** violet

un **violon** violin

une **visite** visit; **rendre visite à** to visit

visité visited

visiter to visit; **visiter le buffet** to go to the buffet

une **vitrine** store window

vivant alive

vive . . . ! hurrah for . . . ! cheers! long live . . . !

vivre to live; earn a living

le **vocabulaire** vocabulary

la **vodka** vodka

voici here is, here are; this is

voilà there is, there are; that is; **voilà!** that's it!

voir to see

la **voiture** car, automobile; **en voiture** by car

la **voix** voice; **à voix basse** in a low voice

le **volleyball** volleyball

vont: ils vont they are going

vos your

voter to vote

votre your

voudra: il voudra (*future of* **vouloir**)

voudrais: je voudrais I would like

voulais: je voulais I wanted

vouloir to want, wish; **vouloir bien** to want to, be willing; **vouloir dire** to mean

voulu (*p. part. of* **vouloir**)

vous you; (to) you

un **voyage** trip; **faire un voyage** to take a trip

voyager to travel

un **voyageur** traveler

une **voyante** fortune-teller, clairvoyant

une **voyelle** vowel

voyez: vous voyez you see

voyons! come on! let's see! come now!

vrai true, real

vraiment really

vu (*p. part. of* **voir**)

une **vue** view

W

un **week-end** weekend; **le week-end** on (the) weekend(s)

le **whisky** whisky (scotch)

Y

y there; **il y a** there is, there are

les **yeux** eyes

Z

le **Zaïre** Zaire (*formerly Belgian Congo; French-speaking country in west-central Africa*)

zéro zero

le **zoo** zoo

zut! (*slang*) darn it!

INDEX

461

Images de la France (pp. 126-131)
126 (*top*) The Paris Opera; 126 (*bottom*) "La Maison de la Radio," Paris; 127 Paris: view of Seine and Île de la Cité; 128 (*top left*) Kayserberg, Alsace: birthplace of Albert Schweitzer; 128 (*bottom left*) Detail from the Bayeux Tapestry; 128 (*right*) Strasbourg, Alsace; 129 Village in Auvergne; 130 Fishing village in Martinique; 131 (*top*) Folk dancing in Martinique; 131 (*bottom*) Market in Fort-de-France, Martinique

Images de la France (pp. 210-215)
210 Friends in a Paris café; 211 Friends in front of a Paris cinema; 212 "Surprise-partie"; 213 (*left*) Record shop on boulevard St.-Michel, Paris; 213 (*right*) Street scene in the Latin Quarter; 214 (*left*) "Le Tour de France" bicycle race; 214 (*right*) Ski jumper in the French Alps; 215 (*top left*) Soccer match; 215 (*top right*) Car race in Le Mans; 215 (*bottom left*) Sailing instruction; 215 (*bottom right*) bicycling for pleasure

Images de la France (pp. 288-293)
288 (*top*) Lycée in Nîmes; 288 (*bottom*) Classroom in a lycée; 289 Notebooks for the "baccalauréat"; 290 (*top*) Language laboratory (Abidjan) ; 290 (*bottom*) Class schedule; 292 (*left*) Fireworks on Bastille Day; 292 (*right*) Preparation for the carnival in Nice; 293 (*left*) Friends on the beach; 293 (*right*) "Le camping"

Images de la France (pp. 374-379)

375 (*top left*) Métro sign in Montreal; 375 (*top right*) Pointe-à-Pitre, Guadeloupe; 375 (*center left to right*) Street scene in Geneva; Bookstall in Dakar, Senegal; Bora Bora (near Tahiti); 375 (*bottom*) Vientiane Experimental and Demonstration Farm in Laos; 376 Samuel de Champlain (by Th. Hamel, after Moncornet); 377 (*left to right*) Quebec: changing of the guards; Quebec: rue St. Anne; Street scene in Port-au-Prince, Haiti; 378 (*left to right*) Poster in Tunis, Tunisia; National Institute of the Arts in Abidjan, Ivory Coast; Sidewalk café in Abidjan; 379 (*left to right*) Instruction in nutrition at the Ndjili health center, Kinshasa, Republic of Zaire; Nursing training school at Niamey, Niger; Policewoman in Libreville, Gabon